D1723113

Franz Hessel

Sämtliche Werke in fünf Bänden

Bd. 3

Städte und Porträts

LITERATUR

Franz Hessel

Sämtliche Werke in fünf Bänden

Herausgegeben von Hartmut Vollmer und Bernd Witte

LITERATUR

Franz Hessel

Sämtliche Werke in fünf Bänden

Band 3

Städte und Porträts

Herausgegeben und
mit einem Nachwort versehen von
Bernhard Echte

Hartmut Vollmer / Bernd Witte (Hg.):
Franz Hessel: Sämtliche Werke in fünf Bänden
ISBN 978-3-86815-580-8

Bd. 3: Städte und Porträts. Hg. von Bernhard Echte
ISBN 978-3-86815-583-9
1. Auflage 1999 | 2. aktualisierte und erweiterte Auflage 2013

© IGEL Verlag *Literatur & Wissenschaft*, Hamburg, 2013
Alle Rechte vorbehalten.
www.igelverlag.com

Igel Verlag Literatur & Wissenschaft ist ein Imprint der Diplomica Verlag GmbH
Hermannstal 119 k, 22119 Hamburg
Printed in Germany

Die Deutsche Bibliothek verzeichnet diesen Titel in der Deutschen Nationalbibliografie.
Bibliografische Daten sind unter http://dnb.d-nb.de verfügbar.

Spazieren in Berlin

Der Verdächtige

Langsam durch belebte Straßen zu gehen, ist ein besonderes Vergnügen. Man wird überspült von der Eile der andern, es ist ein Bad in der Brandung. Aber meine lieben Berliner Mitbürger machen einem das nicht leicht, wenn man ihnen auch noch so geschickt ausbiegt. Ich bekomme immer mißtrauische Blicke ab, wenn ich versuche, zwischen den Geschäftigen zu flanieren. Ich glaube, man hält mich für einen Taschendieb.

Die hurtigen, straffen Großstadtmädchen mit den unersättlich offnen Mündern werden ungehalten, wenn meine Blicke sich des längeren auf ihren segelnden Schultern und schwebenden Wangen niederlassen. Nicht als ob sie überhaupt etwas dagegen hätten, angesehn zu werden. Aber dieser Zeitlupenblick des harmlosen Zuschauers enerviert sie. Sie merken, daß bei mir nichts ‚dahinter!' steckt.

Nein, es steckt nichts dahinter. Ich möchte beim Ersten Blick verweilen. Ich möchte den Ersten Blick auf die Stadt, in der ich lebe, gewinnen oder wiederfinden ...

In stilleren Vorstadtgegenden falle ich übrigens nicht minder unangenehm auf. Da ist gegen Norden ein Platz mit Holzgerüst, ein Marktgerippe und dicht dabei die Produktenhandlung der Witwe Kohlmann, die auch Lumpen hat; und über Altpapierbündeln, Bettstellen und Fellen hat sie an der Lattenveranda ihrer Handlung Geraniumtöpfe. Geranium, pochendes Rot in träg grauer Welt, in das ich lange hineinsehn muß. Die Witwe wirft mir böse Blicke zu. Zu schimpfen getraut sie sich nicht, sie hält mich vielleicht für einen Geheimen, am Ende sind ihre Papiere nicht in Ordnung. Und ich meine es doch gut mit ihr, gern würde ich sie über ihr Geschäft und ihre Lebensansichten befragen. Nun sieht sie mich endlich weggehn und gegenüber, wo die Querstraße ansteigt, in die Kniekehlen der Kinder schauen, die gegen die Mauer Prallball spielen. Langbeinige Mädchen, entzückend anzusehn. Sie schleudern den Ball abwechselnd mit Hand, Kopf und Brust zurück und drehn sich dabei, und die Kniekehle scheint Mitte und Ausgangspunkt ihrer Bewegungen. Ich fühle, wie hinter mir die Produktenwitwe ihren Hals reckt. Wird sie den Schupo darauf aufmerksam machen, was ich für einer bin? Verdächtige Rolle des Zuschauers!

Wenn es dämmert, lehnen alte und junge Frauen auf Kissen gestützt in den Fenstern. Mir geschieht mit ihnen, was die Psychologen mit Worten wie Einfühlung erledigen. Aber sie werden mir nicht erlauben, neben und mit ihnen zu warten auf das, was nicht kommt, nur zu warten ohne Objekt.

Straßenhändler, die etwas ausschreiend feilhalten, haben nichts dagegen, daß man sich zu ihnen stellt; ich stünde aber lieber neben der Frau, die soviel Haar aus dem vorigen Jahrhundert auf dem Kopf hat, langsam ihre Stickereien auf blaues Papier breitet und stumm Käufern entgegensieht. Und der bin ich nicht recht, sie kann kaum annehmen, daß ich von ihrer Ware kaufen werde.

Manchmal möcht ich in die Höfe gehn. Im älteren Berlin wird das Leben nach den Hinter- und Gartenhäusern zu dichter, inniger und macht die Höfe reich, die armen Höfe mit dem bißchen Grün in einer Ecke, den Stangen zum Ausklopfen, den Mülleimern und den Brunnen, die stehngeblieben sind aus Zeiten vor der Wasserleitung. Vormittags gelingt mir das allenfalls, wenn Sänger und Geiger sich produzieren oder der Leierkastenmann, der obendrein auf einem freien Fingerpaar Naturpfeife zum besten gibt, oder der Erstaunliche, der vorn Trommel und hinten Pauke spielt (er hat einen Haken am rechten Knöchel, von dem eine Schnur zu der Pauke auf seinem Rücken und dem aufsitzenden Schellenpaar verläuft; und wenn er stampft, prallt ein Schlegel an die Pauke, und die Schellen schlagen zusammen). Da kann ich mich neben die alte Portierfrau stellen – es ist wohl eher die Mutter der Pförtnersleute, so alt sieht sie aus, so gewohnheitsmäßig sitzt sie hier auf ihrem Feldstühlchen. Sie nimmt keinen Anstoß an meiner Gegenwart und ich darf hinaufsehn in die Hoffenster, an die sich Schreibmaschinenfräulein und Nähmädchen der Büros und Betriebe zu diesem Konzert drängen. Selig benommen pausieren sie, bis irgendein lästiger Chef kommt und sie wieder zurückschlüpfen müssen an ihre Arbeit. Die Fenster sind alle kahl. Nur an einem im vorletzten Stockwerk sind Gardinen, da hängt ein Vogelbauer, und wenn die Geige von Herzen schluchzt und der Leierkasten dröhnend jammert, fängt ein Kanarienvogel zu schlagen an als einzige Stimme der stumm schauenden Fensterreihen. Das ist schön. Aber ich möchte doch auch mein Teil an dem

Abend dieser Höfe haben, die letzten Spiele der Kinder, die immer wieder heraufgerufen werden, und Heimkommen und Wiederwegwollen der jungen Mädchen erleben; allein ich finde nicht Mut noch Vorwand, mich einzudrängen, man sieht mir meine Unbefugtheit zu deutlich an.

Hierzulande muß man müssen, sonst darf man nicht. Hier geht man nicht wo, sondern wohin. Es ist nicht leicht für unsereinen.

*

Ich kann noch von Glück sagen, daß eine mitleidige Freundin mir manchmal erlaubt, sie zu begleiten, wenn sie Besorgungen zu machen hat. In die Strumpfklinik zum Beispiel, an deren Tür steht: ‚Gefallene Maschen werden aufgenommen.‘ In diesem düstern Zwischenstock huscht eine Bucklige durch ihr muffiges wolliges Zimmer, das eine neue Glanztapete aufhellt. Ware und Nähzeug liegen auf Tischen und Etageren um Porzellanpantöffelchen, Biskuitamoretten und Bronzemädchen herum, wie Herdentiere um alte Brunnen und Ruinen lagern. Und das darf ich genau besehn und daran ein Stück Stadt- und Weltgeschichte lernen, während die Frauen sich besprechen.

Oder ich werde zu dem Flickschneider mitgenommen, der in einem Hinterhaus der Kurfürstenstraße zu ebner Erde wohnt. Da trennt ein Vorhang, der nicht ganz bis zum Boden reicht, den Arbeitsraum vom Schlafraum ab. Auf einem gefransten Tuch, das über den Vorhang hängt, ist bunt der Kaiser Friedrich als Kronprinz dargestellt. ‚So kam er aus San Remo‘, sagt der Schneider, der meinem Blick gefolgt ist, und zeigt dann selber seine weiteren monarchentreuen Schätze, den letzten Wilhelm photographiert und sehr gerahmt mit seiner Tochter auf den Knien und das bekannte Bild des alten Kaisers mit Kindern, Enkeln und Urenkeln. Gern will er meiner Republikanerin das grüne Jackett umnähen, aber im Herzen hält er’s, wie er sagt, ‚mit den alten Herrschaften‘, zumal die Republik nur für die jungen Leute sorge. Ich versuche nicht, ihn umzustimmen. Mit seinen Gegenständen kann es meine politische Erkenntnis nicht aufnehmen. Er ist sehr freundlich mit dem Hunde meiner Freundin, der an allem herumschnuppert, neugierig und immer auf der Spur gerade wie ich.

Mit diesem kleinen Terrier gehe ich gern spazieren. Wir sind dann beide ganz in Gedanken; auch gibt er mir Anlaß, öfter stehnzubleiben, als es sonst einem so verdächtigen Menschen wie mir erlaubt wäre.

Neulich ist es uns aber schlimm ergangen. Ich holte ihn aus einem Hause ab, in dem wir beide fremd waren. Wir gingen eine Treppe hinunter, in die ein Fahrstuhlgehäuse mit Gitterwerk eingebaut war. Ein düstrer Eindringling war dieser Lift in dem einst gelassen breiten Treppenhaus. Und die bauschigen Wappendamen der bunten Fenster sahen irr auf das Wanderverlies, und die Kleinodien und die Attribute lockerten sich in ihren Händen. Sicher roch es auch sehr diskrepant in diesem Ensemble verschiedener Epochen, was meinen Begleiter von Gegenwart und Sitte derart ablenkte, daß er auf der ersten Stufe der steilen Stiege, die zu Füßen des Fahrgehäuses vom Hochparterre hinunterführte – sich vergaß! So etwas, hat mir später meine Freundin versichert, konnte einem so stubenreinen Geschöpf nur in meiner Gesellschaft passieren. Das nahm ich gern hin. Härter aber traf mich der Vorwurf, den mir im Augenblick des peinlichen Ereignisses der Portier des Hauses machte, der zum Unglück gerade, als wir uns vergaßen, die Nase aus seiner Loge steckte. In richtiger Erkenntnis meiner Mitschuld wandte er sich nicht an das Hündchen, sondern an mich. Er zeigte mit grau drohendem Finger auf die Stätte der Untat und herrschte mich an: ‚Wat? Sie woll'n ein jebildeter Mensch sint?'

Ich lerne

Ja, er hat recht, ich muß etwas für meine Bildung tun. Mit dem Herumlaufen allein ist es nicht getan. Ich muß eine Art Heimatskunde treiben, mich um die Vergangenheit und Zukunft dieser Stadt kümmern, dieser Stadt, die immer unterwegs, immer im Begriff, anders zu werden, ist. Deshalb ist sie wohl auch so schwer zu entdecken, besonders für einen, der hier zu Hause ist ... Ich will mit der Zukunft anfangen.

Der Architekt nimmt mich in sein weites, lichtes Atelier, führt von Tisch zu Tisch, zeigt Pläne und plastische Modelle für Geländebebauung, Werkstätten und Bürogebäude, Laboratorien einer Akkumulatorenfabrik, Entwürfe für eine Flugzeugausstellungshalle, Zeichnungen für eine der neuen Siedlungen, die Hunderte und Tausende aus Wohnungsnot und Mietskasernenelend in Luft und Licht retten sollen. Dazu erzählt er, was heute die Baumeister von Berlin alles planen und zum Teil im Begriff sind, auszuführen. Nicht nur Weichbild und Vorstadt will man durch planmäßige Großsiedlung umgestalten, auch in den alten Stadtkörper soll neuformend eingegriffen werden. Der künftige Potsdamerplatz wird von zwölfgeschossigen Hochhäusern umgeben sein. Das Scheunenviertel verschwindet; um den Bülowplatz, um den Alexanderplatz entsteht in gewaltigen Baublöcken eine neue Welt. Immer neue Projekte werden entworfen, um die Probleme der Grundstückwirtschaft und des Verkehrs in Einklang zu bringen. Künftig darf nicht mehr der Bauspekulant und der Maurermeister durch seine Einzelbauten den Stil der Stadt verderben. Das läßt unsere Bauordnung nicht zu.

Der Architekt berichtet von den Ideen seiner Kollegen: Da die Stadt allmählich auf dem einen Havelufer Potsdam erreichen wird, stellt einer einen Plan mit Bahnen und Verkehrslinien auf, dem er die schönen Waldbestände und einzelnen Seen einfügt, um schließlich die Havel zwischen Pichelsdorf und Potsdam zu einer Art Außenalster zu machen. Ein anderer will zwischen Brandenburger Tor und Tiergarten einen großen repräsentativen Platz schaffen, so daß erst die Siegesallee die Parkgrenze bilden soll. Auf dem Messegelände soll die Ausstellungsstadt die Form eines riesigen Eis bekommen, mit einem Innen- und Außenring von Hallen, einem neuen Sportsforum und einem Kanal, an dessen Endpunkt zwischen Gartenterrassen ein Wasserrestaurant liegt. Potsdamer und Anhalter Bahnhof sollen auf das Rangiergeleise des nächsten Vorortsbahnhofs verlegt werden, um Platz zu schaffen für eine breite Avenue mit Kaufhäusern, Hotels und Großgaragen. Im Zusammenhang mit der Vollendung des Mittellandkanals ändert sich Berlins Wasserstraßennetz, und die entsprechende Umgestaltung alter und Erbauung neuer Ufer, Brücken, Anlagen stellt wichtige Aufgaben. Und dann das neue Baumaterial: Glas und Beton, Glas an Stelle von Ziegel und Marmor. Schon gibt es eine Reihe Häuser, deren Fußböden und Treppen aus Schwarzglas, deren Wände aus

Opakglas oder Alabaster bestehn. Dann die Eisenhäuser, ihre Verkleidung mit Keramik, ihre Rahmung mit glänzender Bronze usw.

Der Architekt bemerkt meine Verwirrung, er lächelt. Also schnell ein bißchen Anschauungsunterricht. Hinunter auf die Straße und in sein wartendes Auto. Wir sausen den Kurfürstendamm entlang an alten architektonischen Schrecken und neuen ‚Lösungen' und Erlösungen. Wir halten vor den Gebäuden des Kabaretts und des Filmpalastes, die eine gerade durch ihre leisen Verschiedenheiten so eindringliche Einheit bilden, beide beschwingt im Raume kreisend, immer wieder die mitreißende Einfachheit ihrer großen Linien ziehend, wobei das eine sich mehr in die Breite lagert, das andre mehr aufragt. Der Meister neben mir erklärt eines Meisters Werk. Und um, was seine Worte umfassen, aus der Mitte des Bauwerks zu verdeutlichen, verläßt er mit mir den Wagen, führt mich durch den breiten Wandelgang, der in dunklem Rot dämmert, ins Innere des einen Theaterraums und zeigt mir, wie die ganze Schauburg aus der Form des Kreises entwickelt ist und wie die hellen Wände ohne vereinzelten und abwegigen Schmuck durch flächige Muster gegliedert sind.

Dann fahren wir eine Querstraße hinauf durch ein kleinbürgerliches Stück Charlottenburg und am Lietzensee vorbei zum Funkturm und den Ausstellungshallen, die er mit ein paar Worten zur größeren Messestadt ausbaut. Ehe er damit fertig ist, haben wir den Reichskanzlerplatz erreicht und er stellt mir das Unterhaltungsviertel dar, das hier entstehen soll, die beiden Baublöcke mit Kinos, Restaurants, Tanzsälen, einem großen Hotel und dem Lichtturm, der das Ganze überragen wird. Wir wenden in eine Parallelstraße des Kaiserdamms und halten vor einem weiten Neubaugelände. Hier ist mein Führer selbst Bauherr. Werkmeister kommen uns entgegen und erstatten ihm Bericht. Indes seh ich in das weitläufige Chaos, aus dem sich mir zunächst die beiden Pylonen am Eingang, schon im Rohbauskelett deutlich gestaltet, entgegenrecken. Dann geh ich mit dem Meister über Schutt und Geröll bis an den Rand, hinter dem der Abgrund der Mitte beginnt. Der Grundriß, wie man ihn sonst auf dem Zeichentisch vom Blatt ablesen muß, dem Notenblatt dieser ‚gefrorenen Musik', liegt nun vor mir ausgebreitet. Dort werden die beiden großen Depothallen sich erheben, die Schlafstellen der Wagen. Hier werden Geleise entlangführen. Am Rande rings werden Gärten entstehen, in denen unter den Fenstern vieler lichter

Wohnungen die Kinder der Beamten, Fahrer, Schaffner spielen sollen. Wir fahren außen die eine Seite des großen Vierecks entlang. An einer Stelle ist die Straße erst im Entstehen begriffen, und wir müssen ein Stück über wuchernde Wege gehn. Und um uns her wächst aus des Baumeisters Worten eine ganze Stadt.

Was er mir so am Werdenden sichtbar gemacht hat, kann er mir nun auch noch am Vollendeten zeigen. Über die Spreebrücke beim Schloß Charlottenburg eilt unser Wagen den Kanal entlang und zum weiten Westhafen. Ein Blick auf die düsteren Gefängnismauern von Plötzensee. Wir kommen durch die endlose Seestraße an Kirchhofsmauer und Mietskasernen hin bis zur Müllerstraße. Die mächtige Siedlung der Wagen und Menschen taucht auf. Breiter Zugang eröffnet uns den Blick auf drei eisengestützte Hallen. Wir durchschreiten das Tor und sehn von innen die dreistöckigen Seitenflügel der Wohnstätten, die vier Stockwerke der Frontseite und die mächtigen Pylonen der Ecken. Dann treten wir überall ein, erst in die Glas- und Eisenhalle, in der die Wagen wohnen, sehn dort hinauf zum Bahnhofshimmel und hinab in die seltsame Welt der Gänge unter den Schienensträngen. Dann in die Verwaltungsräume, Reparaturwerkstätten und endlich über einladend ansteigende Treppen in einige der hübschen Wohnungen.

Beim Umschreiten des Komplexes begreife ich, ohne es bautechnisch ausdrücken zu können, wie der Künstler durch Wiederholung bestimmter Motive, Betonung bestimmter Linien, durch das Vorziehen scharfer Kanten an den steigenden Flächen und ähnliches diesem Riesending aus Backstein, welches Bahnhof, Büro und Menschenhaus zugleich sein muß, einen unvergeßlich einheitlichen Gesamtcharakter gegeben hat.

An der Nordostseite schauen wir weit über Feld, und ganz nah bekomme ich des Riesen winzigen Nachbarn gezeigt, ein Häuschen, ‚so windebang‘, das da tief im Felde steht. Das ‚schmale Handtuch‘ nennen es die Leute. Das Nebeneinander der ragenden Hallen und dieser Hütte ist wie ein Wahrzeichen des Weichbildes von Berlin.

*

Am Abend dieses übervollen Tages bin ich bei einer alten Dame zu Gaste gewesen, die aus Sekretär und Truhe Erinnerungsstücke hervorholte, Dinge, die ihrer Ahnin im alten Haus an der Stralauerstraße gehört haben, die große englische Puppe im ergrauten Musselinempirekleid mit den kreuzweis gebundenen, immer noch rosenfarbenen Seidenschuhen; Tellerchen und Leuchterchen, sorglich aus Holz geschnitten, mit denen diese Ahnin als Kind im Garten spielte ganz nah an der Spree und der hölzernen Waisenbrücke, von der Menzel auf seinem berühmten Stich Chodowiecki ins Wasser schauen läßt. Aus einer Blechkapsel nimmt sie die Hauspapiere mit den Wachssiegeln. Zierliche Stammbücher der Urgroßtanten darf ich aufschlagen, in denen die haarscharfen Schnörkelbuchstaben poetischer Widmungen den kolorierten Buketts und hauchzarten Landschaften befreundeter Maler gegenüberstehn. In den Landschaften findet sich als Staffage bisweilen ein Reitersmann in gelbem Frack und Stulpstiefeln oder eine Reiterin in violettem Kleid. Die Buketts sind in Form und Farbe verwandt dem, was mit spitzem Pinsel die Porzellanmaler auf Teller und Vasen und Schalen ‚Königlich Berlin‘ setzten.

Ich bekomme sogar eine Brautkrone von anno 1765 in die Hand, mit grüner Seide umsponnenen, blütenbildenden Draht. Eine Tabakdose aus Achat darf ich betasten. Die gütige Besitzerin all dieser Schätze langt kleine Familienporträts von den Wänden, Frauenköpfe in gelocktem, leichtgepudertem Haar und zartfarbigem Schleiertuch, Herren in Perücke und dunkelblauem Frack. Und dann erzählt sie von der Berliner Putzstube, der schöneren Vorgängerin all der ‚guten Stuben‘ mit Mahagonimöbeln und der blauen und roten Salons, die wir bei unseren Großeltern gekannt haben, von der Putzstube, die ein verschlossenes Heiligtum war, das die Kinder nur zu besondern Gelegenheiten betreten durften. Wir schlagen eines ihrer Lieblingsbücher, die ‚Jugenderinnerungen eines alten Berliners‘ von Felix Eberty, auf und lesen: „Die Wände waren hellgrau gestrichen, Tapeten kamen nur bei den reichsten Leuten vor. Auf die Wand hatte Wilhelm Schadow, der nachherige Direktor der Düsseldorfer Akademie und meines Vaters Jugendfreund, demselben als Hochzeitsgeschenk die vier Jahreszeiten grau in grau und mit weißen Lichtern gehöht schön und plastisch gemalt, so daß es ein Relief zu sein schien. Ein herrlicher Teppich, Erdbeerblätter, Blüten und Früchte zeigend, bedeckte den Fußboden, die Möbel waren sehr zierlich aus weißem Birkenmaserholz gefertigt. Ein kleiner Kronleuchter zu vier Lichtern, an Glasketten hängend, schien uns überaus prächtig und ein unnahbares Kunstwerk zu sein, das wir gar zu gern mit den Händen berührt hätten, wenn es nicht aufs strengste verboten gewesen wäre; denn die Möglichkeit, diese Begierde zu befriedigen, war vorhanden, weil die Zimmerhöhe gestattet hätte, mittels eines Stuhls die glänzenden Glasstückchen zu erreichen."

Wir sprechen von noch älteren Berliner Interieurs. Sie hat Bilder von Zimmern, in denen die mit Tapisseriearbeit überzogenen L'Hombre-Tische standen, die ausgenähten Fauteuils, die Servanten mit den schönbemalten Porzellantassen, auf der Kommode englische Repetier-uhren, in der Ecke ,wohlkonditionierte' lackierte Flügel der friderizianischen Zeit. Sie weiß von den hohen Betten, zu denen mehrstufige Tritte führten, von Himmelbetten *à la duchesse* und denen *à tombeau*, vom Bettzopf, Nachthabit und Nachthandschuhen, von Tapeten *en hautelisse* mit Personnagen nach französischen Dessins. Immer mehr Besitz kramt sie heraus, Daguerreotypien, ausgetuschte Kupferstiche, ausgeschnitte-ne, aufgeklebte und mit Lackfirnis überzogene Figuren ...

Über uns hängt eine Ampel, ein bronzenes Blumenkörbchen, aus dem Blätter von grünem Glas und hellfarbige gläserne Winden hangen und sich heben. Das Stück ist aus den dreißiger, vierziger Jahren des vergangenen Jahrhunderts, als eine neue Vorliebe für das Rokoko auf-kam. Das Licht flackert im Nachtwind, als wäre es nicht elektrisch, sondern Öllicht einer Astraganlampe. Es ist spät geworden für alte Damen. Und ich merke, wie müde ich bin von soviel Berlin.

Etwas von der Arbeit

Sicherlich ist in andern Städten der Lebensgenuß, das Vergnügen, die Zerstreuung bemerkenswerter. Dort verstehn es vielleicht die Leute, sich sowohl ursprünglicher als auch gepflegter zu unterhalten. Ihre Freuden sind sichtbarer und schöner. Dafür hat aber Berlin seine be-sondere und sichtbare Schönheit, wenn und wo es arbeitet. In seinen Tempeln der Maschine muß man es aufsuchen, in seinen Kirchen der Präzision. Es gibt kein schöneres Gebäude als die monumentale Halle aus Glas und Eisenbeton, die Peter Behrens für die Turbinenfabrik in der Huttenstraße geschaffen hat. Und von keiner Domempore gibt es ein eindrucksvolleres Bild als, was man von der Randgalerie dieser Halle sieht, in der Augenhöhe des Mannes, dessen Luftsitz mit Kranen wandert, welche schwere Eisenlasten packen und transportieren. Auch ehe man versteht, in welcher Art die metallenen Ungeheuer, die da unten lagern, zur Bereitung ähnlicher und andersartiger Ungeheuer dienen, ist man von ihrem bloßen Anblick ergriffen: Gußstücke und Gehäuse, noch unbearbeitete Zahnkranztrommeln und Radwellen, Pumpen und Generatoren halb vollendet, Bohrwerke und Zahnradgetriebe fertig zum Einbau, riesige und zwergige Maschinen auf dem Prüfstand, Teile von Turbogeneratoren in der betonierten Schleudergrube.

Während wir in dieser Halle mehr bestaunen als begreifen, wird uns in den kleineren Werkstätten manches zugänglicher. Wir sehen, wie Nickelstahl in Stangenform auf der Schaufel gefräst und geschliffen wird, wie in die Rinnen der Induktorwelle blecherne Zähne eingeschoben werden, wie die gewickelten Erregerspulen zwischen das Zahnwerk greifen. Wir besuchen die Schmiede, wo die Arbeiter glühende Eisenstücke unter den Dampfhammer halten, der sie kerbt und hobelt wie weiches Wachs.

Wir stehn am Wasser vor der Transformatorenfabrik und sehen, wie Kohle aus dem Spreekahn mit der Laufkatze herübergekrant wird in eine Art Eisenhammer, um dort ganz ohne Menschenhand in Kohlenstaub verwandelt zu werden. Wir treten in die Halle, in der niemand zugegen ist, und sehn die Verbrennung in glühender Grotte. Nach den Räumen mit den großen Maschinen besuchen wir Säle, wo Arbeiterinnen ganz dünnen Draht spulen, Hartpapier walzen und zu Schichten ganz leichter harter glatter Rollen pressen, wo von Hand zu Hand das schmale Stanzplättchen wandert, das geglüht, geölt, geschnitten wird.

In der Zählerfabrik macht ein Griff der Maschine aus der Blechplatte eine Schüssel mit hochgebogenem Rand, ein zweiter durchlocht sie. Funkensprühend wird sie genietet und geschweißt. Magnete werden eingefügt. Das ganze Haus ist eine Kette der Arbeit, die ununterbrochen die Werkbänke hin von Stockwerk zu Stockwerk wandert und in weitertragende Schachte geschoben wird. Alle Teile und Teilchen, die den sitzenden Frauen zur Hand liegen, werden dem werdenden Zähler eingefügt, angesetzt, eingeschraubt und geprüft; und zuletzt wird das ganze Zählergebäude verpackt. Stahlbänder schieben sich um Kisten, die auf Rollen zum Fahrstuhl gefördert und auch dort nicht von Menschenhand, sondern mittels eines Hebels angehoben werden. Alle Kraftvergeudung und schwächende Anstrengung wird erspart; immer mehr wird der Arbeiter nur noch Wächter und Anlasser der Maschine. Und wie die Maschinenteile, so wandern auf laufendem Bande auch Tassen und Becher, in welche die Mädchen ihren Tee, Kaffee und Kakao getan haben, und der kommt dann von seinem Rundgang durch die Küche gekocht und fertig zu ihnen zurück. Jede, die da sitzt, hat hinter dem laufenden Band nur ein kleines Stückchen Tisch für sich, und doch ist Platz genug, daß die Nachbarinnen der, die heute Geburtstag hat, ein paar bunte Tassen, Teller und Löffelchen aufschichten konnten, die hinter dem Wanderwerk rührend stillstehn.

Es ist nicht nötig, alles zu verstehn, man braucht nur mit Augen anzuschauen, wie da etwas immerzu unterwegs ist und sich wandelt. Da ist in einer dieser Stätten andächtigen Eifers ein Metall, von dem man dir erzählt, daß es einen besonders hohen Schmelzpunkt hat und sehr schwer verdampft. In Öfen kann's nicht geschmolzen werden, die würden in Stücke gehn, darum muß das aus dem Mineral gewonnene Metallpulver durch Pressen, Sintern, Hämmern und wieder Glühen allmählich zum festen Stab und weiter zum Draht geformt werden. Und nun kannst du sehn, wie der Draht durch Hämmermaschinen und durch Ziehsteine geht, an den Enden gespitzt und so lange geglüht und gezogen wird, bis er zum haarfeinen Fädchen geworden ist, das in der Glühlampe gebraucht wird. All das machen die Maschinen, die Menschen stellen nur an, nehmen heraus, schieben weiter. Und während tausend solcher dünnen und immer dünneren Drähte entstehn, wachsen in andern Sälen tausend Lampenkörper. An runden Maschinentischen, die vor ihren Händen sich drehn, sitzen die Geduldigen, reichen den Griffen zu und nehmen ihnen ab, und gehorsam quetscht die Maschine den Lampenfuß, setzt Halter ein, bespannt das Gestell, schmelzt, pumpt aus, sockelt, lötet, ätzt, stempelt und verpackt. Aber das ist wieder nur ein Teil der Arbeit. Da wird noch geprüft, gemessen und sortiert, da wird mattiert und gefärbt.

All das geschieht unablässig in Siemensstadt, Charlottenburg, Moabit, Gesundbrunnen, hinter der Warschauer Brücke und an der Oberspree.

Und so großartig es ist, im Saal, von der Treppe, von der Galerie auf die kreisenden und surrenden Maschinen zu sehn, so ergreifend ist der Anblick der Nacken und Hände derer, die da werkeln, und die Begegnung des Auges mit ihren aufschauenden Augen.

Aus dem, was diese Menschen schaffen, kommt Licht in dein kleines Zimmer und wandert Häuserfronten entlang, bestrahlt, preist an, wirbt und baut um. Leuchtende Kannelüren an der Decke eines Riesenraums bilden ein festliches Zeltdach von Licht. Konturenbeleuchtung gliedert die Fassade eines Hauses, Flutlicht durchblutet Schaufenster, blaue Taglichtlampen strahlen im Seidensaal, und der Stoff, den der Verkäufer vorlegt, hat die Farbe, die ihm sonst die Sonne gibt. Draußen gehn Wanderschriften über Transparente, Buchstaben formen sich zu Worten und verschwinden, Bilder tauchen auf und wechseln, farbige Räder rollen stumm.

Ganze Häuser entstehen bereits im Hinblick auf die Gliederung des Baukörpers durch das Licht. Man ahnt das Kaufhaus der Zukunft, dessen Wand und Decke Glas sein wird und das Ganze Eine Helle, tags die überall hindringende Sonne, nachts das von Menschen und Maschinen geschaffene Licht.

*

Daran arbeiten die in den großen Hallen des Eisens und der Elektrizität; um den Fleiß von Berlin zu begreifen, mußt du aber auch durch die kleinen Fabriken gehn. Mußt eintreten in einen der Gebäudekomplexe und Höfe des Südostens. Besuche, wie ich es tat, im Viertel der Leder- und Galanteriewarenbranche, die Rahmenfabrik. Auf den Böden lagert das Holz, wie es aus der Sägerei kommt, und trocknet bei leichtem Durchzug. Wird es dann zugeschnitten, behält jede Scheibe noch am Rand ein Stückchen Wald. So kommt sie in eine Kerbmaschine mit feinen Zähnen, die Ecken einbeißen zum Verzahnen der Rahmenteile, und durch die Exhaustoren fliegen die Späne. Mit der Kreissäge werden die langen Leisten verkleinert. Wenn in den großen Maschinenhallen die Männer klein neben Kolossen erscheinen und wie Seeleute oder Bergleute vorsichtig am Rand der elementaren Gewalten bleiben, so beherrschen sie hier ihr Maschinentier mit Bändigerblicken. Ich muß immer wieder den Buckligen ansehn dort an der Kreissäge, dessen

Backenmuskeln zornig und herrisch zucken, sooft auf seinen Druck das Messer ins Holz greift.

Bei den siedenden Leimtöpfen und bei Glas und Pappe, die den Rahmen eingefügt werden, hausen viel Mädchen und Frauen. Die Leimerinnen sind ein derberer Schlag als die Kleberinnen und Poliererinnen. Und an diesen könnte man Studien machen über die Beziehungen zwischen dem einen Handgriff, der zu vollführen ist, und der Hand, die ihn vollführt. Wie feine Finger hat die, welche immer nur winzige Nägelchen in die Pappschicht hinterm Rahmen einsetzt. Wie geduldig sind die langen Hände jener, die Bilderränder so beschneidet, daß sie gut hinter das Glas passen. Wie kindlich rund sind die Händchen der Blaßblonden, die eine Blechform in die kreidige Masse drückt und das Geformte angefeuchtet aufs Holzbrett abstreift, wie es Kinder mit ihren Sandformen auf dem Spielplatz tun. Ihre Arbeit ist ein sympathisches Sonderwerk, denn die Rokoko-Ornamente, die sie dem Rahmen gibt, werden nicht soviel gebraucht wie die gradlinigeren, sie sind teurer herzustellen und nicht so zeitgemäß. Das gibt ihnen und ihrer ahnungslosen Schöpferin eine besondre Schönheit. In abgetrennten Räumen arbeiten die Vergolder. Sie haben Gasmasken vor dem Gesicht gegen den Bronzestaub, der den Lungen gefährlich ist. Leider will das Publikum und wollen dementsprechend die vielen kleinen Geschäfte, die Öldrucke verkaufen, nur Goldrahmen. Seit den Tagen der Inflation braucht der Deutsche wieder Glanz in seiner Hütte. Selbst die Rahmen für Photographien müssen vergoldet werden. Das gute alte Mahagoni ist nicht mehr erwünscht. Über die Photographienrahmen bekomme ich noch etwas zeitgeschichtlich Interessantes erzählt. Früher waren Sammelrahmen beliebt, in die mehrere Bilder gingen, eine ganze Sippe etwa, jetzt wird jedes Bild lieber einzeln aufgestellt. So sind wir von den Rahmen zu dem Umrahmten gekommen: Der liebenswürdige Leiter der Fabrik führt mich in den Ausstellungsraum der beliebtesten Öldrucke. Der ist sehr lehrreich. Denn unter den nicht gerade lebensnotwendigen Gegenständen, die man je nachdem als Luxusartikel oder geistiges Volksnahrungsmittel bezeichnen kann, spielt der Öldruck eine große Rolle. Er möbliert unendliche Mengen von Zimmern und Seelen.

Der ‚bestseller‘ der Branche ist seit Jahren immer noch die heilige Büßerin Magdalena, die in ihrem blauen Gewande weich aufgestützt lagert und buhlerisch kontemplativ auf den Totenschädel schaut. Nicht nur bei den Frommen scheint sie begehrt zu sein wie andere Reproduktionen aus dem Bereich der Bibel und Legende, auch die Kinder der Welt wollen sie haben. Lagernde leichtbekleidete Damen haben überhaupt viel Chance. Und als Rahmen ihres von Amoretten umspielten, ins Wolkenweiche verschwimmenden ‚Pfühls' ist ein nicht hohes, aber ziemlich breites Format beliebt, das sich gut überm Bett ausnimmt. Haben junge Paare, die solche Glückseligkeits-Öldrucke kaufen, es ernstlich auf Nachkommenschaft abgesehn, so richtet die Schöne im Bilde sich ein wenig auf und betreut ein oder mehrere Kinder. Es wird auch gern gesehn, daß etliche Haustiere das Familienglück noch vollständiger machen. An einer der beliebtesten dieser lagernden, beziehungsweise sitzenden Damen wurde kürzlich, wie mir mein erfahrener Führer erzählt, auf Wunsch des Publikums eine zeitgemäße Änderung vorgenommen, ihr reiches Lockenhaar mußte zugunsten des Bubikopfs entfernt werden. Auf andern Gebieten blieben die Käufer unmodern: Das allbekannte Bild ‚Beethoven', eine Versammlung auf dämmernden Diwanen hockender oder hingegossener Männer und Frauen, die einem Klavier lauschen, hat noch keiner Jazzbanddarstellung Platz gemacht. Von berühmten Männern hat der Reichspräsident nicht mehr soviel Zuspruch, seit er in Zivil ist; und mit seinen Waffenrockbildnissen hat sich die deutsche Familie meist schon während des Krieges eingedeckt.

Die Jahreszeiten mit ihren beliebten Arbeiten und Vergnügungen: Säemänner, Garbenbinderinnen, Jäger usw. in der dazugehörigen Landschaft ‚gehen' immer, und zwar jede speziell zu ihrer Zeit. Das wunderte mich etwas, ich hatte gedacht: im Winter hätte man Frühlingssehnsucht, im Herbst Sommerheimweh.

Ich fange an, mich für Statistik zu interessieren. Ich möchte genauer feststellen: Wieviel Magdalenen braucht Magdeburg? Wieviel Damen auf Pfühl verlangt Breslau? Wo läuft der Alte Fritz Böcklins ‚Schweigen im Walde' den Rang ab? Wie hat sich in München von 1918 bis 1928 der Öldruckgeschmack geändert? In welchen Provinzen und Städten überwiegt das Bedürfnis nach Dame mit Kind, Kindern oder Tieren dasjenige nach Dame mit nur Amoretten? Ich fange an, mich für Statistik zu interessieren.

*

Wie der Markt von Bagdad seine Basare, so hat Berlin seine Stadtviertel für die verschiedenen Betriebe. Der Spittelmarkt, sagt man mir, trenne das Quartier der Konfektion von dem der Mäntel. Ich besuche auf der Konfektionsseite eine Hutfabrik, werde zu den Zeichnern geführt, die nach Pariser Modellen aus Pappe Formen schneiden, zu den Mädchen, die diese Formen in Stoff und Leder nachschneiden, in den surrenden Saal der Näherinnen und schließlich in einen Raum, wo Eisenformen elektrisch erhitzt werden. Auf ihnen erhält der fertiggenähte und zurechtgebogene Hut seine endgültige Gestalt. Aus einem Schlauch wird er mit Dämpfen behandelt und dann in eine Art Backofen getan, wo er im stillen weiterschmort. Für den Kulturhistoriker ist es nicht unwichtig zu erfahren, daß es zwar fast gar keine Garnituren mehr gibt, daß aber die Appretur bisweilen Schleifenformen und Bandeaux nachahmt. Vielleicht auch, daß, seit die Mode der knappen Baskenmützen aufgekommen ist, viel Kappen gemacht werden, die aber nicht baskisch streng bleiben, sondern etwas breiter und pagenhafter ausfallen. In dieser Fabrik, die den morgens bestellten Hut bereits abends liefert, entsteht fast alles ganz im Hause vom Zeichentisch bis zur Verpackung. Nur ein kleiner Teil der Hüte wird aus den sogenannten Betriebswerkstätten bezogen, welche Heimarbeiterinnen beschäftigen. Man belehrt mich über die große Rolle, die sonst in der Berliner Konfektion diese Art Arbeitsteilung spielt, bei der der ‚Zwischenmeister' von den großen Firmen nach Musterung der Kollektionen die Stoffe übernimmt und teils in seinen eigenen Räumen bearbeiten läßt, teils an Heimarbeiterinnen weitergibt. Solche Zwischenmeister arbeiten zum Beispiel für die große Schürzenfabrik, die ich in einem der Riesenhöfe der Köpenickerstraße besuche. Die hat im Vogtland ihr eigenes Haus, wo der Stoff hergestellt wird. Hier kommt er dann in Maschinen, die viele Lagen auf einmal zerschneiden, in fleißige Hände, die jede von ihrer kleinen Maschine mit einem Griff Hohlsaum oder drei Falten oder Saumspitzen machen und Knöpfe annähen lassen, welche fester sitzen als die von Menschenhand. In diesem Betriebe darf ich auch in die Büroräume eintreten und die neuen Verbesserungen des kaufmännischen Ressorts kennenlernen. Da sehe ich Rechenmaschinen, die multiplizieren, Markenkleb- und Aufdruckmaschinen, neuartige Kartotheken und an der Wand Karten mit den Wanderplänen der Reisenden, auf die unten in der Garage die Musterkoffer zu zwanzig und zwanzig in großen Autos warten.

Ein ganzes Studium wäre die Basareinteilung von Berlin. Es gibt da, abgesehen von den großen Quartiers der Tischlerei und Metallbearbeitung, der Hausindustrie, der Wollwaren, der Konfektion, noch besondere Spezialitäten, zum Beispiel eine Straße, in der seit vielen Jahrzehnten Beleuchtungskörper hergestellt werden, die Ritterstraße. Am Moritzplatz ist das internationale Exportlager gewisser Artikel, die aus dem Erzgebirge, Thüringen und Nordböhmen kommen, wie Schaukelpferde, Teepuppen, Frisierkämme, Jesusfiguren, Zinnsoldaten und Gummikavaliere. Die ganze Seydelstraße entlang stehen gespensterhaft in den Schaufenstern die Puppen der Büsten- und Wachskopffabriken, die Attrappen und ‚Stilfiguren' der ‚Schaufensterkunst', die in Tausenden von Exemplaren durch ganz Deutschland und weiter wandern, um Hemden, Kleider, Mäntel und Hüte zu tragen. Interessant, was für Gesichter die wachsköpfigen Mannequins schneiden! Mit spitzen Mündern fordern sie dich heraus, schmale Augen ziehen sie, aus denen der Blick wie Gift tropft. Ihre Wangen sind nicht Milch und Blut, sondern fahles Gelbgrau mit grüngoldenen Schatten. Kein Wasserstoffsuperoxyd kann ein so böses Blond hervorrufen, wie die Tönungen ihres Haars es haben. Oft sind die Gesichter nur skizzenhaft modelliert und die angedeuteten Mienen sind dann von besonderer Verderbtheit. Sowohl in der Steife wie in der sportlichen Elastizität ihrer Bewegungen ist eine kühle Mischung von Frechheit und Distinktion, der du Armer nicht wirst widerstehen können. Aufregend sind die Grade ihrer Entblößung. Ganz goldnackte strotzen und silberne blinken, die nichts anhaben als bräunliche Schuhe; freibusige behalten, sich dir zu entziehen, eine Art Leibschurz und Strümpfe an. Bemerkenswert sind auch die Männerköpfe, auffallend die vielen Männer der Tat mit dezidiertem Ausdruck und winzigen Klebeschnurrbärtchen. Soweit sie Leiber haben und nicht nur ein Gliederpuppengestell, müssen sie sie in schwarzen Trikots verbergen, es sei denn, daß sie sich ganz bekleidet in Frack und Smoking zwischen den nackten Damen bewegen und dabei noch über Kinder hinwegschauen, die in blauen Kleidchen und roten Flatterkrawatten uns etwas vortummeln.

Aber es gibt im Büstenhof auch Beine einzeln. Und rätselhafte Gestelle, unten eine Goldkugel, darauf eine Art Frauentorso, der in einen

24

stilisierten Arm und einen abgeschnittenen Armstumpf endet. Das wird alles seine praktische Bewandtnis haben, aber ich starre unwissend in diese Fülle von Wesen und Wesensteilen, Gestellen und Gesichtern, von denen einige sogar Brillen tragen.

Von der Mode

In den Zeitungen stehn Annoncen ‚Ein Riesenposten entzückender Abendkleidchen in allen Modefarben‘ oder ‚Meine spottbilligen Ausverkäufe in pelzbesetzten Mänteln‘, dazu Name und Adresse der Firma irgendwo im Osten. Sind wir neugierig, dort hinzugehn (wir: das ist die Frau, die mir dies erzählt), so kommen wir in Magazine, die auf elende Höfe hinausgehn und deren Aufmachung auf allen Glanz verzichtet. Wir befinden uns in einer Atmosphäre, die dem Kauf und Verkauf in ähnlicher Weise günstig ist wie die der Pariser Warenhäuser. Zwar hat kein Chef oder Rayonchef die Kenntnis des Frauenherzens, die dem Pariser eingibt, der Zögernden ein freundliches *‚fouillez, Madame!‘* zuzurufen, aber auch hier gilt das Prinzip, erst einmal die Schleusen der unkontrollierten Berührung zu öffnen, bis sie zum Begehren wird, das alle Dämme der Vernunft sprengt und überfließend die Kasse füllt. Deutlich mit Preisen gezeichnet, hängen zerdrückte Spitzenkleider, flitterbestickte Musseline, schäbige Samtcapes mit undefinierbaren Pelzkragen, elende, billige Pracht. Blumen drängen sich in Kartons, auf Tabletts Schmuckstücke, deren Vorteil es ist, Schäden zu haben, die fast gar nicht sichtbar sind. In hohen Stapeln, anheimelnd durcheinandergezerrt, liegt rosa und violette Wäsche, reich mit Spitzen garniert, die aus der Ferne luxuriös wirkt, daneben stehn Abendschuhe mit Schnallen aus Diamanten und Smaragden. Das Publikum dieser Basare der Restbestände oder Konkursverkäufe besteht durchaus nicht nur aus freiwillig oder berufsmäßig ‚Koketten‘. Es gibt nämlich zwischen dem falschen Glanz auch vernünftige Artikel, grobe Bettücher und derbe Lederstiefel, Bettvorleger und Stores, deren Preise, wenn auch nicht herabgesetzt, so doch nicht zu unterbieten sind. Der Name dieser Häuser ist auch im Westen Berlins bekannt. Es geht von ihnen der Reiz des Zufälligen, der Gelegenheit aus, auf den die Frauen reagieren, der sie neugierig und gespannt macht, auch wenn es sich um nichts andres handelt, als ein halbes Dutzend Taschentücher einzukaufen oder ein Paar warme Handschuhe.

Ja, sonst gibt es in diesen Straßen auch recht langweilige Geschäfte mit leblosen Auslagen, die nichts weiter suggerieren als einen Austausch von Ware und Geld. Wir werden erst wieder wach vor der strahlenden Helle des Riesenkomplexes Warenhaus. Ist es auch nicht so gedrängt, so nachlässig künstlerisch, so listig üppig hier wie an dem Ort, den wir verlassen haben, so genießen wir doch vor diesem geordneten Reichtum an Waren aller Art die Vielfalt, vor der unsere Bedürfnisse, die uns eben noch so erheblich erschienen, plötzlich Liliputmaß annehmen. Aber uns kann geholfen werden. Die Verkäufer und Verkäuferinnen haben den ‚Dienst am Kunden' von Grund auf studiert. Die großen Kaufhausfirmen haben Schulen ins Leben gerufen, in denen Lehrer, die an Handelshochschulen vorgebildet sind, den jungen Mädchen Anschauungsunterricht über die Behandlung der Ware und der Kunden geben. Wir ahnen gar nicht, was für geschulten Künstlerinnen des Verkaufs und der richtigen Suggestion wir gegenüberstehn, wenn uns die kleinen Fräulein von Wertheim und Tietz sanft in ihren Bannkreis ziehn.

Berlins große Warenhäuser sind nicht verwirrende Basare bedrängender Überfülle, sondern übersichtliche Schauplätze großer Organisation. Und sie verwöhnen ihre Besucher durch das hohe Niveau ihres Komforts. Kauft man vom kreisenden Ständer aus blitzendem Messing einen Meter rosa Gummiband, so darf der Blick, während unsere Ware auf Blocks eingetragen wird, auf Marmor ruhn, an Spiegeln entlang und über glänzendes Parkett gleiten. In Lichthöfen und Wintergärten sitzen wir auf Granitbänken, unsere Päckchen im Schoß. Kunstausstellungen, die in Erfrischungsräume übergehn, unterbrechen die Lager der Spielwaren und Badeausstattungen. Zwischen dekorativen Baldachinen aus Samt und Seide wandern wir zu Seifen und Zahnbürsten. Merkwürdig, wie wenig in diesen der großen Masse gewidmeten Kaufhäusern dem Bedürfnis nach Kitsch Rechnung getragen wird. Die Mehrzahl der angebotenen Dinge ist fast nüchtern. ‚Anständig' ist das Adjektiv, dem der Geschmack nicht widerstehn kann. Nur in Handarbeitslagern und bei Galanteriewaren häufen sich die bedenklicheren Einfälle. In den Lagern der Konfektion sieht man nur Gediegenes, Unauffälliges, das sich der Mode mit einem gewissen Zaudern und Widerstreben annähert und sie eher zu vertuschen sucht, als daß es ihr entgegenkommt. Ein wenig leer ist es in dieser Gegend, es ist, als fehle ein vermittelndes Element. Da wirken die Stapel der Kochtöpfe und Backformen, der Gardinenringe und Frühstückservice erheblich bunter und munterer.

Nah beim Quartier der Konfektion liegt an drei Straßenfronten eins der berühmtesten Modehäuser von Berlin. Seine Modelle ziehen das große Publikum an. Aus allen – außer den exklusivsten – Kreisen, die sich für Mode interessieren, sitzen Damen an zart gedeckten Tischen, an denen die hübschen Mannequins sich entlang schlängeln. Bei den Klängen einer Kapelle schreiten sie in duftigen und feierlichen Kleidchen und lächeln von Beruf und damit man sie von den Damen unterscheide, die verspätet ankommen und verfrüht weggehen.

Dies Haus mit seiner nicht unberechtigten Prätention ist der hinausgeschobene Vorposten der Mode, deren Gebiet eigentlich erst anfängt, wo das Zentrum und der alte Westen sich berühren. In Leipziger- und Friedrichstraße gehören ihr schon viele Auslagen, oft Haus an Haus. Aber erst wenn man die Fronten des Warenhauses von Wertheim und die Blocks der Hotels beim Potsdamer Platz hinter sich gelassen hat und in die Bellevue- oder Friedrich Ebertstraße einbiegt, nähert man sich dem Hauptquartier in der Lennéstraße am Saum des Tiergartens. Die Mode wohnt – im Gartenhaus.

Da flimmern durch das Grün der Vorgärten die Goldlettern der Namen, die Geschmack bedeuten. Da sieht man in den späteren Vormittagsstunden und am frühen Nachmittag Reihen von Autos, sehr gepflegten, sehr ‚rassigen‘, aus den Katalogen der Autofirmen herausgerollt in ihrer funkelnagelneuen Tadellosigkeit. Ernste Chauffeure erwarten die ‚gnädige Frau‘. Von den Verkäuferinnen wird sie so devot empfangen, als wären die Wellen der absoluten Monarchie noch nicht verebbt. An Rokokosesseln vorbei wird sie über geblümte Teppiche in den Salon geleitet, der Chef eilt herbei, der ‚*small talk*‘ Wetter, Reise, Gesundheit wird erledigt, während die Mannequins ihren Wandel vor der Kundin antreten. Meist macht der Chef einen unzufriedenen Eindruck, er zupft an Schleifen, gibt einem Gürtel neues Arrangement, wiegt bedenklich den Kopf. Selten nur sieht man das hingerissene Lächeln der Verkäuferinnen in den Pariser Modehäusern, die ihre blinde Liebe zu vermitteln verstehn. Aber die ‚angezogne' Berlinerin scheint die Haltung des Chefs nicht zu stören. ‚Sie wissen schon, was mir steht', ist eine Redewendung, die ihn nicht als Schmeichelei, sondern als Appell trifft. Er weiß es auch jedenfalls besser. Hat er doch in Paris die Kollektionen der wichtigsten Modeschöpfer gesehen und schon beim Défilé der Mannequins seine Auswahl in Hinblick auf Frau von X. und Frau Z. getroffen. Allzuviel Möglichkeiten gibt es da gar nicht. Das Berliner Gesellschaftsbild kann so lange als einförmig gelten, als die Frau auf die Auswahl angewiesen sein wird, die man ihr als ‚Crème' der Pariser Produktion vorsetzt. Immer wieder ereignet sich das Fatale: drei oder vier Damen begegnen sich im gleichen Kleid. Ist es da ein Trost, daß sie alle den ‚Schlager' der Saison besitzen? Noch ist Berlin, vom Standpunkt der Gesellschaft aus betrachtet, klein und die Eleganz der Dame ein Produkt aus zweiter Hand. Aber schon kommt ein neuer Frauentyp auf, der den Sieg davonträgt über die, deren Schneider und Putzmacherin am Tiergarten wohnen, die junge Avant-Garde, die Nachkriegsberlinerin. Um 1910 müssen ein paar besonders gute Jahrgänge gewesen sein. Sie haben Mädchen hervorgebracht mit leicht athletischen Schultern. Sie gehn so hübsch in ihren Kleidern ohne Gewicht, herrlich ist ihre Haut, die von der Schminke nur erleuchtet scheint, erfrischend das Lachen um die gesunden Zähne und die Selbstsicherheit, mit der sie paarweise durch das nachmittägliche Gewühl der Tauentzienstraße und des Kurfürstendamms treiben; nein, treiben ist nicht das richtige Wort. Sie machen ‚*crawl*', wenn die andern Brustschwimmen machen. Scharf und glatt steuern sie an die Schaufenster heran. Wo haben sie nur die hübschen Kleider her, die Hüte und Mäntel? Neben den wenigen großen, die bereits bis hierher vorgestoßen sind, gibt es im Bayrischen Viertel, in der Gegend der Kurfürstenstraße, in Nebenstraßen des Kurfürstendamms eine ganze Menge kleiner Modegeschäfte. Die begnügen sich häufig mit einem Vornamen als Enseigne. Sie haben wohl auch ein, zwei Pariser Modelle. *Vogue* und *Femina* liegen aus, *Harpers Bazar, Art, Goût et Beauté*. Die Besitzerin des Ladens hat leichte Finger und die Kundin genaue Kenntnis der eignen Gestalt und Spaß an dem Zusammenspiel von Phantasie und Präzision. Diese Jugend fängt an, einen Stil zu finden, gleich weit von dem Snobismus der ‚Marke' und der Gleichgültigkeit, die sich mit der Serie

28

begnügt. Ist es schon wahr, was man immer lauter und allgemeiner zu behaupten anfängt, die Berlinerin könne sich an Eleganz mit den besten Europäerinnen messen? Wir wollen nicht kleinlich nachprüfen, wie es sich genau damit verhält. Es soll uns genügen, diese Scharen von jungen und jüngsten Mädchen zu sehn, dieses Défilé von Jugend und Frische in den knappen, gut sitzenden Kleidern mit den Hütchen, denen eine Locke entquillt, die elastischen Schritte der langen Beine, um überzeugt zu sein, daß Berlin auf dem besten Wege ist, eine elegante Stadt zu werden.

Von der Lebenslust

Diese Jugend lernt auch zu genießen, was doch im allgemeinen dem Deutschen nicht leichtfällt. Der Berliner von gestern verfällt in seinem Vergnügungseifer immer noch der Gefahr der Häufung, der Quantität, des Kolossalen. Seine Kaffeehäuser sind Gaststätten von prätentiöser Vornehmheit. Nirgends die behaglichen unscheinbaren Ledersofas, die stillen Winkel, wie sie der Pariser und der Wiener liebt. Statt Kellner ruft er immer noch das dumm titulierende ‚Herr Ober‘, einfacher Bohnenkaffee heißt Mokka double, fünfzig Bardamen in einem Verschank sind mehr als zehn. Immer wieder werden neue ‚Groß-Cafés‘ gegründet mit Platz für rund tausend Besucher. Im Parterre ist eine ungarische Kapelle, im zweiten Stock spielen zwei Kapellen zum Tanze auf. Erstklassige Kräfte sorgen in den Tanzpausen für die Zerstreuung des Publikums. ‚Eigenartige‘ Vortragskünstlerinnen treten auf. Internationale Attraktionen verheißen die Annoncen und Anschläge, mondänen Betrieb usw. Ja, man bekommt etwas für sein Geld. „Bei freiem Eintritt und Konsum von M 3 genießen Sie von 8½ bis 12½ pausenlos das beste Kabarett Deutschlands. Nachmittagsgedeck 2 M 50 mit Kuchen, soviel Sie wollen.‘

Betrieb, Betrieb! Selbst die guten Alten wollen immer mitmachen.

Man muß einmal einen zweiten Feiertag, wo alles ausgeht, weil doch auch die ‚Hausangestellte‘ Ausgang hat, in einem Monsterspeise-

haus erleben. Da läßt Vater was draufgehn. Und manches Draufgänge-
rische kann man ziemlich billig haben. Es gibt die guten Hors d'œuvre-
Mischplatten, wo alles dabei ist, Hummer und Kaviar und Artischok-
kenherz, und das Ganze immer gleich für zwei Personen; Doppelpor-
tionen, wie das gigantische Entrecôte, das mit lauter Gemüsebeilagen
garniert ist. Es gibt prima Dessertmischungen. Da fehlt nichts. Der
Sohn, der leise gelangweilt neben der leichtgeschürzten Mutter sitzt,
weiß natürlich schon, daß es feiner ist, Apartes zu bestellen, und er
wird vielleicht Gelegenheit finden, dem Alten durch seine Sonderwahl
zu imponieren. Er benimmt sich dem Kellner gegenüber gelassener als
Vater. Lieber würde er ja drüben sitzen bei den beiden einzelnen jungen
Damen. Tippfräulein mögen das sein, die heute allein ausgehn den
Männern zum Trotz. Sie bestellen sehr geschmackvoll: französische
Gemüseplatten, Chicorée und Laitu braisé, und dazu nur Cocktails und
nachher zu den Meringuen Tafelwasser. Er sieht hinüber und lernt. Sein
Hinterkopf ist amerikanisch rasiert und keine Speckfalte drauf wie bei
Papa …

Die monströsen Riesendoppelkonzerte, welche die Hauptstadt für
Gaumen, Auge, Ohr und Tanzfuß veranstaltet, können der neuen Jugend, unsern neuen Berlinerinnen nichts mehr anhaben. Was das Essen,
Trinken und Rauchen angeht, da haben sie mancherlei neue Methoden,
charmante Enthaltsamkeiten, hygienische Kasteiungen, sportliche
Grundsätze. Sicher wie durch das Gedränge der Straße steuern sie
durch das der Vergnügungen, finden die paar Tanzpfade im Dickicht
der Menschenanhäufungen, wissen, in welchem Hotel oder Lokal man
allenfalls noch nachmittags tanzen kann, und haben ihre Cocktailspar-
ties, wo man in geschlossener Gesellschaft tanzt. Es ist bewunderns-
wert, wie sie den Berliner Karneval bewältigen. Der hört bekanntlich
nicht mit Fastnacht und Aschermittwoch auf, sondern geht noch wo-
chenlang ununterbrochen weiter. Und es gibt Nächte mit drei und mehr
wichtigen Festen, einem in den Sälen des ‚Zoo', einem bei Kroll, einem
in der Akademie zu Charlottenburg, einem in der Philharmonie, und
dazu kommt noch in dem und jenem Atelier ein intimeres und besonders reizvolles. Da wissen sie zu wählen, wissen, wo die beste Band
spielt, erfinden eine kluge Reihenfolge, um mehreres zu erledigen. Vor
allem ist es ihnen um gutes Tanzen zu tun. Der richtige Tanzpartner ist
eine sehr wichtige Persönlichkeit und nicht zu verwechseln mit dem,

den man gerade liebt. Seine Aufgabe ist eine durchaus andre. Darüber
haben mich meine jungen Freundinnen belehrt, während sie sich für ein
oder das andre Fest zurechtmachten. Diese Vorbereitung, dies ‚Débar-
quement pour Cythère‘, ist ein bedeutender Augenblick und für uns Zuschauer manchmal lehrreicher als das Fest selbst. Man muß ihre ernsten
Mienen vor dem Spiegel sehn, während sie Arme und Schultern bräu-
nen, das Gesicht ‚machen‘, Turbane und Federkappen probieren. Sie
eilen nicht, sie legen sorgsam letzte Hand an das Werk des einen
Abends wie ein Künstler, der Dauerndes schaffen will. Sie erfinden
wunderbare Übergangsgebilde vom Maskenkostüm zum Gesellschafts-
kleid, unschuldige Nacktheiten, lockende Verhüllungen und groteske
Übertreibungen, hinter denen sie sich gut verbergen können. Da kann
man in aller Ruhe ihre Gegenwart genießen, was sonst nicht leicht ist.
Denn im allgemeinen haben sie das Tempo ihres Berlins, das unsereinen etwas atemlos macht. Es ist erstaunlich, wieviel Lokale und Menschen sie an einem Abend behandeln können, ohne zu ermüden. ‚Nun
wollen wir Apéritif trinken gehn‘, sagen sie plötzlich, wenn die Tee-
stunde etwas zu träumerisch geworden ist. ‚Apéritif?‘ frage ich verwundert, ‚ich dachte, das gibt es hierzulande gar nicht.‘ ‚Sie unter-
schätzen wieder einmal den Fleiß unserer Stadt‘, bekomme ich zu
hören. Und ehe ich mich's versehe, sitze ich schon neben der eiligsten
von ihnen im Auto, sie steuert die Budapesterstraße entlang vorbei an
Glashallen, in denen die ‚schnittigsten‘ aus- und inländischen Wagen
ihren Salon haben, und hält den Sauriern gegenüber, die auf die Wand
des Aquariums gemeißelt sind. Wir überschreiten die Glasplatte am
Hoteleingang, die leuchtende Platte mit der paradiesischen Inschrift. In
der Halle wechselt Maria (so verlangt sie, daß ihre Freunde sie nennen,
den lächerlichen Marys, Miez und Mias ihrer Angehörigen zum Trotz)
ein paar Worte mit dem jungen Dichter, der demnächst im Film auftreten wird, und erkundigt sich nach dem Befinden ihres gemeinsamen
Freundes, des Boxers, der so lange ausgesetzt hat. Der Jüngling aber,
der auf beide zuelt und ihr geschwind etwas mitzuteilen hat, ist die
jüngste Hoffnung des Kabaretts. Maria kürzt ab und zieht mich weiter.
Im Vorraum der Bar, sozusagen in der Exedra, sitzen auf Wandsofas
Männergruppen im Gespräch; und wenn ich besser Bescheid wüßte,
würde ich gewisse Politiker oder Börseaner erkennen. Wir treten in den
angenehm niederen Raum mit den roten Deckenbalken. Gern hätten

wir auf den hohen Schemeln an der Bar selbst Platz genommen, aber die sind alle besetzt. Und so muß mich von unserm Tisch aus Maria belehren, wer der schlanke englisch Redende im schönen sandfarbenen Hemd da am Nebentisch und wer sein Begleiter mit den Koteletten ist. Man grüßt Maria vom Tische der jungen Attachés. Und das süße Geschöpf, das sie im Vorbeistreifen rasch geküßt hat, das war das kleine neue Revuewunder, das ich aus Bildern in den Magazinen kenne. Uns zunächst sitzen zwei etwas zu frisch gemalte Mädchen. Die rechts glaubt Maria in St. Moritz gesehn zu haben. ‚Warum rümpft denn die Linke jetzt schon zum zweiten Male die Nase?' ‚Das tut man jetzt viel. Die (sie nennt einen Schauspielerinnennamen) machte es auf der Bühne. Es hat sich eingeführt.'

Rings an den Tischen wird geflüstert wie im besten Europa. Man spricht nämlich im neuen Berlin nicht mehr so laut wie im früheren. Man ist hier wie bei einem Empfang. Aber mehr als eine Viertelstunde Aufenthalt erlaubt Maria nicht. Sie hat Rendezvous zu frühem Essen im ‚Neva Grill' mit Freunden, die nachher in die ‚Komödie' wollen. Sie überantwortet mich einem ihrer Freunde, der mich zu ‚Horcher' mitnehmen soll. Dort will sie uns in einer Stunde vorfinden. ‚Ihr könnt da männlich langsam und gediegen speisen und Burgunder trinken. Ich komme zum Dessert zurecht.'

Die Seezunge, zu der Gert, mein Tischgenosse, nach einer Beratung mit dem Sohn des Hauses sich entschlossen und mich bestimmt hat, wird auf gut Pariser Art vor unsern Augen behandelt. Und bei Nuit Saint-Georges lasse ich mir von Gert, der bei jungen Jahren schon ein angesehener Mann in Bank- und Diplomatenkreisen ist, Berliner Gesellschaft erzählen. Ein schwer zu erfassender und zu begrenzender Begriff. Die alte Trennung der Stände hört immer mehr auf. Wohl gibt es noch einige mißvergnügte Noblesse in Potsdam und auf Landschlössern, die den Glanzzeiten der exklusiven Hofgesellschaft nachtrauert, aber gerade die Vornehmsten suchen den Anschluß an die neue Zeit. Gastliche Häuser vereinen Kunst und hohe Bourgeoisie, und am Tische großer Bankherren begegnen sich sozialistische Abgeordnete mit Prinzen aus dem früheren Herrscherhaus. Die großen Sportklubs schaffen eine neue Haltung, die das Hackenklappen ehemaliger Gardeleutnants und die alte Korpsstudentenschneidigkeit ausschließt. Mit jugendlichem Eifer stürzt sich der ehrgeizige Berliner in die neue Geselligkeit, und die Minister und Staatssekretäre müssen mehr Zweckessen mitmachen, als am Ende der Politik günstig ist. Wir kommen auf die Frauen zu sprechen und gerade hat Gert von einem Diner erzählt, bei dem er zwischen zweien saß, von denen die zur Rechten vorsichtig und korrekt unterhalten sein wollte, während die Linke jeder Äußerung eine zweideutige Anspielung abzugewinnen suchte oder selbst Themen anschlug, bei denen unsre Mütter vor Scham in den Boden gesunken wären – da erscheint Maria und kommt uns vor wie die junge Königin eines neuen Amazonenstaates, für den der alte Begriff Gesellschaft nicht mehr existiert. Sie geht nicht weiter auf unsere theoretischen Gespräche ein, sondern will uns nur rechtzeitig abholen zu einem wichtigen Russenfilm. Gert wollte eigentlich den des Pariser Amerikaners sehn, der nur mit Hilfe von ein paar Ateliergegenständen, Hemdkragen und Händen gemacht ist. Aber den kennt Maria schon vom letzten Pariser Aufenthalt. Sie hat ihn im kleinen Saal der Ursulerinnen im Quartier Latin gesehn.

Nach dem Kino sitzen wir im ‚Casanova' unten, nicht weit vom Klavier, an dem der durch einen Schlager berühmt gewordene Komponist diesen allabendlich vorspielt und singt. Gert und Maria beraten, was man noch unternehmen könnte. ‚Warum geht ihr Jungen nicht hinauf tanzen?' frage ich. ‚Ich mag nicht', sagt Maria, ‚aber Gert findet vielleicht Anschluß im blauen Salon.' ‚Eigentlich hätte ich heute um Mitternacht in die ‚Ambassadeurs' kommen sollen.' Meiner Unerfahrenheit wird mitgeteilt, daß dies die neueste Abzweigung der ‚Barberina' ist. Gert und Maria diskutieren die Güte der verschiedenen Jazzbands und Tangokapellen in den großen Hotels, im ‚Palais am Zoo', in der ‚Valencia' usw. Ich bringe etwas schüchtern meine Erfahrungen aus der kleinen ‚Silhouette' vor. ‚Wollen wir nicht ganz einfach hier gegenüber ins ‚Eldorado' gehn? Da ist das richtige Durcheinander, ihr seid doch für Chaos, Smokings und Sportjacken, Transvestiten, kleine Mädchen und große Damen. Sie sind natürlich wieder mehr fürs Korrekte, Gert, Sie wollen soignierten Tanz und Rahmen, Sie wollen in die ‚Königin'.' Aber schließlich entscheiden wir uns ganz anders.

Im dunkleren Teil der Lutherstraße ein einzelnes Licht. Ein paar Privatautos vor der Tür. Schon der schmale Gang des Vorraums ist überfüllt. Ein freundlicher Manager verheißt uns Unterkunftmöglichkeiten. Und in der Tür des zweiten Zimmers reicht uns der Herr des Hauses die Hand. Es ist nützlich, sich seiner persönlichen Protektion zu versichern, denn hier ist, so sagt man mir, durchaus nicht jedermann willkommen. Das heißt, er kommt wohl hinein und ißt und trinkt, aber wenn seine Nase dem Besitzer dieses merkwürdigen Zimmers mißfällt, so läßt er den Kellner keine Bezahlung annehmen, sondern nähert sich selbst dem Tisch des Fremdlings, bittet ihn, für diesmal sich als eingeladenen Gast zu betrachten und – nicht wiederzukommen. Daher ist hier ein erlesenes Publikum. Köpfe gibt's hier! Und Schultern! Und Augenbrauen. Dort in der Ecke sitzen sie beide, die wohltätig üppige und die schmal lächelnde, die in der Revue das Lied von der besten Freundin sangen. Und nah dem Klavier – auch als stille Zuschauerin imponierend – die rothaarige Meisterin der Groteske. Sie lacht auf, als schräg gegenüber der dicke Riese von der Wasserkante, der tags deutsche Dichtung und abends welsche Getränke umsetzt, seinen bekannten Kriegsruf ausstößt, mit dem er den zweiten, lebhafteren Teil seines Abends einzuleiten pflegt. Aber die Nachbarn machen sanft psst! Denn jetzt steht auf dem Klavier, den Kopf deckennah geduckt, ein Persönchen in Matrosenbluse und gestikuliert vorbereitend für das Lied von den Jungfern zu Camaret, das sie singen soll. Sie singt französisch wie ihre Landsmännin, ihr Vorbild am Montparnasse. Und wer lang genug in Paris war, versteht auch die gefährlichen Worte des Liedes, das nun in einer Art Kirchenmelodie anhebt. Die andern lachen ahnungslos und dankbar mit. Wir haben im Gedränge stehend zugehört. Jetzt bekommen wir Plätze im Winkel an der Bar. Während Gert und Maria tanzen, schau ich umher. Die wenigen von der Kunst und Lebenslust, die ich persönlich kenne, sind fast alle hier. Sanft dröhnend ruft mich beim Vornamen die Stentorstimme dessen, der einst in Paris aus einem kleinen Eckrestaurant den ,Dôme' gemacht hat und nun hier ein berühmter Maler ist. Die schöne Russin, die sich neben ihn drängt, kenn ich doch auch. Er gönnt ihr seine breite Nachbarschaft und betrachtet durch kritische Brillengläser ein paar Jünglinge von der allerneusten Literatur, die ihm in andächtiger Gruppe gegenüber sitzen. Das wohlwollend langsame Lächeln im Abbatengesicht dessen, der ein gut Teil der deutschen und ausländischen Literatur in sein Bestiarium gesperrt hat, gilt den beiden nun schon erwachsenen Poetentöchtern, die er als Kinder hat spielen sehn, und inzwischen sind sie Weltreisende und Eroberinnen geworden. Ein neuer Schub Kömmlinge drängt den schmalen

Tanzgang her und aus Mänteln schälen sich Inder und Indianer beiderlei Geschlechts, soweit sich das unterscheiden läßt. Sie kommen von einem Fest und ehe sie auf das andre gehn, besuchen sie uns und wollen uns zum Mitkommen verführen. Ach, das klirrende Armband an Pucks Schenkel, ach, die Adlerfeder über Sonjas Haar! Aber wir bleiben. Der junge Mixer ist ein zu guter Schenke. Wir bleiben, bis es – mit einmal – drei Uhr ist und einige Stühle schon auf den Tischen kopfstehn. Maria will uns noch in den Damenklub hier in der Nähe bringen, aber mit dem habe ich kein Glück. Selbst heute, da wir Gefolge eines Mitglieds sind, bleiben seine Pforten uns geschlossen. Dafür schafft uns Gert ungehindert ins ‚Künstler-Eck', wo wir unter gotischen Wölbungen eine herrliche Hühnersuppe löffeln. Und nun könnten wir noch weiterziehn in den dämmernden Morgen. ‚Schwannecke' hat für die Seinen eine Seitenpforte noch offen. Und obendrein weiß Gert einen Verband von Gastwirtangestellten, der mitten in der Nacht aufmacht und bis Mittag zu essen und zu trinken gibt. Auch hier ist er Mitglied. Da könnten wir zwischen den Letzten vom Abend und den Ersten vom Morgen sitzen, zwischen Sängern und Kellnern, Schauspielerinnen und Aufwartefrauen. Aber für heute ist es genug. Das Bewußtsein, man könnte noch lange weitermachen, schläfert so angenehm.

*

Gewisse Zeitungsannoncen und von Reklamemännern getragene Plakate waren mir schon öfter aufgefallen. „Walterchen der Seelentröster mit dem goldenen Herzen, Berlins bekannteste Stimmungskanone … Wieder täglich Treffpunkt aller Verlassenen … Witwenball für die ältere Jugend im herrlichen Prunksaal Ackerstraße … Altdeutscher Ball, nur ältere Jugend, flotte Ballmusik … Clärchens vornehmer Witwenball das Tagesgespräch. Nur Auguststraße trifft sich die Elite." Manchmal heißt es auch zusammenfassend: Elitewitwenball, wobei Elite sowohl auf Witwen als auf Ball bezogen werden kann. In der Elsässerstraße hieß es: ‚Klassefrauen, Herren unter 25 Jahren haben keinen Zutritt.' Ja, das haben sie wirklich nicht. An solch einem Tanzpalasteingang habe ich beobachtet, wie einer seine Papiere vorweisen wollte zum Beleg seiner Reife, aber der Mann an der Kasse lehnte überlegen ab und sagte: ‚Das sehen wir so!' Und ließ ihn nicht herein.

Da ich nun sichtlich das nötige Alter besitze, habe ich mich neulich, ich glaube, es war in der Kaiser Friedrichstraße zu Charlottenburg, in solch einen Ball für die ältere Jugend gewagt. Ich war mit Leuten, die eine Flasche Wein ‚anfahren' ließen; Samos hieß, glaub ich, der Unglückliche. Das machte Eindruck. Mit höflichem ‚Sie gestatten wohl' setzte sich der Leiter der Veranstaltung zu uns. Er trug einen Gehrock, ähnlich jenem, den unser Ordinarius von Untersekunda während des Wintersemesters in der Klasse auftrug. Der Verein, sagte er, sei noch jung, erst im Begriff, Statuten zu bekommen. Dies Haus, müßten wir wissen, gehörte früher einer Freimaurerloge, die Kaiser Friedrich selbst eingeweiht habe. Hier an den Wänden könnten wir noch die aufgemalten Ringe aus der Logenzeit sehn. Damals war dieser Raum Andachtshalle. (Richtig, da waren unter den Trinksprüchen von der Art, wie man sie auf Bierfilzen liest, wirklich solche Ringe.) Und unten, wo jetzt die Evangelische Gemeinschaft G.m.b.H. einlogiert ist, stand damals der Sarg für den Eid.

Er sprang auf und leitete mit einer würdigen Dame, die schwere Stickereien auf ihrem Samtkleid und etwas ungleichmäßig dicke Beine hatte, die Polka mazurka ein. Diesen historischen Tanz konnten mehrere Paare ausführen, ohne auf die Bewegungen des vortanzenden Paares sehn zu müssen. Danach kam der Vereinsgründer wieder zu uns und teilte mit, am Tage sei er handwerklich tätig (so drückte er das aus), und mit seiner Gründung hier beabsichtige er gemütliches Beisammensein von Mensch zu Mensch. Störende Elemente, die zum Beispiel eventuell einer Dame zu nahe treten, sollten ausgeschieden werden. (Wir waren hier zu fremd, um derartiges zu riskieren.)

Inzwischen führte der eigentliche angestellte Tanzleiter den sogenannten Schlittschuhtanz an. Er war mager, und was er anhatte, war ein Frack. Bei bestimmten Wendungen dieses Tanzes klatschte seine Partnerin einmal kurz in die Hände und die andern ahmten ihr das nach. Der Tanzleiter aber machte nur eine elegant geschwungene Geste mit der Rechten. Manche Paare hatten eine überaus zierliche Art, mit abgespreizten Fingern und hohen Ellenbogen einander zu halten. Einige Herren hatten zwischen ihre Hand und den Rücken der Dame ein Taschentuch getan. Ich machte die Beobachtung: je reifer die Jugend der Herren war, um so tiefer gerieten ihre Hände an der Dame hinab. Waren das ‚Elemente'? Damen, die miteinander tanzten, legten dabei nicht die Innigkeit an den Tag, die wir aus gewissen Lokalen kennen, sondern ironisierten mit Blicken und Bewegungen die ungewohnte Verkuppelung. Häufig war Damenwahl und dabei durften die Damen, die gerade frei waren, jeder Tänzerin ihren Tänzer ‚abklatschen‘ – so lautet der Kunstausdruck. Das gab artige Momente.

Wenn man erst Mitglied geworden ist, belehrte uns der Vereinsvorstand, wird auch die Garderobe billiger. Dann erhob er sich wieder zu einer kurzen Ansprache, in welcher er die Vorzüge der altdeutschen Tänze hervorhob und die Herrschaften aufforderte, zur Gemütlichkeit beizutragen. Dieser Gemütlichkeit brachte die Kapelle, als sie frisches Bier bekam, ein Prosit dar.

Nach diesem Erlebnis habe ich mir eine Vorstellung von den Bällen für die ältere Jugend gebildet, die doch eine gewisse Rolle im Leben von Berlin zu spielen scheinen. Man findet da sicher Anschluß. Sie sind vielleicht sozial von ähnlicher Wirkung wie die Eheanbahnungsinstitute, deren Ankündigungen man in Zeitungen und auf Hausanschlägen liest. Wenn ich nun lese: Rundtänze außer Montag, Donnerstag und Freitag verkehrter Ball und dergleichen, dann weiß ich Bescheid.

Weniger sozialmoralische Zwecke scheinen die Bälle zu verfolgen, bei denen der Anschluß durch sogenannte Tischtelephone hergestellt wird. Sie haben mitunter auch hängende Springbrunnen und stets das, was ihre Annoncen ‚urfidelen Hochbetrieb‘ nennen. Sie verheißen ‚Prunkvolles‘, ‚Künstlerisches‘, ‚Intimes‘, sie finden statt in den ‚kultiviertesten Luxusstätten der Welt‘ auf Glasparkett, nahe den ‚High Life Bars‘ und ‚exquisiten Küchen‘. In dem berühmtesten dieser erheblich erleuchteten Prachtsäle gibt es eine wunderbare Kombination von Wasser und Licht in drehenden farbenwechselnden Schalen. Diese Wasser- und Lichtwunder haben laut Programm nicht nur die Aufgabe, das Auge zu erfreuen und die Stimmung zu erhöhen, sie sorgen auch für frische Luftzufuhr. Die Erfindung des Tischtelephons ist sehr seelenkundig: Der mittlere Berliner ist nämlich gar nicht so selbstsicher, wie er gern erscheinen möchte. Am Telephon aber faßt er Mut (der Fernsprecher ist ihm ja überhaupt sehr gemäß. Statt ‚Auf Wiedersehn‘ pflegt er heutzutage zu sagen: ‚Na, klingeln Sie mal an‘, oder: ‚Ich rufe Sie nächster Tage an‘), und darin bekräftigt ihn noch der Versappell der Direktion, die er auf dem interessanten Programm findet:

‚Genier' dich nicht und läute an,
Ob sie dich mag, erfährst du dann.'

Ja, das Ballhaus ist, wie es mit dem beliebtesten Verbum des neuen Deutschlands erklärt, ganz auf seine Gäste ‚eingestellt'.

*

Im Schummerlicht farbiger Ampeln bewegen sich in einer Anzahl kleinerer Säle und Zimmer des Nordens wie auch des Westens Pärchen gleichen Geschlechtes, hier die Mädchen, da die Knaben. Bisweilen sind in mehr oder weniger erfreulicher Art die Mädchen als Männer, die Knaben als Damen angezogen. Ihr Treiben, früher einmal ein kühner Protest gegen die herrschenden Sittengesetze, ist mit der Zeit ein ziemlich harmloses Vergnügen geworden, und es sind zu diesen sanften Orgien auch Besucher zugelassen, die gern mit dem jeweils andern Geschlechte tanzen. Sie finden hier eine besonders günstige Umgebung. Die Männer lernen von den weiblichen Kavalieren, ihre Partnerinnen von den männlichen Damen neue Nuancen der Zärtlichkeit, und die eigne Normalität wird zu einem besondern Glücksfall. Ach, und rührend sind die Beleuchtungskörper. Da sieht man zackig gerandete Ampelhüllen aus Holz oder Metall, die an die Laubsägearbeiten unserer Knabenzeit erinnern.

Früher, so kommt es mir vor, muß das alles sündhafter gewesen sein. Da waren offenbar die Angelegenheiten der Lust mehr auf Gefährlichkeit abgestimmt. Wo heute Reinhardts Kammerspiele erlesene Kunstleistungen darbieten, dunstete ehedem ein purpurn und goldener Tanzsaal. Da drehten sich vor unseren erschrocknen jungen Augen hohe Korsettgestalten in vertragenen Ballroben mit Büsten, die manchmal bis an die Brustwarze nackt waren, welche Tüll verhüllte und betonte. Knisternde Jupons quälten unsere Sinne, und wenn zu einem etwas schwerfälligen Cancan die Röcke gerafft wurden und grelle Stimmen den Gassenhauer von der Pflaume am Baume sangen, erging es uns nicht gut. Verständigere fanden in den Sälen der Vorstädte etwas fürs Herz, in Südende und Halensee, wo brave Mädchen mit Grundsätzen und Beruf den sogenannten ‚Bruch' überwogen. Sie hatten rotgewaschne Hände und merkwürdige Veilchenparfums, die in dauerndem Widerstreit mit der Natur lagen.

Das war die Zeit, in der für die Verschwenderischen unter uns in der Stadt das ‚Palais de Danse' blühte. Dort waren die Damen Babylon und Renaissance mit gewissen präraffaelitischen Einlagen und Spielarten. Manche von denen, die dazumal mit der Droschke oder dem Auto aus ihrer Zweizimmerwohnung im Bayrischen Viertel einliefen, dem Portier das Geld für Kutscher oder Chauffeur distinguiert in die Hand drückten und sich auf die Stühlchen an der Bar setzten, haben Karriere gemacht. Bäckerstöchter sind Herzoginnen geworden. Eine soll es sogar bis zur Königlichen Hoheit gebracht haben, dafür aber in der Gesellschaft nicht in demselben Grade ‚reçue' sein wie die neuen Gräfinnen und Herzoginnen. Nun, heute ist dies Palais nicht wiederzuerkennen. Was sah ich, als ich vor kurzem einmal hineingeriet? Einige lebenslustige Leute aus Meseritz oder Merseburg waren mit Berliner Verwandten, bei denen sie zu Besuch waren, ‚ausgegangen', um hier die halbe Welt zu sehn, von der nur ein abnehmendes schüchternes Viertel auftauchte …

Rundfahrt

Unter den Linden nahe der Friedrichstraße halten hüben und drüben Riesenautos, vor denen livrierte Männer mit Goldbuchstaben auf ihren Mützen stehen und zur Rundfahrt einladen; drüben heißt ein Unternehmen ‚Elite', hüben ‚Käse'. Bequemlichkeit oder natürliches Kleinbürgertum? – Ich wähle ‚Käse'.

Da sitze ich nun auf Lederpolster, umgeben von echten Fremden. Die andern sehen alle so sicher aus, sie werden die Sache schon von 11 bis 1 erledigen; die Familie von Bindestrich-Amerikanern rechts von mir spricht sogar schon von der Weiterfahrt heut abend nach Dresden. Mehrsprachig fragt der Führer neu hereingelockte Gäste, ob sie Deutsch verstehn und ob sie schwerhörig sind; das ist aber keine Beleidigung, sondern betrifft nur die Platzverteilung. Vorn hat man mehr Luft, hinten versteht man besser.

Auf weißer Fahne vor mir steht in roter Schrift: *Sight seeing*. Welch eindringlicher Pleonasmus! – Mit einmal erhebt sich die ganze rechte Hälfte meiner Fahrtgenossen, und ich nebst allen andern Linken werde aufgefordert, sitzen zu bleiben und mein Gesicht dem Photographen preiszugeben, der dort auf dem Fahrdamm die Kappe vor der Linse lüftet und mich auf seinem Sammelbild nun endgültig zu einem Stückchen Fremdenverkehr macht. Fern aus der Tiefe streckt mir eine eingeborene Hand farbige Ansichtskarten herauf. Wie hoch wir thronen, wir Rundfahrer, wir Fremden! Der Jüngling vor mir, der wie ein Dentist aussieht, ersteht ein ganzes Album, erst zur Erinnerung, später vermutlich fürs Wartezimmer. Er vergleicht den Alten Fritz auf Glanzpapier mit dem ehernen wirklichen, an dem wir nun langsam entlang fahren. Er sitzt recht hoch zu Roß in unvergeßlicher Haltung, die Hand unterm weiten Mantel in die Seite gestemmt mit dem Krückstock, den berühmten Dreispitz etwas schief auf dem Kopf. Er schaut weit über uns weg auf Pilaster und Fenster der Universität, einst seines Bruders Schloß. Wohlwollend sieht er gerade nicht aus, soweit wir das von unten herauf beurteilen können. Wir sind fast in Augenhöhe mit der gedrängten Helden- und Zeitgenossenschar seines Sockels. Die hat's etwas eng zwischen Reliefwand und Steinabhang. Zusammengehalten wird sie von den vier Reitersleuten an den Sockelecken, die keinen mehr herauflassen würden. Nun gleiten wir an der langen Front der Bibliothek entlang auf der Sonnenseite. Hinter Markisen eleganter Läden lockt Seidenes, Ledernes, Metallenes. Die Spitzengardinen vor ‚Hiller' erwekken ferne Erinnerungen an gute Stunden, an fast vergessenen Duft von Hummer und Chablis, an den alten Portier, der so diskret zu den *Cabinets particuliers* zu leiten wußte. Ich reiße mich los – bin doch Fremder –, um gleich wieder eingefangen zu sein. Reisebüros, Schaufensterrausch aus Weltkarten und Globen, Zauber der grünen Heftchen mit den roten Zetteln, verführerische Namen fremder Städte. Ach, all die seligen Abfahrten von Berlin! Wie herzlos hat man doch immer wieder die geliebte Stadt verlassen.

Aber nun aufgepaßt. Wir biegen in die Wilhelmstraße ein. Unser Führer verkündet in seltsam amerikanisch klingendem Deutsch: Hier kommen wir in die Regierungsstraße Deutschlands. Still ist es hier, fast wie in einer Privatstraße. Und altertümlich einladend stehen vor der diskreten gelbgetünchten Fassade, hinter der Deutschlands Außenpolitik gemacht wird, zwei großscheibige Laternen. Was für ein sanftes Öllicht mag darin gebrannt haben zur Zeit, als sie zeitgenössisch waren? Eines dieser braunen Eingangstore, die mit geschnitztem Laubwerk geziert sind, führte einstmals in die Wohnung der gefeierten Tänzerin Barberina zu einer Zeit, als sie nicht mehr tanzte und eine Freiin Barbara von Cocceji geworden war. Und über ein Jahrhundert später, von 1862 bis 1878, hat Bismarck hier gewohnt. Da war das kleine Arbeitszimmer mit den dunkelgrünen Fenstervorhängen und dem geblümten Teppich und daneben der Speisesaal, in dem die Emser Depesche verfaßt worden ist. Später zog er dann ins Palais Radziwill, wo auch heute noch der Reichskanzler wohnt, friedlich hinter einem Gartenhof wie ein paar Häuser vorher der Reichspräsident. Aber unser Führer erlaubt nicht in diesen Frieden zu versinken, er reißt den Blick zu dem mächtigen Gebäudekomplex gegenüber hin und ruft selbst verwundert: ‚Alles Justiz!' – ‚Und hier', fährt er fort, ‚vom Keller bis zum Dach mit Gold gefüllt, das Finanzministerium.' Das ist ein Witz, über den nur die richtigen Fremden lachen können. Ich tröste mich an der schönen Weite des Wilhelmplatzes, an des Kaiserhofs flatternden Fahnen, an dem grünen Gerank um die Pergolasparren des Untergrundbahneingangs und an General Zietens gebeugtem Husarenrücken.

Ein Gewirr von Türmen, Buckeln, Zinnen und Drähten: ‚Leipziger Straße, die größte Geschäftsstraße der Metropole!' Aber die durchkreuzen wir einstweilen nur. Wir fahren die Wilhelmstraße weiter, vorbei an vielen Antiquitätenläden (Erinnerung taucht auf an die verbrecherisch schöne Inflationszeit. Weißt du noch, Wendelin, Herrn Krotoschiner damals in seinem Laden zwischen dem Pommerschen Schrank und dem Trentiner Tisch auf den Wappenstuhl starrend!), vorbei am Architektenhaus (ältere Erinnerung an strebsame Jugendzeit, da man nichts zu tun brauchte als zu lernen, und hier gab's viel lehrreiche Vorträge in dem Saal, wo die Fresken von Prell auf uns herabschauten; besonders jener Pfahlbautenmensch ist mir unvergeßlich, der sich dort auf dem Wandbild den aus Vischers ‚Auch Einer' berühmten weltgeschichtlichen Schnupfen holte).

Das Palais des Prinzen Heinrich, vor dem wir einen Augenblick halten, um durch die schöne Säulenhalle auf den alten Hof und die alten Fenster zu sehn, und seine schlichten mit dienender Tugend sich anschließenden Gebäude haben die hellbräunliche Farbe, die dem Dichter

Laforgue an vielen Berliner Palais auffiel, als er in den achtziger Jahren des vorigen Jahrhunderts als Vorleser der Kaiserin in Berlin war, er nennt sie *couleur café au lait* und sie erscheint ihm als der vorherrschende Farbton der Kapitale. Für die Welt der Wilhelmstraße und viele Teile der älteren Stadt gilt das noch heut.

An den altvertrauten Museen der Prinz Albrechtstraße hält unser eiliger Wagen nicht. Die meisten Insassen schauen hinüber in den großen Garten hinter dem Landtagsgebäude. Ich sehe in die Fenster, hinter denen die schönen Kostümbildermappen der herrlichen Lipperheideschen Sammlung in der Staatlichen Kunstbibliothek auf ruhevolle Betrachter warten. Am liebsten möchte ich aussteigen und zu den befreundeten Bildern gehen, aber heute habe ich Fremdenpflichten, darf auch in Gedanken nicht zu lange bei dieser Stätte des alten Kunstgewerbemuseums verweilen, die soviel Auswanderung erlebt hat. Der größte Teil der Sammlungen ist jetzt im Schloß. Und die Karnevalsfeste der Kunstgewerbeschüler, einst die schönsten von Berlin, finden jetzt, da die Kunstschulen nach Charlottenburg verlegt sind, im dortigen Hause statt, und als richtiger *Laudator temporis acti* finde ich natürlich, daß sie dort nicht so schön sein können, wie sie hier waren. Ach, selbst die kleinen Feste, die nach Verlegung der Kunstschule hier noch im Dachgeschoß sich abspielten, sind unvergeßlich. Wir gleiten an der bauchigen Hochrenaissance des Völkerkundemuseums vorbei. Auch dies wird nur beim Namen genannt und nichts gesagt von Turfan und Gandhara, von Inka und Maori. Vielmehr verkündet unser Sprecher schon von weitem: ‚Vaterland, Café Vaterland, das größte Café der Hauptstadt!' Die Fremden stieren auf die große Prunkkuppel des Baues, und die, welche bereits abendliche Berliner Erfahrungen haben, raten den andern, dieses Monsteretablissement mit all seinen Abteilungen, dies kulinarische Völkermuseum von Kempinski und seine Panoramen in nächtlicher Bestrahlung zu besichtigen.

Ja, das sollen sie. Was helfen ihnen unsre alten Paläste und Museen? Sie wollen doch das Monsterdeutschland. Also nur da hinein heute abend, meine Herrschaften, in das alte ‚Piccadilly', jetzt ‚Haus Vaterland'! Da wird euch Vaterländisches und Ausländisches vorgesetzt. Hat Sie der Fahrstuhl aus dem prächtigen Vestibül hinaufgetragen, so können Sie bei dem üblichen Rebensaft von der Rheinterrasse bequem ins Panorama blicken, wo Ihnen über Rebenhügeln, Strom und Ruine ein

Gewittersturm erster Klasse vorgeführt wird. Heitert sich der Himmel wieder auf, so tanzen Ihnen rheinische Girls unter Rebenreifen eins vor und samtjackige Scholaren singen dazu. Das müssen Sie gesehen haben. Von da taumeln Sie, bitte, in die Bodega, wo Ihnen merkwürdige Mannsleute mit bunten Binden um Kopf und Bauch was Feuriges bringen, um Sie in eine spanische Taverne zu versetzen. Die beiden schüchternen Spanierinnen aus der Ackerstraße dort in der Ecke werden durch Tanzvorführungen Ihre Stimmung erhöhen. Beim Betreten der Wildwestbar werden Sie laut Programm die ganze Romantik der amerikanischen Prärie empfinden. Kaufen Sie sich auf alle Fälle ein Programm! Da wissen Sie gleich, wie Ihnen zumute zu sein hat. Was tut im Grinzinger Heurigen das liebliche Wien? Es liegt in der Abenddämmerung vor den Augen des Beschauers. Wozu laden vor der sonnendurchglühten Puszta ungarische Weine ein? Zum Verweilen. Was empfängt uns im Türkischen Café? Märchenzauber aus Tausendundeiner Nacht. Versäumen Sie nicht, dort auf den Taburetts zu sitzen an Tischen mit echt arabischen Schriftzeichen darauf, und den stärksten aller berlinisch-türkischen Mocca double zu trinken. In der Glaswand, die das Bosporuspanorama abtrennt, können Sie Ihren Nachbarn, den Herrn mit der papiernen Zigarrenspitze, so gespiegelt sehn, als säße er an dem Tisch mit der Wasserpfeife, der schon zum Vordergrund des Bildes gehört.

Aber nun bekommen Sie Bierdurst und finden in das Münchner Löwenbräu, das laut Programm ‚lebensfreudig eingerichtet' ist. Die aufwartenden Madeln, die Ihnen zuliebe noch bayrischer als bayrisch reden, tragen Strohhüte mit Federn, blaue Jacken, geraffte, gestreifte Röcke und jodeln bisweilen ermunternd mit, wenn die Musik es nahelegt. Die wird von den Herren Buam in Hosenträgern gemacht. Auf ihre Hosenbeine ist bauchabwärts bayrisches Kunstgewerbe tätowiert. Da ist ja auch das künstlerisch ausgeführte Glasfenster mit Ausblick auf die ‚wildromantische Szenerie des Eibsees'. Und schon geht's los mit der Attraktion. Der Saal verdunkelt sich. Am Eibseehotel gehn die Lichter an. Auch Alpenglühn wird von der Direktion, die keine Kosten scheut, geboten. Sobald der Saal hell wird, beginnt ein Trio, Bua, Madl und Depp, ganz wie auf der weiland Oktoberwiesenausstellung am Kaiserdamm. Dabei zerschlagen die beiden Nebenbuhler, einer auf des andern Kopf, richtige Tonnen. Ja, ja, die Direktion scheut keine Kosten.

Wollen Sie noch in den großen Ballsaal, der sich ‚dem Glanz der schönsten Säle der Welt würdig an die Seite stellen' kann, wollen Sie ‚Tanzgelegenheit auf schwingendem Parkett', so müssen Sie drei Mark extra zahlen, die werden Ihnen aber auf Speisen und Getränke angerechnet. Dafür sehen Sie in einen buntgeschliffnen Spiegelhimmel; Palmenschäfte tragen als Säulen den Saal. Und ‚deutsche Girls' streifen, wenn sie zum Auftreten eilen, mit ihren Gazeschleiern dicht an Ihnen vorüber. Es tanzt für Sie ein badehosiger starker Jüngling mit einer Dame, die außer der Badehose nur noch eine Art Büstenhalter trägt, tanzt mit ihr, wirbelt sie, während sie nur mit Knöchelschleife um seinen Hals hängt, hantelt mit ihr. Die deutschen Girls aber rutschen als Ruderballett auf dem Boden hin und singen von unserer Zeit, der Zeit des Sports.

Nun haben Sie wohl ein bißchen Linderung von soviel Darbietungen verdient. Da, wo überlebensgroß am Fenster der Teddybär steht, den die vorüberstreifenden Mädchen umarmen, gehn Sie auf den offnen Balkon und sehn in heller Nacht schön altberlinisch, gelblichbraun, mild nüchtern den Potsdamer Bahnhof, denselben, auf den jetzt am Tage unser Sprecher zeigt.

Über die Freitreppe zur Station gehen Ausflügler in hellen Röcken und Waschkleidern. Die Glücklichen, es ist ein so schöner Herbsttag. Manche gehn auch den schmalen Durchgang hinüber zu dem kleinen Wannseebahnhof. Ich möchte ihnen am liebsten nachlaufen. Ein Segelboot oder auch nur ein Paddelboot. Oder nichts als ein Gang durch einen der Potsdamer Parke. Potsdam und die Havelseen, die heimliche Seele, das irdische Jenseits von Berlin! Noch dazu heut, an einem Wochentag. Aber nun kommen wir auf den Potsdamer Platz. Von dem ist vor allem zu sagen, daß er kein Platz ist, sondern das, was man in Paris einen *Carrefour* nennt, eine Wegkreuzung, ein Straßenkreuz, wir haben kein rechtes Wort dafür. Daß hier einmal ein Stadttor und Berlin zu Ende war und die Landstraßen abzweigten, man müßte schon einen topographisch sehr geschulten Blick haben, um das an der Form des Straßenkreuzes zu erkennen. Der Verkehr ist hier offiziell so gewaltig auf ziemlich beengtem Raum, daß man sich häufig wundert, wie sanft und bequem es zugeht. Beruhigend wirken auch die vielen bunten Blütenkörbe der Blumenfrauen. Und in der Mitte steht der berühmte Verkehrsturm und wacht über dem Spiel der Straßen wie ein Schiedsrichterstuhl beim Tennis. Seltsam verschlafen und leer sehn jetzt am hellen Mittag die riesigen Buchstaben und Bilder der Reklamen an Hauswänden und Dächern aus, sie warten auf die Nacht, um zu erwachen. Scharf und glatt, jüngstes Berlin, zieht das umgebaute Haus, das die altberühmte Konditorei Telschow birgt, seine gläsernen Linien. Das Josty-Eck bleibt noch eine Weile alte Zeit. Aber an der andern Seite der Bellevuestraße wächst – einstweilen noch hinter hoher plakatbedeckter Wand – etwas ganz Neues herauf, ein Warenhaus mit einem Pariser Namen. Ob es so schön werden wird, wie da drüben hinterm Laub des Leipziger Platzes Messels Meisterwerk, das Haus Wertheim? Die Bellevuestraße, in die wir schnell einen Blick werfen dürfen, wird immer mehr eine ,*Rue de la Boëtie*' von Berlin. Kunstladen gesellt sich zu Kunstladen. Und davon werden auch die Schaufenster der Modegeschäfte immer erlesener, immer mehr Stilleben. Und das kommt sogar den großen und kleinen Privatautos zugute, die in der Bucht der Auffahrt vor dem ,Hotel Esplanade' warten. Ihre Karosserien, immer besser werdende Kombinationen von Hülle und Hütte, haben wunderbare Mantelfarben.

*

Grünes Licht am Verkehrsturm. Wir umkreisen den Potsdamer und fahren an den weißen Säulen der beiden Tortempelchen vorbei den Leipziger Platz entlang. Rechts und links von dem erzenen General Brandenburg, der, wie der Berliner Volkswitz behauptet, mit seinem Visavis, dem General Wrangel, über das Wetter spricht (,Was für Wetter ist heut', fragt Wrangel und streckt die Hand mit dem Feldmarschallstab etwas vor. ,So hoher Dreck', erwidert Brandenburg mit flachgehaltener Rechten), neben diesem Kriegsmann stehn wieder in langer Reihe die Blumenfrauen. Vor uns der Seiteneingang und die stolzsteigenden schmalen Pfeiler und Metallzierate des Warenhauses Wertheim. Von den neuen strahlenden Stoffen seiner hohen Schaufenster wandert der Blick hinüber zu den zartbunten und weißen Schüsseln, Tellern und Schalen aus Altberliner Porzellan drüben im Hause der staatlichen, einst königlichen Manufaktur.

Recht leer und wie zu vermieten sieht das lange Herrenhaus aus, es soll zurzeit in Ermangelung von Herren ein bißchen Staatsrat und Volkswohlfahrt darin untergebracht sein.

Auch das benachbarte Kriegsministerium ist ziemlich ehemalig. Selbst die meisten Reichswehrangelegenheiten werden anderswo erledigt. Wie Spielzeug von weiland Fürstenkindern, in deren Schlössern und Gärten man ja auch die kleinen Spielkanonen sehen kann, stehn überm Portal ein paar steinern winzige Soldaten in altertümlicher Uniform. Überm Postministerium, das uns der Cicerone an der nächsten Ecke zeigt, schleppen sich einige Giganten oder Atlanten mit einer mächtigen steinernen Weltkugel, die ihnen hoffentlich nicht verkehrstörend auf die Straße fallen wird. Solcher Weltkugeln gibt es mehrere in Berlin, sie gehören mit zu den Schrecken der letzten Jahre des vergangenen Jahrhunderts, die jetzt an vielen Privatgebäuden in großartiger Aufräumearbeit weggeputzt werden. Ich kenne persönlich eine in der größten Geschäftsstraße von Schöneberg, die auf hohem Eckhause über buckelndem Zwiebelgetürm schräg als Glasveranda liegt. Diese und eine nicht minder stattliche im Bayrischen Viertel sind aus Glas. Und da sie nicht einmal von zuverlässigen Giganten gestützt werden, wie hier die über dem Postministerium, fürchte ich immer, daß sie noch einmal herunterkugeln, und hoffe, sie werden beim nächsten Großreinemachen beseitigt. Man könnte sie ja dann in ein zu gründendes Museum der neowilhelminischen Architektur und Plastik unterbringen, wohin sich vieles, was jetzt an öffentlichem und Privatprunk störend herumsteht, entfernen ließe. Das beste an diesem gewaltigen Eckhaus ist drinnen eine Sammlung alter Verkehrsmittel; da gibt es Postkutschen und erste Eisenbahnen *en miniature,* vor allem aber eine Menge alter Briefmarken und Stempel, ein Erinnerungsfest für jeden, der als Kind Thurn und Taxis und Alte Preußen, den Kolibri von Guatemala und den Schwan von Australien ‚getauscht' hat.

Zur Rechten und zur Linken rundet sich an dieser Ecke die Mauerstraße, angenehme Unterbrechung in dieser Welt der rechten Winkel. Ihre Kreislinie bezeichnet die Strecke einer alten Stadtmauer, und der Soldatenkönig Friedrich Wilhelm I., der die ganze Friedrichstadt mit hübsch in Reih und Glied stehenden Häusern hat bebauen lassen, soll seinen Verdruß an den unvermeidlichen Rundungen der alten Straße gehabt haben. Eh wir noch eine der beiden gleichfalls rundlichen Kup-

pelkirchen deutlicher gesehen haben, zur Rechten die Bethlehemskir-
che, zur Linken Schleiermachers Wirkensstätte, die Dreifaltigkeits-
kirche, fährt unser Wagen schon weiter. Und statt auf alte Kirchmauern
haben wir auf Pelz, Leinen, Seide und Stahl der prächtigen Auslagen zu
schauen. Bevor aber die gewaltigen nackten Steinmädchen über dem
Portal uns in das riesige Warenhaus Tietz locken können, biegen wir in
der Richtung auf den Gendarmenmarkt ein. Schon von weitem haben
die beiden patinierten Kirchenkuppeln und das grüne Flügelpferdchen
auf dem Dach des Schauspielhauses gegen den lichten staubblauen
Himmel geleuchtet. Nun halten wir. Ich starre auf ‚Bühneneingang'. Ihr
andern, ihr richtigen Fremden, habt hier nie als Schüler gewartet, um
die hehre Darstellerin der Jungfrau von Orleans herauskommen zu
sehn. Ihr bekommt die beiden Kirchen mit den berühmten Gontardschen Kuppeltürmen, die Friedrich der Große anbauen ließ, gezeigt und
eingeprägt, daß die eine der deutsche, die andre der französische Dom
ist. Die beiden Türme sind erheblich stattlicher als die zugehörigen
älteren Kirchen, die sich schüchtern neben ihnen ducken. Dafür ist das
Schauspielhaus, das Schinkel auf den stehengebliebenen Mauern nach
dem großen Brande, welcher das frühere Nationaltheater der Ifflandzeit
zerstörte, errichtet hat, eine wunderbare Einheit. Die schöne Freitreppe
zu der stolzen Vorhalle mit den schlanken ionischen Säulen! Hinaufge-
gangen ist man sie zwar nie. Für die einfachen Besucher gab's da unten
unterm Durchgang den Zuweg. Die Freitreppe war am Ende für den
Hofstaat reserviert, zur Zeit, als dies noch ein königliches Theater war.
Der Begas-Schiller steht etwas unglücklich vor dem Ganzen. Er wäre
hier wohl lieber ein braver moosansetzender Brunnentriton geworden,
als so in der Toga und mit mehreren prätentiösen Damen am Sockel,
welche Lyrik, Drama, Geschichte und Philosophie vertreten, immer
geradeaus repräsentieren zu müssen.

Die Fremden werden auf die Preußische Staatsbank, die alte ‚Königliche Seehandlung', aufmerksam gemacht, indessen schiele ich hinüber
nach der berühmten Weinstube, in der Ludwig Devrient mit E. Th. A.
Hoffmann gezecht hat. Der wohnte hier an diesem Platze zur Zeit, als
noch lauter Immediatbauten den Gendarmenmarkt umgaben. Und ‚Des
Vetters Eckfenster' muß man sich auch hierhin denken und ihn dazu,
wie er in seinem Warschauer Schlafrock und die große Pfeife in der
Hand den muntern berlinischen Markt übersah.

47

Wir biegen um eine Ecke und sind wieder auf einem dieser merkwürdig schrägeckigen Plätze, die in alter Zeit Bastionen der Stadtmauer waren. Er heißt Hausvogteiplatz, und früher war in der Nähe ein garstiges Haus, das in den vierziger und fünfziger Jahren politische Gefangene vergitterte. Jetzt ist ein fleißiges Geschäftsviertel rings umher. Altertümlich ist hier nur noch der Grundriß, hier beginnt die Gegend der verschiedenen Wallstraßen und das Gelände des alten Friedrichwerders, dieses dritten Berlin neben dem, das jenseits beider Flußarme liegt, und dem näheren Kölln an der Spree. Hier könnten wir rechtshin fahren, erst an den Engelchen vorbei, die in den Fensterkreuzen des Hospitals der Grauen Schwestern von der heiligen Elisabeth beten, und weiter in die Alte Leipzigerstraße und die wunderlichen Winkel bei Raules Hof. Statt dessen lenkt unser Gefährt auf breiterem Damme gen Norden, vorbei an dem rötlichen Mauerwerk der Reichsbank, einem Werke Hitzigs, des Erbauers der Börse, der für das reicher werdende Berlin der sechziger und siebziger Jahre eine Art gediegener Renaissance für Handel und Industrie schuf, die den bescheidenen Klassizismus der letzten Schinkel-Schüler ablöste, immer noch besser war als das, was hinterdrein kam, aber doch den Weg ins Wilhelminische Spiel mit alten Stilen vorbereitet hat. Noch recht unschuldig ist dagegen die sogenannte ,modifizierte Gotik', in welcher Schinkel Ende der zwanziger Jahre die Friedrich Werdersche Kirche am Werderschen Markt, unserm nächsten Ziel, erbaut hat. Das ist ein brav altpreußisches Werk, hat den braunen Backsteinton, wie ihn in unserer guten Stadt eine ganze Reihe Kirchen und Bahnhöfe haben, mehr pflichtgetreu als fromm aussehend, mehr an ,Treu und Redlichkeit' als an Mystik gemahnend. Ein strenger Erzengel tötet überm Portal einen unbefugten Drachen und schaut dabei nicht träumerisch ins Weite wie seine älteren Vettern aus Holz, Stein und Farbe, sondern zielend auf sein Opfer. Ob ihm dabei wohl manchmal die eleganten Verkäuferinnen und Besucherinnen des großen Modehauses gegenüber zuschauen? Ob sie es sympathisch finden, daß er so beschäftigt ist mit seiner Mission, oder es lieber hätten, er träumte ein wenig ins Ungewisse, und herüber?

Über die Schleusenbrücke und den Schloßplatz. Denen, die die Hälse nach dem stolzen Bau recken, verspricht der Führer, daß wir nachher wieder hierher kommen, doch jetzt erst eine kleine Tour durch Alt-Berlin machen wollen. Die muß leider etwas eilig ausfallen, denn wir haben noch so viel zu absolvieren. Ich aber rate dir, lieber Fremdling und Rundfahrtnachbar, wenn du noch einmal in diese Gegend kommst und Zeit hast, dich hier ein wenig zu verirren. Hier gibt es noch richtige Gassen, noch Häuserchen, die sich aneinanderdrängen und mit ihren Giebeln vorlugen, gar nicht weiter berühmt außer bei ein paar Kennern und auch nicht so leer oder nur so am Rande besiedelt, wie es die richtig sehenswürdigen Häuser sind. Nein, sie sind dicht bewohnt von ahnungslosen Leuten, die durch die weit offne Haustür eine steile Treppe mit breitem Holzgeländer herunter kommen oder hinter Blumenkästen und Vogelbauern aus schöngerahmten Fenstern schauen. Sieh, da zur Rechten zweigt so ein Gäßchen ab, Spreegasse heißt es und ist Raabes Sperlingsgasse, und da steht auch das Haus, in dem der Dichter gewohnt hat, und gleich daneben weiß ich eins mit reizenden Steingirlanden über den Fenstern und wunderbar altgrünem Holz an Tür und Torfassung. Die Brüderstraße, durch die wir fahren, hat noch Schwung, und ihre Häuser, ob alt, ob neu, stehn in bewegter Kurve. Dort in das unscheinbare mußt du gehn. Das ist eine wichtige Berliner Stätte. Dem berühmten und berüchtigten Friedrich Nicolai hat es gehört. Die schöne Barocktreppe, die du innen sehn wirst, hat ein früherer Bewohner, ein Kriegskommissär, bauen lassen. Eine Zeitlang hat es der ‚patriotische Kaufmann' Gotzkowsky besessen, der, als er noch reich war, Berlin im Siebenjährigen Krieg vor Plünderung durch die Russen rettete und später die Porzellanmanufaktur an Friedrich den Großen verkaufte. Dies Haus hier kam dann, als er ruiniert war, mit all seinem Besitz unter den Hammer und ist noch von mehreren andern bewohnt worden, bis es der Buchhändler Nicolai erwarb. Da wurde es zum gesellschaftlichen Mittelpunkt von Berlin. Davon spürst du vielleicht etwas, wenn du in den großen Saal mit den Wandspiegeln und Paneelen kommst. In den kleineren Räumen aber, die jetzt ein Lessing-Museum bergen, haben ein paar entzückende Kinder gespielt und gelernt, worüber zu lesen ist in den unvergleichlichen Tagebüchern der Lily Partey, die des alten Nicolai Enkelin war. Viele bedeutende und manche kuriose Berliner der geistig-geselligen Zeit im Anfang des neunzehnten Jahrhunderts gingen in diesen Räumen ein und aus und waren zur Sommerszeit in der Gartenwohnung der Parteys zu Besuch, die in der Blumenstraße lag, draußen bei der Contrescarpe, dem späteren Alexanderplatz.

Petrus ist der Patron der Fischer und nach ihm heißt die Kirche, um die wir jetzt herumfahren. Sie steht an der Stelle des Heiligtums der Fischer von Alt-Kölln. Einem andern heiligen Wesen, an dem das Herz der Köllner und Berliner hing, ist dort auf der Brücke, über die der Weg zum Spittelmarkt führt, ein Denkmal, allerdings erst in neuerer Zeit, errichtet. Das ist Sankt Gertraudt, die Äbtissin, die Spitäler und Herbergen für Reisende gegründet hat. Der Spittelmarkt hat seinen Namen von dem Gertraudtenhospital, als dessen letzter Rest noch bis in die achtziger Jahre die kleine Spittelkirche stand, mitten auf einem idyllischen Marktplatz, aus dem mit der Zeit einer der verkehrsreichsten, von hohen Geschäftshäusern umgebenen Plätze der Stadt geworden ist. Vor der Heiligen auf der Brücke kniet ein fahrender Schüler, dem sie einen Trunk reicht. Sieht sie nicht, daß er eine gestohlene Gans an einer Leine mit sich führt, oder übersieht sie es gnädig? Als Freundin der Wanderer ist sie auch den Seelen der Verstorbenen auf ihrer Wanderschaft hold. Die verwandeln sich nach einer Volkssage in Mäuse und kommen in der ersten Nacht nach dem Tode zu Sankt Gertraudt, in der zweiten zum heiligen Michael und erst in der dritten in ihr Dauerjenseits. Daher die Mäuseschar am Sockel des Denkmals. Sankt Gertraudt hat in der Hand einen Spinnrocken. Sie ist der Frau Holle und der heidnischen Gottheit, aus der die Frau Holle wurde, verwandt und beschützt den Flachsbau und die Spinnerinnen. Die Frühlingsblumen aber, die als Spende zu ihren Füßen liegen, bedeuten Dankgaben der Landleute, deren Flur und Feld die Gebieterin der Mäuse vor den Tieren, die unter ihrem Zauber stehen, schützt. Es ist gerade kein großes Meisterwerk, das Denkmal, das hier so ausführlich beschrieben wird, aber es passiert so viel darauf, daß man davon berichten kann wie Pausanias von dem heiligen Steinwerk Griechenlands.

Die Gertraudtenstraße führt uns zum Köllnischen Fischmarkt, der einstmals der Hauptplatz von Kölln an der Spree war. Hier stand bis vor dreißig Jahren das Köllner Ratshaus. Aber ein putzigeres Gebäude aus älterer Zeit ist schon seit Jahrhunderten verschwunden. Das Narrenhäuslein meine ich, in das man in alten Tagen die Betrunkenen brachte, damit sie ihren Rausch ausschlafen konnten. Wenn das Narrenhäuslein nicht mehr steht, so gibt es doch nicht weit von hier ein uraltes Haus, in dem es auch recht närrisch zugehen kann. Das ist am Ende der Fischerstraße, die an alten Gassen vorbei vom Fischmarkt zu der Friedrichsgracht führt, das ‚Gasthaus zum Nußbaum'. Man behauptet, es sei Berlins ältestes Haus und es sollen hier schon die Landsknechte mit berlinisch-köllnischen Dirnen gezecht haben. Es hat einen hohen mittelalterlichen Giebel. Wer es richtig kennenlernen will, der muß spät abends hingehen. Da ist eine seltsam gemischte Gästeschar versammelt. Seidenbluse und Schürze sieht man nebeneinander am selben Tisch und Fischer- und Fuhrmannskittel neben Bratenröcken. An der Wand hängen unter alten Gastwirtsdiplomen echte Zille-Bilder, vom Meister selbst geschenkt. Hier habe ich zum ersten Male die neuerdings veränderte Loreley singen hören mit den schmetternden Strophenanhängseln:

> ‚Sie kämmt sich mit dem Kamme,
> Sie wäscht sich mit dem Schwamme'

und die Bekanntschaft von Ludeken gemacht, die sich selbst ‚eine Alte von Zille' nennt, zu allem, was sie sagt, den Finger geheimnisvoll an den Mund legt und, wenn sie munter wird, abwechselnd ihre Papiere und ihre weiße Unterwäsche zeigt. Sie bekommt von aller Welt zu trinken, gießt aber doch noch heimlich in ihrer Ecke die Neigen einiger Gläser zusammen. Tanzen tut sie auch manchmal mit Kavalieren oder allein, und das ist ein erbaulicher Anblick. Nur wenn ihr ‚Chef' kommt, hockt sie sich brav in ihre Ecke. Der Chef ist einer, dessen Pferde Ludeken in aller Morgenfrühe betreuen und füttern muß; und dazu nüchtern zu sein, ist nicht leicht.

Unser Wagen rollt über den Mühlendamm, das ist die Brücke, die Kölln und Berlin verband, als es noch ihrer zwei waren, verband und trennte. Denn auf dieser Stelle haben sich die Bürger der Nachbarstädte des öftern die Köpfe blutig geschlagen. Am Brückenrand stehen zwei bronzene Markgrafen: Albrecht der Bär und Waldemar. Sie sind einem nicht gerade im Wege, aber sie brauchten nicht unbedingt hier zu stehen, sie haben ja schon ihren Standort in unserer kompletten Siegesallee. Hübsch muß, nach den alten Bildern zu schließen, dieser Mühlendamm gewesen sein, als noch Bogenhallen und Trödlerläden hier waren. Und die Mühlen selbst waren gewiß auch erfreulicher anzusehen, als es das städtische Dammühlengebäude ist, diese falsche Burg aus den neunziger Jahren, in der jetzt eine städtische Sparkasse untergebracht ist. Wenn sich das große Bauprojekt für das Berliner Wasserstraßennetz verwirklichen und die Mühlendammschleuse umgebaut werden wird, um den Ansprüchen größerer Schiffe zu genügen, wird unter anderm auch dies Gebäude fallen, und dann gibt es schöne Aufgaben für unsere Stadtbaumeister und Architekten.

Wir halten auf dem Molkenmarkt. Da fällt uns ein schönes Haus aus friderizianischer Zeit auf, das Palais Ephraim, das des großen Königs berüchtigter ,Münzjude' erbauen ließ, der Verfertiger der minderwertigen Friedrichsdors, der sogenannten ,Grünjacken', von denen man reimte:

> Von außen schön, von innen schlimm,
> Von außen Friederich, von innen Ephraim.

Innen kann man das schöne Haus nicht besehen, da sitzen Behörden. Außen bildet es als Eckhaus mit seinen auf toskanischen Säulen ruhenden Balkonen, den korinthischen Wandpfeilern, den zierlichen Putten überm Gitterwerk ein wunderbares Halbrund. Um den Molkenmarkt herum lag die älteste Ansiedlung auf der berlinischen Seite der Spree, und hier finden wir auch die einzige ganz erhaltene mittelalterliche Gasse, den oft beschriebenen und oft abgebildeten Krögel, der so berühmt ist, daß unser Wagen vor seiner Einfahrt hält und die Insassen aussteigen und den schmalen Gassengang nach dem Wasser zu gehn. Ursprünglich soll hier ein schon in alter Zeit zugeschütteter Kanal oder Spreearm gewesen sein, der dem Verkehr vom Markte und Packhof zum Flusse diente. Ein Torweg führt in den inneren Hof der Gasse. Hier war im Mittelalter das einzige Badehaus von Berlin. Da bedienten den Badenden die Töchter der Stadt, von denen man sagte, daß sie ,an der Unehre saßen'. Sie hatten eine Art Berufstracht, kurze Mäntel, und mußten ihr Haar kurzgeschoren tragen. Es war also wohl sehr beleidigend, als anno 1364 der Geheimschreiber des Erzbischofs von Magdeburg, ein leichtfertiger Lebemann, eine ehrsame Bürgerstochter aufforderte, ihn nach dem Krögel zu begleiten, und die Wut der Bürger ist zu verstehn, die zum Hohen Haus zogen, wo des Bischofs Gefolge zu Gaste war, den Frevler von der Tafel wegrissen und auf dem Markte zu Tode prügelten. Zu besondern Gelegenheiten sind aber auch ehrsame Frauen in den Krögel gekommen. Es war Sitte, daß man die Brautfeierlichkeiten mit einem Bad und Frühstück beim Bader begann. Dann kam ein bunter, munterer Zug die alte Gasse herauf, voran die Musiker und der Spaßmacher. Sehr zartfühlend werden die Scherze nicht gewesen sein, die sich die Braut gefallen lassen mußte. An eine spätere Zeit erinnert die alte Sonnenuhr, die noch heute an einer Mauer zu sehn ist. Sie zeigte die Stunde den Hofleuten fremder Fürstlichkeiten, die hier einquartiert wurden, wenn ihre Gebieter beim Kurfürsten zu Gaste waren. Heut sind in den überhängenden Stockwerken und hinter den kleinen Fenstern der Erdgeschosse Werkstätten und kleine Wohnungen. Und einer der Anwohner dieses Restes Mittelalter besitzt ein Museum mit Waffen, Stichen und altem Hausrat. Zur Sommerzeit hallt manchmal der lustige Lärm vom neuesten Freibad herüber, das nach der Waisenbrücke zu und Neukölln am Wasser gegenüber liegt. Da hat sich aus dem Schutt der Umbauten für die Untergrundbahn, deren Tunnel hier aus der Spree taucht, eine Art Strand gebildet. Den hat sich junges Volk zunutze gemacht und das Freibad Paddensprung eröffnet. Sonst aber ist es recht still im Krögel, und wenn abends auch noch die Arbeitsgeräusche der Werkstätten verstummen, kann im späten Licht mit Fachwerk und Giebel hier ganz altes Berlin erstehn.

*

Vom lebhaften Molkenmarkt führt rund eine Gasse auf den stillen Platz, auf dem die älteste Kirche der Stadt steht, sie ist dem Schutzpatron der Reisenden und Kaufleute, Sankt Nikolaus, geweiht gewesen. Von ihrer älteren Mauer ist noch ein massiver Turmunterbau aus Granitquadern erhalten, alles andre verbrannte bei einem der vielen Brände, die Berlin verheert haben, im Jahre 1380. Die späteren Teile, Chor und Langschiff, sind viel umgebaut worden. Hier mußt du einmal wochentags mittags eintreten an Tagen, an denen die Orgel zu stiller Andacht spielt. Unter ihrer Masse erkennt man im Dämmerlicht die Umrisse eines Erbbegräbnisses, das von Schlüters Meißel stammt. Je länger man hinschaut, um so deutlicher tritt die Rundung der Vasen und barocker Faltenwurf hervor. Die gotische Halle hat viel große und kleine Kapellen mit Denkmälern aller großen Kunstepochen und heiligt das Gedächtnis mancher Männer, die weit über den Stadtbereich hinaus berühmt geworden sind. Da gibt es Porträts von Militärs, Pröpsten, Gelehrten, Ratsherren und ihren Ehegattinen. Viel bärtige Häupter in Fältelkragen und Allongeperücke, gekrönt von allegorischen Frauenhänden mit Lorbeer oder von Putten mit Sternenkronen. Auf Urnen rahmt Akanthus alte Wappen. Ein kleiner Amor weint über Stundenglas und sinkender Fackel. Unter geflügelten Totenköpfen erscheint auf dunklem Grund ein Bildnis, umringelt von der Schlange der Ewigkeit.

Die Nikolaikirche ist wie die Marien- und die Klosterkirche protestantisch geworden, aber sie hat wie jene noch etwas von der alten Pracht behalten. Schade, daß es nicht mehr nach Weihrauch riecht in ihren Hallen. Interessant zu wissen, daß hier der Ablaßkrämer Tetzel gepredigt hat, umlagert von dem damaligen *Tout-Berlin,* das ihn mit Würdenträgern, Zünften, schwarzen und weißen Mönchen vom Stadttore abgeholt hatte.

Der stille Platz, der die Kirche umgibt – diese Trauminsel mitten im Lärm der Großstadt –, war und hieß früher Nikolaikirchhof und das paßte zu den vielen Grabmälern im Innern der Kirche und außen an der Kirchenwand. An diesem Platz stehen noch ein paar sehr alte Häuschen, und wenn man in eines geht, sieht man auf winzig kleine Höfe. In die Wohnungen führen steile Stiegen, manche der Häuser haben keine selbständige Giebelmauer, sondern sind ans Nachbarhaus ‚angebakken‘; und eins, das sich rühmt, Berlins kleinstes Haus zu sein, hat zwar einen Privatmittagstisch, aber keine Hausnummer, und man kann es nur vom Nachbarhaus her betreten. Von solchen Häusern können wir bei einer Wanderung durch die Altstadt noch hie und da einige sehn. Sie sind oft nur drei Fenster breit. Die Haustür hat zwei Flügel, der eine öffnet sich direkt vor der Wohnung im Erdgeschoß, der andre stößt auf die schmale Treppe, die an der Türschwelle beginnt und ins obere Stockwerk steigt.

Wir fahren zurück zum Mühlendamm, dann die Straße ‚An der Fischerbrücke‘ entlang und kommen über die Inselbrücke nach Neukölln am Wasser. Hier und gegenüber auf der Friedrichsgracht gibt es wieder einige alte Häuser, teils mit spitzen Satteldächern, teils mit den hübschen Mansardendächern der Barockzeit, mit Girlanden unter den Fenstern und Pilastern, die die Hausfront schön gliedern. Unser Wagen fährt zu eilig, um das alles anzusehn, wir müssen es auf eine Fußwanderung durch die Straßen und die nahen Gassen am Fluß verschieben. Da werden sich neben dem Malerischen auch einige Kuriosa finden, wie die Riesenrippe an einem Eckhaus des Molkenmarkts oder an einem Hause in der Wallstraße das Relief eines Mannes, der eine Tür auf dem Rücken trägt. Er wird nach der biblischen Sage vom Tore zu Gaza der Simson genannt. Nach einer Überlieferung soll diese Gestalt an die Zeit erinnern, da hier das Köpenicker Tor stand, dessen Haspen seinerzeit in diesem Hause aufbewahrt worden seien. Witziger aber ist die Deutung, die von einem armen Schuster zu erzählen weiß, der hier mit seiner kinderreichen Familie kümmerlich lebte. Als nun Friedrich der Große mit seinem Lotteriedirektor Casalbigi, den wir aus Casanovas Memoiren kennen, eine große Lotterie aufmachte, die ihm viel Geld eintrug und seine Bürger viel Geld kostete, soll dieser Schuster ein Los gekauft und, da er fürchtete, seine Kinder könnten es in der engen Schusterstube beim Spielen verbringen, mit Pech an die Stubentür geklebt haben. Gerade dieser Arme hatte Glück und zog das große Los. Um nun seinen Schein vorzuweisen, blieb ihm nichts übrig, als die Tür aus den Angeln zu heben und auf den Rücken zu laden. So wanderte er zur Verwunderung seiner Mitbürger zum Lotteriegebäude. Und nachdem er sein Geld bekommen, ließ er aus Dankbarkeit das Bildnis an seinem Hause anbringen. Solcher an Altertümer anknüpfender Geschichten gibt es auch in unserer nicht gerade sagenreichen Stadt einige. Die bekannteste ist die oft erzählte vom Neidkopf in der Poststraße, den der Soldatenkönig und gute Hausvater Friedrich Wilhelm I. anbringen ließ, eines fleißigen Goldschmieds neidisches Gegenüber zu bestrafen.

Jetzt wollen wir im Vorbeifahren wenigstens auf die Brücken einen Blick werfen, Waisenbrücke, Inselbrücke und die schöne Roßstraßenbrücke, welche der Stadtbaurat Ludwig Hoffmann, dem Berlin so viel verdankt, gebaut hat. Nirgends ist die Spree so sehr wie in dieser Gegend ein Teil der Stadtlandschaft geworden und geblieben. Hoffmann und seine Mitarbeiter haben es verstanden, was neu zu bauen war, dem alten anzupassen ohne in Historismus und Abhängigkeit zu verfallen wie die ‚romanischen' Baumeister Wilhelms II. An einem der Meisterwerke dieses Künstlerkreises kommen wir jetzt vorbei, dem Märkischen Museum. Köllnischer Park heißt der Garten, an dem dies stolze Bauwerk sich erhebt, und im Grünen lagern Säulenstücke und stehen brüchige Engel, zwischen denen man umherspazieren, spielenden Kindern zusehen oder die eine Front der Museumsburg anschauen kann. Um den dicken eckigen Turm sind in Backstein allerlei märkische Stilperioden, wie sie in reicher bedachten Städten, Tangermünde, Brandenburg usw., vertreten sind, vereinigt. Und diese Vielgliedrigkeit paßt gut zu dem Museumscharakter des Ganzen. Im Innern läßt sich reichlich Heimatkunde treiben, von ältester Zeit bis in Theodor Fontanes Tage. Hier kann man Hosemanns Kleinbürgerstadt kennenlernen, Berliner Zimmer aus der Biedermeierzeit sehn, eine Putzstube wie die, von der Felix Eberty erzählt; man könnte allerdings aus Berliner Privatbesitz noch viel mehr Biedermeier sammeln, all den rührenden Kleinkram an Etuis und Bestecks, Spieldosenhäuschen aus Zitronenholz, Stammbuchbildern, das viele herbstliche Goldgelb der Möbel aus flammender Birke und das Mahagoni der Schränke. Ja, ich könnte mir ein ganzes Museum Berliner Inneneinrichtung denken, wo als Kuriosum auch das späte neunzehnte Jahrhundert mit Plüsch und Nippes, verdunkelnden Butzenscheiben, Gipsengeln und Reisealben zu sehen wäre. Eine sehr reizvolle Abteilung des Märkischen Museums ist auch die Flora- und Faunasammlung: schöne Schachtelhalm- und Weidenarten, Rohr, Farren und Getreide und die Schnecken und die wunderbaren Ornamente der Wespennester.

Vor dem Museum steht ein Roland, der dem Roland von Brandenburg nachgebildet ist. Seinen eignen Roland hat Berlin schon früh verloren. Er soll als Sinnbild der städtischen Selbständigkeit auf dem Molkenmarkt oder da in der Nähe gestanden haben. Und Friedrich II. der Kurfürst, der der Stadt ihre Macht raubte und den Bären ihres Wappens unter den Adler des seinen zwang, soll ihn haben fortnehmen und in seine Zwingburg bringen lassen. Da man aber nie ein Stück von diesem Roland auffand, entstand die Sage, der Kurfürst habe ihn in die Spree geworfen. Nun neuerdings hat Berlin wieder Rolande, den am Kemperplatz, welcher den träumerisch grünen sogenannten Wrangelbrunnen unserer Kindheit und seine freundlichen Meergötter verdrängt hat. Und den, der als eine Art Brunnenbübchen vor dem einen der unglücklichen romanischen Häuser an der Kaiser-Wilhelm-Gedächtniskirche steht. Der wird aber, wie wir hören, demnächst dem überhandnehmenden Verkehr aus dem Wege geschafft werden.

Wir fahren über die Waisenbrücke zurück und sehen zur Rechten, da, wo die alte Jannowitzbrücke abgebrochen wird, ein wunderbares Schauspiel aus Ruinen und Neubauwelt. Zwischen Kranen und Kähnen, Schuttbergen und Baggermaschinen schwimmt der Trümmerrest der alten Brücke, ein ,Ponte rotto' mitten in der Spree. Auch an dem Stadtbahnbogen da oben wird gearbeitet, und sein aufgebrochenes

Mauerwerk ist ein von Erinnerungen angeräuchertes Stück Tempel des Dampfes, dieser schon altertümlich gewordenen Lokomotion.

Die Stralauerstraße führt uns an dem mächtigen Stadthaus entlang, das Ludwig Hoffmann gebaut hat. Wir blicken hinauf zu dem hohen Turm mit seinen zwei Säulengeschossen und der ‚welschen Haube‘, die ihn deckt. Wir biegen in die Jüdenstraße ein und sehen an dem Eingang zur Festhalle des Stadthauses den bronzenen Bären von Wrba, der hier als wackeres Totemtier des Berliner Volkes Wache steht. Der gute Bär von Berlin, er muß durch irgendeine immerhin begreifliche Volksetymologie zu seiner Stadttierwürde gekommen sein. Denn das Wort Berlin hat nichts mit Bär zu tun, sagen die Gelehrten, vielmehr bedeutet es hier wie an mehreren andern Orten, wo Plätze so heißen, auf wendisch das Wehr. Und solch ein Wehr oder Wasserrechen verband in der wendischen Vorzeit das rechte und das linke Spreeufer, so daß schon vor den Zeiten des Mühlendamms eine Gemeinschaft zwischen den späteren Orten Berlin und Kölln bestand. Aber nun ist der Bär einmal unser Stadttier geworden und der von Wrba ist besonders sympathisch. Jetzt schaut der spitze grüne Turm der Parochialkirche auf uns nieder, in dem ein schönes Glockenspiel Sonntag und Mittwoch mittags erklingt.

In der benachbarten Parochialstraße stehn ein paar uralte Häuschen, die bald abgerissen werden sollen. Sie sind so baufällig, daß die Baupolizei den Aufenthalt von Menschen darin nicht länger dulden kann. Man weiß aber oft gar nicht recht, wer da wohnt, und so werden denn die unbekannten Einwohner durch Anschläge aufgefordert, die Stätte zu räumen. Eins heißt bei den Nachbarn das Spukhaus, dessen ‚Schwarzmieter‘ lassen sich tags überhaupt nicht sehn. Da sind die Fenster und Türen zum Teil schon herausgenommen. Ein andres ist die provisorische Stätte einer sehr merkwürdigen Ausstellung. Da hat ein Friedensfreund sein ‚Antikriegsmuseum‘ aufgemacht. Als Blumentöpfe hat er vor dem Laden Helme aufgehängt, wie man sie im Schützengraben trug. In der Auslage gibt es vielversprechende Sprüche und Bilder. Stufen führen hinunter in einen kellerähnlichen Raum, der hinterwärts an ein schon im Abbruch begriffenes Stück Haus stößt. Ein Todesgrinsen liegt auf den Photographien gräßlich Verwundeter, den Waffenteilen, Geschoßstücken, den Mobilmachungsbefehlen und Aufforderungen zu goldnes Zeitalter verheißenden Kriegsanleihen. Helmchen und Säbelchen für die lieben Kinder zu Weihnachten, Kissen, auf denen gestickt zu lesen ist ‚Unserm tapfern Krieger', Erkennungsmarken, Auslandskarikaturen auf die Großen der großen Zeit, Seifenkarten, Brennholzscheine, ‚deutscher' Tee neben Bleisoldaten und Tassen mit der Inschrift ‚Gott strafe England'. Eine lehrreiche Sammlung, die hoffentlich eine würdige Stätte finden wird, wenn hier alles abgerissen ist.

Ein paar Schritte weiter die Jüdenstraße hinauf öffnet sich zwischen den Häusern ein Durchgang zum sogenannten Großen Jüdenhof – wie schon das Beiwort andeutet, hat es außer ihm ehedem noch einen kleinen nicht weit von hier gegeben, der inzwischen einer Straßenverbreiterung zum Opfer gefallen ist. Der große aber ist noch ganz vorhanden und umgibt mit einem Dutzend Häuser einen stillen hofartigen Platz. Vor dem stattlichsten der Häuser, in das eine Freitreppe mit Eisengitter führt, steht ein alter Akazienbaum. Unter diesem Baum ‚vor dem Haus mit der Treppe' sollen die Juden, als sie wieder einmal vertrieben wurden, ihr Gold vergraben haben – sie wußten gewiß, der Markgraf oder Kurfürst, der sie fortjagte, werde bald wieder seine ‚Kammerknechte', so nannte man sie, nicht entbehren können. Das war in der Zeit, als sie hier hinter Eisentoren hausten, die des Nachts verschlossen und bewacht wurden. Auf der Straße durften sie sich nur in ihrer Zwangsuniform, Kaftanen von bestimmten Farben und spitzen Hüten, zeigen. Festen Wohnsitz durften sie nicht erwerben, auch nicht während der Märkte und Messen Handel treiben, und sie mußten hohe Schutzgelder zahlen. Offenbar wird es ihnen hier doch gefallen haben, denn aus jeder Verbannung sind sie, sobald sie konnten, wieder hierher zurückgekehrt, haben Reichtümer erworben, sich verdächtigen und foltern lassen. In ausführlichen Darstellungen und Bildern ist die Geschichte jenes Lippold erhalten, der an des Kurfürsten Hof in hohem Ansehen stand, aber von dem Sohn und Nachfolger seines Gönners schwer beschuldigt und zu qualvollem Sterben verurteilt wurde. Der Henker im hellgrauen Hut mit der roten Binde mußte ihn auf dem Armesünderkarren von Stätte zu Stätte führen, wo der Karren an einer Ecke hielt, gräßlich martern und endlich auf dem Markte vierteilen. Die Gassenbuben liefen hinterdrein von Ecke zu Ecke, es war ein Fest für sie zuzusehen, wie der Henker dem Verurteilten den Staupbesen gab. Als dann humanere Zeiten kamen, bezogen die Juden Quartiere außerhalb des alten Ghettos, das nun ganz zum Idyll mitten in der lärmenden Stadt geworden ist.

Etwas Ghettoähnliches gibt es noch heut an andrer Stelle, übrigens auch nur noch für kurze Zeit, denn das Scheunenviertel mit seinen vielen Gassen zwischen Alexanderplatz und Bülowplatz, das dieses Wahlghetto birgt, ist im Begriff, vom Erdboden zu verschwinden. Man muß sich beeilen, wenn man das Leben in den Straßen mit den merkwürdig militärischen, gar nicht ans Alttestamentarische erinnernden Namen wie Dragoner- und Grenadierstraße, noch kennenlernen will. Schon erheben sich die neuen Häuserblöcke und überragen die Reste, die langsam Ruine werden. Aber eine Zeitlang gehen noch die Männer mit den altertümlichen Bärten und Schläfenlocken in langsamen, die schwarzhaarigen Fleischertöchter in munteren Gruppen den Damm ihrer Straße auf und nieder und reden Jiddisch. An Läden und Stehbierhallen sind hebräische Inschriften. Noch sind diese Straßen eine Welt für sich und den ewigen Fremden eine Art Heimat, bis sie, die vor noch nicht langer Zeit von einem Schub aus dem Osten hergetragen worden sind, sich soweit in Berlin akklimatisiert haben, daß es sie verlockt, tiefer in den Westen vorzudringen und die allzu deutlichen Zeichen ihrer Eigenart abzutun. Es ist oft schade darum, sie sind eigentlich so, wie sie im Scheunenviertel herumgehen, schöner als nachher in der Konfektion und an der Börse.

Böse Zungen haben die schmale Privatstraße, die von der Potsdamer an alten Gärten entlangführt und zur Lützowstraße umbiegt, das neue Ghetto genannt. Dieses Scherzes sind die, welche hinter dem Gitter des Durchgangs wohnen, wohl kaum würdig, man wird da keinen Kaftan und keine Schläfenlocke finden.

*

Rasch fährt unser Wagen durch die Klosterstraße. Er hält nicht vor den Wandelgängen des alten Gymnasiums zum Grauen Kloster, dem ältesten Berlins. Es ist aus dem Kloster der Franziskaner oder Grauen Brüder hervorgegangen und enthält in seinen Mauern noch Konvent- und Kapitelsaal. Im Hofraum erhebt sich die Klosterkirche. Sie ist von dem großen Brande des Jahres 1380 bis auf den Turm unversehrt geblieben, und ihre Mauern bergen das meiste Mittelalter von allen Berliner Kirchen. Im dämmerigen Chor wird der Besucher die fünfzig Gestühle der Mönche bewundern, sie sind aus Eichenholz, mit reichem gewundenen

Schnitzwerk geziert. Über ihnen sind in der Wandbekleidung geschnitzte Sinnbilder, merkwürdige Allegorien der Passionsgeschichte, ein Zählbrett mit Silberlingen, das den Verrat des Judas, zwei aneinandergeschmiegte Köpfe, die seinen Kuß bedeuten, Fackel und Laterne gemahnen an die nächtliche Verhaftung im Garten Gethsemane, Ketten an Jesu Fesseln, Schwert und Ohr an Petri Hieb nach dem Knecht der Hohenpriester.

Als das Gymnasium gegründet wurde, bekam es nur die Hälfte der Klostergebäude, die andre, und zwar die nach dem sogenannten Lagerhause zu, bekam Leonhard Thurneysser, der Tausendkünstler aus Basel. Er hatte hier und in dem Lagerhause selbst seine Buchdruckerei, Schriftgießerei, Werkstätten für Holzschnitt und Kupferstich, er machte Goldtinkturen und Perlenelixiere, Amethyst- und Bernsteinessenzen, ja auch Schönheitswässer für die Damen der hohen Gesellschaft, die ihn jede einzeln in Dankbriefen baten, er solle doch ja keiner andern den gleichen Zaubersaft zukommen lassen. Man erzählte sich von ihm, daß er Satan in Gestalt eines Skorpions in einem Glase gefangen halte und daß täglich drei schwarze Mönche mit ihm speisten, die gewiß Abgesandte der Hölle seien.

Das Lagerhaus war hervorgegangen aus dem Hohen Hause, der alten Markgrafenresidenz, die der erste Zollernkurfürst bezog und seine Nachfolger erst verließen, als ihre Zwingburg zu Kölln an der Spree vollendet war. Da wurde dann das Lagerhaus wie alles in dieser Gegend Burglehen. Was in diesen Burglehen hauste, war abgabenfrei, aber zum Schloßschutz verpflichtet. Aus den Burglehen sind die späteren Freyhäuser geworden, deren noch eine Reihe an den Inschriften überm Hauseingang kenntlich sind. Die Geschichte des Hohen und späteren Lagerhauses ist interessant: Hier wurde von Friedrich II. der Schwanenorden gestiftet. Bei der Aufteilung kam es an einen Ritter von Wardenfels und nach ihm an eine Reihe Adliger und Geistlicher. Im siebzehnten Jahrhundert wurde es eine Zeitlang Privatbesitz, im achtzehnten Ritterakademie. Dann gab es Friedrich Wilhelm I. dem Staatsminister Johannes Andreas Kraut als Lagerhaus für Wollwaren. Der König, der für sein Militär kein ausländisches Tuch kaufen wollte, begünstigte sehr die Fabrik seines Getreuen. Sie ist erst im Anfang des 19. Jahrhunderts eingegangen. Die Räume wurden staatliche Dienstlokale. Eine Zeitlang war das Geheime Königliche Staatsarchiv darin. Jetzt steht an den Erdgeschoßfenstern des immer noch stattlichen Hauses ‚Zu vermieten'.

An dem mächtigen Gebäude des Land- und Amtsgerichts entlang kommen wir zu den Stadtbahnbögen und dem Alexanderplatz, auf dem es zurzeit recht unordentlich aussieht, weil hier ein ganzes Stadtviertel eingerissen und umgebaut wird. Die Heimlichkeiten der Umgebung dieses Platzes zu erforschen, ist hier vom Fremdenwagen aus keine Zeit. Das muß einem Spaziergang nach dem Osten vorbehalten bleiben. Ein Stück Neue Friedrich- und ein Stück Kaiser Wilhelmstraße fahren wir bis zum Neuen Markt. Zu Fuß wären wir dahin die schmale Kalandsgasse gegangen und hätten uns der etwas rätselhaften Kalandsbrüder erinnert, von denen sie ihren Namen hat und deren Kalandshof hier im Schatten von Sankt Marien stand. Die alte Elendsgilde dieser Gesellen, deren Name rätselhaft bleibt (die Deutung nach *calendae* wird angezweifelt), verwandelte sich mit der Zeit aus einer nach gestrengen, in manchem an Templersitten gemahnenden Gesetzen lebenden Bruderschaft der ‚elenden Priester der Propstei' in eine recht wüste Rotte, deren Lebensweise bewirkte, daß man hierzulande unter ‚Kalandern' eine besonders wüste Art Müßiggang verstand.

Auf dem Neuen Markt steht vor der Marienkirche ein großes Lutherdenkmal. Da ist der Reformator mit obligater Bibel nebst seinem ganzen Stabe zu sehen. Die Mitstreiter bewohnen sitzend und stehend den breiten Sockel des großen Steinwerks, und zwei sitzen sogar noch auf den Treppenwangen.

In alter Zeit hat hier ein Galgen gestanden für Soldaten, die zu einem schimpflichen Tode verurteilt waren. Als er errichtet wurde, war gerade Peter der Große von Rußland bei König Friedrich Wilhelm I. zu Besuch. Der Zar interessierte sich sehr für das neue Hinrichtungsinstrument und bat den König, an einem seiner langen Kerle den Apparat auszuprobieren. Als der König sich entrüstet weigerte, sagte Peter: ‚Nun, dann können wir's mit einem aus meinem Gefolge versuchen.' Hoffentlich haben die Monarchen von diesem Versuch Abstand genommen. Es ist immerhin besser, daß jetzt da kein Galgen, sondern nur ein Denkmal steht. Am besten aber stünde gar nichts oder nur die bunten Buden eines Marktes wie in früheren Zeiten. Die Marienkirche hat breite Steinquadern, Granit der Findlingsblöcke, aus der Zeit, bevor man in der Mark mit Backstein baute.

Diese Kirche, mein lieber Fremder, mußt du dir innen anschauen, wenn du irgend Zeit hast. Da ist eine wunderbare Kanzel von Schlüter. Und das Ergreifendste an dieser Kanzel sind zwei große Engel, welche die Ekstase von den tastenden Zehen bis zu den emporgedrehten Hälsen bewegt. Im Flaum ihrer mächtigen Marmorflügel zittert Verzückung. In den Kapellen schöne Grabmonumente: hinter schmiedeeisernem Gitter das reichverzierte Grabmal eines Patrizierehepaars. Zwischen derben Engeln ein wackrer Reitersmann mit dem würdigen Vorbauch der Wallensteinzeit, halbleibs über einem Totenkopf betend. Eine süß lagernde Barockputte zeigt auf das Reliefbildnis einer Verstorbenen. Im Chor das große Grabmal des Grafen Sparr, der ein Wohltäter der Kirche war; ein Antwerpner Künstler soll das geschaffen haben. Der Feldmarschall kniet mit den bepanzerten Beinen in säulenumgebener Kapelle vor seinem Betpult auf einem Marmorkissen. Unterm Pult aber legt ein Hündchen die Pfote über die Leiste und schaut zu seinem Herrn hinauf. Das hat ihm einmal, als er auf Feldwacht war, des Feindes Ankunft durch Bellen verraten, darum ist es hier zu Füßen seines Herrn begraben. Hinter dem Grafen steht ein schöner Page und hält den federngeschmückten Helm seines Herrn. An Sparrs Türkensiege erinnern die Gestalten von Mars und Minerva, die da oben von rechts und links her sein Wappen halten. Zu ihren Füßen hocken je zwei mit Fesseln an Kanonenrohre geschmiedete Sarazenen. Hier wie in Sankt Nikolai und in der Klosterkirche sah sich der Adel und die Patrizierschaft von den Grabmälern der Ahnen umgeben, und sie sind eine Welt für sich: die aufrecht stehenden Grabsteine an den Wänden, die abgetretenen Sandsteinplatten, auf denen die Wappen mit den reichen Helmen dem Hinschauenden langsam deutlicher werden, die Holztafeln mit Bildern der Stifter, umgeben von steinern rankender Allegorie. Zu all diesem Grabgestein in der Kirche und an ihren Außenmauern muß man nun noch die Gräber des Volkes hinzudenken, die vor der Kirche auf Plätzen waren, über welche Herden weideten und die auch zur Bleiche oder als Seilerbahn dienten. Mehr und mehr sind diese Friedhöfe von den Kirchen abgewandert. Nur ganz wenige sind noch bei ihrem Gotteshaus wie der alte Parochialfriedhof. Schon unter Friedrich Wilhelm I. fing man an, die Begräbnisplätze der Gemeinden vor die Tore der Stadt zu verlegen.

In der Marienkirche findet sich noch etwas, wovon ich sprechen muß, und zwar in der Turmhalle. Da läuft ein über zwanzig Meter langes Fresko die Kirchenwand hin, das man erst vor einem halben Jahrhundert unter der Tünche entdeckt hat, mit der es bilderfeindliche Zeiten verbargen. Vor blauem Himmel und grünem Anger bewegen sich zwischen den tanzführenden Toden geistliche und weltliche Gestalten. Neben der Kanzel des braunbekutteten Franziskaners, zu dessen Füßen teuflische Fratzenungeheuer den Tanz lauernd und musizierend verfolgen, beginnt den Reigen der Küster im Chorhemd, von einem Tode angefaßt, der seine Linke dem nächsten Geistlichen reicht, den verbindet der grausige Nachbar mit dem grauen Augustiner, den wieder einer mit dem Kirchherrn in rotem Gewand, und so geht es weiter über den Kartäuser, den Doktor – den zählte das Mittelalter auch zu der Geistlichkeit und ließ ihn mit frommem Schauer die Flüssigkeit in seinem Glase beschauen –, den zierlichen Domherrn, den feisten Abt, den prunkenden Bischof, den roten Hut des Kardinals bis zu des Papstes dreifacher Tiara. Hinter dem Papste bildet die Wand eine Ecke, und da ist der Tanz durch das Bildnis des Gekreuzigten unterbrochen, zu dem die Mutter und der Lieblingsjünger betende Hände erheben. Dann kommen die Weltlichen. Zunächst wird hier der Kaiser mit Zepter und Krone und blau-golden gekleidet vom Tode zur Kaiserin hingetanzt, die ihr Schleppgewand rafft. Sehr jung in seinen hellen Tuchschuhen ist der König. Im Harnisch muß der Ritter, in pelzverbrämter Schaube der Bürgermeister sich zum Tanze bequemen und sich's gefallen lassen, daß, nur eine Todesbreite von ihm entfernt, der Wucherer, nicht minder vornehm und verbrämt angetan, denselben Reigen tritt. Der Junker in Joppe und prallem Beinkleid, der Handwerksmann im Kittel und ein armer stolpernder Bauer folgen. Den Abschluß aber macht im Schellenkleid der Narr. Der immer selbe und immer verschiedene Tod, der bald schreitend, schleifend, bald mit erhobenem Fuße hüpfend die Menschenkinder zum Reigen vereint, ist nicht eigentlich als Gerippe dargestellt wie auf den meisten Totentänzen, sein magerer Leib ist nur umrissen, nicht Skelett, auf den spitzigen Knochen seines Gesichtes wechseln in reicher Variation die Grimassen starren und belebteren Hohnes. Um die Schultern hängt ihm als Mantel, der seinen Leib frei läßt, das weiße Grabtuch. Und einmal in der Gestalt, die nach dem Heiligen Vater greift, ist er ganz nackt.

Es ist das älteste Stück Berliner Malerei, was wir hier im Kirchendämmer wandentlang wandern sehen. Und in altem Niederdeutsch stehen, zum Teil erloschen, bittere Reime darunter, die von der Unabwendbarkeit des Reigens reden. Der ist ja nicht so berühmt wie die Totentänze von Lübeck, Straßburg, Basel usw., aber er hat ergreifende Realität und berlinische Helle und Kühle. Die Menschen, für die dieses Bild gemalt wurde, haben übrigens das große Sterben und die Lebenslust mit einem wirklich getanzten Reigen gefeiert, der Totentanz hieß. Der kam nach einem der großen Pestjahre auf, in einer Zeit, in der, wie immer nach der furchtbaren Seuche (und oft schon, während sie wütete, ihr zum Trotz), die Freude am Dasein besonders stark war. Bei diesem Tanze traten jung und alt unter Jubel und Gelächter zu einem Reigen zusammen. Plötzlich hörte die muntere Musik mit einer schrillen Dissonanz auf, eine leise düstere Melodie hob langsam an und ging in einen Trauermarsch über, wie er bei Begräbnissen gespielt wurde. Währenddessen legte sich ein junger Mann auf den Boden und blieb dort regungslos ausgestreckt wie ein Toter. Die Frauen und Mädchen tanzten um ihn herum, gaben ihrer Trauer in komischer, höhnischer Weise Ausdruck und sangen lustig ein Trauerlied dazu, dem allgemeines Lachen Echo machte. Dann traten sie eine nach der andern an den Toten heran und suchten ihn durch Küsse ins Leben zu rufen. Eine Ronde der ganzen Gesellschaft beschloß den ersten Teil der grotesken Zeremonie. Beim zweiten Teil tanzten Männer und Jünglinge um eine, die die Tote spielte. Ging es dann ans Küssen, war des Jubels kein Ende.

Wir kreuzen die Spandauerstraße. Eh wir südlich wenden, ein Blick auf die Heiligegeistkapelle. Sie ist erhalten geblieben, indem man ein neues Haus, die Handelshochschule, ihr anbaute und sie diesem Hause so einfügte, daß sich in ihrem tief herabreichenden Ziegeldach mit den Mansardenfenstern das Dach der Hochschule fortsetzt. Innen ist sie jetzt Vortragssaal. Zu dem gotischen Sterngewölbe steigen Belehrungen über Bilanz, Buchführung und Bankwesen empor. Im Mittelalter lag sie am Armenhospital zum Heiligen Geist. Viel Efeu rankt um die spitzbogigen Fenster.

Wir kommen an der Hauptpost vorbei und zum Ratshaus, dem ‚Roten Hause' aus Ziegelstein und Terrakotta. Den hohen Turm mit den schmalen Säulen an den durchbrochenen Eckvorsprüngen haben wir auf unserer Fahrt schon ein paarmal über alle Dächer ragen sehn, und er wird uns noch ein ganzes Stück nachschauen. Von dem alten Ratshaus, an dessen Stelle dies Gebäude in den sechziger Jahren des vorigen Jahrhunderts errichtet worden ist, gibt es in dem Park des Schlosses Babelsberg bei Potsdam noch einen Rest zu sehn, die Gerichtslaube mit ihrem allegorischen Zierat, dem Affen der Wollust, dem Adler des Raubes und Mordes, dem Wildschwein der Verkommenheit und einem seltsamen Vogel mit Menschengesicht und Eselsohren, dem blutsaugenden Vampir der Habsucht und des Wuchers.

Nun fahren wir die Königstraße bis zur Spree und erreichen die ‚Lange Brücke', die jetzt Kurfürstenbrücke heißt. Da läßt unser Führer halten, um uns das berühmte Denkmal des Großen Kurfürsten zu erklären. Während unten am Sockel die Sklaven grollend sich ducken, einer die gefesselten Hände zu dem stolzen Überwinder hebt, der Führer von Schlüters Entwurf und von Johann Jacobis Erzguß berichtet, denke ich an die Volkssage, nach welcher der da oben in seinem Imperatorenmantel auf seinem ehern schreitenden Roß in der Neujahrsnacht Schlag zwölf mit einem Geistersprung das hohe Postament verläßt und durch seine gute Stadt reitet, zu sehen, was aus ihr geworden ist. Vor ihm auf dem Sattel sitzt dann das Kind von Fehrbellin, welches er selbst aus dem brennenden Hause gerettet hat, in dem die Schweden alle andern Lebendigen erschlagen hatten, und das sein schützender Engel wurde. Schlag ein Uhr kehrt er auf seinen Sockel zurück. Unter diesem Sockel aber ruht ein reicher Schatz. Diesen Hort darf nur der Preußenfürst heben und der auch nur, wenn er in großer Not ist.

Der Führer zeigt uns von hier teils rekapitulierend, teils ankündigend Ausblicke auf das Dammühlengebäude, das Rathaus und die ältesten Teile des Schlosses, den grünen Hut und die Schloßapotheke, erzählt uns dabei von der kleinen Zwingburg des zweiten Zollernkurfürsten und dem Renaissanceschloß, das Kaspar Theyss für Joachim II. erbaute. Das hören ein paar Straßenjungen mit an. Denen kommen wir armen Fremden recht lächerlich vor. Sie machen des Führers erklärende Gebärden nach und rufen: ‚Det da drüben is Wasser und die ins Auto sind Zoologscher Jarten.'

Wir dulden still, bis der Wagen weiterfährt, um vor dem Neptunsbrunnen und den herrlichen Säulen und Pilastern an der Südfassade des schönen Schlüterbaues wieder zu halten.

Etwas zu lange verweilt unser Führer bei dem Brunnen, an dessen Rand es immerhin eine gut lagernde Nixe mit einem Fischnetz im Schoße gibt, und dem ehemaligen königlichen Marstall drüben, von dem nur zu sagen ist, daß er stattliche Breiten- und Höhenmaße aufweist und jetzt eine städtische Bibliothek mit vielen interessanten Büchern über Berlin enthält. Ich bleibe während seiner Erläuterungen mit den Augen auf Schlüters Pilastern, Fensterfassungen und den Statuen über dem Gitter des Balkons. Auf diesem Balkon mußte am 19. März 1848 König Friedrich Wilhelm IV. erscheinen, um die Bürgerleichen zu sehen, die von der Breiten Straße nach dem Schloß angefahren wurden. Die Volksmenge sang und schrie und alles hatte den Kopf entblößt, nur der König hatte die Mütze auf, da hieß es gebieterisch ‚Die Mütze herunter!' und er nahm sie ab. Die Leichen wurden durchs Schloß nach dem Dom gefahren. Auf dem innern Schloßhof machte der Zug halt, und dort mußte wiederum der König auf der Galerie erscheinen, vieles anhören und das Haupt entblößen.

Wir fahren um die Ecke und halten vor dem Eosanderportal. Hier zwingt der Erklärer unsere Blicke, statt sie auf diesem barock gesteigerten Severusbogen von Berlin zu lassen, hinüber zu den Steinfalten, Allegorien, trophäenraffenden Löwen und Umbauten des Begasschen Nationaldenkmals für Kaiser Wilhelm I., dem da oben eine Balletteuse sein Zirkuspferd gängelt, und er behauptet, das Portal und darüber die Kuppel der Kapelle komme erst recht zur Geltung, seit das Nationaldenkmal die alten Gebäude der Schloßfreiheit verdrängt habe.

Da kann man andrer Meinung sein und sich nach dem bescheiden gedrängten Holz- und Mauerwerk zurücksehnen, wie man es auf alten Stichen sieht. Es hat gewiß das Königsschloß gesteigert wie in alten Städten Marktbude und angelehnte Häuschenschar die Kathedrale, von der sie überschattet und gehegt wurden in den Tagen, als echte Pracht gut inmitten echter Armut wohnte.

Unter dem Portal ist der Eingang in das Schloßmuseum. Im Erdgeschoß und einem Teil des ersten Obergeschosses ist seit einigen Jahren Kunstgewerbe untergebracht. Es ist ja noch nicht lange her, da wohnten hier die Letzten von der Familie, der man dies Schloß gebaut hat. Wir haben sie noch herausfahren sehn aus den Portalen und auf dem Balkon stehen, von dem aus sie zu dem Volk sprechen konnten. Nun sind alle Räume des Riesenbaus Museum geworden. Außer den richtig zu Museenzwecken eingerichteten Räumen kann man nun auch die andern, die Königskammern und Repräsentationsräume und sogar die historischen Wohnräume jederzeit besichtigen. Meistens ist leider ein Führer dabei. Es wird einem nicht leichtgemacht, Schlösser anzusehn. In manchen, wie dem reizenden Gartenschlößchen Monbijou, welches das Hohenzollernmuseum birgt, kann man ungestört herumgehn und Krückstöcke, Uhren, Porzellan und Prunktabaksdosen des alten Fritzen, die Zimmer seiner Mutter, das chinesische Kabinett, die kuriosen Wachsbilder der Fürsten und Fürstinnen usw. in aller Ruhe betrachten. Aber so gut hat man es sonst in Berlin, Charlottenburg und Potsdam selten. Meist wird man geführt, und was der Führer erzählt, steht besser, prägnanter und wissender im Baedeker. Und was das schlimmste ist, das Tempo der Betrachtung hängt ganz von ihm und seiner Herde ab. Wenn man nicht Gelegenheit zu einer Sonderführung bekommt, bleibt einem also nichts übrig, als auf gut Glück vor einem schönen Möbel oder Bilde zu verweilen, während der Fremdenwärter sein Sprüchlein über den ganzen Saal aufsagt. Manchmal empfiehlt sich's auch, statt der Altertümer die drollige Gegenwart des Kunst- und Fürstenportiers und seiner filzpantoffelschlurfenden Herde, welche die Anwesenheit von Sehenswürdigkeiten mit merkwürdigen Ausrufen und Aussprüchen begutachtet, zu genießen. Während wir uns freuen, die Räume, die im Berliner Schloß der letzte Kaiser bewohnt hat, in den Zustand zurückversetzt zu finden, in dem seine Vorfahren sie ihm hinterließen, meint der Kundige, der uns nun herumführt und der die letzte Pracht noch gekannt hat, die Räume seien jetzt etwas kalt, und beschreibt ausführlich, was hier vor zehn Jahren an Perserteppichen gelegen, an Schlachtenbildern und Porträts gehangen habe. Er zeigt uns sogar die Stelle, wo die hochmodernen elektrischen Zigarrenanzünder von damals waren. Wenn er in die Zimmer der Kaiserin kommt, muß der Kunstfreund die ganze Zeit, die jener über ihre Gewohnheiten und Lieblingsgegenstände spricht, nutzen, um mit einiger Gründlichkeit die herrlichen Watteaus zu betrachten, die sich als verwunderte Fremdlinge in den Zimmern dieser watteaufernsten aller denkbaren Damen befinden. Und wenn im Charlottenburger Schloß der Wanderwart die gräßliche Trompetenuhr aufzieht und blasen läßt, von der er behauptet, sie habe Napoleon, als er hier übernachtete, aus dem Schlafe geschreckt, halte man sich die Ohren zu und sehe solange die süße Seide um den

Schlaf der hübschen munteren Königin Luise an, ihre kleinen Öfchen oder ihr apartes Bild in Totenhusarentracht. In solchen Räumen müßte man lange allein oder unter seinesgleichen sich aufhalten dürfen, um mit den Geistern derer zu verkehren, für die einst die Schlüter und Schinkel und ihre Schüler und Helfer gearbeitet haben, und die großen Zeiten des älteren Berlin, das preußische Barock und Rokoko und den preußischen Klassizismus zu erleben.

Einiges wird einem vielleicht auch auf den ersten Blick zuteil, die strotzend blühende Pracht im Rittersaal, den Schlüters Gruppen der vier Erdteile schmücken, die reinen Formen und angenehmen Farben des Parolesaals mit Schadows Marmorgruppe der jugendlichen Kronprinzessin Luise und ihrer Schwester, das Gold und Grün des runden Kuppelkabinetts, das Friedrichs des Großen Schreibzimmer war. Und nach Herzenslust verweilen kann man in dem innern Schloßhof vor Schlüters Bogenhallen. Die Höfe nämlich versperrt uns kein König mehr und kein Führer zwingt hier zur Eile.

Wir halten an der Lustgartenseite des Schlosses vor den beiden Rossebändigern, die der russische Kaiser dem Preußenkönige in den vierziger Jahren geschenkt hat. Der Berliner Volkswitz nannte sie den gehemmten Fortschritt und den beförderten Rückschritt.

Aus dieser Zeit stammen auch die einzelstehenden Säulen aus geschliffenem Granit an den Ecken der Terrasse, auf denen goldne Adler horsten. Varnhagen, der als kritischer Zeitgenosse beobachtete, fand diese Verzierung zu elegant für das mächtige, schwerfällige, düstre Gebäude und diese Sucht, zu schmücken, sehr geschmacklos. „Die Leute", schreibt er, „stehen davor und machen ihre Bemerkungen darüber, sie finden die Sache unnötig, man vergleicht sie mit den Achselklappen der königlichen Lakaien, die waren dem König auch zu einfach, es mußte eine Krone hinein." Den einen goldnen Adler an der Ecke nannten die bösmäuligen Berliner den ‚größten Eckensteher' – anspielend auf die vielbewitzelten, etwas faulen und versoffenen Vorläufer des Berliner Dienstmanns. Und sie meinten: Nun weiß man doch, wie das Hotel heißt, das Schild sagt's: ‚Zum goldenen Adler'. Zu dieser Zeit kurz nach den Revolutionstagen 1848 waren immer noch viel Aufläufe von Arbeitergruppen und Studenten und Lehrburschen unter den Linden und vorm Schloß, da ließ ein Hofmarschall Eisengitter an die Schloßportale befestigen. Die Bürgerwehr konnte nicht verhindern, daß ein großes Gitter von Arbeitern ausgerissen und an der Kurfürsten-brücke in die Spree geworfen wurde, ein andres, kleineres schleppten die Studenten auf die Universität. Später ließ man alles ruhig geschehen und sah die Gitter als Denkmal des 18. März an, das Schloß, sagte man, sei dadurch zum Käfig geworden, der König bemitleidenswert, und es sei ein Schildbürgerstreich von ihm, Gitter *nach* der Gefahr zu machen. Die Adler gibt es noch, die Gitter sind gefallen. Das Schloß ist von der Lustgartenseite gesehen schöner, ehrwürdiger und historischer denn je.

*

Der große weite Platz dem Schloß gegenüber, der Lustgarten, geht bis an die Stufen des Alten Museums, und die führen in ein wunderbares Eiland mitten in der Stadt. Es ist nicht nur topographisch richtig, daß dieser von schützenden Wassern umflossene Stadtteil die Museumsin-sel genannt wird. Die Welt, die hier mit Schinkels ionischer Säulenhalle beginnt, ist des jungen Berliners Akademoshain – oder war es wenig-stens für meine Generation –, und was er auch später im Louvre und Vatikan, in den Museen von Florenz, Neapel, Athen wird zu sehen bekommen, er kann darüber die Säle des Alten und Neuen Museums und unserer großen Bildergalerien nicht vergessen, ja, selbst die Wan-delgänge hinter den Säulen hier nach dem Platz zu und innen am Neuen Museum entlang und rings um die Nationalgalerie sind ihm dauernder Besitz und Stätte unvergeßlicher Stunden.

Doch wir wollen in der Stadt und auf der Straße bleiben. Für einen kurzen Besuch der Museen unterrichtet der Baedeker ausgezeichnet, seine einfachen und Doppelsternchen orientieren über das, was eine Art *consensus gentium* letzthin für besonders schön und wertvoll hält, und das hindert niemanden, seine eignen Entdeckungen zu machen.

Aus der Vorhalle des Alten Museums gelangt man unter die Kup-pelwölbung der Rotunde, die mit meist römischen Nachbildungen griechischer Statuen ins Eigentliche einlädt. Es ist schön, in dem Kreis dieser Marmorwesen zu sein, ohne sie genauer anzusehen, und seine Kräfte zu sammeln für all das Wunderbare, was uns im archaischen Saal und in den Sälen des 5. und 4. Jahrhunderts, der Spätzeit und bei den Römern erwartet. Im Oberstock versammelt das Antiquarium die Kleinkunst in Bronze, Gold und Silber, Schmucksachen und die grotesken und reizenden Terrakotten der Meister von Tanagra und ihrer Schüler. In Stülers Neuem Museum wirst du, wenn ich dir raten darf, Fremder, dich nicht allzu lange in dem großen Treppenhaus mit den riesigen Fresken von Kaulbach aufhalten, die sich bekanntlich mit den Hauptmomenten der Weltgeschichte befassen und als Anschauungsunterricht für Volksschulen vielleicht nicht allzuviel Schaden anrichten. Du wirst in der ägyptischen Abteilung gewaltige Statuen und Sarkophage und die holden kleinen Köpfe der Königinnen Teje und Nefretete finden, und bei schwarz- und rotfigurigen Vasen in den Dämmerzustand versinken, in dem man nicht weiß: Fließt draußen die Seine oder der Tiber? Werden wir auf dem Posilip oder im ‚Savoy' frühstücken? Gibts bestimmt eine Gegenwart? Fürs Kupferstichkabinett laß dir etwas Zeit, sieh nicht nur an, was an den Wänden hängt oder in den Glaskästen ausliegt. Man gibt dir gern eine der vielen schönen Mappen, einen guten Platz, und du kannst dich ein Stündchen gebärden wie ein Kunstgelehrter. Es lohnt. Bis diese Zeilen in deine Hand kommen, ist vielleicht auch schon der Museumsneubau endlich vollendet, den Alfred Messel begonnen hat. Dann wirst du den herrlichen Altar von Pergamon aufgebaut sehn mit seinen Göttern und Giganten. Was die Nationalgalerie anbetrifft, so muß ich als dein Führer durch Berlin dich besonders auf die Bilder hinweisen, in denen Berlinisches verewigt ist. Menzels wunderbares Balkonzimmer und sein Schlafzimmer, das höfische Ballsouper, den Palaisgarten des Prinzen Albrecht, die alte Berlin-Potsdamer Bahn, ferner die Maler des alten Stadtbildes und Volkslebens, vor allen Theodor Hosemann, und Franz Krügers Porträts und seine großen Paradebilder. Berliner Romantik wirst du in den Landschaftsbildern des großen Schinkel, der ja eigentlich kein Maler, sondern ein Baumeister war, finden. Er hat sie für eines der alten Patrizierhäuser in der Brüderstraße gemalt, und wenn du Muße dafür hast, so lies, was Hans Mackowsky in seinen ‚Häusern und Menschen im alten Berlin' darüber schreibt, und lies weiter, was er von diesem Haus und andern berichtet, das wird dir eine vergangene Stadt mitten in der gegenwärtigen aufbauen. Über das Kaiser-Friedrich-Museum, das nach dem Manne, der es zu einer Weltberühmtheit gemacht hat, besser Wilhelm-von-Bode-Museum hieße – statt sich auf den recht kunstfreundlichen Herrn zu beziehen, dessen garstiges Reiterdenkmal leider vor der Tür dieser Schatzkammer steht –, über diese Welt von

Bildern und Bildwerken habe ich hier nichts aufzuschreiben, denn wenn sie auch höchster Ruhm von Berlin ist, so hat sie doch mit unserer guten Stadt selbst nichts zu tun. Man ist hier von ihr noch weiter fort als in den Sälen der griechischen Bildwerke, nach denen doch in den Versuchen des preußischen Klassizismus eine Sehnsucht – nüchtern abgeblaßt, verhalten, prunkfeindlich und redlich bemüht – hindrängt.

Aber zurück aus dieser schönen Ferne zum Lustgarten und unseren Rundfahrtwagen. Die weite Fläche dieses Platzes hat auch schon etwas inselhaft Ruhevolles. Von der langen Schloßfront mit den breiten Portalen ist – hoffentlich auf recht lange Zeit – keinerlei Gegenwart vorauszusehen. Die einzige Unruhe an dieser gelassenen Stätte ist der Dom mit seinen vielen Hochrenaissanceeinzelheiten, Nischen, Hallen, Kuppelaufsätzen. Er macht sich da breit, wo noch bis in die neunziger Jahre ein kleinerer aus Friedrichs Tagen stand. Er bedeckt eine Fläche von 6270 qm, während der Kölner Dom es nur bis zu 6160 qm gebracht hat. Es ist höchst überflüssig, hineinzugehen, denn auch innen verletzt dieses Riesengefüge aus eitel Quantität, Material und schlecht angewandter Gelehrsamkeit jedes religiöse und menschliche Gefühl. Die Akustik soll übrigens ausgezeichnet sein, und um sie zu verstärken, hängen eigens noch Bindfäden von der Innenkuppel des Mittelbaues. Mit Recht verkündet ein marmorner Engel: ‚Er ist nicht hier, Er ist auferstanden.‘ Wahrhaftig, hier ist Er sicher nicht. Schade um ein paar schöne Sarkophage, mit denen die Namen Peter Vischers und Schlüters verbunden sind. Vielleicht kommt noch einmal eine Zeit, in der man dieses Gebäude und manches andre so kurz entschlossen abreißt, wie man es jetzt mit häßlich gewordenen störenden Privathäusern tut. Dann wird diese Stätte ganz der Vergangenheit und Ruhe gewidmet sein.

Belebt wird sie auch jetzt immer wieder nur, wenn Volksversammlungen sich ihrer bemächtigen, und dafür ist sie sehr geeignet, seit der Lustgarten nichts als ein großer Sandplatz ist. Sein Name erinnert noch an eine ganz andre Zeit, die der Parkkunst, der Grotten und Grottierer. In des Großen Kurfürsten und seines Sohnes Tagen waren hier ein Kolossalneptun mit Grotten und Wasserstürzen zu sehen, Vexierspringbrunnen und die Riesenmuscheln an Meinhards Lusthaus. Da hatten die ‚Grottenmeister, Sprützenmacher und Stukkateure‘ reichlich Arbeit wie später wieder unterm Großen Friedrich, dem sie in Sanssouci eine Neptunsgrotte, im Neuen Palais einen Muschelsaal bauten. Auf der Remusinsel zu Rheinsberg schufen sie das chinesische Haus. Und später hat dann noch der Erbauer des schlichten Landschlößchens zu Paretz in einem Parkwinkel als eine Art Relikt aus der Rokokozeit ein muschelbuntes japanisches Tempelchen errichtet. Die letzten Nachklänge dieser Grottenkunst aber sind mitten in der Großstadt die schaurigen Tropfsteingebilde an den Aufgängen zu veralteten Nachtlokalen und an den Bühnenrahmen verstaubter Tingeltangel. Den nüchtern verständigen Friedrich Wilhelm I. verdrossen die Blumenparterres und Lusthäuser dieses Paradieses seiner Vorfahren. ‚Alfanzereien' nannte er das und machte aus dem Pomeranzenhaus eine Tapetenfabrik mit einer Art Börse im oberen Stockwerk und aus den Blumenparterres einen Exerzierplatz für seine Grenadiere. Seit hier nun nicht mehr exerziert wird, kann das freie Volk seine Versammlungen abhalten. Da kann man mit Fahnen und Fähnchen zum Beispiel die Kommunisten demonstrieren und lagern sehen. Rote Pfingsten: Sie sind weither gekommen aus allen Teilen Deutschlands, Textilproleten aus dem Erzgebirge, Kumpel aus den Zechen in Hamm und in der Kanonenstadt Essen, die eine Hochburg der Rotfront geworden ist, dazu rote Marine von der Waterkant. Aber auch das fernere Europa und die weite Welt senden ihre Vertreter; die Schutzwehr der Schweizer Arbeiterschaft, die tschechische Arbeiterwehr rückt an mit Fahnen und Plakaten, und ehrfürchtig wird die Sowjetstandarte begrüßt. In langen Zügen sind sie hermarschiert von den Enden der Stadt, seltsame Musikinstrumente wandern ihnen voran, Trompeten mit mehreren Schlünden, Jazztuben, Negertrommeln. Diese Kämpfer sind uniformiert, wie auch die es waren, die sie kämpfend ablösen wollen. Kriegerisch gegürtet sind die grauen Blusen und braunen Kittel. Und wie einst von den Tressen der Chargierten wird jetzt das Wanderbild des Zuges skandiert von den roten Armbinden der festleitenden Flügelmänner. Sogar die Kinder haben ihre Uniform. In weißen Hemdblusen mit rot flatternden Krawatten haben sie ihr Lastauto erklommen, dessen Aufschrift die Abschaffung der entwürdigenden Prügel verlangt. So einen Zug hab ich begleitet von der Bülowpromenade im Südwesten, die Yorkstraße hin unter den Bahnübergängen, deren Eisenbrücken das ‚Rot Front!' und das ‚Seid bereit!' mächtig widerhallten. Von den bürgerlichen Klebebalkons der langen Avenuen schauten etwas verdrossen alte Männer und Frauen auf das muntre Volk, das waren vielleicht pensionierte

Beamte, die sich noch nicht ‚umgestellt' haben. Aus den Seitenstraßen aber wehten rote Fahnen von den Häusern, und ein paar Jungen auf Rädern, deren Reifen rot umwickelt waren, schlossen sich an. So ging es weiter das Planufer hin und über die Kanalbrücke in die Altstadt. In der Alten Jakobstraße stand auf einem Altan, das Haar im Wind, ein graues Weib wie eine Parze des Weltgeschicks oder Furie der neuen Begeisterung. Jüngere lagen sonntäglich träge mit nackten Armen auf ihren Fensterkissen und freuten sich an dieser Musik und Menge wie ehedem am Aufmarsch der Soldatenkompanien. Die Geschäftshäuser der Markgrafenstraße waren ganz menschenleer. Nur auf einem hohen Dach bewegte sich ein Wesen und winkte mit einem winzigen Fähnchen. In der Oberwallstraße wehte dem Zug eine tiefe Stille entgegen von dem Torbogen, der die verträumte Auffahrt und die alten Balkone und Mansardenfenster des Prinzessinnenpalais abschließend schützt vor aller Gegenwart. Durch dies Tor drang der Zug, um auf dem Platz vor dem Zeughaus mit den Zügen aus andern Vorstädten zusammenzutreffen. Eine unabsehbare Menge erfüllte in Einzelgruppen und Zügen von der Schloßbrücke bis zur Kaiser Wilhelmsbrücke den ganzen Lustgarten und die Schloßfreiheit. Die Schloßfront entlang liefen an den Gittern rote Plakatbänder, hinter denen sowohl die Bronzestandbilder der niederländischen Fürsten und des Admirals Coligny wie auch die der beiden liberalen Rossebändiger fast verschwanden, abgetan von den flammenden Buchstabenbändern. Auf der obersten Stufe der Domtreppe stand ein Redner, dessen verkündigende Schlußworte die Menge unten wiederholte wie die Gläubigen in der Litanei des Priesters Worte. Rings auf dem Anstieg zum Denkmal Friedrich Wilhelms des Gerechten, der seinen Luftritt beklommen fortsetzte, und um die Granitschale herum und auf der Museumstreppe unter der Amazone, die den Tiger abwehrt, und unter dem Löwenkämpfer lagerten die Massen und sahen hinunter auf die vielen hin und her wandernden Züge mit ihren Fahnen, Plakaten und Karikaturpuppen, die den Genfer Völkerbund verhöhnten, und hinüber zu der Meetingsbevölkerung des Kaiser Wilhelms- und Nationaldenkmals an der Schloßfreiheit.

Den Dom, von dem ich wegschaue, so gut es geht, erspart uns der Rundfahrtführer nicht, er läßt eine schrecklich lange halbe Minute vor ihm halten und nennt ihn ‚sehr hübsch, besonders innen'. Aber mir zum Trost ist hier dicht vor uns an der Bordschwelle ein holdes kleines Gefährt gelandet. Auf roten Kinderwagenrädern bauen sich zwei Etagen auf mit Glasscheiben, darinnen stehen blinkende Nickelmaschinen mit Tellerchen und Löffelchen. Ein Eisverkauf: eine niedliche Zwergenwirtschaft, durchschimmernd wie Schneewittchens Sarg.

Ein Blick übers Wasser auf die Börse in der Burgstraße. Von ihren ‚Renaissanceformen' gilt, was schon über die Reichsbank gesagt wurde. Sie ist der erste Bau aus echtem Sandstein im neueren Berlin. Für uns ist das Innere des Gebäudes erheblich interessanter als seine Architektur und Skulptur. Mir ist einmal gestattet worden, von der Galerie auf die drei großen Säle hinunterzusehn, in denen sich die Berliner Kaufmannschaft zur Mittagszeit versammelt. Ich sah die vereidigten Makler hinter ihren Schranken, die wilde Menge, welche sich um ihre beweglicheren Kollegen schart, die Gebärden des Kaufs und Verkaufs, erhobene Hände, die ‚Brief' winkten, gespitzte Finger, die ‚Geld' bedeuteten, sah die Nischen der Großbanken, die Tische der kleineren, viel Lebhaftes im Saal der Industriepapiere, Gelinderes im Saal der Banken und in dem des Getreides die Tüten und blauen Kästchen mit Roggen- und Weizenproben in den Händen der Händler. Man könnte stundenlang niedersehen auf dies Meer von Glatzen, unruhigen Schultern, winkenden Händen, auf die Schicksalszahlen, welche auf den Tafeln sinkend und fallend wechseln, auf die gelben und blauen Lichter, die, besondre Winke bedeutend, in den Ecken aufflammen. Vor dem Ausgang zur Burgstraße warten allerlei Händler und Bettler; und aus der Art, wie ihre Gegenwart von den heraustretenden Handelsherren berücksichtigt wird, könnte man Schlüsse auf die guten oder schlechten Geschäfte machen, von denen sie kommen.

Wir fahren über die Schloßbrücke, deren schöner Schwung und gußeiserne Brüstung auf Schinkel zurückgeht. Die berühmten acht Marmorgruppen: Kriegs- und Siegesgöttinnen, junge Krieger lehrend, erwachsene geleitend, habe ich leider nie mit ernsten Blicken ansehen können, da in meiner Schuljungenzeit so unvergeßliche, nicht zu wiederholende Witze über ihre besondre Art von Nacktheit gemacht wurden. Nun lese ich in Varnhagens Tagebüchern, der Kultusminister Raumer habe an den König Friedrich Wilhelm IV. den Antrag gestellt, die nackten Bildsäulen von der Schloßbrücke wieder abnehmen zu lassen und sie im Zeughaus zu verwahren. Erfreulicher ist, daß um dieselbe Zeit Bettina von Arnim zu Varnhagen sagte, auch sie verdamme die Schloßbrückengruppen, aber nicht aus Nacktheitsgründen. Er selbst notiert, daß sie wohl schön gearbeitet seien. ‚Aber das Antike ist nicht antik genug, ist wider Willen modern, ohne zu den andern Bildsäulen, denen der Generale, zu passen. Sie stehen auch zu hoch.' Brummig fügte er hinzu: ‚Ein Unstern waltet über unserm Kunstwesen, nie etwas Rechtes, Ganzes, Übereinstimmendes.' Nun, wir wollen das nicht weiter erörtern, sondern lieber einen raschen Blick werfen auf eine Berliner Sehenswürdigkeit, die kein Reisebuch verzeichnet.

Ich meine da rechts unten im Wasser, dessen Ufer am Zeughaus entlanggeht, den angeketteten Spreekahn. Den habe ich vor kurzem zum erstenmal besichtigt. Ich kam zufällig vorüber und sah auf dem Brettersteg, der zu dem Kahn hinüberführt, ein paar Straßenjungen stehen, die wollten sich gerne den großen Walfisch ansehn, der seit vielen Jahren in dem Kahn hausen soll. Ich war, als ich im Alter dieser Jungen stand, auch immer sehr neugierig gewesen, ob da ein wirklicher Walfisch liege, und nie hatte man diese Neugier befriedigt. So ist es wohl zu begreifen, daß ich mit den kleinen Burschen an die Kasse gegangen bin. Es war sehr billig, ein Programm bekam ich gratis dazu, und das ist ganz besonders schön und jedem Besucher, ja auch Liebhabern älterer Druckschriften zu empfehlen. Sein Titelblatt lautet: ‚Das größte Säugetier der Welt und sein Fang. 22 m 56 cm lang, vollständig geruchlos präpariert. Herausgegeben von der Direktion der Walfischausstellung.' Ist das nicht ein schöner Anfang? Und dann lernen wir, daß dieser Koloß wie wir rotes warmes Blut hat und lebendige Junge zur Welt bringt, ‚welche von der Mutter gesäugt und mit Aufopferung eigner Lebensgefahr verteidigt werden'. Da liegt er, präpariert nach einer damals ganz neuen Methode, und sieht aus, als wäre er aus Papiermaché, riecht gar nicht nach Tran, nur nach Kahn. Man möchte sich durch Anfassen überzeugen, ob das da auch wirklich keine Pappe ist. Aber es steht angeschrieben: Nicht berühren! Giftig! Eine Zeitlang schauen wir ihm in den Schlund und auf die berühmten Barten, aus denen, wie wir lernen, das Fischbein gewonnen wird. Dann wenden wir uns der Sonderausstellung zu, wo des Riesen Bestandteile ausgeweideterweise im einzelnen uns breiteren Volksschichten zum Studium zugänglich gemacht sind. Da ist zum Beispiel der sogenannte Heringssack, worin das Tier zwei bis drei Tonnen Heringe aufnehmen kann. ‚Denn' – so lehrt das Programm – ‚die Nahrung spielt bei solch einem Riesentier die

Hauptrolle.' Wir bekommen im Extrakasten die Schwanzflosse zu sehn, von der – immer laut Programm – die Erfindung der Dampfschraube angeregt worden sein soll. Und außer den Knorpelschichten, Rückenfinnen, Ohren und Augen des Wals gibt es noch andre Tiefseetiere seiner Umgebung zu sehen, und darunter finden sich einige Namen, die nach Christian Morgensterns Verskunst verlangen, wie zum Beispiel die Kammeidechse und der Seestier oder Kofferfisch.

Daß ich mich so ausführlich über diese bemerkenswerte Walfischausstellung auslasse, hat seinen Grund: Ich getraue mich nicht recht, über das benachbarte Zeughaus etwas zu sagen. Es ist zu vollkommen, um gepriesen zu werden. Preußisch ist es und barock, berlinisch und dabei phantastisch, übersichtlich gegliederte Maße und schön verschwendeter Schmuck, breite Phalanx des Sieges und schlanke Trophäe. Herrlich sind Schlüters Panoplien auf der Balustrade und Schlußsteine der Fensterbögen. Da hat er auf den vier Außenseiten Helme angebracht, die lebendige Antike sind, und innen im Lichthof die Köpfe sterbender Krieger, deren grausige Todesgrimasse schürzender Steinknoten der Fensterwölbungen, Agraffe des Gewandes, Zierat ist.

Für den Waffen- und Kriegskundigen finden sich innen unter Gewölbejochen in düstern Hallen die ältesten Kanonen, morgenländische Säbel, Prunkharnische für Mann und Roß, Standarten, Uniformen der Feldherren und Könige, Zietens Zobelmütze und Pantherfell und der letzte Soldatenrock des Großen Königs.

Das ehemalige Kronprinzenpalais dem Zeughaus gegenüber ist von außen kein sehr erfreulicher Anblick. Hohe Säulen tragen einen breiten Balkon, hinter welchem das aufgesetzte Stockwerk niedrig erscheint. Besonders wenn man von einem so wohlproportionierten Gebilde, wie es das Zeughaus ist, herüberschaut. Und es hilft nichts, zu wissen, daß dies Palais früher einmal besser beschaffen war und seine jetzige Gestalt erst in den fünfziger Jahren bekam, als es für den damaligen Kronprinzen, spätern Kaiser Friedrich III. umgebaut wurde. Im Innern aber erfüllt es, seit es keine Fürsten mehr beherbergt, eine würdige Aufgabe. Die moderne Abteilung der Nationalgalerie ist hier untergebracht. Um auch hier als Fremdenführer nur auf das speziell Berlinische hinzuweisen, man findet manches wertvolle Stück Stadtlandschaft, berlinische Geschichte und märkische Landschaft in den unzähligen Blättern der Menzelmappen, in einigen Bildern Liebermanns, Lesser Urys und jüngerer Künstler, auch manches Porträt bedeutender Berliner Persönlichkeiten innerhalb der reichen Sammlung impressionistischer und zeitgenössischer Malerei. Eine Flanke des Palais stößt an den Schinkelplatz, an dessen Südseite im oberen Stockwerk eines schöneren Gebäudes wiederum ein Teil Nationalgalerie beherbergt ist, die große Bildnissammlung, die an Malern und Gemalten ein gut Teil Berliner Kunst- und Kulturgeschichte veranschaulicht. Das Haus, das diese Schätze birgt, ist die Bauakademie, die Schinkel in rotem Backstein mit schön eingefügter Terrakotta erbaut und in den letzten Jahren seines Lebens bewohnt hat. Der Platz vor der Akademie trägt den Namen des Meisters und außer seinem Standbild noch zwei andre erzene, einen ‚Begründer des wissenschaftlichen Landbaus‘ und einen um die industrielle Entwicklung verdienten Mann, Männer, deren Namen wir Halbgebildeten meist nur als Straßennamen kennen, weshalb ich sie erst gar nicht nennen will. Aber die Reliefs auf ihren Sockeln muß man ansehn. Da sind kuriose Musterbeispiele der echt berlinischen Mischung aus Klassizismus und Realismus, antikisierte Maschinen und Herren im togaähnlichen Bratenrock.

Daß diese Mischung bei Uniformen besser glückte als bei Zivil, beweisen Rauchs erzene Feldherren, zu denen wir nun, am Prinzessinnenpalais vorbei, den Lindentunnel überquerend, gelangen. Wie der alte Blücher in Wirklichkeit war, ist aus dem Allerlei von Berichten, Bildern, Urteilen schwer zu entnehmen, aber für uns ist sein Wesen dauernd verwirklicht in dieser Erzgestalt im Soldatenmantel, in der Faust den gezogenen Säbel, den Fuß auf das Kanonenrohr gestellt. Die nachdenklicheren und, wie die Kriegswissenschaft lehrt, bedeutenderen Strategen, Gneisenau und York, zu seiner Rechten und Linken umgeben neidlos sein munteres Kriegertum. Bülow und Scharnhorst, die den drei Erzenen gegenüber bei der Neuen Wache stehen, sind marmorn. Warum, das habe ich mich schon als Kind gefragt und gemeint, es bedeute einen andern Grad des Heldentums, eine höhere Milde. Aber es wird wohl, zumal die zwei früher aufgestellt worden sind als die drei, sinnfälligere und vernünftigere Gründe haben. Die Neue Wache, die nun außer ihnen beiden niemand mehr bewacht, Schinkels schönes ‚römisches Castrum‘ mit den mächtigen dorischen Säulen, jetzt innen leer – nur die klassischen Gewehrständer sind geblieben –, ist ganz Denkmal und Altertum geworden. Es ist besser so, aber manche Berliner denken mit einer gewissen Wehmut zurück an die Stunden, als noch die Wache aufzog.

Unterhaltend zu lesen ist, was der Franzose Jules Laforgue aufgezeichnet hat, der als Vorleser der Kaiserin Augusta in dem gegenüberliegenden Prinzessinnenpalais seine Dienstwohnung und somit oft Gelegenheit hatte, diesen Vorgang zu beobachten. Er freute sich über die wartenden Straßenjungen am Gitter und die Spatzen oben am Relief des Giebels. Er beschreibt, wie sich vom Brandenburger Tor her die Truppe nähert. „Die Pfeifen spielen die herb monotonen Melodien, welche die Berliner Straßenjungen *en flânant* pfeifen. Kurz vor dem Palais (nämlich dem des alten Kaisers jenseits des Opernplatzes) gibt der Tambourmajor ein Zeichen, die Pfeifen schweigen und die Musik beginnt. Merkwürdig ist die Standarte, die der Musik vorangeht. Man stelle sich einen silbernen Stern vor, über dem mit ausgebreiteten Flügeln ein Adler schwebt, über dem Adler regen sich die Glöckchen eines *chapeau chinois,* der seinerseits einen Halbmond trägt, von dessen Spitzen zwei Roßschweife, ein roter und ein weißer, hängen. In der Höhe des Palais machen die Soldaten Stechschritt, wobei sie wütend mit den Sohlen aufprallen, und fixieren alle mit gestrecktem Hals des Kaisers Eckfenster. *L'heure culminante, l'heure militaire ...*" Ausführlich beschreibt er auch, wie es zuging, wenn die Wache herausgerufen wurde. Erst den Ruhezustand. „Vorn sind zwischen Gitter und Portikus in zwei Reihen die vierzig Piquets, jede mit einer Gewehrstütze, aufgestellt. Diese Piquets bezeichnen den Platz eines jeden der Soldaten und erleichtern die genaue Reih- und Gliedstellung. Bemalt sind sie in Preußens Farben wie die Schilderhäuser. Am letzten hängt die Trommel, die kleine flache preußische Trommel, die so trocken klingt. Eine Schildwache, die nicht auf und ab geht, sondern stillsteht, gibt nach rechts und links acht. Sobald ein Hofwagen erscheint, schon von weitem erkennbar an Achselband und Hutbord des Kutschers, und der Kutscher deutet durch die Haltung seiner Peitsche an, daß der Wagen nicht leer ist, wendet sich die Schildwache zum Portikus, legt die Hand an den Mund und brüllt ‚Raus!' (Abkürzung von Heraus). Gleich steht alles in Reih und Glied. Der Trommler hat seine Trommel umgehängt, der Offizier hält sich bereit, mit dem Degen zu grüßen. Der Wagen fährt vorbei. Die Wache präsentiert, der Tambour schlägt seinen Wirbel. Und wer saß im Wagen? Zwei Gouvernanten mit Prinzenbabys auf dem Schoß. Trommel gerührt wird nur für die kaiserliche Familie. Für einen General kommt die Wache nur halb heraus."

Laforgue beschreibt vortrefflich das militärische Aussehen und Wesen, das dieser Platz und die Straße Unter den Linden und ganz Berlin in den achtziger Jahren hatten. Einmal bleibt er in einem *moment de torpeur involontaire* wie im Traume Ecke Linden und Friedrichstraße stehen. Da hört er nur das beherrschende Geräusch der Straße: das eines nachschleppenden Säbels. Diese Zeiten, da sich unter den Linden die komischen kleinen Kadetten steif grüßten, da der militärische Gruß in allen Ständen gang und gäbe war, sind – bis auf einige Reste – ja nun vorüber.

*

Solange wir an der Neuen Wache halten, wirf auch einen Blick auf das kleine Kunsttempelchen da hinten, halb von Laub verdeckt. Das ist die Singakademie, Zelters, des Goethefreundes Werkstatt, nachdem der Maurermeister ein Musikmeister geworden war. Die kleine Büste im Grünen vor dem Gebäude, das ist Zelters Lehrer und der Begründer des Vereins, aus dem die Singakademie hervorgegangen ist, lange bevor sie hier dieses mitten in der Stadt schön abseits liegende Haus bezog. Das Leben dieses Mannes, er hieß David Christian Fasch, hat Zelter selbst in seinem handfesten und dabei klassischen Deutsch beschrieben. Und aus seinem Büchlein erfahren wir, wie der Hofmusikant in der Privatkapelle Friedrichs des Großen und seines Nachfolgers eine junge vortreffliche Demoiselle Dieterich unterrichtete und accompagnierte. In dem Hause dieser edlen Musikliebhaberin fanden sich öfters noch zwei oder drei Musiklustige ein; daraus entstand sehr bald ein kleines Vokalkonzert, für das Fasch fünf- und sechsstimmige Stücke komponierte. Diese Gesellschaft, die sich erst nur ‚wie von ongefähr' zusammengefunden, bestimmte nun gewisse Tage zu ordentlichen Singübungen und wuchs durch Zutritt neuer Mitglieder, bis dann eine andre würdige Freundin des Schönen ihren größeren Saal hergab. Schließlich bekam die Gesellschaft von den Kuratorien der Kgl. Akademie einen der Säle des Akademiegebäudes. ‚Im Jahre 1796 ward es durch das ordnungsgemäße und eifrige Bestreben der Rendantur so weit gebracht, daß … die Frauenzimmer der Gesellschaft bei einem mäßigen Zuschuß zur

Kasse in Wagen abgeholet und wieder zu Hause gefahren werden konnten.' Und bald hatte die Singakademie zu Mitgliedern und Zuhörern ,die Blüte des schönen Berlin, die Jugend und das Alter, Adel und Mittelstand'. An diesen Verein und seine Kunststätte hier hinter den Büschen knüpft sich ein gut Teil Berliner Musikgeschichte zu den Zeiten Zelters und Mendelssohns, und mehr als das, ein Stück Leben der besten Berliner Gesellschaft, die es bisher gegeben hat, jener meist ziemlich eingeschränkt lebenden bürgerlichen Menschen der ersten Jahrzehnte des 19. Jahrhunderts, in deren Stammbücher die besten Maler Landschaften tuschten, die besten Dichter mit der anmutig fließenden Schrift von damals Gedichte schrieben. In allen Künsten Liebhaber zu sein, in der guten alten Bedeutung des Wortes zu dilettieren, war eine gesellige, zwanglose und eifrige Gewohnheit, die bisweilen ans Rührend-Komische streifen mochte, aber doch an der erfreulichen Einheit des Empfindens, Gebahrens und somit auch des Stadtbildes mitschuf.

In dieser Zeit wurde aus dem nächstfolgenden Gebäude, dem ehemaligen Palais des Prinzen Heinrich, des Bruders Friedrichs des Großen, die Universität. Und die beiden Männer, die davor recht bequem auf ihren marmornen Lehnsesseln sitzen, die Brüder Humboldt, haben bald aus unmittelbarer Nähe, bald aus römischer und überseeischer Ferne die geistigen und wissenschaftlichen Bedürfnisse der Berliner Gesellschaft gesteigert.

Das Gebäude ist der nördliche Abschluß des jetzt Kaiser-Franz-Joseph-Platz, ehemals Platz am Opernhaus heißenden ,Forum Fridericianum', dessen Südhälfte durch die Alte Bibliothek, jetzt Aulagebäude der Universität, und das Opernhaus flankiert werden. Friedrichs Baumeister, der große Knobelsdorff, hatte für dies Palais Schöneres geplant, als dann gebaut worden ist, er wollte seinem Opernhause gegenüber ein ähnliches Gebilde aus Tempel und Palast schaffen und der ganzen Nordhälfte des Platzes so monumentale Gestalt geben, wie er es am Opernhause unternahm. Wenn nun auch sein großer Plan nicht ausgeführt wurde, so kam doch auf Grund seiner Pläne unter der Bauleitung Boumanns des Älteren etwas recht Imposantes zustande. Aber dieser Palast stand meist öde, der Prinz liebte Berlin nicht und blieb gern in seiner Rheinsberger Solitude. 1810 wurde die Friedrich-Wilhelms-Universität hier gegründet und ihr erster vom Senat erwählter Rektor war Fichte. Aus den 300 Studenten des ersten Jahres sind mit

der Zeit 10.000 geworden. Ob die Wissenschaft sehr durch diesen Zu-
wachs gewonnen hat, darüber wollen wir uns lieber jeder Meinung
enthalten und nur schüchtern äußern, daß es vor zwei, drei Jahrzehnten
angenehmer war, sich in den Räumen der Alma Mater aufzuhalten. Es
gab noch nicht so viel examensüchtige Gesichter. Auch war dazumal
der Vorgarten noch nicht so überfüllt mit berühmten Männern aus
Marmor und Bronze, die weder das würdige Behagen der beiden
freundlichen Humboldts vor dem Garten noch den steinernen Schwung
der neuen Statuen Savignys und Fichtes vor dem Aulagebäude drüben
haben. Dies Gebäude, einst Bibliothek, soll Friedrich der Große nach
wienerischem Vorbild, und zwar nach einem Fassadenentwurf des
großen Fischer von Erlach haben bauen lassen. Im Volksmund heißt es
die ‚Alte Kommode', und eine anzuzweifelnde Anekdote läßt den König seinen Baumeistern ein geschweiftes Rokokomöbel als Vorbild
hinstellen. Das paßt zu der Geschichte, die über den Bau der pantheon-
ähnlichen runden Hedwigskirche im Hintergrunde des Platzes überliefert wird: Es kamen einst die Katholiken Berlins zum Alten Fritzen und
baten, er möge ihnen in Berlin eine schöne Kirche bauen. Der König saß
gerade beim Frühstück, war gut gelaunt und ‚wohlaffektioniert'. Als sie
ihn dann fragten, wie die Kirche, deren Erbauung er ihnen versprach,
aussehen werde, nahm Friedrich seine Kaffeetasse, stülpte sie um und
sagte: ‚So soll sie aussehen.' So kam es, daß der Baumeister die Kirche
ganz rund machte und eine runde Kuppel daraufsetzte. Laterne und
Kreuz, die wir heute über der Kuppel erblicken, stammen erst aus den
achtziger Jahren des vorigen Jahrhunderts. Aus dieser Zeit ist auch der
wunderbar grüne Kupferbelag der Kuppel, einer der wärmsten Farbflecken auf dem immer noch etwas zu grauen Bilde Berlin.

An unserer Oper, dem Meisterwerk Knobelsdorffs, haben Zeiten
und Menschen allerlei verändert und nicht gerade zu ihrem Vorteil.
Immerhin können wir uns freuen, daß beim letzten Umbau die scheuß-
lichen Eisentreppen weggefallen sind, die der letzte kaiserliche Besitzer
zum Schutz gegen Feuersgefahr außen anbringen ließ und die, wie
Mackowsky sagt, ‚dem edlen Gebäude das Aussehen einer Bauattrappe
für Feuerlöschübungen gaben'.

Eingeweiht wurde das Opernhaus im Jahre 1742 mit ‚Cäsar und
Cleopatra' von Graun, einem der Lieblingskünstler Friedrichs. Der König nahm den lebhaftesten Anteil an den Aufführungen, er stand oft

hinter dem Kapellmeister, der die Partitur vor sich hatte, und sah fleißig mit hinein. ‚Er ist wirklich ein ebenso guter Generalmusikdirektor hier als Generalissimus im Felde', sagt ein Zeitgenosse. Er ließ seinem Geschmack entsprechend viel Französisches aufführen. Wir hören von Werken wie *Le Mercure galant, Le Cadi dupé*. Nun, in späteren Zeiten hat man hier bedeutendere Musikwerke zu hören bekommen, als jene Opern gewesen sein mögen. Aber die Könige und Kaiser haben dem Kapellmeister nicht mehr ins Notenblatt geguckt. Dafür haben oben im höchsten Rang Musikschüler und -schülerinnen mit aufgeschlagener Partitur gesessen und jeden Ton verfolgt, und wir haben als junge Studenten neben ihnen gesessen und durften mit hineinschauen. Das alte Opernhaus und dieser alte Platz sind uns Berliner Kindern lieb geblieben, trotz aller Veränderungen. Seitdem nun noch das Kaiserinnendenkmal mit seinen Anlagen entfernt worden ist, erweckt der Platz in seiner pflasternen Leere oft deutlich das Bild der alten Zeiten. Man kann ihn sich vorstellen, wie die Stiche um 1800 ihn zeigen, kann alte Herren in Dreispitz und Wadenstrumpf neben jüngeren im damals neumodischen Taillenfrack und in Stulpstiefeln als Begleiter von Damen mit hoher Empiretaille und breitem Umschlagetuch übers Pflaster promenieren lassen.

Wand an Wand mit der ‚Kommode' steht das Palais Kaiser Wilhelms I., ein bescheidenes Fürstenschloß. Wilhelm I. war schon in seiner Jugend ein sparsamer Haushalter, und der Baumeister, der in den dreißiger Jahren dem Prinzen von Preußen dies Haus aus einem alten Privatpalais umgestaltete, mußte von allem unnötigen Aufwand Abstand nehmen. Da man immer sagte, daß innen nichts Besondres zu sehen sei, bin ich früher nie hineingegangen, bis ich vor kurzem Laforgues Berliner Aufzeichnungen las. Der erzählt so hübsch von der Stille dieser Räume, in denen nur das Monarchenpaar mit einem halben Dutzend Kammerfrauen der Kaiserin hauste, während der sonstige Hofstaat im großen Schloß, im Prinzessinenpalais und in dem benachbarten Niederländischen Palais untergebracht war. Wenn er, um sich zur Kaiserin zu begeben und ihr vorzulesen, morgens eintrat, hörte man nur das Ticktack der Uhren und den Fall der Wassertropfen im Wintergarten. Und den ganzen Tag dauerte die Stille, nur minutenweise unterbrochen vom Sporengeklirr einer Ordonnanz, die mit einer Meldung eintrat. Da las er denn der Fürstin das Wichtigste aus den Pariser Zeitungen *Le Temps*,

Les Débats, Figaro und aus der *Revue de deux Mondes,* ferner Auszüge aus Romanen und Memoiren. Den Kaiser bekam er selten zu sehen. Das Fürstenpaar lebte ziemlich getrennt unterm gemeinsamen Dach. Von den Hofdamen hörte er, daß der alte Herr ‚goldig‘ sei und die Gemahlin, die sehr empfindliche Nerven hatte, wie ein höheres Wesen schone und respektiere. Wenn es doch Gegensätze gab und Auguste heftig wurde, pflegte Wilhelm verständnisvoll zu sagen: ‚Es regt sich wieder einmal ihr russisches Blut.‘ Sie war meist abgespannt, mit langer blasser Hand fuhr sie sich über die Stirn. Sehr soigniert war die alte Dame und gar nicht populär. Die Berliner sagten von ihr: ‚Sie ist nicht von hier.‘ Was Laforgue erzählt, machte mich neugierig auf das Interieur der beiden alten Leute, und so bin ich denn kürzlich mit einem Schub Besichtiger eingetreten. Wir bekamen Filzpantoffeln zum Schlittern, und die Sichersten sahen alles an, als ob sie hier mieten wollten; sie überzeugten sich diskret – mit Rücksicht auf die Führerin, die den Vormieter vertrat (er war vielleicht noch gar nicht ausgezogen, war vielleicht nebenan) – von der Lage der Zimmer und erwogen, welche Gegenstände man eventuell übernehmen könnte.

Ja, da war es nun wirklich, das Arbeitszimmer mit dem historischen Eckfenster, an dem der Kaiser sich zeigte, wenn draußen die Wache vorüberzog. Er soll jedesmal, wenn die Musik näher kam, mitten im Gespräch den Überrock über der weißen Weste zugeknöpft und den Orden pour le mérite zwischen den Aufschlägen der Uniform vorschriftsmäßig zurechtgerückt haben. Es ist derselbe Orden, den wir auf vielen Porträts seiner Zeitgenossen sehen, er nimmt sich gut aus am Halse all dieser würdigen Männer, die sich so gerade hielten, wie das heute kaum mehr möglich ist. Einer von ihnen, erzählt man, hat noch kurz vor seinem Tode es vermieden, sich in seinem Stuhl anzulehnen, und den Angehörigen erklärt, er wolle das nicht, es könne zu einer schlechten Angewohnheit werden. Gleich diesem Manne hielt sich sein alter König aufrecht zwischen all den unbequemen Möbeln, die hier sein Arbeitszimmer überfüllen. Es ist noch ganz in dem Zustande erhalten, in dem er es verlassen hat, um ein paar Türen weiter in einem bescheidenen Hofzimmer, welches das Nachbargebäude verdunkelt, sich sterben zu legen. Tische, Etageren, Vertikows, Stuhl und Sofa sind bedeckt mit Souvenirs, Mappen und Büchern. Der alte Herr behielt das alles eng um sich und fand sich mit peinlicher Genauigkeit darin zurecht.

So viel Gerahmtes und Briefbeschwerendes, eine solche Menge von wert- und geschmacklosen Photographien, Vasen, Kissen und Statuetten hat wohl selten ein Sterblicher geschenkt bekommen wie dieser freundliche Greis, und alles hat er mit rührender Pietät aufgehoben. Was Tisch und Wand nicht mehr fassen konnten, hat er einfach auf den Boden gestapelt, und da steht es noch. Die ausführlich gemalten Ölbilder und Porzellanmalereien glaube ich alle zu kennen, das römische Landmädchen, das den Handrücken in die Hüfte stützt, die frommblikkende Älplerin mit dem tressengeschmückten Mieder und dem süßen von Lockenschnecken gerahmten Ovalgesicht, das Prinzeßchen in Miniatur mit Höschen unterm Rock und Kranz in der Hand. Und dort die offenhaarige Dame, die über einer Blume sinnt, war gewiß in einer ‚guten Stube‘ bei Großeltern oder Großtanten. Und über den Polstern der guten Stube waren auch meistens Bezüge, wie wir sie hier finden. Nur daß hier Krönchen darauf gewebt sind, weil der bewohnende Bürgersmann König war. Aus dem nächsten Zimmer schaut leibhaftig das altvertraute Märchen von Thumann her. Im Samtrahmen lauscht's herüber, mit dem blendenden Ellenbogen der Linken, die das Haupt stützt, ins Walddunkel vorstoßend. Auf dem Absatz des Bücherschranks stehen Photographien kostümierter Familienmitglieder zur Erinnerung an kleine Verkleidungsfeste, den intimen Maskenball guter Bürgerfamilien. Und auf demselben Absatz wurde dem Kaiser das zweite Frühstück serviert, das er stehend einnahm. Aus der Bibliothek führt eine schmale Wendeltreppe hinauf in die oberen Räume. Diese beschwerlichen Stufen stieg Wilhelm I. noch in hohem Alter empor, um in die Gemächer seiner Gattin zu gelangen. Wir nahmen dahin den weiteren, bequemeren Weg, kamen durch das Vortragszimmer, wo auf einem der steifen Stühle, mit dem eingepreßten Preußenadler auf der Rückseite, Bismarck etwas unbequem sitzen mußte, wenn er seinem lieben Herrn als treuer Diener seine Politik zu insinuieren hatte. Wir traten ins marmorne Treppenhaus, da heben Viktorien von Rauch ihre Kränze, friedlich anmutende Göttinnen lang vergangener Kriege. Oben die Räume der Kaiserin sind festlicher und prächtiger als die, welche wir verlassen haben. Schon als Prinzessin hat sich Augusta viel mit Inneneinrichtung beschäftigt und soll behauptet haben, an ihr sei ein

Dekorateur verlorengegangen. Wir Fremde trieben etwas stumpfsinnig an Repräsentation und Behagen dieser lichten Zimmer, an Malachit und Alabaster der üblichen Russengeschenke vorbei, sahen viel aus dem Fenster und wurden erst wieder aufmerksam, als man uns im Tanzsaal ein Echo vorführte, das zufällig, sozusagen aus Versehen, hier miteingebaut worden ist. Einige aus unserer Herde machten schüchterne Versuche, es selbst zu wecken, was unsere Führerin lächelnd zuließ.

Unser Rundfahrtführer hat dies immerhin denkwürdige Haus mit ein paar Worten abgetan und um so ausführlicher auf die schrecklich ‚maßvollen Barockformen' der gegenüberliegenden riesigen neuen Staatsbibliothek hingewiesen. Dort ist überm Tor zwischen seinem perückentragenden und seinem gezöpften Ahnherrn der letzte Zollernfürst als Büste mit marmorn gezwirbeltem Schnurrbart zu sehen. Im Innern gibt es unglaublich viel Bücher und eine große Handschriftensammlung, Musik- und Kartenabteilungen, Grammophonplatten von zweihundert Sprachen, allerlei Institute, die man alle besichtigen kann; am schönsten aber ist es, sich hinter einen Wall von Büchern in den kreisrunden Lesesaal zu setzen und die unterschiedlichen Männlein und Weiblein zu beobachten, die in konzentrischen Ringen um eine leere Mitte studieren, notieren, frühstücken und träumen.

Ach, frühstücken! Wir sind ja wieder bei dem Alten Fritz und unserm Ausgangspunkt angelangt. Wollen wir nicht hinübergehn in Habels altväterische Weinstube in dem schönen hundertjährigen Hause, uns an einen der blankgescheuerten Tische setzen und die große Weinkarte studieren? Leider fahren wir weiter, unser Pensum ist noch nicht beendet. Wir dürfen nur einen raschen Blick auf Vasen, Masken und Weinlaub des Reliefs überm Eingang werfen.

*

Die Straße Unter den Linden, noch immer mit ihren vier Baumreihen, schönen Läden, Gesandtschaften, Ministerien und Bankhäusern Herz und Mitte der Hauptstadt – um sie ganz zu würdigen und im Gegenwärtigen das Vergangene zu erleben, müßte man all ihre Epochen heraufbeschwören, seit der Große Kurfürst sie als vorstädtische Allee zu seinem Jagdpark, dem Tiergarten, hin anlegte. Über die fritzische Zeit müßte man in der vortrefflichen Beschreibung der Haupt- und Residenzstädte Berlin und Potsdam von Friedrich Nicolai nachlesen, da steht jedes Haus der Straße verzeichnet, Gasthäuser wie die ‚Stadt Rom', das spätere ‚Hotel de Rome', Ecke der Stallgasse, jetzt Charlottenstraße, dessen stattlicher Neubau erst vor kurzem Bureau- und Geschäftshäusern Platz machen mußte, Palais, wie das des Markgrafen von Schwedt, mit Benennung all seiner Vorbesitzer, aus dem dann das Palais des Alten Kaisers geworden ist, oder das der Prinzessin Amalie von Preußen, Äbtissin von Quedlinburg, nahe der Wilhelmstraße, wo jetzt die russische Botschaft wohnt, und das eines von Rochow und das eines Grafen Podewils usw. Sodann müßte man den berühmten Lindenfries im Märkischen Museum betrachten, der alle Häuser Unter den Linden im Jahre 1820 festhält. Tust du nun noch das Bild der Gegenwart mit den Auffahrten der Hotels ‚Bristol' und ‚Adlon' (der Neubau des letzteren hat das herrliche Redernsche Palais verdrängt), dem stattlichen Kultusministerium und den vielen wohlerhaltenen älteren Gebäuden hinzu, die altberühmte Läden und Geschäftshäuser enthalten, so ergeht es dir vielleicht wie Varnhagen, der über einen Spaziergang die Linden bis zum Tor hinab und zurück notiert: ‚Der Anblick erweckte in mir eine großartige Bilderreihe der Vergangenheit und Zukunft, eine herrliche Geschichtsentwicklung, die gleich einem wogenden Meere das kleine Schiff des eigenen Daseins trug.'

Auch als altbewährte Promenade der Lebensfreude empfehlen sich die Linden. Dafür gibt es neben Heinrich Heines berühmtem

> Blamier' mich nicht, mein schönes Kind,
> Und grüß mich nicht unter den Linden

Zeugnisse weniger bekannter Poeten, zum Beispiel die Berliniade oder Lindenlied eines F. H. Bothe, die der letzte der hübschen Berliner Kalender von Adolf Heilborn zitiert:

> Unter den Akazien
> Wandeln gern die Grazien
> Und der Mädchen schönste finden
> Kannst du immer untern Linden
> In Berlin, in Berlin,
> Wenn die Bäume wieder blühn.

Liebende gehn Arm in Arm
Einsam durch den bunten Schwarm.
Und es sagt ein Händedrücken
Und ein Streifkuß ihr Entzücken
   In Berlin, in Berlin,
Wenn die Bäume wieder blühn.

Untern Linden auf und ab
Wallen Herr'n in Schritt und Trab,
Schöne Herr'n und hübsche Herrchen,
Große Narren, kleine Närrchen,
   In Berlin, in Berlin,
Wenn die Bäume wieder blühn.

Freilich ist dann wohl Mama,
Auch Papa wohl plötzlich da.
Doch nicht oft wird sich's begeben;
Denn warum? Man weiß zu leben
   In Berlin, in Berlin,
Wenn die Bäume wieder blühn.

Merkwürdige Varianten dieses Liedes enthält ein Stück der Scherzhaften Lieder eines gewissen Karl Müchler vom Jahre 1820:

Untern Linden, wie ihr wißt,
Wandeln die da rufen: Pst.
Mild gesinnte Herzen finden
Kannst du immer untern Linden
   In Berlin, in Berlin,
Wenn die Bäume wieder blühn.

Für acht Groschen ist Mama
Hinten auf dem Hofe da
An den Herrn und an Jeanettchen
Leiht sie Kammer, Licht und Bettchen
   In Berlin, in Berlin,
Wenn die Bäume wieder blühn.

Inwieweit seither der Charakter unserer ehrwürdigen Hauptpromenade sich gleich geblieben ist oder sich geändert hat, dies zu behandeln wollen wir erfahrenen Forschern der Sittengeschichte überlassen und beim bloßen Anblick der Gegenwart bleiben.

Der neugierige Fremde interessiert sich wohl vor allem für die berühmte Ecke Friedrichstraße und fragt nach ‚Café Bauer' und ‚Kranzler'. Nun, ‚Bauer' heißt nicht mehr ‚Bauer', sondern schlechthin ‚Café Unter den Linden', die wacker dionysischen und elysäischen Wandgemälde sind verschwunden und eigentlich ist im gegenüberliegenden ‚Café König' ‚mehr los' – womit ich nichts gegen die Annehmlichkeiten eines Aufenthalts im ‚Café Unter den Linden' gesagt haben will, im Gegenteil! Und ‚Kranzler'? Da sind zwar noch die merkwürdigen Eisenpfähle und Ketten, über die schon die eleganten Offiziere des alten Regiments Gensd'armes zur Zeit der Königin Luise ihre enghosigen Beine hängen gelassen haben, aber seit dem letzten Umbau hat es sein altes Cachet verloren, womit ich wiederum nichts gegen die Kuchen, die man dort verspeisen kann, sagen will.

Von der Friedrichstraße, auf die du Fremder in Eile einen heftigen Blick wirfst, will ich dir noch nichts sagen, sie muß mit ihren alten, veraltenden und lebendig gebliebenen Geheimnissen und Sichtbarkeiten einem Abendspaziergang vorbehalten bleiben.

Aber gern würde ich dich auf ein paar Minuten durch den Torweg dort in die kleine Mauerstraße entführen. Der Anblick der Torwölbungen von der Innenseite dieser alten Steinwelt, die mehr ein Durchgang als eine Straße ist, der anschließende Rundbau, die Balkongitter, der Glaserkergang, das Hellgrau und ‚café au lait' aller Nachbarhäuser ist rein erhaltene Vergangenheit. Der jenseitige Torbogen aber führt dich in die ‚Zentrale des deutschen Zahlungsverkehrs', die Mauerstraße und ihre Nachbarn. Vor allem findest du dort die mächtigen Gebäude der Deutschen Bank, die durch neuzeitliche Seufzerbrücken miteinander verbunden sind.

Vorbei an kleinen, vornehm aussehenden Häusern, die mit ihren klassizistischen Fensterrahmungen wohlerhalten zwischen den jüngeren größeren Nachbarn stehen, und den Reihen schöner Privatautos vor den Hotels und parkenden in der Mitte des Dammes sind wir an den Pariser Platz gekommen. Die Form dieses Platzes mit dem abschließenden Tor, den zurückweichenden Fassaden der einfachen Palais und dem erfrischenden Rasengrün zur Rechten und zur Linken bewahrt eine Stille und Geschlossenheit, die vorübertosender Lärm und Betrieb nicht stören kann. Wohltuend ist der einheitliche Stil der Gebäude, den nur das Palais Friedländer etwas unterbricht, während das Barock der französischen Botschaft gut eingeht. Und erfreulich ist es, zu wissen, daß hier neben Akademien, Botschaften, Reichtum und Adel ein Maler und ein Dichter hausen.

Das Brandenburger Tor mit den beiden Tempelhäuschen, die Schinkel dem stolzen Bau des älteren Langhans anfügte, ist zwar den athenischen Propyläen – etwas ungenau und, wie der Erbauer selbst berichtet, nur nach Beschreibungen der Ruinen – nachgebildet, aber in seiner stämmigen sandsteinernen Geradheit für unser Gefühl eigentlich mehr altpreußisch als antikisch. Es ist *das* Tor von Berlin. Und bei der Victoria, die oben ihre Quadriga lenkt, denken wir Kinder von hier nicht nur an die Entführung durch Napoleon und ihre siegreiche Wiederkehr, sondern auch an die Rolle, die sie in ,Teufelchens Geburtstag' in den entzückenden Berliner Märchen von Walther Gottheil spielt, in denen auch der Große Kurfürst und der Goldfischteich und die Spree so unvergleichlich verewigt sind.

Wir umkreisen nun den Platz vor dem Tor. Sieh bitte nicht auf die marmornen Balustraden, Bänke, Springbrunnen und fürstlichen Herrschaften, die wir wilhelminischen Architekten und Baumeistern verdanken. Nimm dies grelle Weiß vor dem holden Grün des Tiergartens für Blendung und Augenweh! Wir wollen zusehn, daß das verunglückte Kaiserpaar, Friedrich III. und seine Gattin Viktoria, mit Gottes Hilfe entfernt ist, wenn du das nächste Mal nach Berlin kommst. Schau auf die schönen Bäume und Büsche an der Allee. Aber da schimmert schon wieder ärgerlich greller Marmor durchs Grün, und nun sind wir in der Siegesallee. Ja, da sind nun rechts und links 32 (in Worten: zweiunddreißig) brandenburgisch-preußische Herrscher und hinter jedem eine Marmorbank und auf jeder Bank sitzt – nein, sitzen kann da niemand, es ist zu kalt – aber auf jeder Lehne hocken zwei Hermen jeweiliger Zeitgenossen des betreffenden Herrschers. Es hilft nichts: Unser Wagen fährt unerbittlich die ganze Reihe entlang und man nennt dir die Namen. Ob wir bis zu deinem nächsten Besuch das alles werden entfernt haben? Berlin ist ja jetzt sehr tüchtig, was Aufräumungsarbeiten betrifft, aber verarbeiteter Marmor soll keinen rechten Wert haben. Man müßte doch das Material verkaufen können. 32 Herrscher nebst Bänken und Zeitgenossen! Da weiß ich keinen Rat. Du machst dir aber vielleicht einen Begriff, wie schön diese Allee hinauf zur braven alten Siegessäule und hinunter zur Viktoriastraße früher war. So, jetzt haben wir die eine Seite bis zu Friedrich Eisenzahnen geschafft. Hier sind wir am Kemperplatz, und das da soll, weil wir keinen alten mehr haben, der neue Roland von Berlin sein. Hier um die Ecke könnten wir in das etwas prunkvolle ‚Café Schottenhaml' gehn (bei diesem Namen denkt man eigentlich an etwas behaglich Münchnerisches) und oben das Porzellankabinett bewundern, alte Muster der Berliner Manufaktur. Aber unser Wagen wendet und erledigt die zweiten 16 von den 32. Da wirf einen Blick auf Otto den Faulen, den einzigen von diesen Herren, der sich einer gewissen Popularität erfreut, er hat eine so nett verdrießliche Art, das Repräsentieren nachlässig mitzumachen. Und nun harre aus, bis wir zur Siegessäule kommen! Sie ist nicht gerade schön, das kann man nicht behaupten. Immerhin erinnert der hohe Säulenschaft mit den Geschützrohren an einen Schachtelhalm. Und Schachtelhalme sind schön. Und das Ganze gehört nun einmal zu unserer Spielzeugschachtel Berlin. Du mußt zugeben, daß die Säule trotz der Kanonen etwas Harmloses hat. Wenn du übrigens Rundsichten liebst, da oben ist eine mit Baedekerstern, da kannst du über den ganzen Tiergarten weg nach Süden und Westen und nördlich Moabit sehn und östlich über die Reichstagskuppel die ganze Altstadt und alle Kuppeln und Türme, die wir heute aus der Nähe gesehen haben, noch einmal überschauen.

Weniger harmlos, selbst noch in Begas' eiliger Pathetik, ist dort der Riese auf dem roten Granitsockel. Der bronzene Kürassier mit der Faust auf der Urkunde der Reichsgründung schaut, seines eigenwilligen Werkes sicher, über alles Erreichte hinweg in die Fernen, welche die nicht mehr erreichten, die nach ihm kamen. Um das Volk an seinem Sockel, den Atlas mit der Weltkugel, den Opernsiegfried am Reichsschwert und die verschiedenen Damen, die Staatsweisheit und Staatsgewalt bedeuten, kümmert er sich nicht. Und das mächtige Reichstagsgebäude hinter ihm scheint sich zu ducken mit Kuppel und Türmen. Die Reichstagskuppel ist übrigens überhaupt nicht so hoch geworden, wie der Baumeister Wallot plante. Aber auch so wie es geworden ist, hat dies grollend lagernde Riesentier seine massive Schönheit und ist für die Zeit, in der es entstand, eine gewaltige Leistung. Hast du Lust an

Glasfenstern mit Reichsadlern, Wandgemälden von Städten und Land-schaften, Kardinaltugenden, marmornen und bronzenen Kaisern, gepreß-ten Ledertapeten von der Vornehmheit internationaler Speisewagen, ‚reichem Renaissanceschmuck‘, allegorischen Damen, so laß dich durch die Wandelhallen, Lesesäle, den großen Sitzungssaal, Erfrischungsraum, Vorsäle und Ausschußsäle führen. Es dauert immerhin dreiviertel Stun-den. Hast du unter Abgeordneten oder Leuten von der Presse einen Freund, laß dir von ihm eine Eintrittskarte zur Tribüne verschaffen und wohne einer Sitzung bei. Da mußt du dann vor allem achtgeben, daß du Rechts und Links nicht verwechselst. Es ist wie bei gewissen Bühnenvor-schriften vom Schauspieler, nicht vom Zuschauer aus gemeint. Also ori-entiere dich gut, damit du die Kommunisten nicht für Völkische hältst und umgekehrt. Nach Zeitungsbildern, Kinowochenschau und Karikatu-ren wirst du unsere größeren und kleineren Politiker erkennen, und das macht ja immer Vergnügen. Im übrigen empfehle ich dir die Lektüre gewisser Seiten von Eugen Szatmaris Berlin-Buch. Das führt dich auf muntere Art in diese Welt ein, in der ich mich etwas fremd fühle.

Wo in Berlin ein Bismarck errichtet ist, pflegt Moltke nicht weit zu sein und auch auf Roon ist bisweilen zu rechnen. Unser Wagen bringt dich an beider Denkmälern vorüber und zwischendurch an der neuen vor einigen Jahren umgebauten Staatsoper, die einst als Krollsches Opernhaus in sommerlichem Garten stand.

Dies Etablissement hatte eine besondre Glanzzeit, als noch das Gas-licht vorherrschte. Da wurde der Garten ‚märchenhaft‘ illuminiert, wie wir blasierten Zeitgenossen der Berliner Lichtwoche, der A.E.G. und der Osramlampen es uns gar nicht mehr vorstellen können. Schon da-mals lockte Licht Leute hierher wie in den Pariser Jardin und Bal Ma-bille.

Am Reichsministerium des Innern, das früher Generalstabsgebäude und Moltkes Heim war – es gibt dort ein Moltkegedächtniszimmer –, kommen wir vorbei und die Alsenstraße hinauf, ein Stück am Kron-prinzenufer entlang und über die Brücke. Da zur Rechten rund und weiß das Lessingtheater. Und jetzt hinter der mächtigen Schwebebrük-ke der Humboldthafen, an dessen Becken sich nördlich der Anfang des Spandauer Schiffahrtskanals anschließt, der Wasserweg zur Oder. Einer der sympathischsten älteren Berliner Bahnhöfe taucht auf, der nach der kleinen Stadt Lehrte heißt, aber gar nicht dahin seine Züge sendet, sondern vor allem nach Hamburg. Das ist eine schöne rasche Fahrt durch die Elb-Ebene und große mecklenburgische und niedersächsische Wälder und Felder. Mit alten Glaskuppeln und allerlei etwas unordentlich herumliegenden Gebäuden, Panoramen und Gartenrestaurants, erscheint, von der Stadtbahn überquert, der Ausstellungspark, früher im Sommer und wenn die Große Bilderausstellung die Säle füllte, ein ‚Treffpunkt', jetzt ein bißchen veraltet, wie eingeregnet von lauter Vergangenheit, überholt von jüngeren Unternehmungen. Moabit mit Kriminalgericht, Zellengefängnis, der Meierei Bolle, den Kraftwerken, das ist ein Kapitel für sich. Wir fahren wieder über eine Spreebrücke und kommen zu den ‚Zelten'.

Die großen Gartenrestaurants erheben sich jetzt da, wo früher einmal wirkliche Zelte waren. Der Alte Fritz hatte französischen Kolonisten gestattet, hier Leinwandzelte aufzuschlagen und Erfrischungen an die Spaziergänger zu verkaufen. Später gab es hier Gerüste, auf denen musiziert wurde. In den Märztagen von 1848 scharte sich um die Gerüste das revolutionäre Volk, beriet Adressen an den König, Druck- und Redefreiheit, Volksvertretung usw. Eine Weile lang ließ man sie gewähren, umstellte sie aber mit Reiterschwadronen. Es ging hier noch alles mit Maß und Haltung zu. Varnhagen berichtet von den schweigsamen Massen, die in dunkler Nacht ruhig von den Zelten durch das Brandenburger Tor in die Stadt zurückkehrten. Auch in den Novembertagen 1918 zog an den Gärten der großen Restaurants die Menge schweigend entlang, und wieder waren die Zelte eine Stätte verhalten maßvoller Revolution. Im allgemeinen aber ist hier friedlich kleinbürgerliche Erholung mit viel Musik, Vorstellungen, Tanz und den mächtigen Platten der ‚Zeltentöpfe' und ‚Stammessen' oder mitgebrachtem Abendbrot. Es geht beim Tanzen bieder zu; auch die Vorführungen sind ziemlich harmlos. So ist hier noch heute mitten in der Stadt eine Art Ausflugsrast für die unendlich vielen kleinbürgerlichen Familien, Gruppen, Vereine Berlins. Schönstes stilles Berlin ist die Straße, die sich im Anschluß an die Restaurants am Tiergartenrand hinzieht. Aber das kann man so im Vorbeifahren nicht sehn, das muß man mit Morgen und Abend erleben. Hier wohnt sich's altertümlicher und heimlicher als in den bekannten schönen Straßen am südlichen Tiergartenrand.

Grausam schnell saust unser Wagen den Spreeweg entlang am Garten und Schloß Bellevue vorbei zum Großen Stern. Bellevue: Früher spähte man durch den Zaun, um zu sehen, ob da die kleinen Prinzenkinder spazierten. Jetzt kann man in den Alleen des alten Gartens sich ergehn, in den runden Saal zu ebner Erde im Seitengebäude schauen und sich dazu königliche Sommerfeste denken, Gartengrabmäler entziffern, hinübersehn nach der Altberliner Straße, die Brückenallee heißt, wo in verwitternden Balkons Altfrauenblumen sich halten. Auf der Schloßterrasse nach der Gartenseite zu saß viel in seinen letzten Jahren der tafelfrohe und lebenstraurige Friedrich Wilhelm IV., zeichnete vielleicht seine romantischen Gartenprospekte, wie man deren im Hohenzollernmuseum sehen kann, empfing seine Minister, die über seinen seelischen Zustand ihre Bedenken bekamen, und träumte sein verlorenes Kaiserreich, in dem ‚kein Blatt Papier zwischen ihm und seinem Volke sein sollte‘, während die liberalen Berliner sich mit Parlament und Freiheit befaßten.

Zu Zeiten des Großen Friedrich hatte Knobelsdorff, der Meister von Sanssouci, hier Meierei und Landhaus, nach seinem Tode ging der Besitz durch verschiedene Hände, bis er endlich an Prinz Ferdinand, Friedrichs jüngeren Bruder, kam, dem Boumann der Jüngere das Schloß gebaut hat; der zierliche Pavillon aber mit den korinthischen Säulen ist Schinkels Werk.

Während wir am Großen Stern den Hubertusbrunnen und die Jagdgruppen passieren, brave Bronze, gegen die sich nichts einwenden läßt, versuche ich doch diesen Platz in alten Zeiten vorzustellen, als hier die echten Parkhüter des Jägerkreuzwegs standen, Gartengötter, die später noch auf den Korso der schönen Welt schauten. Oh, es hat schon viele Berliner Tiergarten und Große Sterne gegeben vor dem, den jetzt der Rundverkehr durchtost und in dem vor kurzem als Sinnbild des helleren Berlins ein Lichtturm grell aufleuchtete.

Bei der Fahrt die Charlottenburger Chaussee hinauf zeig ich dem Fremden schnell, wo im Grünen der Weg zu dem alten Gartenrestaurant Charlottenhof führt. Das war einmal ein schönes Privathaus und ist nun eines der wenigen Cafés im Tiergarten selbst, die zum Verweilen einladen. Noch hat der Berliner in seinem Park seine Art Luxus und Behagen nicht ins beleuchtete Laubwerk verpflanzt. Was würde Paris aus so schön gelegenen Plätzen, wie dies Charlottenhof oder das kleine Gasthaus bei der Bootanlegestelle am Neuen See es ist, gemacht haben!

An dem Stadt-Bahnhof Tiergarten findest du in einer kleinen Auslage die Schalen und Teller, die dort die Porzellanmanufaktur ausstellt; ich lege dir dringend ans Herz, ein paar freie Stunden dem Besuch der nahegelegenen Fabrik zu widmen. Das ist ein Stück bestes Altberlin. Längs eines stillen Wasserarms zweigt hier die nach dem Privatbegründer der Manufaktur, Wegely, benannte Straße ab und führt zu den Verwaltungsgebäuden und zu der Fabrik. Während die Verkaufs- und Ausstellungsräume in der Leipziger Straße allgemein bekannt sind, ist dieser abgelegne Komplex mit seinem Museum und all den Hallen und Zimmern, in denen das Porzellan gewonnen, gebrannt und bemalt wird, bei weitem nicht so berühmt und besucht, wie er es verdient. Durch den gartenhaften Hof gehen wir an den langen schmucklosen Gebäuden entlang und durch einen Torweg in die Fabrik, deren Bau auch schon historischen Reiz hat. Dort führt man uns den ganzen Weg, den das Porzellan von der Schwemmerde bis ins Atelier des Blumenmalers zurücklegt. In den niederen Schlämmereikellern setzen sich in der ruhig gleitenden Masse in einem weiten Kanalsystem von Rinnen die festen Teile ab; aus denen wandert die Flüssigkeit in Kästen, wo auch die feineren Bestandteile sich vom Wasser scheiden. Der ‚Hallischen Erde‘ wird Feldspat, der vor unsern Augen in mächtigen Kollergängen grob und in Trommelmühlen staubfein zerkleinert worden ist, beigegeben. Die Gesamtmasse wandert weiter, erlebt Filterpressen und Masseschlagmaschinen, die moderne Form der alten Knetbänke. Auf runden Tischen wird sie unter einen Walzengang gebracht. Wir dürfen die Gipsformer und die Arbeiter an der Töpferscheibe bei ihrem Werk beobachten. Wir besuchen die leichtgewärmten Trockenräume, wo die ausgeformten Gegenstände bleiben, bis sie reif zum ersten Brande sind, die Brennkammern der Gasringöfen, die Stockwerke des Rundofens, Gutbrandraum und Verglühraum und die Ateliers, wo die Tonnen zum Glasieren stehn. Eine seltsame Unterwelt, halb Backofen, halb Gang zum Eisenhammer. Zuletzt langen wir bei den Malern an, die auch heut noch treu-inniglich die alten Blümchen mit spitzen Pinseln in Metallfarbe aufsetzen, welche sich beim Einbrennen verwandelt. Man zeigt uns die Teller und Schüsseln in allen Zuständen, vor und nach dem Einbrennen, vor und nach ihrem Aufenthalt in den Muffelöfen, in denen in schwachem Feuer das Flußmittel von der Farbe abschmilzt.

Ein freundlicher Bibliothekar führt uns in den Büchersaal und gewährt uns Einblick in die Kabinettsorders des Alten Fritz, der sich als Fabriksherr um alle Einzelheiten seiner ‚Porcellainfabrique‘ kümmerte. Alle Berichte von Bedeutung mußten an ihn direkt gehen, er versah sie mit seinen gestrengen ‚Erinnerungen‘. Er war ein guter Kaufmann und wußte seine Ware anzubringen. Wollten zum Beispiel Juden sich niederlassen, ein Gewerbe eröffnen oder heiraten, so mußten sie königliches Porzellan kaufen. Dem Philosophen Moses Mendelssohn wurden zu einer Zeit, als er schon einen großen Namen hatte, zwanzig lebensgroße massive Affen zugemutet. Durch große Geschenke, die er gern mit Hilfe seiner Fabrik machte, vermehrte der König ihren Ruhm. Weltberühmt wurde der Tafelaufsatz, den er der Kaiserin Katharina II. von Rußland überreichen ließ. Unter der Fürsorge des Königs gedieh das Unternehmen, immer neue Öfen wurden aufgestellt, und die technischen Errungenschaften des beginnenden neunzehnten Jahrhunderts kamen der königlichen Fabrik zugute. Wohl hatte sie Preußens schwere wirtschaftliche Kämpfe mit durchzumachen, bewahrte aber durch alle Zeiten die künstlerische Qualität und Eigenart ihrer Erzeugnisse. Ein Gang durch die Ausstellungssäle hier, ergänzt durch einen Besuch der Geschäftsräume in der Leipziger Straße, die Bruno Paul ihre neue Inneneinrichtung und ihm und Künstlern wie E. R. Weiß, Renée Sintenis, Edwin Scharff, Georg Kolbe ihren Schmuck verdanken, zeigt uns das Berliner Porzellan durch alle Stilperioden als getreues Spiegelbild des Zeitgeschmacks. Da sind die Putten und Parzen des Rokoko, die allegorischen Gruppen wie etwa das ‚Wasser‘ als Schäferin mit einem winzigen Krug, Cupido als Kavallerist. Nach den mehr malerischen Blumen aus der Zeit des Neuen Palais-Services und des Breslauer Stadtservices mit seinem leuchtenden Dunkelblau erscheinen die zeichnerisch schönen Buketts des Empire, die klassizistischen Grazien, Kaffeetassen, deren Zierformen griechische und etrurische Vorbilder haben, die zarten Biskuitgebilde nach Schadows Entwürfen, die Luisenbüsten, die schöngestalteten Henkelvasen nach Schinkelzeichnungen. Im Berliner Stadtschloß, in Schloß Monbijou, in Potsdam, aber auch in altem Familienbesitz begegnen uns immer wieder diese Formen und Gestalten.

*

Wo die Charlottenburger Chaussee den Landwehrkanal überschreitet, erhebt sich ein etwas umständliches Torgebäude, das vermutlich hervorheben soll, daß hier eine neue Stadt beginnt. Es ist ziemlich neu, und man glaubt ihm nicht. Es gibt hier ebensowenig wie anderswo für das Gefühl eine Grenze zwischen Berlin und Charlottenburg. Schwesterlich hat Charlottenburg der Nachbarin auch etliche Wissenschaft und Kunst abgenommen, so zum Beispiel gleich hier zu unserer Linken die Technische Hochschule. Das mächtige Gebäude feiert noch einmal mit aller Pracht von Säulen, Gesimsen und Skulpturen eine Welt, die mit Säulen, Gesimsen und Skulpturen eigentlich nichts zu tun hat. In der Vorhalle hat der Dämon des Dampfes ein Bronzedenkmal bekommen wie ein Renaissanceheld. Ein Stückchen weiter macht die Berliner Straße einen Knick, den man das Knie nennt. Schon Fontane sagt von diesem Knie: ‚Seine Rundung ist heute völlig reizlos.' Reizvoller ist sie seither nicht geworden. Und ihre Form verschwindet ganz in dem Durcheinander von Autos und Bahnen, die hier die Kreuzung mehrerer Straßen überqueren. Die stillste dieser Straßen ist immer noch die Fortsetzung der Berliner Straße. An ihr liegen zwischen den neuen noch eine ganze Reihe älterer kleiner Häuser aus der Zeit, als der Weg von Berlin nach Charlottenburg ein Ausflug war, eine Kremserpartie. Man fuhr mit dem Wagen vom Brandenburger Tor aus richtig über Land hierher. Man bezog Sommerwohnung in den idyllischen Behausungen, die an der Straße lagen, welche die Hauptstadt mit der Sommerresidenz verbanden, die einst der erste Preußenkönig seiner Gemahlin im Dörfchen Lietzow geschaffen hatte und die nach ihr den Namen Charlottenburg trägt.

Die Ankunft vor dem schönen Schloß dieser Königin wird uns etwas verleidet durch ein großes Reiterdenkmal Kaiser Friedrichs mit Umbau und Göttern von 1905 auf den Pylonen. Fort damit! Die Anlagen des Platzes sind doch dem Schutz des Publikums empfohlen! Dem Schloß gegenüber die beiden erfreulichen Kuppelbauten, die – man glaubt es kaum – einmal Kasernen waren, erinnern an die etwas unbestimmten Gartenarchitekturen, die der romantische Friedrich Wilhelm IV. zeichnete, und blicken ehrfürchtig zu Eosanders grüner Kuppel mit dem schwebenden Tanzgott hinüber.

Im Schlosse sind schöne, etwas leere Empirezimmer der Königin Luise mit viel unbesessenen Sesseln und zierlichen Kachelöfen. Im östlichen Flügel, den Knobelsdorff für Friedrich den Großen anbaute, ist ein weitläufiger Tanzsaal, die goldne Galerie genannt. Und noch älteren Prunk findet man auf der Gartenseite in den Gemächern, in Kapelle und Porzellankammer des ersten Königs. Durch das Ganze wird man leider pantoffelschlurfend geführt. Ungestört aber darfst du Fremder in dem großen Park spazieren. Auf dem Weg dahin ist ein Durchgangsraum. Pilaster und reiche Kapitelle und Medaillons in Stuck, der so aussieht, als müßte er im nächsten Windstoß bröckeln, und hält doch schon zweihundert Jahre. Dieser wenig beachtete Raum ist ganz besonders voll Vergangenheit. Im Garten gehst du an schöner Schloßfront und den Büsten der römischen Kaiser entlang und stille Wege zum Mausoleum. Das ist auch in seiner in neuerer Zeit erweiterten Gestalt noch immer ein würdiges Gebäude, aber unvergeßlich ist für jeden, der es noch gekannt hat, das erste nach Schinkels Plänen erbaute Todestempelchen, das nur den Marmorschlaf der Königin Luise und ihres Friedrich Wilhelm hütete. Man hätte für ihren Sohn und ihre Schwiegertochter eine andre Ruhestätte bauen und Rauchs Meisterwerke allein lassen sollen. Es gibt in diesem Park noch ein merkwürdiges Gebäude weit hinterm Karpfenteich und nah dem Fluß, das Belvedere, in welchem in den neunziger Jahren des achtzehnten Jahrhunderts Friedrich Wilhelm II. zu Füßen seiner ,Gräfin Lichtenau' saß. Fontane hat das Innere des „seltsamen jalousienreichen Baus mit den vier angeklebten flachen Balkonhäusern und dem kupfernen Dachhelm" besucht (heut ist es eine Art Beamtenwohnung und unzugänglich). In den saalartigen Rundzimmern war er und in dem dämmerigen Kabinett, wo der König die Geister der Abgeschiedenen beschwor, die ihn mahnten, auf den Weg der Tugend zurückzukehren. Heut sind die Gespenster, die Fontane noch spürte, von ziemlich banaler Gegenwart vertrieben, und Vergangenheit wohnt eher in manchen Büschen und Wegen des Parks, der sich weit nach Norden und Westen hin erstreckt.

Unser Wagen aber lenkt südwärts ins neueste Charlottenburg auf den Kaiserdamm bis zum Reichskanzlerplatz. Auf die Reichsstraße werfen wir nur einen Blick und ahnen dahinten die werdende Kolonie Heerstraße. Südlich vom Kaiserdamm bekommen wir die Messehallen, die großen Ausstellungsbauten, Funkhalle und Funkturm zu sehen. Groß angelegt und mit Recht ein Stolz des neuen Berlin ist diese ganze Straße, die vom Brandenburger Tor hieher und weiter führt. Unser

Rückweg passiert in der Hardenbergstraße die Hochschulen für Musik und bildende Kunst, einen einheitlich entworfenen Komplex von Gebäuden in hübschem Sandstein. Und dann geht es unterm Stadtbahnviadukt hindurch und zur Kaiser-Wilhelm-Gedächtniskirche, vor der unser Wagen hält. Der Führer erklärt, dies Gebäude sei eine der schönsten Kirchen Deutschlands.

Nun ist leider noch heller Tag, da sieht man sie zu deutlich. Ach, wenn hier eine echte alte Kirche stünde – aus Zeiten stammend, die eine der andern den Torso ihrer Träume zu langsamem Weiterbauen übergab – und wenn nun heut an die altersgrauen Mauern und Zacken unter Engelleibern und Teufelsfratzen der wilde Rundverkehr der Trambahnen, Autos, Autobusse und Menschenmassen mit einem Echo aus Ruinenstein prallte – der ‚Broadway' von Berlin-Charlottenburg mit seinen Cafés, Kinos, Leuchtbuchstaben und Wanderschriften hätte ein Herz, eine Mitte, eine Resonanz. Statt dessen steht, seit dreißig Jahren immer noch wie neu, hier das Schulbeispiel einer sogenannten ‚spätromanischen Zentralanlage' mit Hauptturm und Nebentürmen als massives Verkehrshindernis mitten auf dem Platz, und gegenüber dem Hauptturm einerseits und dem Chor andrerseits sind von demselben Architekten – wir wollen seinen Namen vergessen – noch aus Stilgefühl zwei gleichfalls romanische Häuser errichtet. Es muß abends schon gewaltig von ‚Capitol' und ‚Gloria-palast' und der Ufa am Zoo Licht herüberdonnern, um die steingewordne Schulweisheit etwas aufzulösen. Wir Älteren denken manchmal an die Zeit, als hier einer der wunderbaren vom alten Tiergarten übriggebliebenen Bäume seine Zweige breitete (Zeitgenossen dieses herrlichen Baumes stehen noch heut, der eine in der Wichmann-, der andre in der Viktoriastraße), doch das ist belanglos, heut ist heut. Aber wenn diese Kathedrale mit dem langen Namen wenigstens ein bißchen altern und zerfallen wollte. Da steht sie mitten im Gerassel und Gedröhn preußisch unerschüttert und macht Augen rechts nach dem lieben Gott.

Und das Innere? Schon in dem Vorraum, der vermutlich an den Narthex der echten romanischen Kirchen erinnern soll, gehts marmorn los. Als Knabe bekommt Wilhelm vom Vater das marmorne Schwert gereicht, reitet als junger Kriegsprinz durchs Schlachtfeld von 1814 hinter lagernden Schützen, die marmorn nach dem Innenportal der Kirche zielen, ratschlagt mit Bismarck und Moltke zwischen stilisierten

Blumen über einer Feldzugskarte und sitzt marmorn zwischen Sohn und Enkel, sich huldigen zu lassen. Von den vielen Kirchenfenstern ist zu sagen, daß fast unter jedem der Stifter leserlich verzeichnet steht. Viel Prinzen sind darunter, aber auch Städte und einzelne Mäzene. Deren Enkel können, bis diese Inschriften eines schönen Tages verlöschen oder verschwinden, noch ein kleines Jahrhundert lang sich ärgern, daß Großpapa und Urgroßmama etwa einen glasgemalten lächerlichen Satan, der in roten Flammen neben dem ruhevollen Heiland brennt, gestiftet haben. In der großen Fensterrose bemühen gebildete kleine Propheten sich mit ihren Spruchbändern um ein naiv mittelalterliches Benehmen, und auf dem Goldgrund der Deckenmosaiken halten strebsame Leute mit Heiligenschein sich so katholisch, wie es ihre protestierenden Gliedmaßen irgend zulassen. Und das alles muß unter elektrischer Beleuchtung ein Heiland segnen. Er hat den vornehmen Bestand aufzunehmen. Außer den Statuen rings ein Taufbecken aus kostbarem Material, eine Ringkrone von 5,5 m Durchmesser, eine Orgel mit einem Prospekt in getriebenem Kupfer, 80 Registern und 4800 klingenden Stimmen. – So, hier will ich, ehe der Wagen weiterfährt, aussteigen, nicht um in die Kirche, sondern ins ‚Romanische Café' zu gehen. Es ist Spätnachmittag, da ist es noch nicht zu voll. Ich finde die alten Münchner und Pariser Freunde. Fahrt ohne mich weiter, ihr richtigen Fremden!

Die Paläste der Tiere

„Auf einem Wege, der durch den Tiergarten nach Charlottenburg führte und den zu passieren es besonderer Erlaubnis und des Schlüssels zu einem Schlagbaum bedurfte, weil man auf diesem Wege das Chausseehaus umging und die daselbst zu entrichtende kleine Abgabe ersparte", lag in den zwanziger Jahren die Königliche Fasanerie, so erzählt Eberty in seinen ‚Erinnerungen eines alten Berliners'. Diese Fasanerie war von Friedrich dem Großen im Jahre 1742 durch seinen Oberjägermeister angelegt worden. Hundert Jahre später wurde ihr Gelände auf Anregung des berühmten Zoologen Lichtenstein zur Anlage eines Zoologischen Gartens benutzt. Lichtenstein und Alexander von Humboldt machten König Friedrich Wilhelm IV. den Vorschlag, diese Fasanerie und dazu den Tierbestand der Pfaueninsel bei Potsdam dem Berliner Publikum zugänglich zu machen. Damals lag der neugegründete Zoo noch weit außerhalb der Stadt, und ihn zu besuchen bedeutete für die Familien eine Art Tagesausflug. Von drei Seiten hat ihn dann die wachsende Stadt umschlossen und nur im Norden behütet ein Stück Tiergarten seine Häuserferne. Aber auch da, wo ihm die Häuser dicht auf den Leib gerückt sind und der Lärm der Hupen, das grelle Licht der Scheinwerfer und Reklamen über seine Mauern dringt – man hat kaum das Portal mit den torhütend lagernden Steinelefanten durchschritten und ist in einer andern Welt. Um zunächst noch gar nicht von den Tieren zu reden, die doch schließlich hier die Hauptpersonen sind, hier gibt es einen ganz von Mummeln und Schilf bewachsenen Teich, den sogenannten Vierwaldstättersee, an dessen Ufern man wie in einer Sommerfrische sich bewegt, und an gewissen Frühlingsmorgen verwandeln sich die Alleen in Kurpromenaden der Brunnentrinker, die mit ihrem Glas Karlsbader in der Hand ihren heilsamen Rundgang machen. Auch ein herrliches Kinderreich ist der Zoo. Babys werden spazieren gefahren, Jungen toben auf den Spielplätzen. Und auf der sogenannten Lästerallee bei der Musik kann die reifere Jugend die Grundlagen des Flirts erlernen; wenigstens war das zu unserer Jugendzeit so.

Von Art und Sitte der Tiere ist schon so viel erzählt und geschrieben worden, daß ich dem nichts hinzuzufügen wage; dagegen möchte ich gern von den merkwürdigen Behausungen reden, die sie hier im Garten bezogen haben. Da sie nun einmal zu unserer Lust und Belehrung Gefangene sind, ist man darauf bedacht gewesen, ihnen ihr Gefängnis möglichst wohnlich einzurichten. Sie sollen das Gefühl haben, in ihre Erdhöhle, ihre Schlucht, ihren Hohlbaum, ihr Nest zu kriechen, wenn sie in das ummauerte Verlies müssen. Der Geier hat auch hier seinen Horst, einen echten Felsen mit Alpenkraut und Latschenkiefern, die in den Spalten wurzeln. Und doch sind die Felsblöcke wie Kulissen, wie Versatzstücke. Und wie vor dem Puppentheater stehen die Kinder vor den Eisenstäben, hinter denen der wilde Raubvogel hockt. Ach, ihren Augen ist sein Riesenkäfig vielleicht gar nicht größer als der enge Bauer des Piepmatzes zu Hause am Fenster. Der Zoo ist überhaupt eine Fortsetzung der Kinderstube. Die roten und gelben Steine des Bärenzwingers, die weißen und blauen des Vogelhauses, die gelben und blauen des Löwenheims, sie erinnern uns an die Steinchen der Baukästen. Zu Stein- und Holz- und Stahlbaukasten kommt noch etwas Mosaikpuzzle, und wir haben den maurischen Stil, das Venedig, die Tausendundeinenacht der schönen Gebäude im Zoo.

Der hat ja neben anderm auch die würdige Aufgabe, die alten Tierkulte der Vorzeit fortzusetzen, und so hat man denn den Tieren Tempel gebaut: Das Kamel hat seine Moschee. Ihm zu Ehren, wenn es wohl auch nichts davon hat, ist die weiße Wand mit einem ganz unbenutzten Gitterbalkon geschmückt, und es überragt sie ein Turm, der oben einen Halbmond trägt. Von da könnte der Muezzin das Abendgebet sprechen nach der Fütterung. Einen echt altägyptischen Tempel haben die Strauße. Wenn sie aus ihren Toren ins Freie wippen, sind sie von Hieroglyphen und Pharaonenstatuen umrahmt. Im Schlußstein ihrer Türen schweben die Sonnen des Heiligen Reiches. Auf den Säulen des Eingangs bewegen sich unter Blumenschäften Tänzerinnen, Zither- und Flötenspieler, und der Gott mit dem Sperberkopf wandert wandentlang. In einem Repräsentationsraum ihres Hauses, den sie selbst nie betreten, haben die Strauße zur Erinnerung an die Heimat zwei Memnonssäulen nebst Nil gemalt bekommen.

Das Nilpferd aber hat sein eignes Haus. Innen ist ein schauriges rotes Götzenheim, in dem die Kinder vor den breiten Zwischenräumen der Gitterstäbe sich fürchten, dahinter die unheimliche Masse sich wälzt. Von außen gesehn ist es eine Art Badehaus aus Backstein mit einem Bassin, in welches das Ungeheuer sich bequem gleiten läßt wie eine dicke alte Dame.

Dem Affen wird alles zu Turn- und Spielgerät. Um die Loggien seines Palmenhauses mit ihrem Blumenschmuck kümmert er sich nicht. Die überläßt er seinen Zuschauern.

Ob sich der indische Elefant für die Mosaikdrachen interessiert, die auf den Türen seines Palastes abgebildet sind? Liebt das Zebra sein afrikanisches Gehöft, der Büffel sein Borkenpalais? Dem Rentier müßte es immerhin sympathisch sein, daß an seinem Haus der Dachzierat sich ganz so gabelig verzweigt wie sein eignes Geweih. Und Bison und Wisent sollten Ehrfurcht haben vor den Totemsäulen, wo über Vogelschnäbeln Fratzengötter Frösche schlucken.

Die weißen Mäuse wissen wohl kaum, daß auf den Fenstern ihrer Villa schöne Glasmalereien sind. Ihnen ist der Brotlaib, den sie durchnagen und durchwandern, mit seinen Löchern Haus genug. Aber von den koketten Meerschweinchen glaube ich, daß sie ihren winzigen Barockpalast genau kennen, sie schnuppern an seinen Malachitsäulen, beäugen seine Wölbungen. Und die Stelzvögel sind sicher stolz auf die japanische Pracht ihres Heims, die Tauben auf die Schiebeläden ihres Boardinghouse. Stolz sind sie auch auf ihre Namen, die Masken ihrer Pracht: Mönchssittich, Büffelweber, Flötenwürger, Perlbart. Aber das ist ein Kapitel für sich ...

Was ist denn dort für eine leere Pagode nah bei den möblierten Schluchten des Lamas? ,Nur für Erwachsene' steht daran, also weder für Tiere noch für Kinder. Für Erwachsene ist auch der Musikpavillon. In dem werden am Tage Soldaten eingesperrt, die blasen und trommeln müssen. Nachts gehen – das hat den Kindern ein naseweiser älterer Vetter eingeredet – die Flamingos aus dem benachbarten Teich in den Pavillon schlafen.

Zu den hausbesitzenden eingesessenen Tieren gesellen sich bisweilen als Nomaden, die nur eine Zeitlang bleiben, wilde Völker. Somalis in weißen wehenden Mänteln neigen ihre wolligen Köpfe über die glühenden Kohlen des Lagerfeuers und braten frischgeschlachtete Hämmel am Spieß. Tripolitaner tanzen zu Tamburins. Inder wandeln würdig auf hochgestellten schmalwadigen Beinen einher.

*

Aquarium – da fällt mir das frühere ein, das in einer Seitenstraße der Linden lag. Ein sehr alter Onkel hatte in der Nähe seine Garçonnière und nahm mich kleinen Jungen ein paarmal mit in das Haus, in dem die Tiere des Meeres wohnen. Und gerade da, wo die Tiefseefische zwischen Algen und Korallen, Tierpflanzen und Pflanzentieren des seimig quellenden Meeresgrundes schwammen, war ein Büfett für die Besucher eingerichtet. Und da aß ich mit Schauer eine unterseeische Schinkenstulle, und der Onkel trank Bier, das hinter seinem Glase wallte wie der Met, den Thorr bei den Riesen aus dem Weltmeer geschänkt bekommt.

Während dies alte Wassertierreich etwas Höhlenhaftes, Irrgarten-ähnliches hatte mit Überraschungen und Abenteuern wie das ‚Tier-leben' seines Begründers Brehm, ist das heutige hier am Zoo ein aufrechtes, übersichtlich gegliedertes Gebäude, dessen Stockwerke ungefähr den drei Elementen Wasser, Erde und Luft entsprechen: Erd-geschoß Aquarium, erster Stock Terrarium, zweiter Insectarium. Und alle Wesen wohnen, schwimmen und kriechen um Gestein, Sand und Pflanze ihrer Heimat, die in Schaubehälter und Glasbecken eingefangen ist. Ein hoher Mittelraum ist als halbtrockner Nil oder Rio Grande aus-gestattet, und von einer Brücke aus Bambusstäben kann man zusehen, wie die Krokodile aus seichtem Wasser auf ihre tropisch warme Sand-bank kriechen. Die Echsen bewohnen ihren Karst, die Klapperschlange ihr trocknes Stück brasilische Erde. Für das Behagen der Riesenschlange ist durch künstliche Südsonne gesorgt. Nicht minder heimatlich haben es die Kleinen und Kleinsten. Der Helgoländer Hummer haust in echt Helgoländer Gestein, die Forelle in einem Gebirgsbach, der über Geröll plätschert. Die Biene arbeitet in ihrem Stock, dem Heimchen ist ein Herd gemauert und der Schabe ein echter Küchentisch mit schmutzi-gem Geschirr hingestellt. Der Scarabäus findet Kuhmist vor, um daraus die Kugelpillen zu drehen, in denen seine Eier Larven werden sollen. ‚Seegras, Seerose und Seegries' wie für Christian Morgensterns Hecht vom heiligen Anton wachsen in bewellten Algengefilden. Sogar See-gurken gibt es, und unter den Seenelken ist eine mit wachsweißen Blü-tenblättern wie eine Chrysantheme, die durch Zauber zu einem gierig schlängelnden und langenden Tier geworden ist; manche Frau könnte sie gut statt der harmlos fallenden Stoffblume am Kleide tragen.

Aber am schönsten ist es im reinen Fischreich, wo papierdünne Flossenblätter ihre Kiemenfächer regen, wo die großen Welse mit Bart-fäden tasten, wo das Seepferdchen den knochenzarten Kopf neigt, wo wechselnde Farben und wandernde Muster alle Kunstgewerblerphan-tasie überbieten, wo man Chanchito und Cichlide, Goldorf und Güster, Olm und Ukelei heißt. Da findet der Liebhaber auch die erstaunlichen Schleierschwänze, eine Zierfisch-Zuchtrasse, die mit ihrem bunten Schleppgewand in der Freiheit gar nicht leben könnte, so vornehm ist sie.

Berlins Boulevard

Die Tauentzienstraße und der Kurfürstendamm haben die hohe Kulturmission, den Berliner das Flanieren zu lehren, es sei denn, daß diese urbane Betätigung überhaupt abkommt. Aber vielleicht ist es noch nicht zu spät. Flanieren ist eine Art Lektüre der Straße, wobei Menschengesichter, Auslagen, Schaufenster, Caféterrassen, Bahnen, Autos, Bäume zu lauter gleichberechtigten Buchstaben werden, die zusammen Worte, Sätze und Seiten eines immer neuen Buches ergeben. Um richtig zu flanieren, darf man nichts allzu Bestimmtes vorhaben. Und da es nun auf der Wegstrecke vom Wittenbergplatz bis nach Halensee soviel Möglichkeiten, Besorgungen zu machen, zu essen, zu trinken, Theater, Film oder Kabarett aufzusuchen, gibt, kann man die Promenade ohne festes Ziel riskieren und auf die ungeahnten Abenteuer des Auges ausgehn. Zwei große Helfer sind Glas und künstliches Licht und dies letztere besonders im Wettstreit mit einem Rest Tageslicht und Dämmerung. Da wird alles vielfacher, es entstehen neue Nähen und Fernen, und die glückhafte Mischung,

,où l'indécis au précis se joint'.

Die aufleuchtenden und verschwindenden, wandernden und wiederkehrenden Lichtreklamen ändern noch einmal Tiefe, Höhe und Umriß der Gebäude. Das ist von großem Nutzen, besonders an Teilen des Kurfürstendamms, wo von der schlimmsten Zeit des Privatbaus noch viel greulich Getürmtes, schaurig Ausladendes und Überkrochenes stehngeblieben ist, das erst allmählich verdrängt werden kann. Diese schrecklichen Zacken, Vor- und Überbauten der ,Geschwürhäuser', wie wir sie früher zu nennen pflegten, verschwinden hinter den Reklamearchitekturen. Den Fassaden der Paläste mit den zu hohen Gesellschaftsräumen nach der Straße und den dunklen Hinterräumen fürs Privatleben rückt man zunächst durch Ladeneinbauten zu Leibe, die das Erdgeschoß großzügig vereinfachen. Immer neue Läden entstehn, da die großen Geschäftshäuser der City hier ihre bunteren moderneren Filialen gründen und die schönsten Detailgeschäfte sich ihnen anschließen. Da ergeben sich für Glas, Metall und Holz neue Aufgaben und in das frühere Berliner Grau und Fahlgelb kommt Farbe. Und sobald eins der Häuser baufällig oder wenigstens reparaturbedürftig wird, schneidet ihm die junge Architektur den Bubenkopf einer einfachen linienklaren Fassade und entfernt alles Gezöpfte. Vor vielen Cafés gehen die Terrassen weit auf das Trottoir hinaus und machen Haus und Straße zu einer Einheit. Eins hat sogar schon in Pariser Art Kohlenbecken für die kalte Jahreszeit hinausgestellt, um diese Einheit auch im Winter nicht zu unterbrechen.

In diesem südlicher gewordenen Leben unseres Boulevards zeigt sich auch, was Wilhelm Speyer in seinem neuberlinischen Roman ‚Charlott etwas verrückt' die Ansätze zu einem demokratischen Großstadtfrohsinn nennt. „In den Gliedern dieser einst so ungelenken Stadt", sagt er, „dieser Stadt voll protestantischer Staats- und Militärphilosophie, zuckte ein anglimmendes Feuer. Ein Wille zum Leichtsein, zumal in den Frühlings- und Sommermonaten, begann dem Leib der Metropole die ersten, nicht mehr ganz unbeholfenen Bewegungen mitzuteilen. Sogar die Polizeibeamten hatten gelernt, zuweilen zu lachen, wenn es Verwirrung gab. Sie brüllten nicht mehr mit gesträubten Schnurrbarthaaren auf umgestülpter Lippe. Es waren großgewachsene, mit den Gebärden ihrer deutenden Arme hochaufgereckte, disziplinierte und dennoch im alten Sinne unmilitärische Gestalten. Die froh und frei bewegte täglich zunehmende Schönheit der Frauen und Kinder aller Stände stand außer Zweifel. So also zerstörte die große Stadt die Schönheit nicht, sondern sie erweckte sie, sie förderte sie und ließ sie strahlend gedeihen. In den Straßen wurde nicht mehr der sauere Bürger mit der allzu abgebürsteten Kleidung und der allzu gründlich gesteiften Wäsche sichtbar. Der Kleidungssinn war weniger dramatisch, war demokratischer und daher eleganter geworden."

Im neuen Westen ist es für den Flaneur interessant zu beobachten oder zu spüren, in welchen Richtungen der Verkehr, derber, berlinischer gesagt, der Betrieb, intensiver oder schwächer wird und wie eine Straße der andern, ja oft in derselben Straßenflucht ein Teil dem andern das Leben wegsaugt. Die Tauentzienstraße, die doch die genaue Fortsetzung der Kleiststraße ist, hat diese ganz leer und still gemacht. Das letzte Stück Kleiststraße zwischen der Lutherstraße und dem Wittenbergplatz ist der deutliche Übergang. In diesem Teil hat man das Gefühl, bereits in der Tauentzienstraße zu sein. Das kann nicht nur daran liegen, daß hier die Häuser sich modernisieren, es muß ein sozusagen unterirdisches Gesetz der Stadt sein. Die Lutherstraße hat einen stillen Teil, der genau bis zur Ecke der Augsburgerstraße reicht, von wo ab rings um die Scala starker Verkehr ist. Man kann Gründe dafür finden. Auf der einen Seite dieses Teils sind eine Reihe Privatvillen mit Gärten aus älterer Zeit. Aber warum ist denn auch die gegenüberliegende Seite still geblieben? Der Kurfürstendamm hat der Kantstraße, die an der Gedächtniskirche von ihm abzweigt und dann weiterhin mit langsam wachsender Entfernung auf annähernd gleicher Höhe mit ihm verläuft, den Verkehr weggenommen. Anfangs versucht die Kantstraße noch, es ihm gleichzutun, hat ein bißchen Kino und Theater, aber schon ehe sie den Savignyplatz erreicht, gibt sie den Wettkampf auf und wird weiterhin kleinbürgerlich. Es gibt also nicht nur den bekannten Zug nach dem Westen, der die Reihenfolge von Geschäftsviertel und Wohnviertel in einer Richtung weiterschiebt, sondern viele Sonderwege des Verkehrs. Es gibt Ansätze, die nach einer Strecke Weges wieder aussetzen, und andre, die glücken. Grundstück- und Häuserspekulation muß eine der merkwürdigsten Mischungen aus Hasardspiel und Spürsinn sein.

Die Ringbahnbrücke am Ende des Kurfürstendamms führt in die Kolonie Grunewald. Ehe da die Villen und Gärten beginnen, erleben wir noch eine Strecke volkstümlicher Vergnügungen mit Kinos, Tanzsälen und vor allem – den Lunapark. Dieses bemerkenswerte Etablissement faßt zusammen, was auch in anderen Großstädten von sogenannten Lunaparks, *Magic cities* und dergleichen verlangt wird, mit dem besonderen Bedürfnis des Berliners nach dem Rummelplatz. Dies Bedürfnis ist alt. In seinem ,Alt-Berlin im Jahre 1740' beschreibt Consentius die Sommerwirtschaften an der Spree in der Gegend des jetzigen Schiffbauerdamms, ihre Irrgärten, ihre Karussells mit Ringestechen, ihre Schaukeln, ,Weiffen' genannt. Solch eine Weiffe war, wie Consentius nach alten Texten zitiert, „ein gemachter hölzerner Löwe mit einem ledernen Sattel, darauf setzet sich eine Mannsperson, welche sich von 1 oder noch besser von 2 andern hin und her stoßen lässet, solange, bis er so hoch getrieben wird, daß er 5 oder 6 Kugeln einwerfen kann in einen darzu aptierten Beutel, welcher ohngefähr 6 Ellen oder 2 Mann hoch stehet, eine Frauensperson kann sich auch hineinsetzen und sich pro lubitu weiffen und ziehen lassen." Auch von dem Fortunaspiel berichtet er, es ist „an der Erde von Holz gemacht, hat 9 Löcher, das Loch in der Mitte gewinnet, denn eine Fortuna steht hierüber gemalet". Viel lustige Bilder veranschaulichen uns die Zeit des Tivoli am Kreuzberg um 1830. Da taucht zum erstenmal die Kreisfahrbahn, genannt Rutschbahn, auf. Topfbäumchen stehn am Geländer der Bahn, die Karren haben Plüschtroddeln, und drin sitzt breitbeinig die dicke Berliner Madam und ruft dem bemühten mageren Gatten zu: ‚Brennecke, halte mir, mir wird schwimmlich!' Und so gehts weiter bis auf unsre Tage. Überall in den Vorstädten, wo Häuserlücken klaffen, füllt eine Zeitlang ein Rummelplatz mit seinen Schießbuden, Glücksrädern, Tanzplätzen auf Holzscheiben, großen Wurstwettessen und so weiter die Leere aus.

Hier im Lunapark ist das nun alles moderner und in größerem Maßstab geboten. Über den Luftschaukeln, dem Eisernen Meer, der Berg- und Talbahn, der Kletterbrücke leuchtet abends ein Riesenfeuerwerk, ein Halensee in Flammen, das es mit dem flammenden Treptow und andern brennenden Dörfern des Vergnügens aufnehmen kann.

‚Heiße Wiener' und ‚Lublinchen' haben ihre Buden. ‚Schokolade, Keks und Nußstangen' werden ausgerufen, aber man kann auch vornehm auf Terrassen speisen. Ganz Berlin kommt hieher, kleine Geschäftsmädels und große Damen, Bürger und Bohemiens. Lunapark ist ‚für alle'. Neuerdings gibt es da noch eine besondre Attraktion, das große Wellenbad, wo man bis tief in die Nacht plätschern kann.

Wo dann Halensee in Sankt Hubertus und Hundekehle übergeht, beginnt die schöne Kolonie Grunewald, an die der Forst viele von seinen schmalen Kiefern und Föhren abgegeben hat, die nun inmitten gepflegter Büsche und Blumenbeete noch ein wenig Wald als Erinnerung bewahren.

Früher war es ein weiter Weg bis in den Grunewald, eine Landpartie wie nach Tegel oder Grünau, jetzt wohnen dort eine Reihe Wohlhabender und Prominenter. Und wir andern sind manchmal zu Besuch im Grunewald, steigen aus Trambahnwagen, die umständlich und eingeschüchtert zwischen sanft gleitenden Privatautos ihren Schienenweg entlang rütteln, gehn ein paar Gartenstraßen hinauf, hinab und dürfen in die musikalische Teegesellschaft im Hause des jungen Künstlers und Kunstfreundes, in dessen Sippe seit mehr als hundert Jahren Kunst und Bankwesen angenehm verschwistert und verschwägert sind, oder in eine Abendgesellschaft bei dem großen Verleger, der die Vorkämpfer von 1890 mit denen von 1930 in seinem Hause und Herzen vereinigt.

Um heute Wald im Grunewald zu finden, müssen wir schon ein gut Stück weiter, etwa an die Krumme Lanke oder nach Paulsborn. Da gibt es hübsche Nachmittagswege, die einem das nötige Heimweh nach dem Abend an unserm Boulevard machen. Und so finden wir wieder den Weg zurück, den wir gekommen sind. Neben der Aufforderung, durch Elida schön zu sein, Frigidaire und Elektroluxe zu kaufen, mahnen uns Plakate ‚Und abends in die Scala'. Wir gehorchen und begeben uns in das berühmte Varieté an der Grenze des alten und jungen Westens.

Wenn du dort von deinem Parkettsitz hinaufsiehst in den blauen weißbewölkten Himmel der Deckenmalerei, bemerkst du eine Reihe heller Scheiben, aus denen im Staubtrichter Lichtkegel auf die Artisten fallen. Über den Balkonlogen sind beleuchtete Metallapparate zu sehn und in dem Bühnenrahmen Öffnungen wie Schiffsluken. Ich bin einmal zu dem gegangen, der all diese Lichtquellen, das Rampenlicht und die Kronleuchter des Saals verwaltet. Statt Regisseure und Stars zu interviewen, habe ich den Beleuchtungsmeister und seine Getreuen aufgesucht. Er hat mich in seinem Hauptquartier empfangen bei den Apparaten seines Schaltraums. Da werden Rampen und Saalkronleuchter im Wechsel hell und dunkel gemacht. Von dort gehen Drähte zu den Regulierwiderständen und Telephone zu der Mannschaft dieses Lichtkommandanten. Dann sind wir heimliche Treppen hinaufgestiegen, erst in die Kammer der Widerstände, dann weiter durch das hölzerne Chaos des Dachbodens zu den ‚Brücken'. So heißen die Arbeitsräume der Mannen an den Scheinwerfern, die um die Bewegungen der Artisten den mitwandernden Lichtkreis schaffen. Und während wir herumspazierten, beschrieb er mir, wie der Vorhang hinter den Künstlern rot, schwarz und elfenbeinern auf ihre Kostüme und Nummern abgestimmt wird, wie Schatten unter den Augen und Entstellungen vermieden werden, wie vor jedem Programm lange beraten wird und dann eine Generalprobe fürs Licht stattfindet, bei der er unten neben dem Kapellmeister sitzt und mit seiner Schar da oben telephoniert.

Auch hinter die Szene bin ich über den Hof, aus dem man hinter einem verwilderten Garten unser Pantheon, den Wilmersdorfer Gasometer, sieht, gekommen zu den verständigen Leuten, die das törichte Künstlervolk beaufsichtigen, den Strippenziehern, die es dem Clown ermöglichen, scheinbar die Kugeln vom Gestell zu schießen. Hier walten, dem Publikum unsichtbar, Hände, die Reifen und Flaschen zuwerfen und abfangen, und gelassene Männer in Arztschürzen und Arbeiterblusen, die das zu laute Geschwätz der Girls dämpfen; sie sollen erst toben, wenn sie draußen auf der Bühne wie Kinder im Freien sind. Und sind die Kinder draußen, werden sie noch weiter verwaltet von den Erwachsenen, die mir vorkommen wie die wahren Akteure des Schauspiels. Sie schieben den Spielenden neues Gerät zu, wenn das vorhandene keinen Spaß mehr macht, sie halten den Hintergrundvorhang an Seilen zurück, damit die Bälle der Unvorsichtigen nicht anprallen. Und wenn sie dann pustend, erschöpft und schwitzend ankommen, die eitlen talentvollen Kinder, die immer des Guten zuviel tun, werden sie abgetrocknet und eingemummelt von den Hütern.

Beachte auch einmal die sichtbaren Helfer und Hüter, die ebenfalls nicht auf dem Programm stehn, wie sie sich aufopfern. Den bunten Wunderjongleur, den grotesk angezognen musikalischen Clown begleitet ein ernster Herr im Straßenanzug. Er macht selbst ein paar Tricks, die eine gewisse klassische Vollkommenheit haben, aber nur, um die neuen seines Gefährten zur Geltung zu bringen, er hat seine liebe Not mit dem Gesellen, der so viel glitscht und purzelt, er muß achtgeben, daß der andre nicht heimlich an die Sektflasche geht, er hat Sorgfalt mit Gegenständen, die der Verwöhnte wegschmeißt. Er läßt sich lächerlich machen, besudeln, quälen und wendet sich immer wieder ohne Groll mit leidendem und stolzem Lächeln zu dem Publikum, und seine Handbewegung entfesselt Beifall für den andern. Als Gebrauchsmännchen, als Drohne, begleitet er die starke Frau und ist ihr leichter Kavalier. Ehe sie sich an die Arbeit macht, soupiert sie mit ihm. Kurioses Souper: Kaum hat sie einen Bissen gegessen, einen Schluck getrunken, lüstet es sie schon, Tischbeine und Stühle zu stemmen und aus allem Gerät Hanteln zu machen. Da muß der Kavalier, der Frauenlaunen kennt, rasch Gläser retten, Teller räumen und dabei möglichst lange die Dehors des glücklichen verliebten Zechers wahren. Eh er sichs versieht, wird er am Schlawittchen gepackt und in die Lüfte gewirbelt, und auch dabei darf er die Fassung nicht verlieren und muß weiter lächeln. Zuletzt gerät er ganz oben auf den Flügel, den die Gewaltige sich auf den Busen setzt, um darunter mit Nachtigallenstimme ‚Still ruht der See' zu singen. Und er da droben legt die Hand an die Ohrmuschel und lauscht wie eine Nymphe.

Ganz Nymphe, Engel, Peri ist die Helferin. In gelbem Peplon und türkischen Hosen steht sie, Standbein und Spielbein, gelassen an der Kulisse und wartet, bis der Illusionist ihrer bedarf, an der schwertdurchstoßenen, unheimlich zusammengeschobenen Kiste, in der er einen jungen Burschen untergebracht hat. Ihr Mienenspiel lenkt ab von seiner Zauberei, die wir doch nicht durchschauen dürfen. Und die Selbstlose lächelt nicht, um uns zu gefallen, sondern nur, damit er uns gefalle. Sieh, jetzt ist sie selbst das Opfer und kommt in den Kessel des Magiers, dem sie wieder entsteigt mit dem langsamen Lächeln, das des Künstlers Pausen füllt.

Und jetzt die in Reiterstiefeln! Sie hat hinter der Szene den kleinen Pudel betreut, der vor Lampenfieber zitterte. Sie weiß, wann das ungeduldig stampfende Pony Zucker bekommen muß und wann lieber nicht. Sie rückt die Taburetts, hält im rechten Moment die Reifen in die Höhe und tut bei alldem, als wärs ein Vergnügen und nicht saure Arbeit, deren Ruhm doch nur der erntet, der da in der Mitte mit der Peitsche knallt. Bisweilen tänzelt sie eins oder schlägt gar einen Purzelbaum, das alles aber nur dekorativ, nur Pedal, nur Farbfleck.

Die Tiere kann man ja nicht ganz zu den Nebenpersonen und Ungenannten rechnen. Arbeiten sie auch nur gezähmterweise, so ernten sie doch einen Teil vom Ruhm ihres Herrn und sind vielleicht sehr ehrgeizig, besonders die Seelöwen. Über die Gefühle der Pferdchen, Bären und Elefanten erlaube ich mir kein Urteil. Und von den Äffchen glaube ich, daß sie sich ein wenig ärgern über den zoologischen Verwandten, der die bessere Karriere gemacht hat.

Ein langes und breites gäbe es von den Gegenständen im Varieté zu sagen, den blinkenden Metallständern und -tischen, einem Salonmobiliar, das seine Vornehmheit preisgibt, um balanciert, geworfen und lächerlich gemacht zu werden, dem vornehmen Diwan, der mit einmal nur noch Kiste ist, aus der die Pirouettentänzerin steigt, den winzigen Plüschsesselchen, die sichs gefallen lassen, daß Elefanten auf ihnen hocken, der vergoldeten Metallbettstatt, die es zuläßt, daß ein Clown auf ihren Goldknöpfen musiziert, den Häkeleien der Decke, auf welcher Gläser und Messer hüpfen, der ländlichen Bank, von der sich die Exzentriks erhoben haben und die leer stehn bleibt wie am Hintergrund klebend, während sie vorn agieren. Und dieser Hintergrund selbst, die gemalten Kandelaber auf der Salonwand und die heroische Landschaft, alle haben sie den Reiz der unbeachteten Dinge, die selbstlos die andern, die zielbewußten, zur Geltung bringen – im Varieté mehr als irgendwo sonst.

Alter Westen

Der alte Westen – vom Tiergartenviertel abgesehen, das zwar auch viel gelitten, aber doch durchgehalten hat – der alte Westen hat verloren, wie man von Schönheiten sagt, die aus der Mode gekommen sind. ‚Man' wohnt nicht mehr im alten Westen. Schon um die Jahrhundertwende zogen die wohlhabenden Familien fort in die Gegend des Kurfürstendamms und später noch weiter bis nach Westend oder Dahlem, wenn sie es nicht gar bis zu einer Grunewaldvilla brachten. Aber manche von uns, die im alten Westen Kinder waren, haben eine Anhänglichkeit an seine Straßen und Häuser, denen eigentlich nicht viel Besondres anzusehn ist, behalten. Uns ist es ein Erlebnis, eine der Treppen hinaufzusteigen, die ehedem zu Freunden und Verwandten führten. Es haftet soviel Erinnerung sowohl an den nüchtern gediegenen Aufgängen mit braunem Holzgeländer, farbloser Wand und den graugeritzten Gestalten im Fensterglas als auch an gewissen Palasttreppen mit steil zu ersteigendem Hochparterre, falscher Marmorwand und pompöser Glasmalerei. Führt uns ein Anlaß oder Vorwand – zum Beispiel, ein möbliertes Zimmer zu besichtigen – in eine der altvertrauten Wohnungen, so finden wir unter neuer Schicht die frühere Welt wieder: hinter verbarrikadierenden Schränken die Glasschiebetür, die einst Salon und Berliner Zimmer trennte, im sichtbaren schrägen Diwan den Schemen des Flügels, der damals hier stand mit seiner Samtdecke und den Familienphotographien. Nahe dem Fenster ist in dem ärmlichen Topfblumengestell noch etwas von der Tropenwelt der Zimmerpalmen geblieben. Von dem Haut-pas am Hoffenster des Berliner Zimmers sehen wir auf den Hof mit dem blassen Gras, das zwischen Steinen sprießt wie einst. Nur der Pferdestall und die Wagenremise des alten

Generals aus der Beletage sind verdrängt durch eine Autoreparatur-werkstatt.

Ein paar Häuser der alten Zeit sind noch unverändert in Nebenstra-ßen der Maaßen-, Derfflinger- und Kurfürstenstraße, die führen in Gärten ein wunderbares Inseldasein. Andre sind trotz ihrer Gärten verkommen, im Karlsbad zum Beispiel nahe der Potsdamer Brücke. Die eine Brunnenfigur dort im Grünen zerfällt so sehr, daß bald ihre Trümmer fortgeschafft werden müssen. Die ähnliche im Vorgarten des alten Familienhauses mitten im lebhaftesten Geschäftsviertel, Potsda-merstraße nahe der Linkstraße, ist noch ganz wohlerhalten, obgleich schon eine Zeitung mit ihrem Riesenplakat oben den antikisierenden Fries des Hauses verdeckt und im ersten Stockwerk sich der Vorder-räume bemächtigt hat.

Alter Westen – selbst in den rauchgeschwärzten Straßen nahe den Bahnhöfen bewahrt er noch hie und da einen Traubenfries, eine weibli-che Maske zwischen nackten Jünglingen, die, den Thyrsusstab an der Schulter, auf Ranken hocken, eine Türfassung wie Tempeltür, all das erbaut, modelliert in schlechtem oder mäßigem Material von den aller-letzten Schinkelschülern, letzte Reste des preußischen Griechenwesens.

*

Ehe wir in Museen und in fremden Ländern die echte Antike zu sehen bekommen, gesellt sich beiläufig dem Großstadtkind ein wenig Mythos aus zweiter Hand, im Elternhause etwa ein bronzener Apoll, der von des Vaters Schreibtisch zur Tür hinzeigt, oder im Salon eine Venusbü-ste, die den Marmor ihrer Armstümpfe in düsterm Glase spiegelt: selt-same nackte Wesen, man weiß nicht, ob sie zuschauen oder weg-schauen. Kommt das Kind ins Freie, so begegnet ihm auf Schulweg oder Spaziergang bald ein und das andre Wesen dieser wartenden Welt. Hinter einem Gartenzaun hebt eine Flora Kranz oder Schale. In einer Türnische schenkt eine Hebe aus einem Kruge Unsichtbares. Auf der Freitreppe vor der Kohlenhandlung steht, das rechte Knie vorge-schoben, in schmiegendem Faltenkleid eine der vielen Grazien, die etwas zu halten oder anzubieten scheinen, das meist nicht vorhanden ist. Von uns älteren Kindern des Berliner Westens erinnert sich mancher vielleicht noch an die vier oder sechs Musen, die in einem Vorgarten der Magdeburgerstraße standen. Sie sind inzwischen verschwunden. Bruchsteinern standen sie da und hielten artig, soweit sie noch Hände hatten, ihre Kugel oder ihren Stift. Sie verfolgten mit ihren weißen Steinaugen unsern Weg, und es ist ein Teil von uns geworden, daß diese Heidenmädchen uns angesehen haben.

Ob es wohl noch irgendwo im Tiergarten den bärtigen Apoll gibt, der damals auf einem Spielplatz, den ich jetzt nicht mehr finde, stand? Wir haben gegen seine Hinterseite, da, wo sie den stützenden Stumpf überragte, Prallball gespielt. Das war nicht ehrerbietig, hat aber eine Beziehung hergestellt.

An unserm Wege geblieben sind mancherlei Sphinxe, die vier zum Beispiel, die auf der Brücke sich wegwenden von den beiden Taten des Herkules, welche auf mittlerer Brückenhöhe geschehen. Sie tragen sanft jede ein Kind mit Füllhorn auf dem Rücken und lassen die Autobusse vorübergehen. Die Herkulesse der beiden Taten sind etwas beunruhigend. Sie stehen so, daß man immer in Sorge ist, sie selbst oder ihre Gegner, der Löwe und der Zentaur, könnten ins Wasser fallen, wenn sie es weiter so treiben. Die Sphinxe hingegen sind beruhigend. Rätsel geben sie nicht auf. Eine noch harmlosere weiß ich über dem Portal eines Hauses, das der Mauer des zoologischen Gartens gegenüberliegt. Die wartet wie eine freundliche Hausmeistersfrau und hat doch Flügel und Tatzen. Allein diese Katze gehört schon halb in die Gegend des Kurfürstendamms und nicht mehr in die alte Welt, in der wir bleiben wollen. Wir finden zurück in stillere Straßen, und angesichts kleiner Kapitelle an den verschiedenen Etagen einiger Häuser fällt uns der erste Unterricht über Säulenarten ein, den uns bei einem Spaziergang der Vater oder der ältere Bruder gab: Er lehrte uns den dorischen Fladen, die ionische Schnecke und den korinthischen Kelch mit seinen vielerlei Blättern unterscheiden. Und fortgesetzt wurde diese Vorschule vor ganzen Säulenhallen, wenn man bis unter die Linden kam und vom Brandenburger Tor bis zum Opernhaus und zur Neuen Wache vordrang. Kam man aber nur bis zu den Tortempelchen am Leipziger Platz, gab es in nächster Nähe wieder etwas wenig Beachtetes zu entdecken. Ich meine, im Rasen verteilt, die acht Sandsteingruppen, die – einst Laternenträger auf einer längst abgerissenen Brücke – hier im Grünen gelandet sind. Daß es Laternen sind, was sie tragen, erkannten wir nicht, wir fanden sie nur geheimnisvoll um undeutliche Gegenstände und um einander bemüht. Sie haben mich immer viel mehr interessiert als die beiden Generäle Graf Brandenburg und Graf Wrangel, welche näher an der Straße das Interesse auf sich zu lenken suchen. Wenn ich eine Stimme im Rat der Stadt hätte, würde eine ganze Reihe solcher Kriegshelden und sonstig berühmter Männer, die auf Plätzen, an Brücken und Alleen sich vordrängen mit ihren porträtähnlichen Steingesichtern oder Bronzeröcken, durch unbestimmte Gartengötter ersetzt, die nicht viel anhaben.

Nun, bis es dazu kommt, wollen wir zufrieden sein mit dem, was wir haben, und sei es auch nur das Kleinwerk an alten Häusern, Medaillons mit Mädchenköpfchen in reichem Haar oder Jünglingsgesichtern unter phrygischer Mütze, kleinen Opfer- oder Triumphzügen in Flachrelief über einer Beletage und Putten, die zwischen Blattwerk und Arabesken über Türen oder unter Fenstern hocken. Diese Putten waren immer besonders vertrauenerweckend, da sie an den eigenen Knabenkörper erinnerten. Ungewöhnlich verlockend aber wurden sie vor dem Zeughaus, wo sie überlebensgroß zu Füßen der Riesinnen stehen und, während die da oben nah bei ihren gewaltigen Brüsten Belehrendes vornehmen, sich selig an die Fülle der Gewandfalten schmiegen dürfen.

Bekommt man solche Putten und Göttinnen nur selten zu sehen, so gibt es doch eine andere Art mythologischer Personen, eine ganze *Plebs deorum,* die uns häufig Gesellschaft leistet: die Karyatiden und Atlanten. Von so gelehrten Namen weiß das Kind nichts, es sieht Mädchen, die, unter leichter Last in die Hauswand eingelassen, ihr kleines Kapitell als Kopfputz tragen. Schon vom Schoß ab werden sie Mauerwerk. Andre müssen sich mühen und ducken, um vorragendes Gebälk zu stützen. Da wechseln die Arme, bald wird der rechte, bald der linke gebraucht und die freie Hand ruht auf dem Knie. Bärtige Männer schleppen das Haus auf erhobenen Armen und mit dem Nacken. Jünglinge stemmen die eine Schulter unter den Torbogen und strecken den Arm dem Nachbarn hin über ein Löwenhaupt. Manche haben wirklich schwer zu schleppen und schlagen gewaltige Bauchfalten, andre scheinen die Mühe etwas zu übertreiben und machen mehr Muskelspiel als erforderlich.

Während diese Männer und Weiber im Freien ihr Wesen treiben, erwarten uns bei seltenen festlichen Gelegenheiten einige von ihnen in geschlossenen Räumen. Man wird mitgenommen, um den Freischütz oder die Zauberflöte zu hören und sieh, da tragen die weißen Freundinnen von der alltäglichen Straße feierlich die Brüstungen des Zuschauerraums. Und in einem andern Kunsthause stehen zwei, die ich immer besonders geliebt habe, mühelos aufrecht unter ihrer Last wie ihre Vorbilder im Tempel zu Athen. Das sind die beiden an der großen Orgel der Philharmonie, die sich rechts und links von dem filigranenen Gitterwerk des mächtigen Musikheizkörpers erheben. Sie halten Leiern in den Händen, ohne hineinzugreifen, und schauen leeren Gesichts geradeaus. Und all unser Gefühl konnte in die Hülsen ihrer Gesichter eingehen, wenn die Wasser der Musik uns zu ihnen emportrugen. Wohl gibt es da näher als diese gestrengen Göttinnen zwei christliche Engel, die mit belasteten Flügeln unter der Saalwölbung sich ducken und viel entgegenkommender auf uns heruntersehen, wir aber bleiben den fernen Heidenfrauen treu.

Tiergarten

Herbstsonntag. Dämmerung. Die Erde dampft ein wenig, nicht so feucht wie Feld, mehr wie Kartoffelacker. Auf den vielen, vielen ins Halb- und Ganzdunkel verstreuten Bänken an den schlängelnden Pfaden sitzen Liebespaare. Manche scheinen mir noch ein bißchen ungeschickt in der Liebkosung, sie könnten von einem Pariser Arbeiter, der sein Liebchen streichelt, lernen. Manche haben für ihre Zweieinsamkeit eine ganze Bank erwischt, aber auch die, welche mit andern Pärchen teilen müssen, lassen sich nicht stören.

Ich suche nach dem bärtigen Apoll unsres Kinderspielplatzes. Von dem habe ich übrigens inzwischen gelernt, daß er aus dem achtzehnten Jahrhundert ist, ursprünglich vor dem Potsdamer Stadtschloß, dann vor dem Brandenburger Tor stand. Er kommt sogar im Baedeker vor, wenn auch nur kleingedruckt. Ich finde ihn nicht, ich gerate an den Goldfischteich. Das Dreimusikerdenkmal da am Ende mit seinen Halbfiguren in den Nischen lasse ich weitab liegen und gehe zu den Putten in den natürlichen, von Buschwerk gebildeten Nischen. Da ist ein Merkurbübchen mit Flügelkappe und Schlangenstab, der seine winzige nackte Landwirtin, die eine Garbe zu halten scheint, streichelt. Das bedeutet gewiß den Bund von Handel und Landbestellung. Am Ufer gegenüber finde ich einen Putto mit preußischer Pickelhaube und einer Art Seitengewehr bei einem Mitmännlein, das von ihm weg Tuba bläst. Die beiden erinnern an reizende Allegorien der Porzellanmanufaktur. Einer dritten Gruppe fehlt zuviel von den Armen, als daß ich erriete, was sie hielten und bedeuteten. Sie sind besonders schön, so wie sie sind. Das soll kein ästhetisches Urteil sein! Mit Ästhetik komm ich nicht weiter, muß es auf andre Art versuchen.

Durch einen Seitenweg schimmert von der Siegesallee herüber ein Stückchen Markgraf. Ich laß es von fern locken, werde mich wohl hüten hinüberzugehn zu den unglücklichen Zweiunddreißig mit der wechselnden Beinstellung. Wieder ein Busch und ein Sandsteinpärchen, sie mit Flachs versehn, er auf ein Rad gestützt. Steuermann? Preußische Seehandlung?

Und hier führt ein Weg vom Teich fort zu dem Rasenrund, auf dem Tuaillons Amazone, eine größere Nachbildung des Originals vor der Nationalgalerie, ruhevoll und gespannt zu Pferde sitzt, die erste Berlinerin, die den Rücken in korsettlos sanfter Biegung gehalten hat im Gegensatz zu ihrer fürstlichen Zeitgenossin, die nicht weit von hier eingeschnürt, in immer schlimmer werdendem Hut, bei den Blumen des Rosengartens auf Abholung wartet.

Ich gehe weiter ohne bestimmte Richtung, weiß nicht, ob ich zur Rousseau- oder zur Luiseninsel kommen werde. Und glücklich verirrt, steh ich mit einmal vor dem Apoll, den ich nie wiedergefunden habe seit Jahren. Ich sehe ihn im Profil. Mondlicht bewegt die Hand, mit der er in seine steinerne Leier faßt. Er hat eine kräftige Art, zuzugreifen, nicht distinguiert klassizistisch, sondern wie von alters her, er braucht sich keine Mühe zu geben, Antikisches zu tun, er kann noch Barock, der gute Gartenmusikant unseres Spielplatzes. Aber Spielplatz ist hier nicht mehr.

Immerhin ist es jetzt im veraltenden Halbdunkel noch so buschig und labyrinthisch hier wie vor dreißig, vierzig Jahren, ehe der letzte Kaiser den Naturpark in etwas Übersichtlicheres, Repräsentativeres umschaffen ließ. Daß auf seinen Befehl das Unterholz gelichtet, viele Wege verbreitert und die Rasenflächen verbessert wurden, ist ver-

dienstlich, aber darüber sind dem Tiergarten gewisse intime Reize verlorengegangen, eine holde Kinderstubenunordnung, Zweigeknacken
und das Rascheln vieler nicht gleich weggeräumter Blätter auf engen
Pfaden. Aus dichterem Laub tauchten damals die Teiche auf. Und an
Denkmälern gab es nur die wenigen freundlichen Marmorleute wie
etwa den Herrn von Goethe, dem es anzumerken ist, daß er sich hier
nur vorübergehend aufhält, um einen neuen Umwurf, eine Art preisgekrönten Domino, anzuprobieren und dem Unterricht beizuwohnen, den
griechisch gekleidete Fräulein aus seinen Dichtungen kleinen Knaben
erteilen – oder den guten Friedrich Wilhelm, der auf die Luiseninsel
schaut. Er soll schon hingesehn haben, eh dort seiner Luise das Denkmal errichtet wurde, das alle Kinder lieben. Kenner haben uns belehrt,
daß des Königs Gestalt und Gewandung besonders genau und gründlich ausgeführt sei. Es fehlt nicht einmal der Riester am Stiefel des sparsamen Monarchen, der bisweilen geflicktes Schuhwerk getragen haben
soll.

Bei dieser Gelegenheit will ich einiges anbringen, was ich aus der
Geschichte des Tiergartens gelernt habe. Geschenkt hat laut einer Urkunde von 1527 den Platz die Gemeinde Kölln an der Spree dem Kur-
prinzen Joachim dem Jüngeren ‚zur Anrichtung eines Thier- und
Lustgartens‘. Noch unter dem Großen Kurfürsten reichte der Tiergarten
mit seinem starken Wildbestand bis zum heutigen Gendarmenmarkt,
und der sogenannte kleine Tiergarten umfaßte ganz Moabit und die
Gegend des Wedding. Allmählich griffen dann Dorotheen- und Friedrichstadt in das Waldgelände ein. Eine große Allee wurde angelegt
nach dem Schloß der Königin Sophie Charlotte. Und es begann die
Umwandlung des Jagdreviers in einen Lustwald. Der Plankenzaun fiel,
der einst das ganze Gebiet umgab. Der Große Stern entstand und die
Alleen, die von ihm abzweigen. Friedrich der Zweite ließ diesen Platz
mit geschnittenen Hecken und pyramidal gestutzten Buchen umgeben.
Über ein Dutzend Statuen kamen darauf, aber keine Markgrafen, sondern Pomonen, Floren, Ceres, Bacchus und ihresgleichen. Das Volk
nannte sie die Puppen, und den weiten Weg zu ihnen nannte es ‚bis in
die Puppen‘. Vom Goldfischteich habe ich gelesen, daß er noch Karpfenteich hieß, als E. Th. A. Hoffmann daselbst seinen geliebten Kater
Murr verscharrte. Vielleicht lächelte damals noch die Göttin des großen
oder Venusbassins auf ihren Cupido nieder wie zur Zeit, als hier der

junge Philipp Hackert seine ‚Aussichten' malte. Nicht weit vom Großen Stern legte Knobelsdorff sein Labyrinth an, einen Irrgarten, aus dem sich der Poetensteig schlängelte, von welchem noch ein Ausläufer erhalten ist in dem Pfad, der zum Denkmal Friedrich Wilhelms führt.

Um 1790 entstand nach dem Vorbilde der Stätte, wo Jean Jacques bestattet worden, in einer sumpfigen Partie des Parkes die Rousseauinsel, unsere Rousseauinsel, um die wir ruderten und Schlittschuh liefen und sie bei ihrem Namen nannten, lange ehe wir wußten, von wem sie ihn hatte. Villen und Landhäuser näherten sich dem Park, das gastfreie Haus des Jacob Herz Beer, der Meyerbeers Vater war, und Ifflands schönes Gartenheim. In der werdenden Tiergartenstraße wohnte Schleiermachers Freundin Henriette Herz. Eine bekannte Karikatur der Zeit läßt sie mit Schleiermachers Kopf im Ridikül am Tiergartenrand spazieren gehn. Unterschrift: ‚Die Hofrätin Herz hat sich einen Ridkikül angeschafft.' Der Park selbst war damals noch recht verwildert, nur die sogenannten englischen Partien wurden gepflegt. Systematisch umgeschaffen hat den Tiergarten erst Lenné in den dreißiger Jahren. Doch ließ er noch kleine Wildnis genug, die bis in unsere Kindertage blieb. An diese Zeit erinnern mich am meisten die winzigen hochgeschwungenen Brückenstege über den Bächen, die manchmal bewacht sind von munteren Bronzelöwen, denen von Maul zu Maul Geländerketten hängen.

Und ganz wie damals ist oder scheint mir der Neue See. Es wird zu spät, heut hinzugehn, so zeichne ich in Gedanken die Buchten um seine Bauminseln, wo wir im Winter kunstvoll holländernd große Achten ins Eis schrieben und im Herbst von der Holzbrücke am Bootshaus in den Kahn stiegen mit der Herzensdame, die unser Rudern steuerte. Und lasen wir später im berühmten Gedicht, das wohl einem südlicheren Park gewidmet ist,

> ‚Wir fahren mit dem kahn in weitem bogen
> Um bronzebraunen laubes inselgruppen'

so dachten wir Berliner Kinder an unsern Neuen See.

Der Landwehrkanal

Er beginnt und endet zwar bei Fabriksschlöten und hat die geschäftigsten Teile der Ober- und Unterspree zu verbinden, aber unterwegs wandert er durch soviel Stadtidyll, daß sein Name in unserm Ohr einen sanften Klang hat, als wäre er noch der alte Schafgraben, der einst an den südlichen Stadttoren entlangfloß, oder der ‚grüne Strand', wie man ihn bis in die achtziger Jahre nannte, ehe seine Ufer mit Quadern bekleidet wurden, wodurch er zu seinen vier Schiffsbreiten kam.

Langsam gleiten durch sein Wasser die schwerbeladenen Kähne. An Bordrand stakt einer mit langer Stange das Fahrzeug vom Fleck, ein Hündchen hockt, ein Feuerchen raucht. Das dampft aus der kleinen Küche wie im Zigeunerwagen. Andre Kähne lagern an einigen Uferstellen und bieten Äpfel feil, rot wie die Backen der Schifferkinder.

Bald nachdem der Kanal die chemischen Werke und technischen Institute von Charlottenburg verlassen hat, beginnen Baumalleen ihn zu säumen, und sein Strand heißt eine Strecke lang Gartenufer. Und Brükken überschreiten ihn, die wie Gartenstege über Gartenbächen sind. Da ist die Lichtensteinbrücke, die vom Hintereingang des Zoologischen Gartens zum Tiergarten führt, gar nicht weit von der Schleuse, in deren glatt angleitende Flut und schäumend abstürzende Wellen die Kinder so gerne schauen. Daß die Stille dieser Brücke einmal entweiht worden ist von Schurken, die ein paar Schritt weiter den sterbenden Leib einer edlen Kämpferin, welche ihre Güte und Tapferkeit mit dem Tod büßen mußte, ins Wasser geworfen haben – man kann es sich kaum vorstellen, wenn man hier die spiegelnden Wipfel im Wasser ansieht. Begreiflicher schon ist es, daß mancher Verzweifelte, manche Verlassene in den lockenden Wassern des Kanals den Tod gesucht haben.

An der Corneliusbrücke geht die Parklandschaft des Gartenufers mit grüner Brandung in die Stadtlandschaft über. Und die Atmosphäre, die in dieser Gegend den Atem von Park, Stadt und Wasser vereint, ist von zartem Farbenreichtum, wie man ihn in dem hellgrau umrissenen Berlin sonst selten findet. Kein Sonnenaufgang über den Bergen, kein Sonnenuntergang an der See läßt den, der in Berlin Kind war, die süßen

Morgen- und Abendröten überm Frühling und Herbstlaub des Kanals vergessen.

Dann führt von der Herkulesbrücke bis zu dem wie auf einem chinesischen Bilde geschwungenen Fußgängersteg, der merkwürdigerweise Lützowbrücke heißt (aber nur nach dem Dorf, nicht nach dem Kriegshelden), ein Stück Sandweg bis zu der winzigen Parkanlage neben dem Klubhaus der Von der Heydtstraße. Auf diesen Uferpfad gehen zum größten Teil Hinterhäuser. Und die paar Zugänge der Häuser, die dieser verwunschenen Gegend den Namen einer numerierten Straße verschafft haben, scheinen Türen zum Glück zu sein. Kastanien beschatten den immer dämmerigen Pfad und weiterhin das Ufer, Kastanienbäume, die das Kind des Berliner Westens in allen Jahreszeiten kennenlernt; an den feuchtstrotzenden Knospen, den Blütenkerzen und den braunen Früchten, die sich aus stachliger Hülle lösen, hat es im Spazierengehen seinen ersten und angenehmsten Unterricht in der Botanik. Vor der kleinen Parkanlage, bei der sich der Kanal zu einer Art Ententeich verbreitert, neigen sich Bäumchen übers Wasser, nach deren Namen das Kind fragt, um dann zum ersten Male das Wort Trauerweiden zu hören. Von dem Nordufer des Kanals, der Königin Augustastraße, führen nun alle Seitenstraßen in den Tiergarten. Was hier an Häusern in Gärten steht, hat mit Säulchen und Friesen, glatter und spalierbespannter Wand die gute alte Zeit bewahrt. Zwischendurch gibts ein paar Wagnisse und sanfte Entgleisungen ins Gotische oder Nordisch-Üppige, aber das wirkt nur putzig wie Pagode und künstliche Ruine in einem guten Garten. Je schmaler diese Straßen sind oder werden, um so liebenswürdiger wirken sie, wie etwa die Hildebrandt- oder die Regentenstraße.

Eine von ihnen verbreitert sich zu einem kleinen Platz rings um die Matthäikirche; dies schmale Gotteshaus mit dem spitzen Turm und spitzigen Nebentürmchen in dem gelben und rötlichen Backstein erbaut, der so vielen Kirchen von Berlin eine gewisse Ähnlichkeit mit Berliner Bahnhöfen gibt, erhebt sich aus Efeuranken und über Fliederbuschwerk. Es bewahrt noch eine kärgliche Vornehmheit von der Zeit her, da es das Rendezvous der frommen Lebewelt war, der Leutnants und Geheimratstöchter, die zusammen beteten und tanzten, und im Volksmunde die Polkakirche hieß.

Der angenehm private Charakter der Königin Augustastraße wird an ein paar Stellen gestört durch prätentiöse öffentliche Gebäude, Reichswehrministerien und Reichsversicherungsämter und dergleichen, aber sie ist immer noch eine freundliche Uferpromenade. Ebenso das gegenüberliegende Schöneberger Ufer, an welchem sich die Neubauten und Umbauten dem stillen Wesen der alten Häuser im allgemeinen gut anpassen. Knapp vor der Ecke der Potsdamerstraße gab es bis vor kurzem eine ganz kleine Synagoge, eine winzige Orientmauer, die wir liebten. Sie ist nun weggebrochen mit ihren Nachbarn, um einem großen Eckhaus Platz zu machen, ähnlich denen, die sich an den andern Ecken der Doppelbrücke erheben. Bei dieser Potsdamer Doppelbrücke streift unser stilles Wasser einen Augenblick dichteste Großstadt. Da wird es abends bestrahlt von Lichtreklamen und tags erschüttert von drängendem und stockendem Verkehr. Dieser Großstadtlärm bekümmert wenig vier Herren, die dort auf Postamenten an den äußeren Ecken der beiden Brücken in Bronze bei ihren Apparaten sitzen. Jeder hat ein nacktes Bübchen zu seinen Füßen, das mit den subtil ausgeführten Instrumenten spielen darf. Gauß und Siemens arbeiten eifrig und ohne aufzublicken an ihren Erfindungen und Experimenten, während Röntgen in veritablen Schnürschuhen seinem Kleinen zeigt, was er fertig hat, und Helmholtz, der Theoretiker, müßig vor sich hinträumt. Leute von Geschmack und mit ihnen der Baedeker behaupten, die Denkmäler seien nicht besonders glücklich aufgestellt. Ich rechne sie zu den harmlosen. Ihre Anwesenheit hat etwas Tröstliches, sooft man über den Damm zu ihnen in sichern Port gelangt ist. Auch ist es erfreulich, daß die Unbilden der Witterung den mit sehr ähnlichen Röcken leichtbekleideten Herren und den nackten Bübchen gar nichts ausmachen.

Wir verlassen eine kleine Weile das Schöneberger Ufer und treten in das Eckhaus der Potsdamerstraße ein. Das ist außen gelbgetüncht und zu modernster Bandstreifenarchitektur vereinfacht. Innen aber erinnern im Treppenhaus und in den Fluren der einzelnen Stockwerke Stuckornamente an die Zeit, da es ein großbürgerliches Wohnhaus war. Jetzt ist es ganz Bürohaus geworden. G.m.b.H.s hausen hier mit abgekürzten Namen, Hibado und Raweci oder so ähnlich, Anwaltbüros und Ärztesprechzimmer gibt es und einen großen Verlag, und da wir mit diesem befreundet sind, dürfen wir in seine Räume eintreten und aus dem Fenster sehen auf das Pfefferkuchenpflaster des Karlsbades, dieser alten

Seitengasse, die mit verwilderten Vorgärten und brüchigen Balkonen vergangener Vornehmheit nachhängt. Dort drüben, schon fast an der Flottwellstraße, weiß ich den Torweg, durch den Schienen zu einem Fabrikgebäude im Hofe führen, und in demselben Hofe der modernen Fabrik gegenüber ein Gartenpavillon, vielleicht Rest eines Landhauses an der alten Potsdamer Chaussee, ein winziges bürgerliches Trianon mit ein paar Stufen zum Glück, zu umranktem Vorplatz mit Steinvasen über der Balustrade und zu der Glasveranda, aus der man jetzt statt auf Gärten auf den Hühnerhof des Hauspförtners und die grünüberwucherte Wand des Nachbarn schaut. So ähnlich mag auch das Haus gewesen sein, in welches im Jahre 48 in den Märztagen der Prinz von Preußen flüchtete, als er in der Dämmerung durchs Potsdamer Tor entkommen war. Hier konnte er sich verborgen halten im alten Karlsbade. Wir hören Leierkastenmusik und eine Stimme und gehen über den Flur an ein Hoffenster des Hauses. Einer der schachttiefen Höfe liegt unter uns, wie ihn Tausende von Berliner Bürohäusern haben. Lauter kahle Fenster, hinter denen Umrisse von Schreibmaschinen, Regalen und Kartotheken zu sehn sind. Aber ein paar der Fenster gehn auf, und die Mädchen mit den schwarzen Schutzärmeln sehen ein bißchen hinunter auf die Musik.

Ist der Kanal unter der Potsdamerbrücke hindurch, darf er noch eine Weile an stillen Ufern hinfließen. Dann überschatten ihn Viadukte, er streift Zugänge und Zufahrten von Bahnhöfen, und wo er sich dann zum viereckigen Hafen erweitert, ist er von Eisenbahnämtern gerandet. Am Hafenplatze aber stehn von alters her eine Reihe schöner Platanen. Wer aus dem Westen Berlins nach dem Süden Europas reisen will, kommt auf dem Weg zum Anhalter Bahnhof an diesen Bäumen vorbei und empfängt von ihren hellgefleckten Stämmen und dem Flimmern ihres Laubes ein Vorgefühl von Eukalyptusstämmen und Olivenlaub.

Von hier führt ein kurzes Stück Straße zu dem Hochbahnhof Gleisdreieck, der über dem gewaltigen eisernen Spinnennetz von Schienensträngen liegt, auf denen von Güter-, Fern- und Untergrundbahnen Dampfgestoßenes und elektrisch Gleitendes zusammenströmt. Das, was da oben zu erleben ist, gehört zu der Rundfahrt mit Stadt-, Ring- und Hochbahn, die Baedeker uns empfiehlt, zu der Fahrt, die eine Art neue Stadtmauer um das ältere Berlin baut und zum Teil Spuren früherer Mauern verfolgt.

Jetzt aber folgen wir dem Wasserweg des Kanals, der eine Strecke lang neben dem Viadukt der Hochbahn eine sanft gebogene Linie beschreibt, um sich am Halleschen Tor von ihm zu entfernen. Nun steigen zinnenbewehrte Rundtürme auf: Gasanstalten, die ältesten von Berlin, die in den zwanziger Jahren von der englischen Imperial-Continental-Association gegründet wurden. Und gegenüber erstreckt sich das Planufer, in alter Zeit eine vorstädtische Wohngegend und immer noch bequem und weit zu gehen. Es führt an Straßen und Plätzen hin, deren Namen Vergangenheiten enthalten, Am Johannestisch, Johanniter- und Tempelherrenstraße. Eine jüngere putzige Vergangenheit wird überliefert: ein Saal der Stadtmission, die hier, ein Werk des berühmten Hofpredigers Stöcker, ihre Stätte hat und ihre ,Schrippenkirche' abhält, in der Bettler und Obdachlose zwei Schrippen, einen Becher Kaffee und ein Wort für die Seele bekommen; ein Saal dieser Mission war früher einmal Theaterraum einer Possenbühne, in der der sogenannte Meerschweinchendirektor Carli Callenbach regierte.

Urbanhafen: ein Seitenkanal umfließt eine trapezförmige Insel, auf der aus- und eingeladen wird, Hebebrücken und Kräne sind am Werk. Gen Norden aber hinterm Wasser erstreckt sich ein Schlachtfeld von Erdarbeiten, Abbruch und Aufbau, Ruinenstadt und werdende Stadt. Das ganze Gebiet des früheren Luisenufers vom ehemaligen Engelbekken bis zum weiland Torbecken ist trockengelegt worden, um einer großen Avenue Platz zu machen, die von Norden nach Süden gebaut wird. Angelockt von dem Chaos aus Sand und Schutt, gehen wir ein Stück in der Richtung nach dem Kottbuser Tor zu. Da wird gerade an der Hochbahn umgebaut, und wir geraten unter ein grelles Netzwerk mennigroter Eisenträger. Die Kottbuserstraße führt uns zurück an den Kanal, und wir kommen in die Budenstadt eines Marktes, der das ganze Maybacher Ufer bedeckt. Hier scheint von Süden her ganz Neukölln herbeigekommen zu sein, um einzukaufen. Es gibt alles: Pantoffeln und Rotkohl, Ziegenschmalz und Schnürsenkel, Krawatten und Fettbücklinge. Neben der alten Jüdin, die Pelzfetzen breitet und Seide auspackt, ißt eine Nachbarin von ihrem Gemüsekarren eine rohe Karotte. Dem wüstesten Fischgestank gegenüber verheißen die Flaschen mit Maiglöckchenessenz billig süßen Duft. Und streifenweise unterbricht die andern Auslagen immer wieder ein ,Posten' Strümpfe aus Seidenflor oder aus unzerstörbarer ,Panzerseide'. Stellenweise münden die Läden der Straße in den Marktverkauf. Das Emailgeschäft baut seine Ware den Damm herüber. ‚Tulpenzwiebeln ausnahmsweise billig vor Feierabend', ‚Gelegenheitskauf, junge Frau', ‚Echte Beerblanche', ruft es. ‚Winterrote, alle mehlig', preist einer seine Kartoffeln. Neben ihm gibt es wahrhaftig noch etwas zu sehn, was uns schon Museumsgegenstand scheint, richtige Haarnadeln wie in unserer Jugendzeit und runde Kämme, wie damals Frauen sie ins Haar steckten.

Die Einmündung des Teltowkanals und der rechte Winkel, den unser Kanal bildet, ist durch allerlei Schuppen und Bretterwände verbaut und man muß wie so oft das Leben der Stadt von den Inschriften ablesen: ‚Gerüstbau- und Verleihanstalt', ‚Hunde werden geschoren und kupiert', ‚Rohre, Träger, Formeisen, Zaunstäbe, Nutzeisen aller Art', ‚Altes Studentenbad'. Über dieser Inschrift flattern schwarz-weiße Fähnchen. Aber was sie verheißt, ist nicht mehr zu finden.

Noch einmal teilt sich unser Kanal und geht mit zwei Armen in die Spree. Wir gehen den Freiarchengraben an dem etwas kümmerlichen Grün des Schlesischen Busches entlang und einen Pfad bis an den Fluß, der hier den breiten Osthafen bildet. Mit rotem Verdeck schwimmt ein stolzes Steinschiff, der Neubau der ABOAG, von Süden her.

Das ist der Landwehrkanal. Man behauptet, er solle auch bald einmal trockengelegt werden, er rentiere sich nicht mehr. Dann würde uns wieder ein Stück Leben zu blasser Erinnerung werden.

Der Kreuzberg

Der ist obligatorisch. Eine Sehenswürdigkeit. Die höchste Erhebung über der Spree-Ebene. Da ich ihn seit langer Zeit nicht mehr besucht habe, beschloß ich ihn jetzt gewissenhaft zu besichtigen und begab mich gen Süden. Unterwegs in einer Nebenstraße der Großbeerenstraße gab es ein paar Schaufenster, vor denen mußte ich stehenbleiben. So lange konnte der Kreuzberg auf mich warten. Das eine verhieß Wäscheanfertigung jeder Art aus vorhandenem sowie aus geliefertem Material. Da lehnte über die Leine mit den Spitzentaschentüchern eine nachdenkliche Stoffpuppe ihre marmorgrauen Arme. Unter roter Kappe hatte sie blaugraue Locken, altfarben, wie Ahnenbilder sie haben. Es war schwer, an ihren einladenden Augen und Armen vorbeizukommen. Und wenige Schritte weiter war eine Vogel- und Vogelfutterhandlung. Auch für Fische und gegen Insekten gab es da mancherlei einzukaufen, und ich las Worte wie Piscidin, Wawil, Dermingin, Radicalin, Milbin. Vor allem aber einen Vers allgemeineren Inhalts, den ich mir gemerkt habe:

Ein Vöglein im Heim
Erfreut groß und klein.
Große Auswahl in Sing-
Und Ziervögel.

Ich weiß nicht, ob die beiden letzten Zeilen auch als Vers gemeint sind, aber ich lese sie so.

Das alles hielt mich begreiflicherweise auf, aber schließlich stand ich doch am Fuß des Berges vor dem großen Becken des Wasserfalls im Viktoriapark. Im Wasser lachte ein faunischer Fischer aus Bronze, der eine zappelnde Nixe in sein Netz zwang. Außer mir sah ihm bei dieser Tätigkeit von der nächsten Brandmauer der Kreuzbergstraße ein riesiges Reklamefräulein staunend zu, ohne darüber ihre Arbeit zu vernachlässigen. Sie mußte die Wäsche in ihrer Riesenschüssel mit empfehlenswerten Seifenflocken behandeln. Ich aber ging einem kleinen Jungen nach, der auf seinem Dreirad bergauf fuhr bis zu dem Sandspielplatz. Am Lido, in Ostende und an der Riviera soll das gesellige Strandleben sehr entwickelt sein, in Berlin gibt es in verschiedenen Volksparks aber auch sehr schöne Sandplätze. Sie haben meist eine Holzfassung, auf deren Brüstung die ganz Kleinen ihre Kuchenformen stülpen, während innen in der weiten Sandwüste die Größeren Berge mit Tunneln und mit Rauchlöchern für Vulkane bauen. Neidisch und erwachsen sehe ich den Eifrigen zu und komme auf eine Bank neben ein paar alte Frauen zu sitzen, von deren Gespräch ich wie einen Refrain oder wie Pedal einer Klaviermusik immer nur höre: „Da hat se ja nu … da wird se ja auch … da hat se alles jehabt …" Aber ich habe weiter Park und Berg zu besichtigen und suche zunächst pflichtgetreu die Denkmäler der Freiheitsdichter auf, die hier im Grünen verteilt sind. Es sind angenehmerweise nur Hermen, harmlos unter Büschen, über Beeten wie die, welche im Pariser Luxembourggarten dichten. Da haben wir Rückert in langem Haar mit Schmetterlingskrawatte. In ein Notenheft, das breit genug ist für Ghaselen, schreibt er an einer Strophe, deren Komplikationen ihm Stirnfalten über den sinnenden Augen machen. Unten an seinem Sockel spielt auf seiner Leier ein Bambino. Unweit steigt Körnern der Kragen hoch an die Koteletten des nach links oben strebenden Hauptes. Sein Militärmantel ist zur Toga drapiert, und mit seiner Dichterrolle faßte er gleichzeitig das Schwert. Auch drüben Heinrich von Kleist braucht die Linke nicht nur zum Halten des Dichterhandwerks, sie faßt zugleich des Schoßes Draperie, während die Rechte mit dem Gänsekiel unter dem versonnenen Kinn langfährt. Auf Uhlands Rolle steht geschrieben ,Das Alte Recht'. Er sieht überzeugt geradeaus. Hübsche Blaublümchen blühn im Beet vor seinem Sockel. Und davon blühn noch mehr und dichter beieinander an dem Seitenbach des Wasserfalls, an dem entlang ich nun weiter hinauf muß, dankbar für alles, was mich unterwegs aufhält. Es gibt noch einige zoologische und botanische Ablenkungen. Hinter Drahtgitter Goldfasanen und Rehe. Man darf sie weder füttern noch necken. Denn, steht geschrieben, Gesundheit und Leben der Tiere ist hierdurch gefährdet. Vor den Blumenbeeten mit den gelehrten Porzellanschildchen höre ich Nachbarstimmen auseinandersetzen: „Das ist auch 'ne Alpenrose, sag' ich dir, nur 'ne andre Sorte, steht ja Orient drauf." Bei den Pfingstrosen fragt mich ein blasses Rothaariges: „Können Sie mir mal sagen, wie spät's is?" und mahnt mich so zur Eile. Ich halte mich also nicht auf bei den Probeporträts, welche auf halber Berghöhe, wo der Weg über die Brücke des Wasserfalls führt, ein Photograph ausstellt. Auch nicht bei dem tiefgebetteten Milchkurgarten, aus dem ich doch meine Sommerfrische machen könnte. Nein, statt mich zu erholen, steige ich neben künstlichem Fels die Granitstufen hinauf, sechzig Stufen der oberen Terrasse bis zum großen Denkmal.

Neben mir erklärt ein Familienvater Frau und Kindern, was es da unten ringsum an Türmen und Dächern zu sehen gibt, er zeigt ihnen die Hallen des Anhalter Bahnhofs, Reichstagskuppel und Siegessäule, nahe Gnadenkirche und ferne Lutherkirche. Als er dann zu den grünspanigen Kuppeln am Gendarmenmarkt, zu Hedwigskirche, Dom und Schloß kommt, wird die kleine Tochter ungeduldig und fragt: „Wollen wir nicht bei den kleinen Fluß gehn?" Damit meint sie den Wasserfall. Der Vater aber gelangt erklärend weiter zu den Kirchen der Altstadt.

Ich denke bei den Namen nach, wer wohl in vergangenen Zeitläuften von dieser Höhe auf die alten Türme hinuntergesehen haben mag. Da fällt mir die Anekdote von dem Kurfürsten Joachim ein, der hier oben ein paar Stunden seltsamer Angst und Spannung verbracht hat. Dem hatte nämlich sein gelehrter Sterndeuter Carion, dem er eine Sternwarte in seinem festen Schloß zu Kölln an der Spree eingerichtet hatte, prophezeit, es werde am 15. Juli 1525 ein grausames Wetter die Städte Berlin und Kölln ersäufen. Der Tag brach, wie die Chronisten erzählen, wolkenlos an, mittags herrschte glühende Hitze, der Himmel bekam ein fahles Gelbgrau und am Horizont erschien eine schwarze Wolke. Da gab es Unruhe im Schloß, die Hofwagen wurden eilig angeschirrt, und der Kurfürst lief mit verstörter Miene durch die Gemächer. Und als die Wolkenwand höher stieg und die ersten Blitze zuckten, sprangen die Tore des Schlosses auf, der Kurfürst, seine Gemahlin und die Kinder fuhren im vierspännigen Wagen über den Schloßplatz, die vornehmsten Räte, Offiziere und Hofdiener folgten zu Pferde und zu Fuß, mit eilig zusammengeraffter Habe beladen.

Nach Süden ging der Zug, wo sich die Köllnischen Weinberge erhoben. Hier hat es nämlich vormals Weinberge gegeben, auf denen wirklich Wein gedieh. Er war wohl ziemlich sauer, wurde aber nicht nur in der Mark getrunken, sondern auch nach Polen, Rußland und Schweden ausgeführt. Erst als der Branntwein aus einem Medikament gegen Heiserkeit, Gicht, Kopfweh, Wurm und stinkenden Atem allmählich ein beliebtes Getränk wurde, das man nicht nur in Apotheken kaufte, hat er den Weinbau von diesen Tempelhofer Bergen verdrängt. Auf den höchsten der Hügel, den, der heute Kreuzberg heißt, ging der Zug des Kurfürsten und suchte dort Schutz gegen die drohende Sintflut. Hier oben wartete man auf das Wetter, das nicht kam. „Als er aber lange darauf gehalten und nichts daraus geworden, hat ihn sein Gemahl (wie sie denn eine sehr christliche und gottesfürchtige Fürstin gewesen) gebeten, daß er möchte wieder hineinziehen und bei seinen armen Unterthanen ausharren ... Davon ließ er sich bewegen und ist um 4 Uhr gegen Abend wieder gen Kölln gezogen. Ehe er aber aufs Schloß kommen, hat sich ein Wetter bewiesen und wie er unter das Schloßtor kommen, hats dem Kurfürsten vier Pferde vor dem Wagen samt dem Knechte erschlagen und sonsten keinen Schaden mehr getan." So zu lesen in Peter Hafftitz' Mikrologikon.

Was sah der geängstete Monarch, wenn er von der drohenden Wolke weg auf seine Residenz blickte? Hinter Sumpf und Sand einen Wall mit Türmchen und Zinnen, dahinter seine Burg ‚Zwing-Kölln', wie sie das Volk nannte und von der heut nur noch der Grüne Hut übrig ist, jener runde Turm an der Spreeseite mit dem grünspanbedeckten Kupferdach, in Kölln ferner Kuppeln und Spitzen der Glockentürme von Sankt Peter und nah dabei das Dominikanerkloster, wo vor einigen Jahren Tetzel gehaust hatte, um den Köllnern und Berlinern die Höllenqualen recht genau darzustellen und Ablaßzettel zu verkaufen … Und weiter wanderten seine Blicke über das Haus des Heiligen Geistes zu Sankt Marien und Sankt Nicolas, zu den Grauen Brüdern und über die Mühlen am Wasser bis zum Köpenicker Tor, durch das er damals zur Jagd geritten war an dem schlimmen Tage, als ihm die verschworenen Junker auf der Heide auflauerten. Dort am Tor hatte das Haupt des kecksten der Rebellen aufgesteckt geprangt und ein ganzes Jahr lang von seiner Eisenstange herabgegrinst. Zwischen den Kirchen und stolzen Eckhäusern der Breiten- und der Klostergasse waren nur niedere Schilfdächer und ein paar moosige Ziegeldächer zu sehn und viel freies Feld, Acker und Weide und Tümpel mitten in der Stadt.

Von diesem Hügel haben Schweden und Kaiserliche abwechselnd auf die bedrängte Stadt geblickt, die dann der Große Kurfürst zur zackig umwallten Kanonenfestung umschuf. Im Siebenjährigen Krieg sind Österreicher und Russen hier gewesen. Feuerkugeln mit langen Schwefel- und Pechkränzen schossen hinunter. Danach hat der arme Sandhügel eine Weile Ruhe von der Weltgeschichte gehabt. Erst anno 1813 haben die Berliner auf dem Tempelhofer Berg und den Rollbergen Schanzen zur Stadtverteidigung angelegt. Aber der Feind kam nicht bis an die Stadt, nur der Kanonendonner von Großbeeren. Und bald danach läuteten die Glocken Dank für den Sieg bei Leipzig. Im Jahre 1818 wurde der Grundstein gelegt zu dem Siegesdenkmal, das hier hinter mir aufragt. Die Majestäten von Rußland und Preußen warfen Kalk aus der Maurerkelle auf das Lager des Steins. Und dann wuchs, ganz aus Eisen gegossen, Schinkels Denkmal im sogenannten ‚altteutschen Style' empor, und zwar, wie ein Zeitgenosse berichtet, „auf einem achteckigen Unterbau, welcher eine erhöhte mit steinernen Platten bedeckte Terrasse um das Monument bildet, die sich auf elf rings um das Achteck laufenden Stufen erhebt … Bei den Teilen und bei dem Ganzen hat die

Architektur des Kölner Domes zum Muster gedient ... Das Ganze bildet einen thurmartigen Baldachin, der sich über zwölf Kapellen oder Nischen erhebt, aus denen die im Grundriß bestimmte Kreuzform des Ganzen zusammengesetzt ist. Diese nischenartigen Kapellen sind den zwölf Hauptschlachten des großen Krieges gewidmet und jede Nische ist mit einem charakteristischen Siegesgenius ausgefüllt, dessen Gestalt dem durch ihn personificierten Ereignis entspricht. Die schöne Aufgabe dieser Gestalten für den Bildhauer ist bereits in vollendeten Figuren durch die Professoren Rauch, Tieck und Wichmann jun. sehr glücklich gelöset ..." Die Genien haben klassizistisch abgeschwächte Ähnlichkeit mit den Fürsten und Helden der Zeit. Culm mit Löwenhaut und Keule sieht dem König Friedrich Wilhelm gleich. Dennewitz trägt Bülows Züge. Blücher ist zweimal vertreten, stürmend an der Katzbach, im nordischen Harnisch bei La Rothière. Der Siegesgöttin von Paris verlieh Rauch die Gesichtszüge der Königin Luise und ließ sie in der Rechten eine kleine Quadriga tragen, die an die wiedergewonnene große auf dem Brandenburger Tor gemahnt. Belle-Alliance aber, der Endsieg, blieb den unumgänglichen Föderierten vorbehalten: Das Haupt hat die Züge der russischen Kaiserin Alexandra Feodorowna, und obendrein sind noch auf der Mittelfalte ihres Gewandes als Stickereien die übrigen elf Genien in Relief wiederholt. Später wurde für das Denkmal eine höhere Untermauerung geschaffen, und es wurde mittels hydraulischer Pressen bis zu seiner gegenwärtigen Höhe gehoben.

Benommen von alter Zeit und dem Abendwind, der von den Brauereien her Geruch von Malz wehte, wie man ihn in München riecht, hätte ich gern jemanden gefragt: Wo ist denn hier der Dustere Keller? Der muß einmal hier am Abstieg gelegen haben. In Urzeiten war es eine Schlucht mit Aschenurnen, dann hauste dort in fritzischen Zeiten ein wunderlicher Einsiedler. Dann war es ein beliebtes Ausflugsziel. Und in den heimlichen Tagen vor den Freiheitskriegen gründeten die vaterländischen Turner Jahn und Friesen in der Wirtschaft mit ihren Freunden den Deutschen Bund, in welchem der aufgelöste Tugendbund weiterlebte. Aber da seh ich Flieger im Osten über Tempelhof und besinne mich auf die Gegenwart.

Tempelhof

Ja, da drüben ist unser großer Flughafen. Da kann man die surrenden Stahlvögel niedergleiten sehn auf grüne Fläche und anrollen auf die geteerte Bahn. Und wieder aufsteigen im Kreisflug nach allen Himmelsrichtungen. Und in der Halle der Lufthansa stehn sie nebeneinander wie Lokomotiven im Schuppen. Kennerisch sieht die Menge der Ankunft und Abfahrt zu, und die kleinsten Burschen reden im Ton des sicheren Mannes über Tragflächen und Spannweiten, sie waren ja draußen auf der ‚ILA‘, sie wissen ja Bescheid mit allen Aerogleitern, Eindeckern und Doppeldeckern, genau wie sie alle Autoarten kennen, da brauchte man nur die Gespräche vor den Ausstellungshallen der Messestadt anzuhören. Oft sollen sie übrigens auch den größten Unsinn reden, haben mir Sachkenner versichert, aber sie bringen ihn so herrlich trocken und bestimmt heraus, die kleinen Berliner. Merkwürdig ist auch, wie neidlos selbst die Ärmsten alles Sportgerät ansehen. In dem Schwirren der Propeller und im Rollen über beständig explodierendem Benzin muß ein gemeinschaftliches oder mitteilsames Glück liegen. Wer sich kein Auto leisten kann, wird dann eben Chauffeur werden. Oder vielleicht Flugzeugführer, denkt mancher von den Kleinen, wenn er hier die Piloten in ihrer flatternden Ledertracht, in dieser seltsamen Fledermausuniform, vorübergehn sieht.

Wo das Gebiet des Flughafens aufhört, schließen sich Sportplätze an, und die Jungen laufen dort hinüber zu ihren Fußballkameraden. Den Kindern und den Fliegern gehört diese weite Fläche. Und es ist doch noch gar nicht so lange her, da war sie Schauplatz von veralteten Paraden und Revuen, da herrschte hier das Gegenteil der Sportelastizität, der steifstarre Stechschritt der Garden. Hier wurde zweimal im Jahr die Berliner Garnison ihrem höchsten Kriegsherrn vorgeführt, hier waren von den Zeiten des Großen Friedrich bis zum Weltkriege die letzten Musterungen vor dem Feldzug. Nun ist es hoffentlich für eine gute Weile vorbei mit diesen traurigsten aller Felder, diesen zu leeren oder zu vollen Exerzierplätzen, die ernüchternd sind wie die Kasernen, aus denen sie sich füllten. Statt Kasernen werden Siedlungen angelegt, wie hier ganz in der Nähe Neu-Tempelhof mit seinen stillen Ringen, hübschen Torwegen zu Gärten, ansteigenden und absinkenden Straßen und Häusern, die an altes Potsdam erinnern.

Von dem Dorf, das nach den weiland Tempelrittern heißt, steht nicht mehr viel in Tempelhof. Selbst die kleine Granitkirche im Gemeindepark hat ihre Gestalt verändert. Und sonst ist vom Dorf nichts übriggeblieben als ein paar eingesunkene einstöckige Häuschen mit Vorgärtchen, wie man sie hier und da in den Berliner Vorstädten findet. Das heutige Tempelhof ist einer der schrecklichen Eilbauten aus der Zeit nach 1870 im Bauunternehmer- und Maurermeistergeschmack, wie deren noch allzuviel rings um Berlin lagern und erst allmählich von den neuen Wohnblöcken ohne Seitenflügel und Quergebäude, ohne Berliner Zimmer und Fassadenstuck verdrängt werden.

Dafür gibt es aber zwei Monumente der neuen Zeit, das Ullsteindruckhaus mit seinem stolzen sechzehn Stockwerk hohen Turm und den gewaltigen Komplex der Sarottiwerke, beide am Teltowkanal gelegen. In dem einen wird der in den Redaktionen und Setzereien der Kochstraße gesammelte Geist auf dem Wege über allerlei Rotation, Schnellpressen, Falz-, Heft- und Zusammentragemaschinen zu Zeitungen, Zeitschriften, Broschüren und Büchern, in dem andern wird die in den Tropen gesammelte, weither gewanderte Kakaobohne auf dem Wege über Bürstenwalzen, Brech-, Schäl-, Reinigungs- und Eintafelungsmaschinen zu hübsch verpackter Schokolade. Es ist erstaunlich, wie der trübe Niederschlag und Satz unserer Einfälle aufschwillt zu unendlichen, wohlbedruckten Papiermassen und wie die verstaubten, in runzligen Säcken zusammengeduckten Bohnen zu unzähligen säuberlichen Tafeln und Pralinen werden. Das alles machen die klugen Räder und Walzen, vor deren vielerlei Drehen, Stampfen, Greifen und Schleudern uns unwissenden Besuchern der Verstand stillsteht, während ihre tausend Wächter, Aufpasser und Hüterinnen in Kitteln und Häubchen unsre verwunderten Mienen belächeln. (Welch ein Heer von munteren und stillen Berliner Arbeiterinnen hab ich in diesen Tagen kennengelernt, leider nur so im Vorübergehn. Ich möchte unsichtbar zugegen sein, wenn sie in ihren Kantinen zusammensitzen, hören, was sie auf ihren Heimwegen miteinander reden, was sie vom Leben denken …) Ja, da stehn wir betäubt im Riesensaal der Berliner Illustrierten und sehn an der Decke die Papierrollen hinlaufen, sich niederlassen in das eiserne Greifen und Drehen und als bebilderte aufgeschnittene fertige Zeitschrift herausspazieren. Da schleichen wir durch den Saal der ‚Längsreiber', wo die Walze über die Reibetröge, Granit über Granit, wandert und Massen bewegt, die dann weiterwallen zu Tafelformen, Füllmaschinen und Schüttelbahnen, um ohne Eingriff von Menschenhand in Stanniol, Wachs und Pergament, in Karton und Kiste zu schlupfen.

An Tempelhof schließt sich Mariendorf an, wohin ich wohl kaum gekommen wäre, hätte mich nicht einer der Tüchtigen und Glücklichen, die mit der flimmernden Leinwand zu tun haben, in das Glashaus mitgenommen, wo die Filme gedreht werden. Rundherum ist ödes Weichbild und Weltende. Innen aber ist wunderlich belebte Welt. Sind es Baracken oder Kulissen, ist es Biwak oder Kinderstube, was da in wechselndem Hell und Dunkel auftaucht? Ein paar Stolperstufen führen hinunter in eine Alpenlandschaft, vor der wie zum Spielen Kurort, Station und reizende kleine Eisenbahn aufgebaut sind. Eine Ecke weiter bekommt man von dem Zug ein Stück in natürlicher Größe vorgesetzt. Da dürfen wir hineinklettern bis in das Schlafcoupé, in dessen Kissen die verlassene Braut aufschrecken mußte. Wir stehen im Gang und sehn an Tür und Fenster, Bettstatt und Decke alle Einzelheiten eines wirklichen Schlafwagenabteils. Und neben uns steht die zartgliedrige Schöne, die dort vorhin im Lichtkegel der lauernden Lampe lag. Sie führt uns dann hinüber in die Koje, in der gerade eine Aufnahme stattfindet. Wir kommen hinter den Kanonier des Lichtgeschosses zu stehn. Neben dem Operateur steht der Befehlshaber und gibt ein Zeichen. Der Mann am Klavier spielt eine Tanzmelodie. Und nun fangen dort an der Bar die Grellbestrahlten an, sich zu bewegen. Es ist eine Art Karnevalsfeier. Konfettistreifen werden über Fräcke und nackte Schultern geworfen. Lärmende Masken bedrängen tanzende Paare auf der Estrade. Einsam inmitten der Tobenden sitzt einer bei seinem Glase, den Ellbogen auf den Bartisch gestützt, starrblickend, fern. Man flüstert uns einen berühmten Namen zu. Jetzt hebt er den Kopf und sieht zu uns herüber. ‚Er sieht uns an, als wären wir seine Gespenster', sage ich Ahnungloser. ‚Nein', belehrt man mich, ‚er sieht nichts als blendendes Licht!' Die Musik setzt aus. Der Regisseur geht zu den Bargästen und macht seine Manöverkritik. Und dann müssen die Geduldigen gleich noch einmal übermütig sein und der in ihrer Mitte muß wieder erstarren. ‚Ein anstrengendes Handwerk', meint die Erfahrene, die uns führt. ‚Und das schlimmste ist das lange Warten und Immer-Paratseinmüssen. Es ist wie beim Militär.' Wir Laien bekommen natürlich doch große Lust mitzuspielen und wäre es auch nur als Figuranten. Wir möchten auch einmal vorkommen auf der Leinwand, einmal uns selbst spielen sehn.

Wir Berliner sind leidenschaftliche Kinobesucher. Die Wochenschau ersetzt uns alle nicht erlebte Weltgeschichte. Die schönsten Frauen beider Kontinente gehören uns alltäglich mit ihrem Lachen und Weinen im wandernden Bilde. Wir haben unsre großen Filmpaläste rund um die Gedächtniskirche, am Kurfürstendamm, in der Nähe des Potsdamerplatzes, in den Vorstädten, und daneben die tausend kleinen Kinos, helle, lockende Lichter in halbdunklen Straßen aller Stadtteile. Oh, es gibt sogar eine Reihe Vormittagskinos, rechte Wärmehallen für Leib und Seele. Im Kino ist der Berliner auch nicht so kritisch, beziehungsweise nicht so abhängig von der Kritik seines Journals wie im Theater. Er läßt sich überfluten von der Illusion. Es ist Lebensersatz für die Millionen, die ihren monotonen Alltag vergessen wollen. Da gibt es keine Pause des Erwachens und sich Besinnens. Nirgends läßt sich Volkslust, Kollektivgenuß so miterleben wie in den kleinen ,Kientöppen', in denen nur ein jammerndes Klavier die Musikbegleitung liefert. Noch lieber wäre mir manchmal zu den herzergreifenden Szenen, bei denen unsere Tränen ,ohne Denkerstörung' rollen, Leierkastenmusik, wie sie auf unseren Hinterhöfen dröhnt und säuselt.

Hasenheide

Hasen gibts hier nicht und auch keine Heide mehr, aber wer sich bei Namen von Stadtteilen etwas der ursprünglichen Bedeutung Entsprechendes vorstellen möchte, den wird es interessieren, zu erfahren, daß im Jahre 1586 laut Chronik der Köllner Stadtschreiber eine kurfürstliche Verordnung verfügte: ,Den 18. May ist uff Churfürstl. Gnaden ernsten Befehlich den Burgern in beyden Stedten ufferleget, Löcher in den Zeunen an den Gerten zu machen, damit die Hasen hineinlauffen konnen.' Noch Friedrich Wilhelm I. erwiderte auf ein Gesuch um Hütungsgerechtigkeit in der Heide: ‚Soll Haasen-Garten bleiben.' Unter Friedrich dem Großen entstanden dann die ersten ländlichen Wirtschaften und nach den Freiheitskriegen Kaffeegärten, und zwischen ihnen ein riesiger Rummelplatz, der mit seinen Würfelbuden, Kraftmessern, starken Jungfrauen, Seiltänzern und Wundertieren sich von der Gegend der Bärwaldstraße bis zu dem Turnplatz erstreckte. Vor den Vergnügungslokalen ging mit seinem hölzernen Kasten am Tragriemen der Zigarrenverkäufer auf und ab – denn hier durfte der sonst vielfach verbotene Tabak geraucht werden, bot Fidibus und Lunte und rief: ‚Cigaro mit avec du feu.'

Aus alten Heftchen und Bildern der fünfziger Jahre kennt man die Omnibusfahrten nach der Hasenheide, Madam Brösecke mit Mann und vielen Kindern auf der Fahrt vom Dönhoffplatz hieher. „Bei Streitz ist Konzert und bei Happolt Ball. Bei Höfchen werden die Putzmacherinnen poussiert und dann geht's zum Turnplatz!" Happolt ist offenbar das Feinste gewesen: Marmorsäle, Glassalon, Trumeaux vom Mosaikfußboden bis zur gemalten Decke, ‚Kronenleuchter wie in dem Palast eines Fürsten' usw. Und dann war da noch Lücke, wo die Aristokraten sich trafen, Hofräte, Geheime Ober-Titularräte und Calculatoren. Madam Brösecke bleibt lieber mit ihren Gevatterinnen bei Höfchen, wo „eine Legion Kaffeekannen mit duftigem Cichorien-Mokka und Hunderte von kleinen, Finkennäpfen ähnlichen Tassen, dazwischen Weißbier und Schnapsgläser auf allen Tischen" stehen, während es ihre Tochter Pinchen hier zu ‚gemischt' findet.

Die Bier- und Kaffeegärten sind geblieben bis auf den heutigen Tag und immer größer geworden. Sie sind fast zu groß, sie haben das Monströse der Zeit der Riesenportionen und Doppelkonzerte behalten und überbieten einander in ihren Ankündigungen. ‚Täglich großes Terrassenstimmungskonzert bei freiem Eintritt', donnert es uns von einem Eingang an, und nicht weit davon behauptet ein Lokal, ‚trotz aller Neueröffnungen das führende Café' zu sein und zu bleiben. Es verheißt ‚täglichen Tanz auf erleuchteter Glastanzfläche' und dazu Musik einer ‚Rheingoldkapelle'. Aber der alte Rummelplatz ist nicht mehr da. Die ‚Neue Welt' ist heute eins der großen Gartenlokale mit Sälen für Versammlungen und Festlichkeiten. Ältere Leute werden sich noch der Zeit erinnern, da man bei dem Wort ‚Neue Welt' an Panoramen, sogenannte naturwissenschaftliche Museen, ‚Wilde', Dompteusen in Stulpstiefeln und Kraftmenschen dachte. Ich habe hier als kleines Kind den lächelnden Mund und die rosa Wangen des Mädchens gesehn, dem der Kopf abgeschlagen und wieder aufgesetzt wird, vielleicht auch jene erste Dame ohne Unterleib, zu deren schönen Armbewegungen ihr Unternehmer die Verse von der Lotosblume, die sich ängstigt, aufsagte; sicher aber kam mir hier zum ersten Male der Name Dante zu Ohren in einer Bude, wo einige seiner Höllenstrafen panoramisch-plastisch dargestellt waren. Es war sehr schaurig. So etwas wird uns heute nicht mehr geboten.

Ein andres Stück Hasenheide ist geblieben: Turnvater Jahn schaut noch immer, wenn auch nur als Büste, vom Postament seines Denkmals auf sporttreibende Jugend nieder, nah bei der Stätte, auf der er die erste Turnerschaft versammelte. Er sieht wohlgefällig auf die bräunlichen Buben und Mädchen in Schwimmkostümen nieder, die hier wie an so vielen Plätzen rings um Berlin ihre Bälle stoßen und schleudern. Und wenn wir über die Sandhügel des etwas verwilderten, von zwergigen Föhren bestandenen Gartens hinter dem Denkmal gehn, eine der vielen Stätten, wo die Berliner Sonne und Luft finden, mögen wir auch mit friedlichem Wohlwollen an die kriegerischen Jünglinge und Tyrannenmörder von damals denken, denen Freiheit, Vaterland und stärkende Pflege des eigenen Körpers eine Gesamtheit befreundeter Gedanken war. Bis dann diese Befreier und heldischen Jünglinge und vor allem ihr Führer und Vorbild die Tyrannei von seiten des geliebten Vaterlandes selbst erfahren mußten. Hier also hat Jahn im Jahre 1818 den ersten Turnplatz eröffnet, nachdem er schon vor den Freiheitskriegen mit einigen Schülern auf den Wiesen zwischen dem Halleschen und dem Kottbuser Tor die neue Kunst des Turnens geübt hatte. Wenn damals noch der waagerechte Ast einer Eiche das Reck bildete, Sandgruben zum Tiefsprung und die steilen Wände der Rollberge zum Sturmlauf benutzt wurden, so hatten sie hier in der Heide richtige Geräte, Barren, Ein-, Zwei- und Vierbäume. Aber schon im nächsten Jahr verhängten die Demagogenverfolger eine Turnsperre, verhafteten Jahn und ließen alle Geräte vom Turnplatz fortschaffen. Auch nach seiner Freilassung blieb Jahn noch lange unter Polizeiaufsicht. Und erst nach 48 wurde sein Werk richtig anerkannt und wurden die vielen Turngemeinden gegründet, die in ihm ihren Turnvater sehen. Die haben dann aus allen

Teilen der Welt die Steine gesandt, aus denen das Postament seines Denkmals gebaut ist.

In dem alten Garten nahe dem Restaurant, wo Familien Kaffee kochen können, sind trümmerhaft, kulissenhaft ein paar nicht mehr gebrauchte Schießstandteile stehengeblieben. Auf ihren Zielscheiben bemerkt man verblassende Figuren der Feindesgestalten rund ums Zentrum. Wobei einem zumut wird, als lebte man schon in Zeiten, die nur noch aus Überlieferungen und Museumsstücken begreifen, daß Menschen einmal so töricht waren, aus Röhren mit Pulver aufeinander zu feuern. Recht altertümlich wirkt auch der Reklamekasten eines Photographen, der nahe dem Straßeneingang aufgestellt ist. Darin sind die preisgekrönten Modelle vom Meisterschaftsfrisieren eines Friseurgehilfenvereins in Neukölln zu sehen. Wir erblicken komplizierte Ondulationen reichbehaarter Mädchen und Frauen, wie sie in Natur wohl nicht einmal in den entlegensten Teilen von Neukölln mehr vorkommen.

Über Neukölln nach Britz

Um seiner selbst willen Neukölln aufzusuchen, dazu kann man eigentlich niemandem raten. Vielleicht entsteht hinter den Riesengerüsten, die zur Zeit den Hermannsplatz, mit dem dieser Stadtteil ungefähr beginnt, überragen, schöne neue Architektur. Aber das eigentliche Neukölln ist eine der Vorstädte, die in den siebziger Jahren kaum zehntausend Einwohner hatten und jetzt zwischen zwei- und dreihunderttausend haben. Auf dem Hohenzollernplatz reitet natürlich ein bronzener Kaiser Wilhelm I. In breiten Straßen sind viel Warenhäuser, Kinos, Ausschank, Dampfwurst, Rundfunkbastelgeschäfte und stattliche Fronten, welche die Trübsal der Hofwohnungen verbergen. Es findet sich zwischen Hermannstraße und Bergstraße auch eine Gegend, wo das Elend sichtbarer wird, das sogenannte Bullenviertel, wo abends arbeitsmüdes Volk aus überstopften Trambahnen steigt und viel kümmerliche Kinder auf der Straße herumtreiben. Eine traurige Gegend. Als sie noch Rixdorf hieß und Ausflugsort war, mag sie interessanter gewesen sein. ‚Musike' ist nicht mehr in Neukölln, wie sie, nach dem bekannten Liede zu schließen, in Rixdorf gewesen ist. Übrigens habe ich nur geringe Kenntnisse von dieser Vorstadt. Seine neueren Denkmäler, einen Reuterbrunnen und einen Friedrich Wilhelm I. (dem König als Ansiedler der frommen Böhmen gestiftet), habe ich mich bisher noch nicht entschließen können zu besichtigen. Ich bin immer nur rasch mit der Tram durch Neukölln gefahren, um woanders hinzukommen. Vor allem nach Britz. Wenn man in diesem kleinen Vorort an ein paar rührend tiefliegenden Sommerhäusern aus alter Zeit und der Tankstation mit ihren Olex- und Shell-Plakaten vorbei in die Dorfecke einbiegt, gerät man eine schlängelnde Straße hinab zu einem waldigen Abhang. Hat man dann noch ein Stück Weg an ‚dorrendem Geländer' hin zurückgelegt, so erscheint hinter Baum und Teich – wohltuender Anblick – die Siedlung. Ihre Farben leuchten, gelb, weiß und rot und dazwischen das Blau der Umrahmungen und der Balkonwände. Wir gehen eine der ausstrahlenden Straßen in den runden Komplex hinein, die offene Seite eines Vierecks entlang, an dessen drei andern Seiten schmale Häuser eine große Gartenanlage umgeben. Hinterhäuser sind nirgends zu finden, den Treppen sind runde Ausbuchtungen eingefügt. Jedermann hat sein Stück Gartenland wie in den Laubenkolonien, nur viel gepflegter und innerhalb eines viel gemeinsameren Ganzen. Wir kommen in den inneren Ring und sehen endlich den Teich, die Mitte, um die sich in Hufeisenform die ansteigenden Ufer mit einem Häuserring fügen. In schönem Gleichmaß haben die Häuser eine Reihe Dachluken, kleine und große Fenster und farbig vertiefte Balkone. An der Seite, wo das Hufeisen schmal wird, hat die glückhafte kleine Stadt ihren Marktplatz; Schaufenster von Konsumgenossenschaften, welche die Siedler in, wie man uns versichert, sozial rationeller Weise mit Lebensmitteln versorgt. Wir betreten ein Haus. Auch innen ist es bunt, aber kein überflüssiger Zierat, alles schmucklos und doch schmuck. Das ist eine der vielen Siedlungen, die den stärksten Vorstoß in das Chaos der Zwischenwelt, die Stadt und Land trennt, bedeuten. Wohnungsnot, Schönheitssehnsucht, die Richtung der Zeit auf das Gemeinsame und der Eifer der jungen Architektengeneration waren hier wie in Lichtenberg, Zehlendorf und andern Enden der Stadt am Werke, menschenwürdige Wohnstätten zu schaffen. Ein Werk, das dauernd fortgesetzt wird und wohl das Wichtigste ist, was zur Zeit mit Berlin geschieht. Dieses neue, werdende Berlin vermag ich noch nicht zu schildern, ich kann es nur preisen.

Dampfermusik

‚Hier können unentgeltlich Ziegelsteine abgefahren werden. Nachfragen beim Bauführer.‘ Das sind die Steine der alten Jannowitzbrücke, die abgebrochen wird, weil mitten in der alten Hafenstadt Kölln am Wasser vieles neu werden soll. Eine Untergrundbahn wird hinübergetunnelt. Es zischt und stampft um Stahlgerüste und Walzen. Durch Schutt und an Sperren entlang schlängle ich mich an die Abfahrtsstelle der Dampfer, die spreeaufwärts fahren. Vergnügungsdampfer mit Musik. Das möchte ich erleben; steht doch auch im Baedeker, den ich jetzt immer so neugierig studiere, unter 4. Tag, nachmittags: Dampferfahrt nach Grünau. Aber der Mann am Schalter der Schiffahrtsgesellschaft will, daß ich statt nach Grünau nach der Woltersdorfer Schleuse fahre, ich weiß nicht weshalb, er ist streng mit mir, wie viele seinesgleichen in Berlin. Er erlaubt mir, erst noch im Restaurant am Wasser zu essen. Inzwischen füllt sich der Dampfer, die besten Plätze werden besetzt. Ich gedenke mit dem zweiten zu fahren, der eine Viertelstunde später abgehen soll, werde aber im entscheidenden Augenblick in den ersten beordert und verfrachtet. Da bin ich wieder einmal ins Altertümliche geraten. Hier sitzen nämlich die Leute, die noch dick sind. In raschen Motorbooten treibt die schlanke sportliche Jugend von heute an uns vorbei; wir aber sitzen, feiste Herren in den besten Jahren und Madam's in umfangreichen Stoffbergen, wie auf Altberliner Scherzbildern. Qualvoll langsam schleichen wir vorwärts, überflüssig und müßig zwischen all dem Fleiß der Eisenhallen, Schornsteine und Krane an den Ufern.

Da sind Weizenmühlen mit mächtigen Elevatoren, die das Getreide aus dem Lastkahn heben, andre, die es mit Exhaustoren aus den Kähnen saugen. So kommt es in die Mühle hinein, wird gewogen, gesiebt, gewaschen, getrocknet, gequetscht, gemahlen und wieder gesiebt, in Säcke gefüllt, alles am laufenden Band und in gleicher Weise als fertiges

Mehl für den Weitertransport zum Kahn zurückgeleitet. Wir kommen unter der Oberbaumbrücke hindurch. Von den backsteinernen neualtmärkischen Warttürmen seh ich hinüber zu dem großen Kühlhaus, das hinter seinen Gerüsten schon fast vollendet über den Osthafen ragt. In weiten Lagerräumen sollen dort Tausende und Tausende von Eiern, Riesenfrachten von Gemüse, Obst und Fleisch in Kühlzellen bis zum Verbrauch aufgehoben werden. Drüben am Treptower Strand kommt grüner Park ans Wasser. Ich möchte am liebsten aussteigen und zu den Kindern gehn, die da hinten in fliegenden Kästen, auf schwingenden Seilen sich vergnügen. Da muß doch wohl noch die Liliputeisenbahn sein, die auf ihrer Schiene rundum fuhr gleich der, die man im Kinderzimmer aufbaute und aufdrehte. Es waren drei offne Aussichtswagen, die gingen hinter kleinem Rauch zweimal im Kreise mit Läuten und Pfeifen über Feld und durch die beiden Tunnel. ‚Klettermaxe' hieß die Lokomotive, darin der Zugführer saß. Eierhäuschen heißt das Etablissement, und die Straße dahinter führt zur großen Sternwarte. Da breitet sich auch der Rasen, auf dem das Volk frei lagern darf wie in Versailles auf unverbotnem Gras. Ich möchte aussteigen, aber unser Dampfer hält nicht. Zu unserer Linken taucht nun das ‚Gelsenkirchen an der Spree' auf, Oberschöneweide und dahinter Rummelsburg. Am Ufer Zillen, die Schlacke laden, dahinter Metallwerke, die rote Textilfabrik, das Transformatorenwerk und fern noch einmal die Riesenschornsteine des Großkraftwerks Klingenberg. All dieser rauchende ragende Fleiß beschämt unsre fette Ruhe, unser elendes Schneckentempo. Jetzt machen wir gar Musik!

Es geht an Köpenick vorbei. Das verlockt weniger zum Aussteigen. Ich weiß zwar, hinter dem alten Burggraben, der jetzt Ententümpel ist, erheben sich Schloß und Kapelle. Es ist das Schloß, in dem der Kurfürst Joachim mit der schönen Spandowerin Anna Sydow gehaust hat, das Schloß, an dessen Tür sein Todfeind, der Ritter von Otterstedt, die berühmten Worte anschlug:

‚Jochimke, Jochimke, hüte dy.
Fange wy dy, so hange wy dy.'

Aber um dahin zu gelangen, muß man durch die übliche Langweile trister Miethausblöcke und Kaiser Wilhelmsplätze. Hinterm Schloß gäbe es allerdings dann den Wendenkietz mit Fischerhütten, Reusen und Netzen und verwitterndes Mauerwerk um den Alten Markt ... Es sitzt aber alles Volk so unbeweglich um mich herum, ganz der Dampfermusik und dem künstlichen Feiertag hingegeben. Ich kann nicht durch. Mitleidig winkt uns aus den vielen Bootshäusern, Badeanstalten und Freibädern junges Volk zu. Und rings um mich wird dauernd gewinkt. Winken ist die Haupttätigkeit des Dampferpublikums.

Nun werden wir über den See transportiert und halten vor einem Gasthaus, wo wir Rieseneisbeine essen sollen, das steht diktatorisch angeschrieben. Und da hier viele aussteigen, brauche ich nun auch nicht mehr bis zur Woltersdorfer Schleuse durchzuhalten; ich klettere mit den andern die angelegte Treppe hinunter, begebe mich unter Preisgabe meines Retourbilletts an den Eisbeingeboten vorbei rasch in den Wald und gehe sandige Wege unter Föhren, die im Nachmittagslicht chinesische Silhouetten bekommen.

Als ich dann auf die Chaussee kam, hatte ich doch noch Glück. Ein Auto taucht auf, das ich erkenne: Es ist der Graham-Paige des Freundes. Ich winke wie ein Schiffbrüchiger. Und nun darf ich nach all der feisten Nachbarschaft auf dem Dampfer neben der schlanksten der jungen Berlinerinnen sitzen, die einen Kinderballon bunt flattern läßt, den sie von Treptow mitgenommen hat. In erfrischendem Tempo fahren wir an hockenden Dorfhäusern vorbei zwischen Kornfeldern und zart ansteigenden Höhen. Da ist Königswusterhausen. Der Turm der Telefunkenstation aus eisernem Spinnweb. Das schöne gelbe Vorgebäude des Jagdschlosses, in dem das Tabakkollegium tagte. Wir kennen den Tisch der Rauchkumpane aus dem Zimmer im Hohenzollernmuseum. Ich beschreibe meiner Nachbarin des Königs Hofnarren, den Professor Gundling in seiner parodierten Zeremonienmeistertracht, rotem, samten ausgeschlagenem Leibrock mit Goldknopflöchern, gestickter Weste und mächtiger Staatsperücke aus weißem Ziegenhaar. Obendrauf ein Straußenfedernhut, unten dran strohfarbene Beinkleider, rotseidne Strümpfe mit Goldzwickeln und Schuhe mit roten Absätzen. Während wir von diesem armen Narren und seiner Welt plaudern, geht es weiter die lange Straße nach Storkow und in halber Nacht Waldwege nach dem Scharmützelsee.

Spät sitzen wir auf der Terrasse des Hotels von Saarow. Oben wird getanzt. Am Wasser ist Rampenbeleuchtung, die ein Stück See aus der Nacht hebt.

Zur Nacht werden wir hier bleiben und morgen wird der weite See in unsern Fenstern sein. Und dann fahren wir über Pieskow hinaus und steigen aus bei den hübschen, im Grünen versteckten Häusern der Schauspielerkolonie ‚Meckerndorf'. Und machen in Saarow selbst Besuch in einem der kühngiebeligen Häuser der Malerkolonie. Werden wir den See hinauf in ferne Uferwinkel Motorboot fahren? Oder zu Fuß durch die Wälder gehn bis zu den Markgrafensteinen? Oder Pfade so nah als möglich am Wasser?

Schade, daß es zum Baden schon zu spät im Jahre ist.

Nach Osten

Lohnt's noch, vom heutigen und gestrigen Alexanderplatz zu sprechen? Er ist wohl schon verschwunden, ehe diese Zeilen gedruckt werden. Schon wandern die Trambahnen, Autobusse und Menschenmassen um die Zäune breiter Baustellen und tiefaufgerissener Erdlöcher. Die gute dicke Stadtgöttin Berolina, die hier früher von hohem Postament den Verkehr regelte, ist abgewandert. Das benachbarte Scheunenviertel mit seinen schiefen und geraden, verrufenen und armselig ehrlichen Straßen und Gassen ist zum größten Teil bereits eingerissen. Düster ragen von Süden die Mauern des Polizeipräsidiums über die Trümmerstätte des Platzes. Von Nordosten überwächst Häuser und Zäune der hohe Turm der Georgenkirche. Polizei und Kirche werden so bleiben. Aber was sonst hier noch steht, wird fast alles eingerissen oder umgebaut werden. Die meisten Grundstücke und Parzellen sind bereits im Besitz der Hoch- und Untergrundbahn, die ihren Schacht gen Osten gräbt. Was sie davon abtreten wird, darf dann der neue Besitzer nicht nach Gutdünken bebauen, alle künftigen Bauten hier sind gebunden an die Entwürfe des Stadtbauamts. So besteht keine Gefahr, daß die Spekulation häßliche Mietskasernenblöcke mit düstern, luftarmen Quer- und Hintergebäuden türmt und kleistert. Um eine Mittelinsel, auf der Kreisverkehr eingerichtet werden wird, sollen in Hufeisenform Hochhäuser aufwachsen.

Wo Altes verschwindet und Neues entsteht, siedelt sich in den Ruinen die Übergangswelt aus Zufall, Unrast und Not an. Wer hier die Schlupfwinkel kennt, kann in seltsame Wohnstätten finden und führen, schaurige Zwischendinge von Nest und Höhle. Da versteckt sich zum Beispiel in den Kellerräumen einer abgerissenen Mietskaserne, die einen der großen Obstläden enthielt, welche zur nahen Markthalle ihre Wagen und Körbe sandten, hinter Schutt und Mörtel der ‚Bananenkeller‘, eine traurige Schlafstelle für Obdachlose, die in den Nachtasylen nicht mehr unterkommen können oder wollen. Sie kriechen hier in ihren Winkel, wenn die Lokale rings am Platz und in den nahen Straßen geschlossen werden. Sie ziehen die Beine nur ein bißchen näher an den Bauch und zerren die Jacke über die Knie, wenn wir unbefugten Eindringlinge an ihnen vorüberstolpern. Andre Kellerräume enthalten kleine Basare, deren Inhalt an den Pariser Flohmarkt erinnert. Da sind zu verkaufen: Konservengläser und Karbidlampen, Vogelkäfige und Papierkörbe, alte Zylinderhüte und Lampenzylinder, Russenkittel, ‚kaum getragene‘ Schuhe, Schnürsenkel und Ölgemälde mit ‚Gold‘rahmen, Plumeaux und sogar Straußenfedern. Auch die Oberwelt ist voll fliegenden Handels. Am Zugang des Georgenkirchplatzes, wo im Regen frierende Dirnen um die Ecke schleichen und starr stehen, sah ich aus der Zaunlücke des Abbruchs eine graue Alte den armen Geschöpfen weißleinene feste Unterbeinkleider hinhalten. Das sollten sie gegen die Kälte über die durchbrochene ‚Reizwäsche‘ ziehen.

An Ruinen entlang, die an die Trümmer zerschossener Städte erinnern, kommen wir in die Münzstraße und in dichtes Gedränge. Vor dem Ausschank liegt ein Weib auf dem Boden, über ihr, noch in Boxerstellung, einer der Gesellen in Mütze und Sweater, die hier vorherrschen. Interessiert sehen die Umstehenden zu. Einzugreifen wagt keiner. Es zeigt sich auch kein ‚Grüner‘. Die Justiz, die hier vollzogen wird, erfreut sich allgemeiner Anerkennung. Wir werden weitergedrängt. ‚Ihr seid wohl übrig jeblieben von jestern‘, ruft einer unsrer kleinen Gruppe nach. In der nächsten Straße, ich weiß nicht, ob wir näher oder weiter vom Platz sind, drängen sich die Leute um einige Straßenhändler. Da ist der mit den Krawatten überm Arm: ‚Alles für eine Mark. Die janze Filmwelt trägt meine Binder.‘ Der drüben mit den Schnürsenkeln scheint große Beredsamkeit zu entwickeln, aber durch seine zahlreiche Zuhörerschaft können wir nicht hindurch. ‚Zauberhölzchen', schreit's von rechts her neben dem Stand mit den Visitenkarten, die gleich mitzunehmen sind, frisch von der Prägemaschine. Dampf steigt warm auf um das Schild ,Bouletten von Roßfleisch, Stück 5 ch.' Jetzt sind wir, glaube ich, in der neuen Königstraße. Hier interessieren mich am meisten die Anschläge und Aufschriften über und an den Läden: ,Hundeklinik und -bad, Hunde- und Pferdescheranstalt', und kleiner darunter: ,Kupieren, kastrieren, schmerzl. Töten'. ,Der neue Hut, aber ein Cityhut muß es sein', ,Künstlergardinen' (was für Vorhänge mögen das sein?). Und vor einer tiefen Tür: ,Achtung! Hier im Keller ist Rattengift gelegt.' Ein Laden umfaßt zweierlei Gewerbe: Übersetzungsbüro und Kunststopferei.

Zurück in die Gegend des Platzes und nach Osten. War hier die Ecke oder auf einer andern Wanderschaft oder – nur geträumt, wo ich oben am Erkerfenster die Inschrift Hotel verkehrt, auf den Kopf gestellt, bemerkte? Ein seltsam grausiger Anblick, der das ganze Haus gespenstisch machte, dies ꓶƎꓕOH !

Noch eine ganze Strecke weiter kann ich nicht auf die Straße und die Menschen sehen, sondern bleibe mit den Augen an der Riesenliteratur anpreisender Worte auf Bretterzäunen und Schaufenstern der kleinen Läden und großen Ausverkäufe haften. In der Auslage des Tabaksladens kniet eine Nymphe im Lendenschurz unter einem Baum mit stilisierten Blättern, neben ihr wartet, wie sonst ein Krug, ein Aschbecher mit einer Steingutzigarette. Das ist ,Flora Privat, leicht, süß, duftig, die Siegerin der 2 Pfennig-Zigaretten'. Im Papier- und Galanteriewarengeschäft finden sich zwischen Rhein- und Weinliedern und der kuriosen Witzkiste die ,neuen Tanzschellenbänder, eine reizende Spende'. Überraschend sind manche Wortbildungen. Die ,Naturange' erschreckt ja auch in andern Stadtteilen, aber ,Stilla Sana', den stärkenden Wermutwein, habe ich nur hier bemerkt. Er stand neben anerkannt vorzüglichen und preiswerten Fruchtweinen ,zur Einsegnung und Jugendweihe mit 5% Rabatt'. Erstaunlich ist auch das ,Darmgleitmittel Rodolax'. Leibharnische finden in dieser Gegend die umfangreichsten Damen, Passendes für die stärksten Figuren, zum Beispiel den neuen Hüftformer mit Magenbinde. Der ,Kavalier' kann den eleganten Tanzschuh kaufen, der vorn recht spitz ist. Über die käferbraune Mitte des Promenadenschuhs schließt sich die schwarze Kappe wie mit einem Bändchen. Es gibt auch treuherzig Kleinbürgerliches: ,Borgen Pech / Ware los / Gäste weg', schreibt ein Wirt an seine Destillentür, und in der ‚Grünen Quelle' hängt überm elektrischen Piano das Bild eines Löwen und darunter steht geschrieben: ‚Brülle, wie ein Löwe brüllt, wenn das Glas nicht vollgefüllt.' Neben greller Werbewoche im ‚Küchenhimmel' und ‚Möbelcohn' wirkt rührend volksliedhaft die etwas blasse Inschrift an einer Handelsgärtnerei ‚Blumen für Freud und Leid'.

Bei solcher Lektüre sind wir in die Große Frankfurterstraße geraten. Betäubendes Sägen und Rasseln dringt über den Bretterzaun, der die Mitte des Dammes absperrt. Auf die Männer, die den Hammer niederprasseln lassen und Stricke ziehen, welche über Winden laufen, lächelt aus der Maskengarderobe für Ernte- und Kinderfeste, Volks- und Ländertrachten ein Wachsmädchen in Brünnemieder und weißer Haube herab. Das Eisengerüst der Dampframme ragt vier Stockwerk hoch. Und dort, wo das Pflaster aufgerissen ist, schimmern frühlingsgrün in der herbstlichen Straße Zementsäcke, die übereinandergeschichtet liegen. Einer der Arbeiter, die sie einen nach dem andern leeren, trägt eine ebenso grüne Joppe, die angeleuchtet wird von der Gasflamme neben der Maschine wie Parklaub von den Kandelabern vornehmer Avenuen. Er schüttet den Zement auf eine Stelle, auf die von andern eine braune Masse geschippt wird. Und die Mischung dringt in den Behälter, der sich wie eine Baggermaschine im Kreise bewegt und seinen Inhalt in einen Schlund gießt, aus dem die Masse feucht in die wartende Lore fällt. Die karrt die Beute fort bis dahin, wo die vorangewanderte Schicht austrocknet, und das Feuchte wird an das Trocknende gepappt. Kleine Jungen bestaunen mauloffen das Schauspiel der Arbeit. Und auch die Großen bleiben stehn. Zuschauen können die Berliner noch immer wie in alter Zeit, als sie es noch nicht so eilig hatten wie heute. Nur scheinen inzwischen ihre Sachkenntnisse gewachsen zu sein. Es sind nicht mehr die Naiven, die Hosemann gezeichnet hat, wie sie auf die großen Röhren der englischen Gasgesellschaft starren und sagen: ‚Wenn ick nur wüßte, wie sie das Öl durch die Kanone da ruff kriegen.'

Am Straßenrande erwarten uns neue Versprechungen. Der Hackebär hat eigne Wurstfabrik. Seine neue Bauernkapelle ist da. Es wird wieder den alten Betrieb geben, Stimmung, Humor. Viel Volk wartet schon unter wehenden Wimpeln. In einen Salon im Hinterhaus locken von der Wand des Durchgangs Friseur und Friseuse aus weißer Pappe. Gewaltige Filmreklame verkündet Amerikas berühmtesten Cowboy und den Grafen von Cagliostro. Der hohnlächelt über ihren Fächer weg auf eine schmerzlich stirnrunzelnde Brünette. Dunkle Nebenstraßen mit altertümlich sanften Namen unterbrechen unsern grellen Pfad. Ach, der alte Weinkeller mit den einladenden Strophen an schräger Wand über den tiefen Stufen!

Und jetzt stehn wir am Torweg zum Rosetheater. Gegeben wird ,Der Verschwender, Romantisches Volksstück von Ferdinand Raimund'. Es fängt erst in zehn Minuten an. Wir können noch den Durchgang zu Ende gehn bis zu den herbstlichen Skeletten der Laubengänge, die hier ein Sommerzelt bilden. Da steht gegen himmelhohe Brandmauer – wie eine Kulisse vor Theaternacht – mit grünen Pilastern und Fensterrahmen licht ein altertümliches Häuschen. Hier wohnten vielleicht früher die, denen das Theater gehörte, und damals war gewiß der Eingang von der Gartenseite; denn hier führen breite Stufen einer alten Terrasse in das Schauspielhaus.

Wir haben unsre Plätze im Saal eingenommen und schauen ein wenig umher. Die vielen Mädchen in rosa und hellblauen Blusen! Mit nackten Armen, aber nicht ganz nackten, wie sie unsere ausgeschnittnen westlichen Damen haben, sondern mit breiter Atlaspasse über der Schulter. Seht dort im Proszenium die Reihe Gesichter, die noch ihres Berliner Daumier harren, den alten Angestellten, der über dieser selben Krawatte und dem hohen Kragen um 1900 einen Verdruß gehabt hat, wovon noch ein Schreck in seinen Gesichtsfalten geblieben ist, und neben ihm eine der gestrengen Gattinnen, deren energische Züge an ihren weiland Landesherrn, den Großen Kurfürsten Friedrich Wilhelm, erinnern. Und der dicke Hauseigentümer. Und der magere lockige Friseur. Schaut hinunter ins Orchester, wie tief es wohnt in einem Kasten rot wie Ochsenblut. Schaut hinauf zu den silbrigen Schwänen, die ihre Hälse unter die Brüstung des Ranges schmiegen.

Der Vorhang geht auf vor dem prächtigen Saal des Verschwenders, der soviel Freunde und Lakaien hat. Wand und Gewänder sind koloriert wie in unsern liebsten Kinderbüchern, und zwischen den vornehm Bewegten und Redenden stehn kleine Sofas wie in den Puppensalons unserer Schwestern. Ganz Märchenwelt ist Fels und Himmel hinter der Fee Genistane, die starr und hold steht wie aus Zuckerkand. Wie auf unsern Glückwunschkarten damals die dickere Blume sich öffnete über der zarteren, so gehn große Pappblumen auf vor ihrem dienstbaren

Geist Azur. Nah ihren betenden Händen ist ein kleiner Steinaltar, streng klassizistisch und makellos wie ein Altberliner Grabmonument. Eine Kinderstimme hat diese Fee, die Stimme eines eifrigen Kindes, das aufsagt. Aufsagend steht sie zum Publikum, nicht zu dem geliebten Schützling gewandt, als sie von ihm Abschied nimmt. Und sowohl seine trauernden Gebärden als ihre Verse kommen jedes für sich zu uns. Das ist ergreifender als manches berühmte Zusammenspiel. Gestalten, von denen sie sagt, daß sie ihr erscheinen, streifen hinten über die Himmelswand. Und nun sinkt sie in den Spalt, wo es vielleicht noch tiefer hinuntergeht, als hier vor uns in das Orchester. Als sie verschwunden ist, nahen dem Verlassenen tröstliche Schleierbreiterinnen. Es sind dieselben Mädchen, die im Schloß vor den lächelnden Gästen Ballett tanzen. Langsames Ballett mit deutlichen Pausen zwischen den einzelnen Figuren. Die Tänzerinnen nicken zu den Zäsuren der Musik. Mit Würde tragen sie ihre weißen Gewänder. Und auch im andern bunteren Kostüm, einer Art spanischer Dirndltracht, bleiben sie unter dem rasselnden Jubel ihrer Tamburine feiertäglich. Im Schlosse des reichen Julius von Flottwell (muß man mit solchem Namen nicht verschwenderisch leben?) könnt ihr noch lernen, was Reverenzen waren, wenn Julius den Präsidenten, der ihm nicht wohl will, Amalie, die Geliebte, und seinen Nebenbuhler, den Baron Flitterstein, begrüßt. Mißtrauen, Leidenschaft und Haß muß er zurückhalten hinter der weltmännischen Verbeugung und uns doch sehen lassen.

Schönes altes Theater, wo die Bettler wunderbare Mönchskutten haben und wankende Stäbe. Wo überm schwankenden Schiff Blitze durch den Seesturm zucken und die jagenden Wolken anstrahlen, viel zauberischer als die Berliner Lichtwoche ihre Monumente. So verlockend ist keins eurer Schaufenster beleuchtet wie in der kleinen Felsschlucht der Schatz, den Genistanes Bote zuletzt, zu guter Letzt ihrem verarmten Julius schenkt.

Geht schnell gen Osten, solang es noch hinter den Kinos und Varietés solch altes rotgoldnes Theater gibt!

Darüber haben wir nun aber die vielen Kinos und Varietés der Gegend versäumt. Man könnte noch in den Tanzpalast zur Möwe eintreten, wo altdeutscher Ball für die ältere Jugend stattfindet. Aber der Schub der heimkehrenden Sonnabendtheatergäste drängt uns in entgegengesetzter Richtung ein Stück in die Frankfurter Allee hinein. Eine

Erinnerung taucht auf. Die Januartage 1919: da flogen hier Granaten entlang. Der Kampf um Lichtenberg! Und wenn man zurückgedrängt wurde, in engen Gassen die Schleichhändler mit Brillanten, Seife und englischem Tabak, Feldgraue mit Rauchwaren und mit Schokolade aus dem besetzten Gebiet, Leierkasten mit der Marseillaise, Gitarrengezupf …

Eine Wackeldroschke poltert uns zurück zum Alexanderplatz und ein paar Straßen nach Norden und hält vor einem lärmend vollen Lokal. Über Bechern und Mollen, wendischen Backenknochen der Mädchen und zartfrechen Knabengesichtern ragt die Trompete des backenaufblasenden Krauskopfs, den eine Dame mit Broderien am Kragen auf dem Klavier begleitet. Der fettnackige Wirt erzwingt uns unter seinen alltäglichen Gästen etwas schonungslos Platz. ‚Ich küsse Ihre Hand, Madame', das wird hier ebenso gern gehört wie im schicksten Westen, aber dann abgelöst von einer Art Militärmarsch, den alles Volk mit preußischem Eifer mitsingt. Wir brauchen aber nicht zu glauben, etwa in ein nationalistisches Lokal geraten zu sein. Gerade kommt ein Bursche an unsern Tisch, der eine Unterstützungskollekte für die Streikenden im Westen zum Unterschreiben vorlegt. Ein sentimentales Rheinlied steigt hinauf zu dem Transparent ‚Riesendampfwurst 50 ch'. Ein paar Jungen setzen sich an eine Seite unseres Tisches und rücken langsam, noch mißtrauisch und schon zutulich, näher. Aus dem, was sie übertreibend und abschwächend vorbringen, ist zu entnehmen, daß sie keine ‚Bleibe' haben. Mit den Zufallskameraden von gestern wollen sie nicht übernachten. Sie werden vielleicht auf ‚Bodenfahrt' gehn, wenn nichts andres sich bietet. In manchen Häusern findet sich ein gutmütiger Bewohner, der denen, die auf dem Boden kampieren, morgens warmen Kaffee bringt, er hat vielleicht selbst in seiner Jugend unterm Stadtbahnbogen geschlafen. Er weiß, wie's tut, kein Quartier zu haben. Einer von den Jungen führt uns weiter durch ein Gewirr von grellen und düstern Ecken. Er weiß hier ein ‚schnaftes' Tanzlokal. ‚Polarstern' heißt es oder so ähnlich. Ein tiefes Berliner Zimmer. Über dem Zugang zum Nebenraum ein Lambrequin, starr und staubig. Aus dem Hintergrund kommen Mädchen- und Jungenpaare zum Tanz, zu dem zwei zusammengeschrumpfte Musiker Klavier und Geige spielen. Es wird hingebungsvoll getanzt, wie wir das aus ähnlichen Stuben und

‚Dielen' kennen, nur verzweifelter, so scheint es uns wenigstens, und noch genußsüchtiger – als lauere Elend oder Gefahr. Es ist nach ein Uhr. Unser Führer (darin sind die eleganten und die kragenlosen Bummler von Berlin einander ähnlich) muß noch weiter, in die Gegend der Kommandantenstraße und hinter das Hallesche Tor. Unterwegs will er uns nahe bei der Markthalle etwas zeigen. Wir stehn wieder dem Polizeipräsidium gegenüber. Er schiebt uns durch ein niedriges Tor in die Wärmehalle. Er belehrt uns über die geduckten und aufrechten Gestalten. Er unterscheidet Einheimische und solche, die ‚auf der Walz' sind. Hier darf nicht geraucht, gesungen, Karten gespielt oder gehandelt werden. Aber ein bißchen gehandelt wird doch, meist eine Art Tauschhandel, wie es scheint. Geschenkte oder ‚gefundene' Kleidungsstücke, die einem andern besser passen. Einer nah am Ofen tauscht Schmöker gegen Brot ein. Sind es Fußlappen oder Zeitungen, was der da auf der Holzbank aus dem abgezogenen Stiefel holt? Beim Hinausgehn seh ich, daß wir unterm Stadtbahnbogen sind. Wir kommen in eine Straße, wo es nach Obst riecht, aber die Speicher der Früchte sehen aus wie Kontore. Hier wird auch am Tage nicht an den einzelnen verkauft. Der Markt von Berlin breitet sich nicht auf die Straße aus wie der an den Hallen in Paris. Wunderliche Auslagen in den nächsten Fenstern, in einem lauter Pappe und Einschlagepapier, ‚Schlächter- und Butterbrotpapiere', ‚Würstchenteller in allen Größen und Preislagen', Wiegeschalen, Kisten und Einsätze, eine ganze Negerhütte aus Bast, von einer nächtlichen Katze bewacht. Um die Ecke: ein koscheres Restaurant und ein Hotel mit geheimnisvollen Gardinen. An einer fensterlosen Mauer ein Zettel wie ein Wahlanschlag: ‚Deutsche Frühkarpfen für die Herbstsaison'. Wir kommen unter die Eisensäulen des Viadukts. Diese Stadtbahnarchitektur sieht heute so altertümlich aus. Nur ein Blick in den Wartesaal. Bündel und Säcke als Kopfkissen der sitzend Schlafenden. Leeres Glas und mattes Blech des verlassenen Büfetts. Draußen vor wartenden Wagen halbschlafende Pferde spreizbeinig starr. Eine Kneipe, wo Markthelfer auf ihre Arbeit und Arbeitslose auf eine Gelegenheit warten. Ein paar Chauffeure rühren in der Löffelbrühe. Marktfahrer zeigen einander Stücke aus ihren Körben und besprechen kaufmännisch die ‚Lage'. Der in Hemdsärmeln, der zwischen den Tischen entlang geht und Bekannte und Unbekannte beobachtet, ist nach der Meinung unseres Führers der ‚Rausschmeißer'. Heute bekommt er nichts zu tun. Zwischen dem Alten, der in seinen Bart brabbelt, und der dicken Marktfrau, die über ihrem Korb eingenickt ist, erscheint an der Banklehne ein wunderbar gemeißelter Jünglingskopf in offnem Hemd. Er schläft tief und selig auf dem harten Holz wie in paradiesischen Gefilden. Über ihm ein handgeschriebener Anschlag: ‚Laden für Gänseausnehmen zur Saison abzugeben (Laufgegend)'. In eine gegenüberliegende auch schon oder noch offne Bierstube werden wir nicht eingelassen. Die soll nur für reisende Händler sein. Das sind die Makler zwischen den Kleinbauern und den Berliner Gemüsehandlungen.

Nun wird es Zeit, die Halle selbst zu betreten. Dort werden wir als Müßiggänger geduldet, aber nicht so wohlwollend ironisch empfangen wie der Noceur von Paris in den Ständen vor und in den Hallen. Kartoffelschälerinnen schauen etwas verdrossen zu unserer Gruppe auf. Neben seinem Wagen der Bursche in samtener Mütze und mit schönen Stulpstiefeln und auf dem andern Wagen der in leuchtend grüner Jacke, die durch grauen Dämmer strahlt, drehen finster die Köpfe nach uns. Nur der kleine Graukopf, der, aus dunklem Seitengang kommend, uns unter ‚Resi noch besser als Rahma' begegnet, nickt freundlich und flüstert uns auf sächsisch unflätig anspielende Verse auf die verschiedenen Margarinesorten zu. Wir stolpern hinaus zwischen Porree, Lauch und Rübe.

*

Heim. Ein paar Stunden Schlaf. Um sechs habe ich Rendezvous zum Besuch der andern Zentralhalle, der des Blumenmarktes.

Frühmond über blau-leerem Asphalt. Wechsellichter von Tag und Nacht auf den Panzern des Hochbahnhofs. Nachtglanz in der Station. Ich nehme Platz zwischen Barhäuptigen und Mützen, Schürzen und Kitteln, Kiepen und Körben. Über die Eisennetze des Gleisdreiecks und den Kanalabgrund unter der Möckernbrücke zum Halleschen Tor.

Eine Zeitlang steh ich bei den frierenden Statuen der Brücke, die einen Gewerbe- oder Ackerbauzweig zu allegorisieren versuchen. Aus Gelesenem und alten Stichen taucht das Bild des wirklichen Halleschen Tores auf, die niedrige Stadtmauer, mehr Gartenmauer als Wehr (sie sollte wohl auch weniger verteidigen als Fremden- und Steuerkontrolle ermöglichen und die Desertion erschweren), die beiden Mauerpfeiler

des Tores, oben durch eine Eisenstange verbunden. Steinerne Schmuck-
vasen. Solang es hell ist, stehen die Torflügel offen. Die Zolleinnehmer
und die Dragoner der Torwache sitzen beim Kartenspiel, bis wieder
eine Hammelherde kommt. Dann hat der Einnehmer der Schlachtsteuer
Arbeit. Jede Herde, die in die Stadt soll, muß gezählt werden. Die Torflügel werden beide geschlossen, es bleibt nur eine Klappe offen. Und
während sich draußen Volk und Vieh staut, wird zunächst der Leit-
hammel hereingelassen. Nach ihm die andern, Stück für Stück, am
vorgehaltenen Fuß des zählenden Zöllners vorbei. Ich sehe, wie sie sich
klemmen und drängen, während ich in die Leere von Brücke und Platz
starre. Da aber kommt vom Hochbahnbogen her mit einem Schub Um-
schlagetücher und Mützen, Bastkörbe und Rucksäcke mein Bekannter,
der junge Blumenhändler, der mich mitnehmen will.

Wir gehn über das Rondell des Bellealliance-Platzes und die Friedrichstraße hinauf bis an den Eingang zu dem bahnhofbraunen Gehöft,
über dessen Torstein ein städtisches Bärenwappen prangt. Im Hofgang
werden hinter verblichenen Schaufenstern einige Arrangements künstlicher Blumen sichtbar, wie man sie von französischen Friedhöfen
kennt. In der Halle wird mein Führer von aller Welt gegrüßt. Die gute
Frau aus Zossen, die hinter ihrem Grünzeug hockt, nimmt ihm seinen
Korb zum Aufheben ab. Ihre Nachbarin erzählt: ,Bei uns sind heut
nacht zwei Mädchen angekommen.' ,Fruchtbare Gegend Mariendorf',
sagt mein Begleiter. ,Na, nu mußt du dich auch ranhalten, Karle', meint
die Zossnerin. Ein vorüberstreifender Kollege macht eine Art Termin-
handel mit Karl und fragt ihn dann: ,Hast du Affenflöten?' Karl gibt
ihm eine Zigarette. Das da, zeigt er mir, sind reiche Leute, denen gehört
ganz Werder und denen daneben halb Teltow. Er geht eilig von Stand
zu Stand, wählt, handelt, bestellt und nimmt Bestellungen mit. Zwischen den blaßbunten Haufen heimischer Herbstblumen lagern engge-
bunden Rosen, die mit Flugpost aus Holland gekommen sind. Es wird
flink gehandelt, und dabei fliegen Witzworte hin und her zwischen
dem jungen Mannsvolk und den alten Weibern. Auch untereinander
necken sich die Männer. Mit den jungen Frauen sind sie leiser und
vorsichtiger. Aber alle hier sind morgendlich munter. Man ist gut auf-
gelegt trotz häufiger Wechselfälle. Es war doch schon Frost heut nacht.
In Britz sind alle Dahlien erfroren, erzählt die Frau, die mit dem Kaffee-
topf und den Pflaumenkuchen kommt und bei der im Stehen gefrüh-

stückt wird. Das hört man sich mit einer Art ländlichem Fatalismus an. Mit einmal komme ich mir vor wie unter Stadtbauern alter Zeiten, als noch innerhalb der Tore viel Gemüsegarten und Acker war. Wir machen noch ein paar Schritte in die Topfhalle zu den Chrysanthemen. Die Topfhalle ist angebaut worden, weil es in der großen schon zu voll war. Aber bald wird das ganze Gehöft nicht mehr ausreichen. Die Halle wird in die Vorstadt verlegt werden. Der alte Kirchhofsgärtner aus Westend begrüßt meinen Begleiter, er sieht etwas verächtlich auf die Straßenhändler, die bei der Frau in der Türecke ‚Mist‘, das ist Ausschuß, kaufen. Er ist alteingesessen. Schon seinem Vater hat die Gärtnerei der Besitzer einer Tiergartenvilla geschenkt, bei dem er vor sechzig Jahren Gärtner war. An Armen voll papierumwickelter Veilchentöpfe und lose gebundener Chrysanthemen schieben wir uns vorbei. Der brave Kumpan, der meines Begleiters Einkäufe in seinem Lastauto mitnehmen will, geht mit uns über die Straße in eine Destille, wo eine Molle ‚gehoben‘ wird. Draußen sind zwischen Karren, Wagen und dicken Gäulen schon die Straßenreiniger an der Arbeit. Noch einmal zum Abholen in die Halle. Da wird auch schon aufgeräumt, während noch ein paar Alte aus schrumpflichen Portemonnaies und Junge aus Westen- und Hosentasche zahlen. Schmutz und Rest bleibt in Berlin nirgends lange liegen. Diese Stadt räumt gern auf.

*

Gemüse und Blumen sind nun ‚erledigt‘. Bleibt das Fleisch. Also auf zum Zentral-Vieh- und -Schlachthof im Osten. Schon der alte Viehmarkt, der bis 1871 bestanden hat, war am Landsberger Tor. Ein Stück weiter östlich erstreckt sich jetzt über ein Gebiet von fast 190 Morgen der Riesenkomplex mit Ställen, Verkaufshallen, Schlachthäusern, Verwaltungsgebäuden, zweigeteilt von der Thaerstraße, durchzogen von Triebstraßen, begrenzt von den langen Rampen an der Ringbahn, deren Viehbahnhof 15 Kilometer Gleis und eine große Anzahl von Ausladebuchten umfaßt. Erst bekomm ich die Menschen zu sehn, Beamte, Tierärzte und im Börsengebäude Viehhändler in langen Mänteln, Agenten, Großschlächtermeister. Mein Führer erzählt mir die Arbeit der Kommission, welche die Preise bestimmt, Auftrieb, Untersuchung und Unterbringung der Tiere, den Handel durch Handschlag. Er zeigt mir die hintereinanderlagernden Hallen, die der Rinder, die der Hämmel und die riesenhafte Schweinehalle, die in ihren Buchten ungefähr 15.000 Tiere faßt. Sie reicht im Norden bis an die Rampen der Geleise, auf denen das Vieh aus den Provinzen angerollt wird. Und längs der Rampen erstreckt sich die lange schmale Kälberhalle. Da nach Osten, das sind die Stallungen, die Dungverladung, der Seuchenhof, die Häutesalzerei usw. An den Markttagen öffnen sich die Hallen, und durch drei Tore werden Rinder, Kälber und Schafe hinübergetrieben zum Schlachthof. Die Schweine wandern ihren besonderen Weg längs der Schienenstränge. Wir gehn in den Schlachthof hinüber und dort einer Schweineherde nach, die zum neuen Schlachthaus, einem mächtigen roten Gebäude, trottet. Wir sehen, wie unterm Stock des Treibers die bunt gezeichneten rosagrauen Rücken und die Ringelschwänzchen in der Luke verschwinden. Nun stehn wir drinnen in der weiten Halle. Weißer Dampf steigt auf von den Brühkesseln. Da aus dem kleinen Holzverschlag kommt das erste Schweinchen herausgeschlüpft, lautlos und vertrauensvoll seinem Mörder entgegen. Das ist ein hübscher junger Bursche in Hemdsärmeln. Er holt gelassen aus mit dem Beil und schlägt dem Tier vor den Kopf. Es legt sich sanft auf die Seite. Und während ein andrer auch sehr sympathisch aussehender junger Mann ihm den Halsstich versetzt, zucken nur noch die Beinchen. Da wartet ja schon das nächste und ein drittes drängt sich hinterdrein. Ich wundre mich, daß sie gar nicht quieken, weder hinter dem Verschlag noch hier unterm Beil. Ich muß immer wieder das Gesicht dessen ansehn, der den Schlag tut. Merkwürdig: die Viehhändler vorhin, die Agenten und Schlächtermeister sahen eigentlich viel blutrünstiger drein als dieser Jüngling mit der zarten Gesichtsfarbe, der die Mordtat vollzieht ... Wir kommen ins Rinderschlachthaus. Da gibt es eine rituelle Ecke. In der steht vor dem kopfunten hangenden Rind der Schächter, der ihm den Halsschnitt gemacht hat. Er hat einen schwarzgrau und scharf vorstehenden spitzen Bart. Auf welchem alten Bild hab ich solch einen Bart gesehen? Die Hämmel muß man besuchen, wenn sie abgezogen werden. Es ist erstaunlich, wie säuberlich und glatt das zugeht. Sind sie an einer Stelle aufgeschnitten, so greift ihnen einer, der es versteht, ganz sanft unter den Pelz, das Fell gleitet weich und spurlos ab, und darunter erscheint ein Wesen aus hellem Elfenbein. Es geht überhaupt sehr säuberlich zu auf diesem Massenmordhof. Blut und Entsetzen wird rasch fortgewaschen, Geschlinge, Kuttel und ‚Kram' werden beiseitegeschafft. Bald ist der Boden wieder blank wie spiegelndes Parkett.

Von Halle zu Halle wandern wir bis zum Ausgang. Die Eisenstäbe, die dort wandentlang ziehen, das sind die Laufkatzen, daran die an Haken aufgehangenen Tiere transportiert werden. Noch ein Blick in das große Gehöft des Fleischmarktes. Den hätte man eigentlich zu früherer Morgenstunde besuchen müssen, wenn er von Wagen und Menschen wimmelt. Die Gebäude dieser Sonderstadt sind neueren Datums und imposante Schöpfungen. Im Kühl- und Gefrierhaus kann man die weiten Räume mit den tausend verzinkten Eisenblechkäfigen des Konservenfleisches besuchen.

Soll ich heute noch weiter nach Nordosten vordringen? Heut ist in Weißensee Pferdemarkt. Da werden sowohl Reitpferde als auch alte Klepper verkauft. Auch dort wird der Handel durch Handschlag abgeschlossen. Ein andermal.

Norden

So sehr ich unsere Schaufenster im Westen liebe mit ihren immer neuen Gruppierungen, Beleuchtungen, Überraschungen – in der Woche vor Weihnachten wird's mir zu üppig hinterm Glase. Immer wieder diese Lebensmittelmassen (Mittel, die kein Zweck zu heiligen imstande ist. Eher schänden sie ihn), diese riesigen ‚Freßkörbe', in denen Schnapsflaschen, Würste, Ananas und Trauben mit schimmernden Schleifen gebunden und auf Tannenstreu gebettet überquellen! In allen Preislagen wird mit der Ware zugleich seelenvolle Aufmachung feilgeboten, um den Berlinern, die ‚zu nichts kommen', das reizende Selber-Basteln, -Betten und -Binden zu ersparen. Immer wieder die Buchläden mit dem kolorierten Märchenaufguß für die lieben Kleinen. Und die Wälder von versilberten Tannenzapfen zwischen Nickel- und Eisenwaren, Fichtennadeln, die aus Schuhen kriechen, Lametta, das auf Schlupfer schneit. Jahrmarkt-ähnlicher wird es, wo richtige Buden stehn. Neben Christbaumschmuck aufblasbare Gummiwesen zum Quieken, rote und grüne

Quetsch-Affen. Eine Frau läßt vor ihrem Verschlag einen künstlichen Piepmatz auf dem Trottoir die Bewegung des Pickens machen und sagt dazu: ‚Das neueste von der Leipziger Messe.' Und als ich vor diesem Phänomen eine Weile stehn blieb, wandte sich der Mitverkäufer persönlich an mich: ‚Noch so einen einpacken, Herr Chef?' Merkwürdige neuzeitliche Nuance der ehrerbietigen Anrede. Früher hätte er ‚Herr Doktor' gesagt. In München schlechthin ‚Herr Nachbar'.

Das war, glaub ich, am Leipziger Platz. Je tiefer ich in die Stadt und nach Norden kam, um so kleinstädtischer und echter wurde der Weihnachtsmarkt. Und das Angebot in den Auslagen der Geschäfte war nicht mehr so schrecklich distinguiert. Da stand dick (es war die Gegend des Rosenthaler Tors) ‚Was wir bieten' und ‚Dreipreis 25, 50 und 95 ch.' Und ‚Gänsebrust das beste Festgeschenk'. Und die kleinen Gänsebrüste hingen ohne weitere Tannenzutat wartend aufgereiht. Die Wagen am Straßenrand waren voll billiger derber Pfefferkuchen. Wurstbuden unterbrachen den bunten Kram mit warm wehendem Dampf. Immerhin vermißte ich manches von der rührenden Kleinwelt des alten Berliner Weihnachtsmarktes. Nirgends hörte ich das frühere ‚Zehn Pfennig der Taschenkalender' von Kinderstimmen. Zur Zeit, als wir das hörten, erinnerten sich unsere Eltern an das ‚Einen Dreier das Schäfchen' noch früherer Zeiten. Und wo sind die Knarren und Waldteufel hin? Aber keine Neuzeit vertreibt die Tannenbäume. Wo immer das Trottoir sich platzartig erweitert, stehen sie zum Verkauf, stattliche und rührend dürftige. Auch ganz winzige mit drei bunten Kerzen. Man erzählt, gestern soll hier in der Nähe ein Lager mit ein paar hundert Bäumen ausgeplündert worden sein. Gefühlvolle Räuber! Wie behandelt die Rechtsgelahrtheit diese Art Diebstahl? Dies Brennholz mit Imponderabilien? Dies nicht lebensnotwendige Bedürfnis. Auch in den übelsten Schenken bei bösen pflaumenaugigen Hexen steht ein Bäumchen auf schmierigem Tischtuch. Das Christkind kann's immer noch mit dem Radio aufnehmen.

Durch die Ackerstraße nach dem Wedding zu. Selbst diese traurige Gegend bekommt etwas vom Weihnachtswald und bunten Markt ab. Aus dem Hof der riesigen Mietskaserne, dem ersten Hof – sie hat wohl fünf oder sechs, eine ganze Stadt von Menschen wohnt darin. Alle Arten Berufe lassen sich erraten aus den Anschlägen: Apostelamt, Pumpernickelfabrik, Damen- und Burschenkonfektion, Schlosserei, Lederstanzerei, Badeanstalt, Drehrolle, Fleischerei ... Und noch soundso viel Schneiderinnen, Nähterinnen, Kohlenmänner, die in den endlosen, grau-rissigen Quer- und Seitengebäuden hausen – aus dem ersten Hof dieses Musterbeispiels der Wohnverliese von gestern kommen durch den runden Torweg drei Burschen, einer mit der Gitarre, die beiden andern mit Kerzen, die sie im Gang auspusten. Die spielen und singen hier von Hof zu Hof Weihnachtslieder und halten dabei ihre brennenden Kerzen in den Händen.

Die Wölbungen dieser Torgänge geben dem Großstadtelend wenigstens noch ein Gesicht. Sonst ist hier im Norden wie auch in den proletarischen Teilen von Schöneberg oder Neukölln den Häusern von außen meist nicht anzusehen, wieviel Armut sie bergen. Wie die Menschen keine bunten Lumpen tragen – leiser Trost des Bettlers in Mittelmeerländern, daß sein Elend ein Gewand hat –, sondern abgeschabtes Bürgerkleid und verwetzten Soldatenrock aus dem unerschöpflichen Tuch des Krieges, so haben auch die Gebäude eine heruntergekommene Bürgerlichkeit. Sie stehn in endloser Reihe, Fenster an Fenster, kleine Balkone sind vorgeklebt, auf welchen Topfblumen ein kümmerliches Dasein fristen. Um eine Vorstellung vom Leben der Bewohner zu bekommen, muß man in die Höfe vordringen, den traurigen ersten und den traurigeren zweiten, man muß die blassen Kinder beobachten, die da herumlungern und auf den Stufen zu den drei, vier und mehr Eingängen der lichtlosen Quergebäude hocken, rührende und groteske Geschöpfe, wie Zille sie gemalt und gezeichnet hat. Manchmal scharen sie sich um einen Leiermann, der hier noch eher auf Almosen hofft als in bürgerlichen Quartieren, oder um die Sängerinnen der Heilsarmee mit ihren rotbebänderten Hüten und militärischen Mänteln, die den Armen dieser Welt die Reichtümer des Jenseits versprechen. Wer Gelegenheit hat, die dumpfen Stiegen hinaufzutasten bis zu den armseligen Wohnküchen mit ihrem Kohldunst und den Schlafkammern mit dem säuerlichen Säuglingsgeruch, kann ‚lernen‘.

Auch in den Gesichtern derer, die gegen Abend aus den Hallen der Ringbahnhöfe Wedding und Gesundbrunnen kommen und durch die Straßen oder an Zäunen und Baustellen entlang ins Trostlose heimtrotten, steht allerlei geschrieben. Man muß aber länger hineinsehn, auf den ersten Blick lassen sich diese Menschen nicht soviel anmerken wie andre Völker, die einen leichteren, unmittelbareren Weg vom Gefühl zur

Geste, zum Ausdruck haben. Um so mehr Kräfte sammeln vielleicht diese Zurückhaltenden und Gefaßten für ihren Kampf gegen den größten Feind der Menschheit von heute.

Humboldthain: nur ein paar größere Buben jagen um den Spielplatz. Für die kleinen, die man hier im Sommer auf den Sandhaufen sah, ist es schon zu kalt. Auch von der berühmten Spielbank der Arbeitslosen ist heute nichts zu sehn, die im Herbst hier im Grünen auf den Bänken Karten auf rote und bunte Taschentücher als Spielteppich warf, Zahlen erschallen ließ und mit kleinen Münzen klapperte. Da gab es Spielergesichter über kragenlosen Hälsen so ernst und versunken wie die über den Frackhemden von Monte Carlo.

Soll ich die Ringbahn nehmen, zur Landsberger Allee fahren und in den Friedrichshain gehn, um spielende Kinder zu sehn? Dort findet nämlich richtiger Wintersport statt in diesen Tagen. Dort wird den ‚Kanonenberg' hinuntergerodelt, immer zwei und drei auf einem Handschlitten –

Nein, heut will ich lieber weiter nach Norden ins Freie. In der Badstraße seh ich zwischen den Häusern einen dünnen Bach fließen. Das ist die gute Panke. Ich muß an die Stelle in der Karlstraße denken, wo sie noch heimlicher fließt mitten zwischen hohen Hinterhausmauern, sie, die einstmals nah ihrer Mündung in die Spree ein hübsch eingerichtetes Badehaus gehabt haben soll und jetzt ein recht trübseliges Wässerchen geworden ist.

Auf einer Trambahn lese ich: Pankow, Niederschönhausen. Ich springe auf. Und nun fahr ich durch dies seltsame Gemisch von Großstadt und Gartenstadt, wo es Musterbeispiele von allem gibt, dazu noch den Schloßpark mit seinen alten Eichen und den Bürgerpark mit dem stolzen Toreingang, die üblichen Vorstadtstraßen und halb dörfliche mit den lieben, etwas eingesunkenen Häuschen derer, die vor bald hundert Jahren hier aufs Land zogen, dann nahe bei Villen vornehmer alter Bankierfamilien Baracken, die aus der Kriegszeit stammen, voll kinderreichem Elend, und weiterhin Kleingartenkolonien. Und dann in Parkeinsamkeit das Schlößchen von Niederschönhausen, ganz verlassen und verschlossen, die hohen Fenster innen von Brettern verstellt. Da wohnte zur Sommerzeit Friedrichs des Großen Gemahlin, die arme Elisabeth Christine. Von dieser Vergessenen würde man, glaub ich, selbst wenn man in das Schloß hineinkönnte, keine Spur finden.

Auf dem Rückweg kam ich in der Badstraße gerade zurecht, um im Kinotheater die Revue zu sehn. Eine Revue mit fünf Tanzmädchen. Um ihre zackig gerahmten Bewegungen war noch Rest der Eierschale tüchtiger Einstudierung zu spüren. Wie die Flitterstreifen über sie liefen und auf Vogelscheuchstangen des Reifrocks von ihnen abstanden, während sie sangen: ,Wenn die Sterne wandern – Nachts am Himmelszelt – Einer sagt's dem andern – Schön ist's auf der Welt!' Ach, und die eine im Falterkleid, die am Hintergrund festsaß ganz wie ein aufgespießter Schmetterling. Und die südlich bekleidete Busendame, die das Lied sang: ,Wenn in Sevilla ...' Und ihr Partner, der sein Spanisches trug wie ein Lakaienhabit und beim Singen immer auf sie und ihren Busen zeigte. Und zuletzt die historische Modeschau von Evas Feigenblatt übers Keuschheitsschloß der Gattinnen alter Ritter, als welche, laut begleitendem Gesang, gleich so bös und bitter wurden, bis zu den Hemdhöschen von heute. Zwischendurch durfte sich ein Soldat in einer Küche recht zynisch aufführen und Späße machen, die fast der *Gaité Montparnasse* würdig waren (wir werden Weltstadt!). Zuletzt aber standen Silbersterne über Apotheoseköpfen, Silbersterne wie vom Weihnachtsbaum, und die guten Mädchen wurden himmlische Heerschar, die den Hirten erscheint. Mir war es noch nicht genug mit dem einen Theater. Ich war noch am Weinbergweg, wo in alter Zeit Mutter Gräberts berühmtes Stullentheater geblüht haben soll und noch jetzt eins blüht, das zwar Lachbühne heißt, in seinem Riesenprogramm von acht Uhr bis nach Mitternacht aber auch ein ernstes Liederspiel enthält, und gerade das bekam ich zu sehn. Es hieß ,Zigeuner'. Ob nun die schöne Else von Felsing im Jagdgewand auftrat und an des Zigeuners Sohn wieder gutmachte, was man seiner entführten Mutter angetan, ob der grüne Oberförster Wolter, Hand an der vorstehenden Flinte, mit strenger Forderung auftrat, ob die Liebenden flüchteten oder die Zigeunermusikanten eins sangen, fast die ganze Zeit stand die alte Minka in der rechten Ecke und rührte die Suppe über dem Holzfeuer. Dann schloß sich der Vorhang rund um die Bühne, die auch seitlich vom Zuschauerraum eingefaßt ist. Es war ein Sonnabend abend. Das Theater war voll dankbarer Einwohner einer der vielen Kleinstädte von Berlin.

Nordwesten

Wo sich heute die Museen an der Invalidenstraße erheben (zwischen dem der Landwirtschaftlichen Hochschule und dem geologischen das für Naturkunde, darin man den berühmten Urvogel bewundern kann und allerhand saurische Zeitgenossen von ihm in Skelett oder Abguß), da ließ einst der Alte Fritz Maulbeerplantagen anpflanzen, damit seine Invaliden Seidenraupenzucht trieben. Ein Stückchen weiter nach Norden steht noch heute das Invalidenhaus, das er ‚*laeso et invicto militi*‘ errichtete. Es lag damals in ödem Gebiet, das einst Sandscholle hieß. Dort soll sich der Sand bisweilen so hoch an der Stadtmauer gehäuft haben, daß man über sie weg in die Stadt reiten konnte. Schön ist der Eingang zum Invalidenhaus mit der rundgewölbten Holztür und dem Oeil de bœuf darüber. Im Hof sieht man Kanonenrohre liegen, verrostende Kriegsvergangenheiten. Und viele berühmte Kriegsmänner ruhen auf dem Invalidenfriedhof daneben. Das ist einer der Altberliner Kirchhöfe, wo man noch eine ganze Reihe schöner Grabmonumente zu sehen bekommt. Antikische Helme auf Schilden oder eine Steinvase von wunderbar einfacher Größe auf Grabsteinen der Obersten und Kommandanten des Invalidenhauses, Friesens schwarzes Kreuz, Scharnhorsts hohen Marmor mit dem sterbenden Löwen, Trophäen über Winterfeldts Grab und die Zinkplatte über dem Grabe Tauentziens. Auch einen der preußisch neugotischen Turmbaldachine, die nach Schinkels Entwürfen in der königlichen Eisengießerei geschaffen wurden.

Es ist schön, hier von Stein zu Stein zu wandern; so dicht wie hier sind nur noch selten die Monumente der älteren Berliner Friedhofskunst beisammen, Denkmäler der Zeit Schadows und Schinkels und der spätfriderizianischen Zeit, die Grazie und Strenge so einzig vereinte. In der Chausseestraße, am Prenzlauer Tor und südlich vom Halleschen Tore und in einigen andern in der Altstadt verbliebenen Kirchhöfen kann man ähnliche efeuumgebene Wege in die alte Grabkunst wandern zu den Malen Berühmter und Vergessener. Leider muß man dabei oft vorbeifinden an den Kuppeln, Baldachinen und Bogenhallen, zu deren ‚geschmackvoller' Herstellung in bestem Material und jeder Preislage allmählich eine große Industrie sich entwickelte.

Auf diesen schönen kleinen Friedhof war ich geraten, statt mich, wie beabsichtigt, ans andre Ende der Invalidenstraße zum Kriminalgericht zu begeben, um zu meiner Belehrung einer Gerichtsverhandlung beizuwohnen. Das hatte ich einmal getan vor Jahren, als ein Gotteslästerungsprozeß vorgeführt wurde, bei dem Zeugen, Richter und Angeklagter zum Teil ausgezeichnet spielten, nur der, welcher den Staatsanwalt gab, chargierte zu sehr und war von unwahrscheinlicher Witzblattkomik. Ich komme vielleicht doch noch zurecht, suchte ich mir einzureden. Die Trambahn brachte mich rasch vorbei an dem ehemaligen Hamburger Bahnhof, der so hübsch ungebraucht aussieht (es ist aber ein Verkehrsmuseum darin), am Humboldtshafen, Lehrter Bahnhof und Ausstellungspark. Ein Blick auf den festungsartigen Komplex des Zellengefängnisses mit dem mächtigen Turm, dann stieg ich aus vor dem Löwen, der vor dem Gerichtsgebäude die Schlange des Verbrechertums bekämpft. Am Sockel dieses Löwen steht derselbe Künstlername wie an dem seines Vetters, der in der nach ihm benannten Allee des Tiergartens sich über seiner verwundeten Löwin drohend aufrichtet. Er hat aber gar nichts Furchtbares, dieser gute Gatte, besonders für unsereinen, der von Kindheit an so oft an ihm vorbeispaziert ist, daß er wie Spielzeug auf dem Bord der Erinnerung steht. An diesen lieben Löwen dachte ich und hatte nun gar keine Lust mehr, in das große rote Haus zu gehn, das der Schlangentöter bewacht. Ich schlich, wie hinter die Schule, an einer Seite des mächtigen Fünfecks entlang, kam in die freundlichen Anlagen des kleinen Tiergartens und sah auf das eifrige Treiben vor der Meierei Bolle, vor der gerade eine Menge der jedem Berliner Kind wohlvertrauten Milchwagen ankamen und hielten und in ihren blauen Schürzenkleidern die Mädchen und Burschen sich von den Rücksitzen schwangen. Unter die hätte man sich mischen sollen, um Heimatkunde zu treiben. Statt dessen trieb es mich nordwärts durch die Anlagen in eine Querstraße der langen Turmstraße.

Und da bin ich ganz zufällig in etwas recht Berlinisches hineingeraten. Da standen an dem Eingang zu einem der Etablissements, die Vor- oder Familiennamen der Hohenzollern mit Schultheiß- und Patzenhoferausschank verbinden, einige Leute, denen es festlich unterm Mantel vorschaute. Und so mutlos ich vor den Löwen der Gerechtigkeit und den Bollemädchen gewesen war, hier faßte ich gleich bürgerliches Vertrauen und ging mit hinein in die Feier des sechsten Stiftungsfestes eines Musikvereins, der eine Liebhaberaufführung veranstaltete. Eine Operette sollte gegeben werden von einem der Mitglieder. Man saß an Tischen und bekam Kaffee und Kuchen, es war ein Sonnabend nachmittag. Die Vorstellung begann mit einem tiefen Knix, einem Hofknix aus alter Zeit, wie man ihn heutzutage selten zu sehen bekommt. Den führte die Dame aus, welche den Begrüßungsmonolog aufsagte. Und dann wandte sich der Herr Kapellmeister und Komponist an das hochverehrte Publikum und wies auf die unvermeidlichen Schwierigkeiten hin, die es ‚Dilettanten, die doch nur in den Mußestunden ihrer Berufstätigkeit sich der Kunst widmen können‘, bereitet, eine ganze Operette einzustudieren und mit unzureichenden Mitteln aufzuführen. Die Operette spielte in dem spezifischen Operettenlande zwischen Wien und dem Türkenreich, wo soviel Gräfinnen, Lebemänner, Zigeuner, bunte Bäuerinnen, Schmuggler und schicke Leutnants wohnen. Und die vollschlanken Damen des Chores bewährten sich sowohl als Landmädchen wie als vornehme Gäste der Schloßsoiree. Die Hauptdarsteller wurden nach jedem Solo und Duett heftig beklatscht und mußten das meiste wiederholen, nicht nur Scherzhaftes, sondern auch Gefühlvolles wie ‚Mädel, sag mir ein Wort / Mädel, ich muß gleich fort!‘ Und das hatten sie ebensogut verdient wie unsre berühmten Kammersänger, die als berühmte Personnagen aus dem 18. Jahrhundert ihre Partnerinnen wie Blasebälge an die mächtige tonbildende Brust pressen und immer wiederholen, wie sehr sie sie lieben.

Dabei befanden sich diese Ausnahmskünstler ziemlich kritischen Zuhörern gegenüber, die zum großen Teil die Proben des Musikvereins miterlebt hatten und sich auf Nuancen verstanden. Mir sind sehr subtile Äußerungen aus dem Publikum zu Ohren gekommen. So meinte zum Beispiel eine Tischnachbarin von der einen jugendlichen Liebhaberin, sie hätte nicht das Schwarze anziehn sollen, das sie zu alt macht, sie hat doch ein Lila … Wie es bei den großen Premieren üblich ist, müßte man eine Modeschau schreiben, nicht nur von den Künstlerinnen, auch vom Zuschauerkreise: Wo sie Rosen sitzen hatten, die würdigen Damen mit den Häkelschals überm Ausschnitt, wie diskret die dunklen Seidenkleider der kräftigen Mütter, wie zartfarben die Toiletten der schmalen

Töchter waren. Zu loben wäre die äußerst korrekte Festkleidung der Herren, die manchen Theaterabend im Westen Berlins beschämte. Wilhelm II., der als Admiral auf der Kommandobrücke aus einem Wandbild auf seine weiland Untertanen niederschaute, konnte mit seinen Moabitern zufrieden sein.

Behufs Czardas hatte der Komponist und Regisseur seinen Getreuen die nötige Menge Feuer ins Blut gezaubert. Mit Fingerschnalzen und Hüftenstemmen wurde er getanzt. Doch auch der mondäne taillentastende, herüber und hinüber nickende Schieber gelang, vor allem aber der Walzer, von dem wir aus einem Liede erfuhren, daß er doch der schönste aller Tänze sei.

Und nach der Vorführung hat dann Publikum und Künstlerschaft in dem andern Saale weitergetanzt, da, wo die Bilder Wilhelms I. und Friedrichs III. hängen. In diese Lust wagte ich aber nicht mich zu mischen.

Auf Umwegen unter Ringbahnbögen über Kanalbrücken geriet ich in die Gegend, wo die Chausseestraße in die Müllerstraße übergeht, und ein Stück dieser endlosen Stadt- und Vorstadtstraße hinauf. Da war an jeder Ecke und auch zwischendurch auf dem Trottoir Straßenhandel mit den verschiedensten Gegenständen. Ein kragenloser junger Bursche mit langen scharfen Falten auf fahlen Backen bot illustrierte Hefte feil mit Aktphotos. Er rief dazu: ‚Was das is? – Sexualetät is das. Und was is Sexualetät? Ganz was Natürliches. Wie sieht der Mensch aus? So und nich anders. Einer geniert sich immer nur vor dem andern. Sonst würd's jeder kaufen, der kein Sittlichkeitsapostel is … Du jeh man lieber nach Haus', wandte er sich zwischendurch an einen Minderjährigen. ‚Für dich is es noch nichts. Mutter sucht dir schon mits Motorrad.'

Ein Stück weiter gleich hinter den Manschettenbuketts und den bunten Kinderwindmühlen hatte einer Stock und Hut auf der Erde liegen und stand nachdenklich davor, was allgemeine Aufmerksamkeit erregte. Dann zeigte er auf seine Stirn, als fiele ihm was ein. Er hob den Stock auf, den ihm ein Junge hielt. Er schraubte da was hinein, hing daran Hut, Rock und Mantel auf und rief ‚Zehn Fennije der Kleiderschrank'. Und dann hielt er der Versammlung eine Rede, die so schön war, daß ich versucht habe, seine Worte in Verse zu bringen:

‚Zehn Fennije der Kleiderschrank!'

Ick spüre Ihre stumme Frage:
Wat soll mit dieses Zeug jeschehn?
Sie kommen alle in die Lage,
Wodrin Se mir hier stehen sehn.

Im Walde jibt et keene Bänke,
Det Jras macht Rock und Hose jrien,
Im Freibad jibt et keene Schränke,
Wo sollen de Klamotten hin?

Da muß der Mensch sich wat ersinnen.
Det hab ick Ihnen mitjebracht,
Sie könn't an jeden Baum anpinnen,
Sehn Se ma her, wie man et macht.

Du Kleener, halt mer ma de Stange.
Sie sehn, da is keen Schwindel mang.
Een Jriff – keen Hammer, keene Zange –
Und fertig is der Kleiderschrank.

Se haben weiters keene Spesen,
Die Sachen hängen tadellos.
Und woll'n Se wieder heimwärts peesen,
Een Ruck – schon is de Nadel los.

Und daß se Sie nich in de Beene
Und durch den Hosenboden sticht,
Davor is diese liebe Kleene
Ooch noch zum Klappen einjericht't.

Hier, bitte selber zu probieren.
Det rostet nie, bleibt immer blank,
Se können't mit Papier polieren.
Zehn Fennije der Kleiderschrank!

Dann stand da einer in weißem Mantel, wie ein Assistent der Klinik angetan. War es der, welcher echte Glaserdiamanten hatte, oder der mit dem Universalfleckreiniger oder dem Continentalkitt? Er hatte Mikrophon und Lautsprecher neben sich, weil ihm die eigene Stimme nicht ausreichte. Es dröhnte von seinem Tisch her wie der Lärm eines wütenden Bauchredners. Auch den alten Wäscheschoner habe ich hier wiedergesehen, von dem Hans Ostwald so schön das ‚Boniment' festgehalten hat: „Sämtliche Kapazitäten haben diesen Wäscheschoner untersucht und mir Gutachten ausgestellt … In dieser Zeit, wo doch jeder sauber aussehn muß, ist der Wäscheschoner ein Rettungsengel … Sie nehmen den weichen Stehumlegekragen, schlagen ihn auf, legen den steifen Wäscheschoner hinein, schlagen ihn zu. So … Wie sitzt er? Straff und elegant. Und wenn sonst der Kragen nach wenigen Stunden unsauber ist, jetzt können Sie ihn acht Tage tragen. Wer solchen Wäscheschoner trägt, wird stets alle Mitbewerber aus dem Felde schlagen." Auch der neueste Krawattenhalter tauchte auf. „Ein Griff – und weder die genähte Krawatte noch der Selbstbinder kann aus dem Kragen rutschen. Der vollendete Krawattenhalter. Wir schonen unsere Schlipse!" Und drüben steht der Bücherwagen. Der hat hier weniger Käufer als in großbürgerlichen Gegenden. Dafür aber doch viel Zuspruch. Einige lesen im Stehen eine ganze Zeitlang in den Schmökern und Heften. Und der gute Wagenhüter läßt sie ruhig gewähren. Manche kommen alle Tage vorbei und lesen immer ein Stückchen weiter. Eine rollende Leihbibliothek!

Dort wo das Pflaster aufgerissen ist, haben die Kinder aus dem aufgeschütteten Sand Berge mit Tunnels gebaut. Aus den Häusern schauen ihnen, auf ihre Fensterkissen gelehnt, die Mütter zu.

Nach Tegel führen schöne Wald- und Wasserwege von Spandau her. Aber zur Erkenntnis der merkwürdigen Zwischenwelt, die man Weichbild, Bannmeile, ‚wartendes Land' nennt, empfiehlt sich die Strecke, welche die Trambahn zurücklegt, und ihre nähere und weitere Umgebung. In dieser problematischen Zone ergibt sich ja selten der sanfte Übergang, der bei Dorf oder Kleinstadt Wohn- und Wanderwelt verbindet. Meist schneidet plötzlich die Häuserreihe mit blinder Mauer ab. Und was dann im Felde umherliegt oder aufragt, macht die Leere nur noch leerer: die Schuppen, die Zäune aus Stacheldraht, die gestapelten Tonrohre, die Schlöte einzelner Fabriken, Lager und Schienenstränge für Warentransport. Aber das Volk von Berlin fürchtet und bekämpft instinktiv alles Chaotische, Unbestimmte, es versucht, so gut es geht, überall aufzuräumen und zu ordnen. Es arbeitet eifrig, alle Leere zu füllen. Wo Bauland längere Zeit freisteht, hat es seine Schrebergärten, seine Laubenkolonien angelegt, diese rührend gepflegten Stätten mit ein bißchen Haus und Acker, Gemüsebeet und Blumengarten für jede Familie, woraus dann eine blühende Gesamtheit, ein Riesenbeet, ein Tausendblumengarten geworden ist. Und obwohl – oder vielleicht weil – diese Welt ein nur flüchtiges Dasein hat (denn immer wieder bedroht sie die Neuausdehnung der Stadt und die Baulust der Unternehmer), so haben doch diese Laubhütten und Gärten nichts Provisorisches oder Nomadisches, sie sehen wie dauernde Paradiese aus, sind proletarische oder kleinbürgerliche Gefilde der Seligen. Die hemdsärmeligen Mannsleute, die da säen, Mütter, die gießen, Töchter, die Schoten palen, scheinen nie etwas andres getan zu haben. Ihr Dasein in den Gärten wirkt nicht wie eine abendliche oder sonntägliche Erholungsfrist von Leuten, die tagsüber das Pedal der Nähmaschine treten, Drähte ziehen und Stäbe hämmern, Krane und Turbinen bedienen, Leichtes verpacken und Schweres verladen. Sie scheinen lebenslänglich unter Kletterrosen und Sonnenblumen nur mit Petersilie, Mohrrübe und Bohne zu tun zu haben. Und ihre idyllische Arbeit wird nur abgelöst, sollte man denken, von Festlichkeiten, zu denen die Nachbarn sich vereinen. Anschläge des Pflanzervereins ‚Erholung' laden ein zur italienischen Nacht, den Kindern wird verheißen ‚Onkel Pelle ist zur Stelle', die Kolonie Waldesgrün verspricht musikalische Abendunterhaltung. Wie hier südlich der Müllerstraße gibt es um Berlin unzählige solcher Kleingärten, die zusammen einen grünen Streifen rund um die Stadt bilden, der einzelne Abzweigungen im Innern behalten hat, sich nach außen gürtelhaft zu schließen strebt, immer wieder etwas verschoben und stellenweise durchbrochen wird. Teile dieses Glückstreifens bleiben manchmal eine Zeitlang mitten im Häusermeer zurück und bilden mit den Parks und Gartenplätzen das grüne Glück des Großstädters. Von diesen Parks sind einige, hier im Nordwesten wie im Norden und Süden, an die Peripherie gelegt und helfen die Schrecken des Weichbildes verdrängen. Wo einst die kahlen Rehberge waren, eine Sandwüste, nur von Schießständen und Schuttablagerungen unterbrochen, sind jetzt bis an den Rand des Kiefernwaldes weite

Rasenflächen, Abhänge voll Mohn und Wildrosengebüsche, schneeige Felder von Margueriten. Auf braunem Sand laufen Kinder in Badehosen herum, die größeren tummeln sich auf dem Sportplatz, die ganz kleinen werden von den Müttern über blanken Kies spazieren gefahren, und auf hoher Bank, von der man weit über Kirchhof und Wasser bis zu den Schornsteinen der Siemensstadt und denen hinter Plötzensee sieht, sitzen an bienenumsummten Blumenbeeten alte Männer auf ihre Stöcke gestützt.

Auch nördlich der Müllerstraße gibts eine hübsche Gartenwelt, den Schillerpark. Und wäre ich, statt hier an der Trambahnstrecke zu bleiben, südlich tiefer in das weite Gebiet der Jungfernheide gedrungen, so hätte ich hinterm Spandauer Schiffahrtskanal nach Westend zu wieder einen großen Volkspark gefunden. Aber nun fahr ich Tram durch das Dorf Wittenau, wo vor Fabriken und Schuppen die kleinstädtischen Straßen zurückweichen und sozusagen wieder der ‚Ernst des Lebens' beginnt. Und auch Tegel fängt, wenn man von dieser Seite kommt, recht städtisch an. Strafgefängnis, Gaswerk und die große Maschinenfabrik und Eisengießerei von Borsig. Das Tor und die Teile des Komplexes, an denen wir nahe vorbeifahren, sind schon etwas altertümlich. Aber dahinter ragt das neue zwölfstöckige Turmhaus, ein schmucklos stolzer, scharfkantiger Belfried der Arbeit. Dann endlich kommen wir in Busch- und Gartenland. Ich steige aus und gehe in den Park der Humboldts. Das Schloß hat ihnen Schinkel aus einem Jagdhaus des Großen Kurfürsten umgebaut. Versonnen und vornehm die Fensterreihe. In den Nischen Götterstatuen. Und oben griechische Inschriften. In einem Zimmer ist Licht. Jetzt wird auch ein Fenster der großen Saalreihe hell. Es ist also nicht verlorene Vergangenheit, dies edle Gebäude. Menschen wohnen darin, für die Statuen und Bilder und vielleicht auch noch Möbel des Schlosses Familienbesitz, ‚Überlieferung und Gnade' sind. Begleitet von der Wärme dieses Lichtes geh ich einen Parkweg bis zu der Grabstätte der Humboldts und ihrer Nachkommen. Über den efeubedeckten Grabplatten erhebt sich eine hohe Säule mit der Marmorstatue der Hoffnung.

Danach mochte ich nicht gleich in die Stadt zurück, ich wanderte lange durch tiefe Sandwege zwischen mageren Kiefern und Föhren in der Gegend von Saatwinkel. Märkische Mischung von Wüste und krüppeligem Urwald. Bis schließlich ein Zaun auftauchte und dahinter ein leerstehendes Gartenlokal. Auf Mauerwerk verblaßte Inschriften: Allheil, Eingang zum Waldschlößchen. Und deutlicher auf einem Lattenschild: Continental Bau-A.G. Die Straße führte über den Spandauer Kanal und schließlich zu Gebäuden und Trambahnschienen.

Und dann fuhr ich durch Siemensstadt heim, vorbei an den Türmen: Blockwerk, Schaltwerkhochhaus und dem Wernerwerk mit dem Uhrturm, dessen Zifferblatt weithin die Stunde strahlte.

Friedrichstadt

Novembernachmittag. Silbergraues Licht über dem Schiffbauerdamm. Vom gegenüberliegenden Reichstagsufer seh ich die Häuserreihe und als Abschluß ein Stück von der Halle des Friedrichstraßenbahnhofs, hinter der ferner und näher Kuppeln mit rauchdünnen Konturen in die Luft eingehn. Von dieser Gegend habe ich in Ebertys ‚Erinnerungen eines alten Berliners‘ gelesen, wie sie vor hundert Jahren aussah, als der Knabe mit seinem Hauslehrer sich hier erging und auf das jenseitige Ufer blickte, das damals ganz mit Gärten bedeckt war. Da sah man Laubengänge und Lusthäuschen, teils im chinesischen, teils im griechischen Geschmack. Sie schimmerten durch die Lücken im Laub und schienen dem kleinen Eberty der Inbegriff alles Wunderbaren. Er fragte den Lehrer nach den Bewohnern der lieblichen kleinen Paläste, und der lehrte in ernstem Ton, da drüben sei der Himmel, wo die guten Kinder hinkommen, die auf Erden recht artig gewesen sind und ihren Eltern Freude gemacht haben. Reizende Engel mit goldenen Flügeln warteten dort auf sie, um die schönsten Spiele mit ihnen zu spielen. Ja, damals muß da drüben ein schönes Jenseits der Spree gewesen sein. Es war die Zeit, als die nahe Dorotheenstraße noch die Letzte Straße hieß, in der die Rahel so gern spazierte. Geblieben sind aus dieser Zeit wohl nur Schloß und Garten Monbijou und ein paar Nachbarhäuser und noch einzelnes nahe dem Hackeschen Markt. Sonst ist die Gegend jetzt alles andre als märchenhaft. Aber dort in der Vertiefung geht es noch heute zu einem Märchenpalast. Er heißt Großes Schauspielhaus, war früher ein Zirkus und ehedem eine Markthalle. Sein Innres, einst Stätte steiler Kunstreiter und taumelnder Clowns, dann des Thebanerchors, den Reinhardt gegen die Stufen des Palastes zum König Ödipus stürmen ließ, faßt jetzt die Tausendundeine Nacht und tausendundein Bein der großen Revuen. Die Meister dieser herrlichen Kindervorstellungen für Erwachsene (und das ist das höchste Lob, das ich auszusprechen vermag, denn diese Schöpfungen befriedigen sowohl unsre reiferen Lüste als auch unsre Kinderlust an Märchenwelten über Traumrampen) haben einen neuen Genre geschaffen zwischen Revue und Operette, getanztes zertanztes Bild, getanzte zertanzte Musik, bald für den Riesenraum hier, bald für die verwandten kleineren Bühnen. Und die Besten unsrer darstellenden Künstler haben ihnen geholfen. Ich meine nicht die Kammersänger, die mit gepflegtem Stimmvibrieren das erfreuliche Tanz- und Ausstattungswesen unterbrechen, ich meine Max Pallenberg und Fritzi Massary. Wir haben mit schweifenden Balken und Trichtertürmchen Titipu, die Märchenstadt des ‚Mikado‘ aufsteigen sehn, wallende Lampions, porzellanene Bäume und zwischen Drachen und bunten Garden, zwischen Pfauen und Zwergen die Tanzchöre in Wachstuch und Seide. Und Pallenberg als Koko schlimmheilig und verschmitzt auf Treppen trippelnd, porzellanen vor Porzellanbäumen hockend, Reime malmend und wegspuckend. Und in den Rahmen der auferstandenen Jahrhundertwende, der Schleppen, Korsettaillen und Riesenhüte, der Samtvorhänge und Blattpflanzen, des wiegenden Walzers und der Maxixe hat die wunderbare Frau ihr Chanson eingefügt mit schneidender Strenge und schimmerndem Übermut, mit sparsamer Kunst und zitternder Lust, in jeder Gebärde gehalten und gelöst.

Ein paar Straßenecken vom Großen Schauspielhaus bekamen wir in neuen Reimen das alte Singspiel vom trotzigen Elend, die Lumpenballade, genannt ‚Dreigroschenoper‘, gepfiffen und gesungen.

Drüben hinter der Weidendammerbrücke probt man jetzt wohl für den Abend Musik und Tanz in der Komischen Oper und im Admiralspalast. Ebertys Zaubergärten sind in die Kulissen gewandert, und am Tage ist hier im Freien keine sehr heitere Gegend. Hinterm Schiffbauerdamm beginnt mit großen und kleinen Kliniken, wissenschaftlichen Buchhandlungen, chirurgischen und orthopädischen Schaufenstern das Quartier der Medizin. Aber mittendrin in behütetem Abseits weiß ich unser Deutsches Theater und die Kammerspiele. Als ich vor einiger Zeit wieder einmal dort war, auf einem vortrefflichen Parkett-platz den Bühnengesichtern schminkenah saß und berühmte Glanzlei-stungen in einem amerikanischen Artistendrama vor mir hatte, mußte ich in den Pausen, ja auch während gespielt wurde, bisweilen verstoh-len hinaufschauen nach den Mittelplätzen des zweiten Ranges. Ach, ihr Gleichaltrigen, wißt ihr noch? Es waren die Plätze 19 bis 26. Man lief ein paar Tage vor der ersehnten Vorstellung früh an die Kasse, um noch die besten Plätze zu bekommen. Man saß dicht unter den Medaillons der Devrient und Döring an der Decke. Man sah Josef Kainz! – Ungeheuer wichtig und zentral war damals in unserm Leben das Theater. Warum ist es das nicht mehr? Ist es eine Frage des Lebensalters oder hat sich in der Zeit etwas geändert? Eigentlich waren die Berliner doch immer große Theaterenthusiasten. Wie mögen sie in alter Zeit für die Schme-ling, die marmorn auf dem Schreibtisch des Königs stand und als billige Lithographie in der Stube des Handwerkers hing, wie für die Henriette Sontag geschwärmt haben! Nun, im Leben der Stadt spielt das Theater auch heut eine große Rolle. In der Trambahn und in der Gesellschaft wird viel von der Bühne gesprochen. Aber bei allem Anteil an neuen Problemen der Regie, der Erneuerung des Alten, der revolutionären Tendenzen – ein richtiges Theatervolk wie etwa die Wiener sind die Berliner doch nicht. Das hängt nicht nur mit dem jetzigen Stande des Schauspielwesens, sondern auch mit dem Volkscharakter zusammen.

Die Berliner, und besonders die besseren, womit ich keine Stufe der Bildung, sondern einen Grad der Echtheit bezeichnen möchte, sind etwas mißtrauisch gegen das, was ihnen unmittelbar gefällt. Und so haben sie als Publikum nicht die Naivität des schlechthin Genußsüchti-gen. Obendrein kommen sie auch nicht wie die Pariser behaglich nach dem Essen ins Theater mit der Aussicht auf eine angenehme Fortset-zung der Konversation bei Tische, sondern hungrig und kritisch. Es wird ihnen dann wohl so ziemlich das Beste geboten, was es heute an Regie und Schauspielkunst gibt. Der Namen sind so viel, daß ich keinen nennen will. Aber schau dir das Publikum an! Eine Mischung von Ver-drossenheit und höflicher Andacht ist in den Gesichtern. Wenn sie dann ablehnen, sind sie entrüstet, sie lachen das Verfehlte nicht aus, sondern sind ungehalten, daß es ihnen zugemutet wird. Und wenn sie sich be-geistern, geschieht es auch mit einer Art Entrüstung gegen einen imagi-nären Gegner, der sich nicht genug begeistert. Ob sie wohl jemals von

Herzen glücklich sind im großen Theater? So glücklich wie das Publikum der Vorstadtbühnen? So zu Hause im Genuß?

*

Dorotheenstraße. Ein Glücksfall öffnet mir die Dorotheenstädtische Kirche. Endlich einmal kann ich das Grabmal des Königskindes, des neunjährig verstorbenen Grafen von der Mark, sehn, Schadows berühmtes Erstlingswerk, den schlafenden Jüngling mit Schwert und Kranzgewinden und im Halbrund über ihm heidnische Parzen, denen der Tod die Christenkirche aufgetan hat. Der Kirche gegenüber steht inmitten höherer städtischer Nachbarn Schlüters letzte Schöpfung, ein Landhaus, das erst das Buen Retiro eines Staatsministers war, seit über hundertfünfzig Jahren aber merkwürdigerweise einer Freimaurerloge, der Royal York, gehört. Der vorspringende Mittelteil ist wie in sanfter Bewegung, die in den Gesten der Figuren auf dem Dach – zwei von diesen Statuen regen sich fast wie Tänzerinnen – sich leidenschaftlicher fortsetzt. Eine wunderliche Spielerei findet sich an einigen Seitenfenstern, nämlich steingemeißelte Fenstervorhänge. Zeitgenossen fanden, es sei ‚ein überaus nettes, nach der neuesten Baukunst errichtetes Lusthaus‘. Ein Kunsthistoriker der siebziger Jahre des vorigen Jahrhunderts hat den Eindruck, daß die Willkürlichkeiten und Spielereien, die ursprünglich der malerischen Wirkung dienten, als die halb ländliche Umgebung noch bestand, jetzt in der städtischen Straße sich fremdartig ausnähmen. Aber ein Kunstrichter unserer Tage, Max Deri, nennt es das einzige „wirklich ‚europäisch‘ schöne historische Gebäude", das Berlin besitze. Es ist sehr verlockend, in dies verwunschene Gartenhaus einzutreten, aber es steht nur den Mitgliedern der Loge offen. Und so muß ich mich, was den Gartensaal, der sich innen befinden soll, betrifft, mit der Beschreibung von Friedrich Nicolai begnügen. Der lobt die eleganten Proportionen des Saales und seine schönen Deckenstücke: „Über den vier Türen sind die vier Weltteile von Schlüter in Gyps vorgestellt. An der Wand stellen vier kleine Basreliefs die Wachsamkeit, Weisheit, Vorsicht, Verschwiegenheit als die vier Haupttugenden eines Ministers vor." Zu Nicolais Zeit ging der Garten bis an die Spree und in ihm war „ein großer Salon von hohen Kastanien und Ulmen und ein artig angelegter buschiger Hügel merkwürdig und die Aussicht auf die gegenüberliegenden mit Bäumen umpflanzten Wiesen ländlich reizend".

Im entgegengesetzten Teil der Dorotheenstraße hinter Bibliothek und Universität weiß ich nah dem kleinen Platz mit Hegels Kolossalbüste – diesem sanft dröhnenden Gesicht, das unentwegt behauptet, alles Seiende sei vernünftig – einige alte Häuser; besonders vertraut ist mir von Studententagen her das Seminargebäude, dessen lichte altfarbene Wand ein zarter Fries und Reliefs zieren. Aber so weit will ich heute nicht, ich lasse auch neben dem Museum für Meereskunde die beiden Büstenmänner in der Wand ruhig immer wieder den Rübenzucker entdecken und seine Industrie begründen. Ich biege an der Wintergartenecke in die Friedrichstraße ein. Einen Blick in das Café des Zentralhotels, wo um diese Nachmittagszeit oft recht merkwürdige Leute sitzen: ausländische Geschäftsmänner, einzeln reisende Damen, Familiengruppen aus der Levante, Artisten, zweifelhafte Lebemänner, eine rätselaufgebende Dämmerversammlung. Da der Wintergarten, Berlins altberühmtes Varieté, vor kurzem umgestaltet und festlich neu eröffnet worden ist, geziemt es sich seiner Geschichte zu gedenken. Zunächst war er, wie sein Name andeutet, nur bestimmt, eine Ruhe- und Erholungsstätte der Hotelgäste zu sein. Die Logen waren so angelegt, daß man sie bequem aus den Zimmern des Hotels erreichen konnte. Von dort sahen die Gäste hinunter in die Fülle der Schlinggewächse, Lorbeerbäume, Palmen, in Tropfsteinhöhlen und Aquarien, und zwischen alldem erschien im Gaslicht der ‚Sonnenbrenner‘ und Kandelaber eine kleine Bühne, auf der gelegentlich ein bißchen Singspiel stattfand. Dann aber kam die Zeit der beiden Direktoren, deren Namen schon sich zu einem so eindringlichen Firmenwort paaren, Dorn & Baron. Die Zeit der Loie Fuller, der Barrisons, der Otéro, der Cléo de Merode und aller europäischen Berühmtheiten des Trapezes und hohen Seils. Der Sternenhimmel an der blauen Decke strahlte als nahes Weltall der Sensationen über den Berlinern. Es war ‚kolossal‘, was hier geboten wurde. Und heute ist es, dem aktuellen Superlativ entsprechend, ‚zauberhaft‘.

*

Friedrichstraße. Das war einmal das Zentrum der berlinischen Sündhaftigkeit. Das schmale Trottoir war mit einem Teppich aus Licht belegt, auf dem sich die gefährlichen Mädchen wie auf Seide bewegten. Der Mode gemäß hatte ihr aufrechter Gang etwas Feierliches, das grausam persifliert wurde, wenn sie den Mund aufmachten, um sich im städtischen Idiom zu äußern. Ihre kastenhafte Abgetrenntheit von der Gesellschaft, der sündhafte Glanz ihres falschen Schmucks und echten Elends, all die naheliegenden Kontraste, mit denen damals junge Phantasie arbeiten konnte beim Anblick dieser schlimmen Feen im Federhut der Fürstin, die sie im hohen Rat ihrer bornierten Seelsorger aus den heimlichen Häusern auf die Straße verbannt hatte – Bild und Begriff von all dem ist nun längst historisch geworden. Und in der heutigen Friedrichstraße gespenstert wenig von dieser Vergangenheit. Ihr Nachtleben ist ja längst von dem westlichen Boulevard überboten. Und was davon noch vorhanden ist, reizt mehr den Provinzler als den Berliner Bummler. In einigen Nachtlokalen kann die heutige Jugend vielleicht noch ironisch studieren, was früheren Generationen Spaß machte. Am Nachmittag aber, wenn erst einige der Vergnügungsfassaden erleuchtet sind wie jetzt, werden manche Tore und Fenster reizvoll wie Theaterkulissen, die hinter der Szene angelehnt stehn. Eine besondre Art Reklameliteratur treibt hier ihre Blüten. Von Torhütern und Patrouillen werden einem Zettel zugesteckt mit Empfehlungen interessanter Lokale, Brennpunkte des Nachtlebens werden verheißen, mondän und doch dezent, internationale Tanzaufführungen, ja sogar Nacktplastiken zum Pilsatorausschank im Originalkünstlerkeller, ‚Musik des Körpers‘, ästhetische Silhouetten, historische Visionen, indische Opfertänze wie auch Frühlingsstimmen und Humoresken des ganzen Ensembles, Nacht in Sevilla und das Dumme Herz‘. Neuerdings haben einige dieser Lokale belehrende Vorträge von ‚Sexualethikern‘ in ihren Rahmen aufgenommen, die in merkwürdigem Wettbewerb mit den neuesten Aufklärungsschriften verschiedne erotische Bemühungen und Möglichkeiten rechtfertigen und unsern armen eingeschüchterten und verdrängten Instinkten ‚Neuland‘ erobern. Aber das gibts erst abends. Indessen könnte man schon jetzt in dem großen 5-Uhr-Programm ‚die acht Pikanterien des bekannten Komikers Sascha Soundso‘ erleben. Es empfiehlt sich wohl eher, in eine der kleinen Konditoreien einzutreten, wo die, welche abends ihren Anteil am Nachtleben zu liefern haben, nachmittäglich verschlafen beisammensitzen und unter ihresgleichen Meinungen über die Geschäftslage und das Leben überhaupt austauschen. Da wäre viel zu lernen über die Welt und über Berlin. Die Tanztees der Friedrichstadt haben auch ihre lehrreichste Stunde, bevor der Betrieb losgeht, wenn im Dämmer nah bei den noch eingehüllten Instrumenten die Ballettdame einen Imbiß einnimmt und sich dabei mit der Garderobefrau oder dem Kellner unterhält. Als tapferer Forscher sollte man eigentlich vormittags hier in gewisse Lokale der Nebenstraßen gehn, wenn die Nixengrotte aufgewaschen wird! Erstaunlich müßten um diese Zeit auch die Museen der Bauernschänken sein, falls sie noch bestehn, der Totenkopf Gottfrieds von Bouillon als dreijähriger Knabe und dergleichen … ,Weißes Meer' leuchtet eine Inschrift auf dem Schürzenbauch eines dicken Pförtners mit einer Kochmütze auf dem Kopf. Er lädt in ein bekanntes Lokal ein, wo Weißbier ausgeschenkt wird. Das ist jetzt wohl schon eine Spezialität. Früher beherrschte die Weiße mit oder ohne Schuß (Himbeersaft) den Berliner Durst. In stilleren Straßen der Altstadt findet man noch einige der echten alten Weißbierstuben. Da sitzt man an blanken Holztischen vor der breiten Trinkschale und unter den Bildern des alten Kaisers und des Kronprinzen von dazumal und Bismarcks, Roons und Moltkes. Aber hier in der Friedrichstadt sind diese Stuben und Keller seit einem halben Jahrhundert verdrängt durch die Bierpaläste und -kathedralen, die jetzt ihrerseits historische Ehrwürdigkeit bekommen. Als neue Sehenswürdigkeiten beschreibt sie Laforgue. Türme und Türmchen dieser *curiosités architecturales* fallen ihm auf, und er weiß von einer Magistratsverfügung, die verbieten mußte, daß noch höher getürmt wurde, sonst wären am Ende die Berliner Biertürme babylonisch in den Himmel gewachsen. Er ergötzt sich an den alfresco-Bemalungen außen und innen. „Der Stil dieser Etablissements", schreibt er, „ist, was man deutsche Renaissance nennt. Sie haben Holzverkleidung an Decke und Wand, auch die Pfeiler sind bemalt, und rings um den Saal läuft eine Etagere, wo aller Art Bierbehälter aufgereiht stehn, aus Porzellan, Steingut, Metall und Glas aller Epochen."

Wie lang sich dieses Kolossal-Nürnberg noch halten wird gegen das eilig laufende Band der Lichtreklameflächen, das jetzt die Fassaden von Berlin glatt und gleichmachend erobert, das weiß ich nicht. Historisch ist es jedenfalls schon jetzt wie seine Zeitgenossin, die nach dem Vor-

bild der Pariser Passagen erbaute Kaisergalerie. In die kann ich nicht
ohne einen leisen Moderschauer eintreten, nicht ohne die Traumangst,
keinen Ausgang zu finden.

Kaum bin ich an dem Schuhputzer und dem Zeitungsstand unterm
hohen Eingangsbogen vorüber, so beginnt eine gelinde Verwirrung.
Täglichen Tanz verspricht mir ein Glasfenster und jenen Meyer, ohne
den keine Feier ist. Aber wo soll der Eingang sein? Da kommt neben
dem Damenfriseur wieder nur eine Auslage: Briefmarken und die seltsam benannten Utensilien der Sammler: Klebefälze mit garantiert säure-
freiem Gummi und Zähnungsschlüssel aus Zelluloid. ‚Aufgepaßt! Woll-
jacken!' herrscht eine Aufschrift aus dem nächsten Glaskasten mich an,
aber das zugehörige Geschäft liegt ganz woanders. Ich habe mich um-
gedreht und dabei fast an den Bilderautomaten gestoßen, vor dem ein
armer einzelner Schuljunge, die Mappe unterm Arm, steht und sich
kümmerlich in die ‚Szene im Schlafzimmer' vertieft.

So viel Schaufenster ringsum und so wenig Menschen. Man fühlt die
Bierhausrenaissance dieser hohen Wölbungen mit den bräunlichen
Konturen immer mehr veralten; die Gläser dieser Galerie verdüstert
Staub der Zeiten, der nicht wegzuwischen ist. Die Auslagen sind noch
ziemlich dieselben wie vor zwanzig Jahren: Nippes, Reiseandenken,
Perlen, Täschchen, Thermometer, Gummiwaren, Marken, Stempel. Neu
hinzugekommen ist nur das Telefunkenhaus mit der überzeugenden
Aufschrift: ‚Ein Griff – und Europa spielt für Sie.' Beim Optiker kann
man den ganzen Fabrikations-Werdegang einer Brille wie den von der
Raupe zum Schmetterling in Etappen auf belehrendem Blatt studieren.
‚Des Menschen Entwicklung' winkt herüber aus dem anatomischen
Museum. Aber vor dem graut mir noch zu sehr. Ich verweile bei
‚Mignon, dem Entzücken aller Welt', einer Taschenlampe, in deren
Licht ein junges Paar sein Glück spiegelt, bei den Manschettenknöpfen
Knipp-Knapp, die sicher die besten sind, bei den Dianaluftflinten, die
gewiß der Jagdgöttin Ehre machen. Ich erschrecke vor Totenköpfen, die
als grimmige Likörgläser eines weißbeinernen Services grinsen. Auf der
Toilettenrolle ‚mit Musik' ruht das clownige Jockeigesicht des handge-
machten Holznußknackers. Milchflaschen warten auf die Mitglieder des
‚Vereins ehemaliger Säuglinge' voll Likör! Wenn diese schon rauchen
sollten, finden sie ‚Gesundheitsspitzen' in verwirrender Nähe der
Gummipuppen, die neben hygienischen Schlupfern über der Inschrift:

‚Bedienung diskret und ungeniert' thronen. Ich will noch bei den tröstlich gelben Bernsteinspitzen des ‚first and oldest amber-store in Germany'
verweilen, aber immer wieder schielt die anatomische Schöne des Museums herüber. Unter ihrem nackten Fleisch scheint das Skelett durch
wie ein Marterkorsett. Im Leeren schwimmend umgeben sie ihre gemalten Organe, Herz, Leber, Lunge ... Von ihr wende ich mich zu dem
weißbekutteten Arzt, der sich über die Bauchhöhle einer schlummern-
den oder schon ausgenommenen Blondine beugt. Schnell fort, ehe ich
den Ersatz der Nase aus der Armhaut erleben muß. Dann schon lieber
den Buch- und Papierladen mit den Heften über Sinnlichkeit und Seele
und die Liebesrechte des Weibes, dem kleinen Salonmagier und dem
vollendeten Kartenkünstler, von dem Dinge zu lernen sind, mit denen
man sich in jeder Gesellschaft beliebt macht.

Die Galerie biegt in weitem Winkel, Stühle, Tische und Palmenkübel
eines Restaurants erscheinen, das sich als *strictly kosher* bezeichnet. Im
Gegensatz dazu scheint *strictly treife* das Kabinett des Porträtmalers zu
sein, zu dem ein teppichbelegter Eingang führt. Und hinten kann man
ihn selbst sehen, ihn selbst im Vollbart, wie er den Reichspräsidenten
abmalt. Hindenburg sitzt im Salon, ihm zu Füßen liegt sein Hund, und
zwischen ihm und dem Maler ist das Bild, auf dem er noch einmal
abgemalt ist, allerdings ohne Hund; und wie er sitzt und wie der Maler
steht, sind sie – es ist verwirrend – auch nur gemalt, nicht anders als die
Vergrößerungen nach Photographien rings umher. Hier kann man
nämlich aus jeder Photographie ein Bild machen lassen. Von hundert
Mark an, in Lebensgröße! Verstorbene werden nach den verblichensten
Photographien porträtiert. Keine zeitraubenden Sitzungen. Viele Atte-
ste hochstehender Persönlichkeiten. In einem gedruckten Schreiben
wendet sich der Hofmaler an uns Passanten und erklärt, er habe sich im
Gegensatz zu den modernen Potätmalern, die eine solche Verwirrung
des Geschmacks gefördert haben, Goethes (!) Auffassung, ‚Kunst und
Natur sei eines nur', zur Richtschnur gemacht. Ein junges Mädchen und
eine Matrone aus der Provinz bleiben vor seinen vielen Schönen mit
Hund und Wintergarten, seinen Ordensbrüsten und Würdenbärten
stehn. Um ihre Bewunderung nicht zu stören, wende ich mich ein paar
Fenster weiter zur Konkurrenz, den ‚Originalgemälden akademisch
gebildeter Künstler zu konkurrenzlosen Preisen'. Von Originalherbsten
und -frühlingen wandert das Auge über Rothenburgs Mauern zu der

bekannten Blinden im Kornfeld und der beliebten verkauften Sklavin. Dabei hat man mich aber beobachtet. ‚Das könn' Se bei uns direkt haben', sagts neben mir, und ich sehe in das Gesicht eines kleinen Alten mit schütterem Bart. Er zwinkert ins Nebenfenster, wo sich originalradierte unvollständig bekleidete Mädchen mit ihren Strumpf- und Achselbändern beschäftigen. Meine Kenntnisse zu erweitern, hätte ich mich mit ihm in ein Gespräch einlassen sollen. Aber mir grauts zu sehr hier unter falsch spiegelnden Lichtern und streifenden Schatten. Ich lasse ihn hinüberschleichen zu den verdächtigen Burschen mit den süßen Schlipsen, denen er Tricks mit einem Taschenspiegel zeigt.

Leer ist die ganze Mitte der Galerie. Rasch eile ich dem Ausgang zu und spüre gespenstisch gedrängte Menschenmassen vergangener Tage, die alle Wände entlang mit lüsternen Blicken an Similischmuck, Wäsche, Photos und lockender Lektüre früherer Basare hängen. Bei den Fenstern des großen Reisebüros am Ausgang atme ich auf: Straße, Freiheit, Gegenwart!

Dönhoffplatz

Ich stand zu Füßen einer der Riesendamen aus Stein, die den Eingang zum Warenhause Tietz in der Leipzigerstraße bewachen. In der Hand hatte ich ein neu erbeutetes Büchlein, Gustav Langenscheidt, Naturgeschichte des Berliners, Berlin 1878. Wie ein Kleinstädter, der sich in der stillsten Straße seiner Heimatstadt ergeht, blätterte ich mitten im Weltstadtverkehr, häufig gestoßen und angefahren, in diesem lehrreichen Buch, kam gleich an ein herrliches Zitat aus ‚Schattenriß von Berlin, 1788' und las angesichts des spiegelglatten Asphalts und in strahlender Beleuchtung:

„So breit und schön die Straßen auch dem ersten Anblick nach sind, so weiß doch der Fußgänger zuweilen nicht, wie er sich für schnell fahrenden Wagen, für Koth und Gossen hüten soll. Der eigentliche Gang für Fußgänger sollte, so wie in allen übrigen polizierten Städten längs den Häusern hingehen, allein dieses hat man durch die hohen

Auffarthen vor den Häusern fast unmöglich gemacht. Der Fußgänger wird alle Augenblick aufgehalten und ist gezwungen, über die Gossen weg auf den sogenannten Damm zu schreiten. Nirgends ist diese Unbequemlichkeit sichtbarer als in der Leipziger Straße, einer der schönsten von ganz Berlin (hier ist vermutlich die Alte Leipziger Straße gemeint hinterm Hausvogteiplatz bei Raules Hof, aber ich will diesen Text angesichts der neuen Leipzigerstraße genießen). Außerdem sind vor den Häusern auch hohe steinerne Treppen angebracht. In der Mitten der Straßen oder auf dem Damme ist es bei schlechter Witterung außerordentlich kothig und im Steinpflaster selbst gibt es unzählige Löcher, welche theils von dem sandigen Boden, theils von der unverantwortlichen Nachlässigkeit der Steinsetzer und ihrer Aufpasser herrührt. Die übermäßig großen Steine, die zwischen eine Menge kleiner und spitzer Kieselsteine gelegt sind, verursachen, daß man alle Augenblick Gefahr läuft anzustoßen und zu Boden zu stürzen. Die Gossen sind zwar, wie es sich gehört, an beiden Seiten des Dammes angelegt, jedoch so, daß sie dem Fußgänger eine neue und gefährliche Fallbrücke werden. Ein Theil dieser tiefen Gossen ist nur eben vor den Hausthüren mit Brettern überlegt. Sobald man also des Abends längs der Häuser weggeht, stößt man alle zehn bis fünfzehn Schritte an eine steinerne Treppe oder Auffarth, die noch wohl zu größerer Gefahr mit einer kleinen Rönne umgeben ist; gehet man auf den Brettern, womit die Gossen bedeckt sind, herzhaft fort, so stürzt man, ehe man es sich versiehet, mit einem Male drei bis vier Fuß tief in die Gosse hinunter; gehet man aber in der Mitte des Dammes, so weiß man bei der geschwinden Annäherung eines oder gar mehrerer Wagen nicht, wo man sich hinwenden soll, denn an den Gossen liegen hohe und schlammigte Dreckhaufen; über sie hinüberzuspringen, ist gefährlich, weil sie abschüssig und tief sind; dennoch muß man auf das gerathewohl einen Entschluß fassen, um nicht von den Wagen überfahren zu werden. Die eingebohrenen Berliner sind an diese Unbequemlichkeiten gewöhnt, kennen auch die Seitenwege besser als der Fremde, der dergleichen Fallbrücken garnicht vermuthet. Es steckt selbst etwas menschenfeindliches in einer solchen Anlage der Straßen, weil man dabei bloß auf die Reichen, die in Kutschen fahren, gedacht zu haben scheint. Man spreche ja nicht von der nächtlichen Erleuchtung, denn die ist bis hierher herzlich elend gewesen, ohnerachtet Laternen genug brennen. Letztere sind so beschaffen und gesetzt, daß sie nur eine Art von hellem Schatten verbreiten, der zu nichts hilft."

Ich finde es sehr amüsant, sich vorzustellen, wie dieser kritische Beobachter unserer guten Stadt verdrossen von Stein zu Stein hüpfte und scheele Seitenblicke auf die ,Eingebohrenen' warf, die kennerisch Seitenwege fanden … Wie es noch in den zwanziger Jahren des 19. Jahrhunderts mit der Beleuchtung bestellt war, lesen wir bei Eberty. Da „wiegten sich in weiten Zwischenräumen vereinzelte Öllampen in der Mitte von eisernen Ketten, die über die Straßen gespannt waren und im Winde ein melancholisches Gequieke hören ließen und so spärliches Licht verbreiteten, daß die meisten Leute abends mit der Laterne in der Hand gingen oder sich solche vorantragen ließen … Männer, deren Kleidung von Fett triefte, reinigten die Lampen …" Und an das Pflaster der vierziger Jahre erinnert sich der alte Ludwig Pietsch und berichtet, wie sehr man, um vorwärts zu kommen, auf das damals einzige öffentliche Verkehrsmittel angewiesen war, „die heute noch in ihrer altehrwürdigen Gestalt unverändert gebliebene Droschke zweiter Klasse". An die letzten Vertreter dieser Gattung Fuhrwerke mit ihren roten und gelben Rädern, den windschiefen bunten Kasten, des Kutschers struppigen Bart und blauen Pelerinenmantel können die älteren von uns sich noch gut erinnern.

Da zu meiner Rechten liegt der weite Dönhoffplatz überflutet von Trambahnen, Autos und Menschenmassen und nun, da ich in die alten Zeiten geraten bin, stell ich ihn mir vor, als er noch eine Esplanade vor dem alten Leipziger Tor war, und dann als Exerzier- und Paradeplatz des Regiments, das der General Dönhoff befehligte. Wo jetzt die schönen Gontardschen Kolonnaden den Platz nach dem Spittelmarkt zu abschließen, war der Festungsgraben mit der Spitalbrücke. Friedrich der Große ließ sie errichten und die vielen Buden und Scharren wegräumen, die oft Verbrechern Unterschlupf gewährten. Er ließ auch den Dönhoffplatz mit stattlichen Gebäuden umgeben. Von diesen stand noch bis zur letzten Jahrhundertwende das Palais, in dem einst der Staatskanzler von Hardenberg wohnte und das später preußisches Abgeordnetenhaus wurde. 1904 hat es einem modernen Geschäftshaus Platz gemacht. An des Kanzlers Zeit erinnert nur noch sein Denkmal, das an der Südseite des Platzes dem Standbild des Freiherrn vom Stein feindlich den Rücken kehrt, der trotzig auf die Trambahnen der Leipzigerstraße schaut. Auch Jahrmarkt ist der Dönhoffplatz gewesen und stand voller Buden. Und ehe das Steindenkmal errichtet wurde, erhob sich in der Mitte ein Obelisk, der als Meilenzeiger den Weg nach Potsdam maß. Vor dem war ein großes Brunnenbecken mit einem wasserspeienden Löwen, den die Berliner die Wasserkatze nannten. Sie reimten:

> Wenn die wilde Katze
> Auf dem Dönhoffplatze
> Wasser speit,
> Ist der Frühling
> Von Berlin nicht weit.

Um die Wasserkatze und das Becken spielten die Straßenjungen, und die Mägde saßen mit den kleinen Kindern auf den Stufen und dem Beckenrand, strickten und schwatzten, wie man es auf alten Zeichnungen sehen kann.

Aber genug von der alten Zeit. Ich gehe über den Damm, komme vor den Eingang des Theaters und will sehn, was es heute gibt. Die Stettiner Sänger! Wieder etwas Altehrwürdiges. Aber weil es noch besteht, gehe ich hinein.

Die Blüten auf der Wand des Treppenaufgangs, wann mögen die wohl gemalt sein? Sie haben so etwas wie gedämpften Jugendstil. Die hohen roten Pfeiler, die den Saal tragen, und der verblichne Prunk der Decke deuten auf eine noch weiter zurückliegende Glanzzeit. Nach der Form einiger Ampeln und Kandelaber zu schließen, müssen es die Tage des Gaslichts gewesen sein. Ja, damals war hier das Varieté par excellence und es kamen sogar Mitglieder der höchsten Hofgesellschaft zu Besuch. Ein großer Glaskasten nah dem Büfett hütet eine zweite Vergangenheit. Darin sind wächsern die beiden Ur-Komiker aufgehoben, der lange dürre und der kleine dicke, beide in bunter Uniform, weißen Gardehosen, den hohen Tschako auf dem Kopf. Von den Zeiten dieser Sänger ist bis auf den heutigen Tag eine geheiligte Gewohnheit bestehn geblieben: die ausschließliche Männlichkeit der auftretenden Künstler. Selbst zuletzt in dem Theaterstück werden die weiblichen Rollen, sowohl die Frau Amtsgerichtsrat als auch das Dienstmädchen, von Mannsleuten gespielt, genau wie auf dem altgriechischen und altenglischen Theater.

Wichtig ist diese Stätte aber vor allem als späte Blüte des deutschen Männergesangs. Das Quartett würdiger Herren im Frack bildet den Grundstock der Vorstellung, und was an humoristischen Couplets und einzelnen Charakterszenen zwischendurch laut wird, ist nur Intermezzo. Sie können übrigens auch heiter sein, diese Würdigen. Dann necken sie einander und uns mit Potpourriüberraschungen, bei denen nur der verständige Mann am Bechsteinflügel ernst bleibt. Aber ganz andächtig wird das Publikum, Familienväter und -mütter und all unsre Ernas und Almas, die beim Abwaschen selbst so schön über den Hof singen, wenn die Vier a cappella anheben von der Liebe, die nur im Herzen wohnt und still wie die Nacht und tief wie das Meer ist oder sein sollte. Regungslos stehn die Sänger, die Notenhefte vor der Brust. Nur die Köpfe drehen sich manchmal ein wenig zueinander, wenn Tenor dem Baß und Baß dem Bariton den Einsatz von Augen und Lippen abliest.

Nach solchen rein musikalischen Genüssen möchte man nun auch etwas Augenweide haben. Dafür sorgen ,auf allgemeines Verlangen' die Traumbilder. Das sind lebende Volkslieder, gesungen und dargestellt vor einem äußerst felsig gerahmten Bühnenbild. Da verbergen und enthüllen wolkige Gazeschleier allerlei altdeutsche Landschaft und Situation, darinnen ein Kostümierter wandelt und, teils allein, teils von seinen Gefährten beechot, ,In einem kühlen Grunde' und ,Im Wald und auf der Heide' singt. Von Strophe zu Strophe, ja manchmal von einer Zeile zur andern, wechseln die Bilder: Muß am Brunnen vor dem Tore dem Liebenden der Hut vom Kopfe fliegen, so erhebt sich im Handumdrehen der dazugehörige Sturm und verdüstert die Landschaft. Eben noch samtröckiger Scholar mit Wanderbauch, wird in dem nächsten Verse der fahrende Gesell grasgrüner Jägersmann oder Großmütterchen im Winterstübchen. Hier habe ich endlich erlebt, wie der Müller aussieht, dessen Lust das Wandern ist. Das ist kein weißer Mehlknappe, sondern ein eilfertiger junger Mann in einer Art grauem Sweater mit einem Barchentbündel unterm Arm. Im Schlußbild aber werden nach all dem Rebensaft und Waldesrauschen unser aller Gefühle zusammengefaßt in einer von wehenden Flammen umspülten Riesenleier, über die sich ein Zettel herabsenkt mit der Aufschrift: ,Gott erhalte das deutsche Lied!'

Und während wir klatschen, greifen die Künstler zu plötzlichen Posaunen und Trompeten und blasen uns einen Abschiedsmarsch!

Zeitungsviertel

In der südlicheren Friedrichstadt stehen ein paar großmächtige Häuser, alte Festungen des Geistes, umgebaut und ausgebaut, einladend mit breiten Fensterflächen, drohend mit Steinbalustraden, verlockend und abwehrend, schöne gefährliche Häuser. Sie gehören sagenhaften Königen und Königsfamilien, die Ullstein, Mosse und Scherl heißen. Als unsre letzte kleine Revolution ausbrach, wurden mit den andern Königen eine Zeitlang auch die Zeitungskönige aus ihren Schlössern vertrieben. Da standen in den Schloßhöfen auf Biwakfeuern Kochtöpfe mit Speckerbsen, auf den Dächern wurde geschossen und durch die Redaktionsräume polterten genagelte Kriegerstiefel. Aber viel schneller als andre Monarchen sind die Zeitungskönige zurückgekehrt. In ihren Höfen stehn wieder ihre Streitwagen mit Papiermunition, und durch die Redaktionsräume schlupfen ihre Hofdamen, leichtfüßige Sekretärinnen und Schreibmaschinenfräulein.

Die Schloßtore sind gastlich offen. Wir mit unsern Anliegen und Manuskripten werden freundlich hereingelassen von stattlichen Pförtnern. Flinke Lifts fahren uns hinauf in die oberen Etagen. Und da ist dann der Anmelderaum mit vielen kleinen Boys. Die kennen schon so manchen von uns, obwohl wir nicht zum Hause gehören. Ach, wir wollen ja nicht in die ernsthaften Bereiche, wo Politik, Handel und das Lokale gemacht wird. Wir gehören unter den Strich und in die Unterhaltungsbeilagen. Auf einen Zettel schreiben wir, wen von den Gewaltigen im Schlosse wir zu sehen begehren. Mit dem Zettel entschwebt ein Ephebe. Und dann sitzen wir am langen Tisch oder auf der Wandbank. Wir sehen einander in Gesichter, die wir schon kennen, oft ohne zu wissen, wem sie gehören. Viele Frauen sind darunter, manche etwas schüchtern und bekümmert, das sind die, welche die kecken mondänen Plaudereien schreiben. Wir sehn auf das Fangnetz neben der Tür, in das aus langer Röhre runde Kapseln fallen. Sie sehen aus, wie ich mir päpstliche Bullen denke. Da sind gewiß wichtige Telegramme drin oder sonst Geheimnisse, wichtiger als unsre ‚reizenden kleinen Sachen'. Haben wir eine Weile geduldig gesessen, so kommt der Knabe und bringt Botschaft: Der Gewaltige ist nicht im Hause oder er ist in einer Konferenz.

Man soll doch morgen früh anrufen. („Rufe mich an in der Not'.) Zu besonders Hilfsbedürftigen kommt eine freundliche Hofdame hergeschwebt aus dem unnahbaren Bereich, die versteht, Hoffnung zu nähren und Begierden hintanzuhalten. Oft nimmt sie auch aus den zittrigen Autorenfingern das Manuskript, zu dem man doch gar zu gern dem Gewaltigen etwas gesagt hätte: Man könnte mehr dergleichen machen, wenn es das Rechte sei; er würde einem vielleicht sagen, was etwa anders sein müsse. Man wollte ihn, wenn er ein paar Minuten Zeit hätte, unterhalten über eine Serie, die man im Sinn habe … Ach, nun ist man schon froh, daß der Engel einem das Papier abnimmt und verheißt, es möglichst nahezulegen. Manchmal aber wirst du wahrhaftig in das Zimmer des Gewaltigen geholt. Lange Gänge läufst du hinter dem wegsicheren Knaben her, der unterwegs mit Vorüberkommenden seinesgleichen Späße und Neuigkeiten austauscht und sich von Zeit zu Zeit umsieht, ob du Nachtaumelnder noch lebst. Glücklich angelangt, findest du den Ersehnten meist von andern Großen des Reichs umgeben. In leichtem und sicherem Ton reden sie miteinander. Da sitzest du nun und fassest kaum Mut, in Gegenwart dieser Geistverteiler deine kleine Sache vorzubringen. Man ist sehr freundlich zu dir. Man wird schnell dein Geschriebenes prüfen. So bald wird es allerdings wohl kaum unterzubringen sein. Es liegt so viel vor. Und das Aktuelle muß natürlich vorgehn. Daß sie unaktuell sind, das ist ja gerade der Reiz deiner kleinen Schöpfungen. Aber, nicht wahr? für das Ewig-Menschliche, das fraglos das Wertvollere ist, bleibt immer Zeit, das veraltet nicht. Nun fassest du dir ein Herz und bringst vor, du würdest dich gern einmal ins Gebiet des Aktuellen wagen, wenn dir von seiten der Zeitung ein Hinweis, eine Anregung käme. Ja, mit Anregungen ist das so eine Sache, Zeitungen bekommen selber gern Anregungen. Man hofft, du wirst vielleicht ein andres Mal einige geben … Und dann gehn wir wieder fort aus dem Schloß, Männlein und Weiblein; und wenn wir Glück haben, finden wir in vier Wochen unser wackres Erzeugnis in gehörige Kürze geschrumpft im Blatte. Verwandte lesen es ausführlich und sagen uns ihre Meinung. Und sogar einigen Leuten vom Fach fällt Name und Überschrift als Tatsache auf.

Ist man erst selbst einmal wieder gedruckt, so nimmt man auch mehr Anteil an anderm Gedruckten und bleibt bei den Buchauslagen und bei den Bücherwagen stehn. An solch einem Karren traf ich jüngst in eifrigem Gespräch mit dem Besitzer meinen Buchhändler, den kleinen schwarzen Doktor medicinae, der in dem merkwürdigen Bücherheim an der Brücke waltet. Meinen Buchhändler nenn ich ihn, weil er mir meinen geringen Bedarf an Literatur auf Kredit überläßt, mir obendrein erzählt, was alles in den Büchern steht, die ich nicht kaufe, und gern zusieht, wenn ich in den schönen Bänden blättere, die ich bestimmt nicht erwerben werde. Nehmen ihn nicht zuviel ernsthafte Kunden in Anspruch, setzt er sich manchmal mit mir in das Hinterstübchen seines Ladens und erzählt mir von Bücherschicksalen und vom Buchhandel. Das ist nicht gerade zeitgemäß. Aus Buchläden oder ihren Nebenräumen Stätten der Konversation und Geselligkeit zu machen, war wohl früher einigen vom Metier möglich und lieb, zuletzt noch dem verstorbenen Edmund Meyer, an dessen Gespräche und Getränke mancher Büchermacher und Bücherfreund sich erinnert. Im heutigen hastigen Berlin gibt es so etwas kaum noch. Wohl ist in vielen Läden die Schranke gefallen, die Käufer und Verkäufer trennte, und man kann herumspazieren, stehn und sitzen wie im Bücherzimmer eines Freundes, wohl nennen sich nach dem bekannten Münchner Vorbild auch bei uns viele Buchhandlungen Bücherstube, Bücherkabinett und dergleichen (es hat sogar einmal eine Bücherbar gegeben, in der zwei wohlbekannte Prominente die Mixer spielten), aber das rechte beschauliche Verweilen läßt in diesen hübschen Räumen die ,neue Sachlichkeit' nicht zu. Sehr zum Bedauern derjenigen Buchhändler, die selbst Bücherfreunde sind. Sie hätten gern Gäste in ihrem Laden, die nicht bloß abgefertigt werden wollen. Sie beneiden ihre Pariser Kollegen, die in meist schlechter ausgestatteten Räumen sich einer geselligen Atmosphäre erfreuen, ohne daß ihr Geschäft darunter leidet: Es soll sogar in Amerika, dem wir doch sonst die bewußte Sachlichkeit gern nachmachen, eine Art Buchladengeselligkeit geben. Nun, wenn der Berliner noch mehr Großstädter und dementsprechend gelassener geworden sein wird, wenn er sich nicht mehr etwas darauf zugute tun wird, daß er ,zu nichts kommt', dann wird man auch wieder im Zimmer des Buchhändlers richtig zu Gaste sein. Die vielgerühmte Tüchtigkeit des Berliner Sortiments wird darunter nicht leiden, die Tüchtigkeit, in der ihm weder Paris noch sonst eine Weltstadt den Rang abläuft. Der Berliner Buchhändler ist sehr unterrichtet und verschafft einem jedes nur irgend erreichbare Buch. Darin tun es die Jungen den Alten gleich, sie sind ja aufgewachsen in der Tradition und studieren jeden Morgen eifrig das vaterländische Börsenblatt. Die Tradition knüpft sich an die Namen der großen Firmen aus dem achtzehnten Jahrhundert, Nicolai und Gsellius, denen in der ersten Hälfte des neunzehnten Asher und Spaeth folgen.

‚Gibt es eigentlich Originale unter den Buchhändlern?' fragte ich einmal, als mir der Doktor zu gründlich und sachlich wurde. Er dachte nach, lächelte etwas verschmitzt, nannte aber keinen Namen. „Nein, was man so Originale nennt", sagte er dann, „das gibt es allenfalls unter den Antiquaren. Wohl dem, dem es vergönnt ist, eine Plauderstunde, etwa von Musikgeschichte und Bibliographie ausgehend, mit Martin Breslauer zu erleben, dem letzten Gelehrten, der noch richtige Vatermörder trägt. Wir Sortimenter, wir können es uns nicht leisten, Originale zu sein. Wir haben zu harten Kampf ums Dasein, gerade wie unsre guten Freunde, die Verleger!"

‚Konkurrenz untereinander?'

„Das weniger, aber zum Beispiel mit dem Warenhaus. Doch das ist ein langes Kapitel, da müßte ich Ihnen einen Vortrag halten über den Begriff Ramsch und seine Nuancen. Und über die Konflikte zwischen moderner objektiver Organisation und dem immer wieder Persönlichen, das die Behandlung geistiger Werte erfordert."

‚Nun und hier, diese Karren, die Bücherwagen, ist das nicht eine schlimme Konkurrenz?'

„Oh nein. Mit denen hat es eine besondre Bewandtnis. Zunächst sind es oft sehr merkwürdige Leute, die solche Karren schieben, schieben lassen oder auch von einem Pferdchen ziehen lassen. Das sind keine Krämer. Wunderliche Existenzen sind darunter. Alte Schauspieler, verarmte Gelehrte, dann Fanatiker bestimmter Gesinnungen, denen oft ihr Verkaufsinteresse hinter dem Anteil an ihrer ‚Sache' zurücksteht. Sie sind vielartig und gemischt wie ihr Publikum. Sie sehn ja an solch einem Wagen den Chauffeur neben dem Bibliophilen, das neugierige Geschäftsmädchen neben dem eifrigen Werkstudenten stehn. Diese Karren dienen in einem bestimmten Sinn unserm Interesse. Sie bringen das Buch näher an den Menschen heran, als es ein Schaufenster vermag. Und da die Verkehrspolizei uns nicht erlaubt, unsere Ware, wie es in glücklicheren Ländern geschieht, auf die Straße zu legen, so müssen wir den Bücherwagen dankbar sein, daß sie auf Umwegen den Kunden in unsere Läden locken. Sie werben besser für uns, als es die rühmlichen Bemühungen für den ‚Tag des Buches‘ können."

‚Eigentlich sollten die Schriftsteller sich selbst mit ihrer Ware in redlicher Selbstreklame an den Straßenecken aufpflanzen und ausrufen: Hier noch zehn Stück Selbstgedichtetes, damit es alle wird!‘

„Auch Derartiges hat man versucht", sagte der Doktor, er fand es gar nicht komisch, und dann wandte er sich wieder seinem zigeunerischen Kollegen zu, um ernsthaft über Bücher zu reden.

Südwesten

‚Im Südwesten sind Wilmersdorf und Schöneberg mit Berlin und Charlottenburg völlig verwachsen‘, lehrt Baedeker. Darum wollen wir nicht die genauen Grenzen suchen, sondern hinterm Bülow-Bogen die Potsdamerstraße hinauf unversehens in die Vorstadt gelangen.

Erste Station: Der Sportpalast.

Wer das Volk von Berlin im Fieber sehn will, versäume nicht, einen Teil der 144 Stunden zu erleben, in denen auf schräger Holzbahn die Fahrer des Sechstagerennens ihre Runden durch die Riesenhalle machen. Im Mittelraum und in den Logen wird er Gesellschaft sehn, ‚Köpfe‘, Prominente, schöne Schultern in Zobel und Fuchs. Will er aber unter den wahren Kennern sitzen, unter denen, deren Anteil am unmittelbarsten und berlinischsten ist, muß er sich unter die Sweater und Windjacken auf der Galerie mischen. Da wird keine wichtige Wertung oder Überrundung unbeachtet gelassen, da wird strengste Kritik geübt und am heftigsten geklatscht. Ist gerade ‚nichts los‘, wird Karten gespielt. Dann wieder hallen und zischen die Vornamen der anzufeuernden Lieblinge, welche man hier oben kennt, ohne sich an Zahl und Trikotfarbe des sausenden Rückens orientieren zu müssen, durch den Dunst. Hier findest du auch einen gutmütigen Nachbarn, der dich über die Phasen des Kampfes, Jagden, Ablösungen, Strafrunden, Spurt belehrt und dir die Bedeutung der Lampensignale: grün = Wertung, blau = Prämie, rot = Neutralisation, erklärt. Gern sagt der Berliner dir Bescheid, so wunderlich ihm auch einer vorkommt, der von diesen wichtigsten Dingen nichts weiß, die er selbst schon als kleiner Junge gelernt hat.

Wenn dann aber eine bemerkenswerte Nuance oder neue wichtige Etappe der geregelten Raserei da unten deutlich wird, wendet er sich von dir weg, ist ganz Auge und Ohr, beschimpft und bejubelt den oder die, auf die er mit seinen Kumpanen oder im eignen Herzen mit dem Schicksal gewettet hat. Er vergißt dich, die Freunde, Beruf und Liebe, Lust und Verdruß. Von den beiden großen Bedürfnissen des römischen Volkes, panis et circenses, beherrschen ihn nur noch die circenses. Londoner und Pariser in Sweater und Halstuch sind gewiß auch große Sportkenner und -enthusiasten, aber sie haben ältere Erfahrungen teils im Sport, teils in Weltstadtfreude überhaupt. Hier aber sitzest du neben dem jüngsten Großstädter. Der ist noch unblasiert, wenn er sich auch gelassen stellt mit seinem ‚Selbstredend' und ‚Kommt nich in Frage' (der neuen Form für das ältere ‚Ausjeschlossen'). Er fiebert im Massenrausch. Er fährt wie aus tiefem Traum, wenn der Gongschlag den Beginn einer neuen Stunde verkündet. Einen Augenblick verläßt sein Blick die Spur seines Fahrers und streift den Apparat, der die geleisteten Kilometer anzeigt. Im Paroxysmus kannst du ihn sehn bei plötzlichen Jagden oder in der letzten Nacht, wenn sein Feuer noch geschürt wird durch die Zählapparate am Ziel, welche die noch zu fahrenden Minuten angeben.

Doch auch in seinen gelinderen Momenten ist er unterhaltend. Da spielt zum Beispiel die Kapelle statt seiner Lieblingsmelodien irgendein mondänes Stück, das ihn langweilt. Gleich geht's los: „Wo bleibt denn der Sportpalastwalzer? Ihr Fettjemachten, ihr Volljefressnen! Andre Kapelle! Halt't Schnauze mit eurem ‚Ich küsse Ihren … Madame'." Und als dann die Kapelle den gewünschten Walzer spielt, pfeifen die da oben mit durch die Finger und machen noch besondre Fiorituren um die Melodie herum. Dazwischen stößt die heisere Stimme des Kellners: ‚Wer wünscht noch Bier, Brause?' Ein witziger Zeitungsausrufer reimt: ‚Die Mottenpost, die bloß'n Jroschen kost't.' Späte Nachzügler werden begrüßt: „Jetz kommt det Kind von der Post … Na, du oller Hundertfünfunsiebziger, wo hast de denn so lange jesteckt? Mensch, hast wohl zu lange jefastet, siehst ja aus wie 'ne Spiritusleiche."

Ein Schreck zuckt durch die Fladen des Rauchs, die Büschel der Scheinwerfer: es ist ein Fahrer gestürzt. Ist der Sturz schwer? Man weiß noch nicht. Die andern kreisen weiter. Man schleppt den blutenden in seine Koje am Innenbord der Bahn. Vielleicht kann schon der Masseur ihm helfen, und er braucht nicht zur Arztstation. Die seidnen Damen am nächsten Sekttisch beugen sich einen Augenblick über die Brüstung zu ihm. Dann wird er vergessen.

So ist der Sportpalast in einer der oft und fachmännischer erzählten großen Nächte. Eine eigene Schönheit hat er während des Sechstagerennens auch in manchen stilleren Nachmittagstunden, wenn milchig blaues Tageslicht in die Bretterbahn fällt, auf der die Räder leise surren, und gelbe und blaue Reklameplakate bestrahlt. Das gibt dem hölzernen Raum eine Wärme und Dichtigkeit, wie sie sonst unser Berlin nur selten hat.

Sport ist international und kennt keine politischen Parteien. Aber sein Palast hier steht auch der politischen Leidenschaft offen. Große Kundgebung der Nationalsozialisten wird angekündigt. Die Hallen füllen sich. Vor den Toren patrouilliert die Polizei, denn man rechnet mit Gegendemonstrationen der ,Roten' draußen. Und vom Aneinandervorbei bis zum Prügeln ist der Weg nicht weiter als bei den Montecchi und Capuletti der vom ,Eselbohren' bis zum Blankziehen. Mit einmal heißt es, die Kommunisten versuchen den Palast zu stürmen. Die Polizei bekommt Verstärkung. Gummiknüppel werden geschwungen. Wer angefangen hat, ist schwer festzustellen. Wenn sie nicht ihre Abzeichen trügen, Orden der Reaktion oder Revolution, sie wären kaum zu unterscheiden, die kecken Berliner Jungen aus beiden Lagern. Mitunter lauern auch draußen die vom Stahlhelm, während drinnen die Roten tagen. Dann ist der Saal mit breiten roten Spruchbändern behangen. Ordner müssen die Treppengänge immer wieder frei machen. Stühle werden hergeschleppt und nachgerückt im überfüllten Saal. Von den Schwalbennestern oben bis an die Türen unten ist alles voll. Gefügig drückt sich die Menge beiseite, wenn mit Musik die Rotfront einzieht. Kriegerisch ist die Musik, welche die Genossen begeistert, wie einst die, bei der sie Kameraden waren. Ganz junge Burschen ziehn beckenschlagend voran, Pfeifer folgen ihnen im Gleichschritt. Die geballte Faust der Männer, die offne Hand der Knaben grüßt die Fahnen.

All das nimmt der Sportpalast mit einer Art riesenhafter Gutmütigkeit in seine runden Weiten. Mit unparteiischem Echo dröhnen seine Wände ,Hakenkreuz am Stahlhelm' und ,Auf zum letzten Gefechte' wider wie die Zurufe der Sportfreunde. Es ist ja alles Überschwang derselben ungebrochenen Lebenslust.

Zweite Station: Der Heinrich-von-Kleist-Park.

Der hat einen besonderen Schmuck bekommen durch Gontards Königskolonnaden, die ehedem in der Gegend des heutigen Bahnhofs Alexanderplatz standen. Hier sind sie noch nicht ganz zu Hause, nicht so ins Stadtgefüge eingetan wie die Kolonnaden desselben Meisters am Ende der Leipziger Straße, deren Rundung in eine platzartige Erweiterung mitten in lauteste Geschäftsgegend ruhevolle Vergangenheit bannt. (Es ist, als könne man durch die Tore und Türen, welche sich hinter den Säulen öffnen, geradewegs in die Zimmer vergangener Zeiten dringen.) Die nach dem Kleist-Park versetzten Kolonnaden müßten in diesem Parkrahmen Ruine sein oder wenigstens stärker verwittern. Man sollte wenigstens für Vogelnester sorgen ... Immerhin erfreuen wir uns an den gemeißelten Gewinden um die Schneckenkapitelle der Säulen und an den Reliefs darunter, die wie Buchvignetten wirken. Unter den Statuen ist ein rundliches Nymphenmädchen, das bei all seiner Rokoko-Antike im Ausdruck etwas von einer Berliner ,Nutte' hat. Das muß also wohl älter sein als der Begriff. Parkeinwärts zielt eine Bogenschützin so stilvoll wie möglich über den Mummelteich auf die kleine Restflora vom ehemaligen Botanischen Garten, der hier war, bevor er hinter Steglitz verlegt wurde. Was zwischen Steinchen gepflegt blüht, dem dürfen die Kinder sich nicht nähern, sie müssen auf den Sandplätzen bleiben oder ihre Roller auf die breiteren Wege lenken. Am glücklichsten unter den Kleinen sind vielleicht die, denen die herrlichen Sandschutthaufen drüben am Plankenzaun bei den freigelegten Wasserleitungsröhren als Rutschbahn dienen. Von den Erwachsnen interessiert uns am meisten die Gruppe Kartenspieler auf der Bank unterm Busch. Ich glaube, es sind Arbeitslose, wie wir sie im Friedrichshain gesehen haben. Sie vergessen für ein paar Stunden ihren Jammer. Angespannt sehen sie auf die Karten in der Hand dessen, der mischt, wie Rembrandts Mediziner auf den Leichnam unterm Messer des lehrenden Arztes in der Anatomie. Ein Gelähmter hat seinen Wagen an die Partie auf der Bank hingerollt und kiebitzt hingebungsvoll.

Und nun hinein ins eigentliche Schöneberg. Da ist eine Hauptstraße, wo es alles gibt: zwiebelig getürmte Häuser mit Aufgängen nur für Herrschaften. Läden mit Duettbrennern und Proviantdosen mit verstellbarem Abteil und ähnlich praktisch heißendem Bedarf. Wir wollen nicht verweilen. Diese Gegend macht ungewöhnlich traurig. Dann lieber über den Kaiser Wilhelmsplatz – wie soll er auch sonst heißen? – ins sozusagen offiziell traurige Viertel von Schöneberg gehn, die ‚Insel‘, wie die Einwohner es nennen: Straßen, die den Schienensträngen der Ringbahn benachbart sind. Dort kann man morgens und abends zwischen den beiden Bahnhöfen Schöneberg und Großgörschenstraße, die nicht miteinander verbunden sind, eiliges armes Volk durch den ‚polnischen Korridor‘ laufen sehen. Hinter den traurigen Fassaden ahnt man die sonnenlosen Hinterhöfe, die ‚Rasenanlage‘, in der die Kinder nicht graben dürfen, Müllkästen und das ungewollte Duett eines Radiolautsprechers im Fenster und einer Drehorgel unten, keifende Nachbarinnen und die dünne Stimme des Bettelsängers. Das rotverhangene Gestell dort an der Ecke der absteigenden Nebenstraße, welches ein Werbebüro der KPD birgt, kann hier auf guten Zuspruch rechnen … Von Tempelhof kommt einen bergigen Weg den Bahnübergang her die Tram zwischen Güterbahnhof und Müllabfuhrschuppen gefahren. Sie bringt uns schnell ans andere Ende von Schöneberg, an die tiefe Mulde des Stadtparks. In dem könnte man im Notfall das Lied vom verliebten ‚Schöneberg im Monat Mai‘ lokalisieren, was in den übrigen Teilen dieses Orts mit dem verheißungsvollen Namen kaum möglich ist.

Nördlich vom Stadtpark liegt das bekannte ‚Bayrische Viertel‘. Wieviel davon man zu Berlin, zu Schöneberg oder zu Wilmersdorf rechnen soll, weiß ich nicht. Es ist nicht so rechtwinkelig und geradlinig angelegt wie Berlin W. Und statt uns darüber zu freuen, fluchen wir Undankbaren, daß wir uns in all diesem Heilbronn, Regensburg, Landshut und Aschaffenburg immer wieder verirren. Uns kann man's nie recht machen. Auch die allerlei Brunnen- und Baumanlagen nehmen wir, ohne sie recht zu beachten, hin. In einigen Winkeln stoßen wir auf Versuche, altdeutsche Stadt nachzumachen, die rührend scheitern. Man muß nicht allzu streng mit dem Bayrischen Viertel sein. Als es gebaut wurde, gab es noch nicht unser gleich- und alleinseligmachendes Laufband.

Durch Wilmersdorf und Friedenau führt die lange Kaiserallee, umgeben von Wohnvierteln, die sich aus alten Dörfern und Villenkolonien gebildet haben. Von Friedenau wird behauptet, daß es, wie auch gewisse Teile von Steglitz und Lichterfelde, Zufluchtstätte vieler ehemaliger königlicher Beamter und rentenlos gewordener Rentner alten Schlages sei. Gestalten mit chronisch entrüstetem Gesichtsausdruck über Bärten, die etwas Pensioniertes, etwas von Restbestand haben, sollen Geheimräte und Kanzleisekretäre sein; es begleiten sie Gattinnen, die oft richtige Federn auf dem Hut haben, wie in entschwundenen Zeiten die Damen von Welt es hatten. Diese würdigen Matronen wohnen in freundlichen etwas unmodernen Gartenhäusern. Man sollte glauben, daß sie in ihrem traulichen Heim lieblicher werden müßten, als sie es sind. Nun, wir wollen für ihre Kinder hoffen …

Wo die Kaiserallee in die Schloßstraße mündet, fängt Steglitz an. Es beginnt hochmodern mit einem stolz ragenden Filmpalast, an dessen Flanken in strahlenden Röhren das Licht flutet, in dessen Innerm strenge Linien und kühne Wölbungen Zuschauer- und Bühnenraum umschweifen. Aber weiterhin ist das gute Steglitz eine der älteren berlinischen Kleinstädte und viele Häuser der Seitenstraßen, die zum Stadtpark führen, sind geblieben wie zur Zeit der Jahrhundertwende, da man hier Schul- und Studienfreunde besuchte, die Sonderlinge waren und zur bessern Erkenntnis der Weltstadt die kontrastierende Stille des abgelegenen Vororts brauchten. Das älteste hier ist wohl das Schloßrestaurant mit dem Theater, ein Gebäude, das bald nach 1800 von Gilly als Landhaus errichtet worden ist.

Mit der Wannseebahn erreichen wir als nächste Station den Botanischen Garten, eine wunderbare Schöpfung von Wissenschaft und Geschmack. Da kann man durch die Flora der hohen Gebirge in winzigen Alpen und Kordilleren spazieren gehn. Die ganzen Karpaten sind in einer halben Minute durchstreift. Vom Mittelmeer ist es nicht weit zum Himalaja. Hinterm Palmenhaus aber steigt als heimischer Hügel der Dahlemer Fichtenberg an. Straßen und Plätze bei dem Garten haben hübsche Namen, einen Begonienplatz gibt es, einen Asternplatz und eine Malvenstraße.

Schön gelegen wie die botanischen und pflanzenphysiologischen Museen am Gartenrand sind auch die wissenschaftlichen Institute im nahen Dahlem. Da hat die strenge Wissenschaft lauter licht und munter gebaute sommerliche Heime der Biologie, Entomologie, Völkerkunde, Chemie. Die landwirtschaftliche Hochschule wohnt breit und bequem in einer Art Gutshof. Sogar das Geheime Preußische Staatsarchiv, das hier haust, hat ländlich frische Farbe und ein lustig rotes Dach. Und selbst die Untergrundbahnhöfe in und bei Dahlem besitzen sommerliche Anmut. Dieser Vorort ist eine der Gegenden, wo die Berliner der kommenden Zeit wohnen, ein Menschenschlag, bei dem die Abgehetztheit der Väter, die ‚zu nichts kamen', weil sie zuviel zu tun hatten, in eine freie heitere Beweglichkeit sich umzuwandeln scheint. Nun, wir wollen mit Bestimmtheit nichts behaupten, aber immerhin hoffen.

Vielleicht haben wir Glück und es begegnet uns eine der jungen Dahlemer Berlinerinnen. Sie läßt ihr Auto hier vor dem hübschen Café an der Station parken und geht mit uns zu Fuß waldeinwärts bis zur Krummen Lanke und dann wasserentlang nach Onkel Toms Hütte oder zum alten Jagdschloß Grunewald, das einst Kaspar Theyß für den Kurfürsten Joachim erbaut hat. Dort machen wir eine Weile vor dem kuriosen Steinrelief halt, das drei Personen um einen Tisch stehend versammelt, in der Mitte den Fürsten als Wirt oder Kellermeister mit aufgekrempelten Ärmeln und stattlichem Embonpoint, neben ihm den höfisch gekleideten Baumeister, dem sein Gebieter den Humpen kredenzt, während die dritte Gestalt einen Krug mit weiterem Trank bereithält. Wir rätseln an den witzigen Versen, die in altem Deutsch darunterstehn. Bald aber haben wir genug von alter Zeit und sanftem Spazieren, und die gastliche Dahlemerin fährt uns im Eiltempo zur neuen Siedlung an der Riemeisterstraße, zu alten Lichterfelder Villenstraßen und nach Zehlendorf, wo wieder mitten im Neuen und Neueren die achteckige Dorfkirche mit dem spitzigen Dach für einen Augenblick fesselt, die aus den Zeiten des Großen Friedrich stammt. Dann geht es durch Schlachtensee und Nikolassee zum Wannsee. Unsern Tee nehmen wir in einem etwas abgelegenen Haus am See. Eine kleine Kapelle lockt zu ein wenig Tanz. Unsre Begleiterin kann uns an lebenden Beispielen über den Anteil des besten Berlin an den neuen Sommermoden belehren. Aber auch mit den Segelbooten weiß sie Bescheid. Sie kennt den Besitzer der hübschen Jacht, weiß, wem der eifrige Motor gehört. Vielleicht haben wir noch Zeit, an den Stölpchensee zu fahren und von der Terrasse auf die Paddelboote zu schauen, auf die jungen zartkräftigen Knie der Mädchen, die tief im Boot liegen, während der Gefährte oder die Gefährtin lenkt. Im Vorbeifahren sehn wir bei Schildhorn Volk vom Autobus hergebracht, das hier freibadet, Ball spielt und Hunde tummelt. Rührend ist das Stückchen dünenzarter Sand am Rande des Waldhangs, durch den Stolperwege zwischen Kaninchenlöchern führen.

Vielleicht ist unsre Begleiterin Mitglied des Golfklubs und nimmt uns, wenn wir es verdienen, mit zu der schönsten Sportstätte. Sie zu beschreiben zitiere ich Worte des Dichters dieses lebendigsten, gegenwärtigsten Berlins, die Worte Wilhelm Speyers in seiner ‚Charlott etwas verrückt‘: „Unter den neuen Sportstätten im jungen Leben Berlins war keine schöner geworden als der zwischen Wannsee und Potsdam gelegene Golfplatz. Rasenflächen und Fichtenwälder mit vereinzelten seitwärts gelegenen Bungalos fielen in sanfter märkischer Schräge zu einem kleinen See oder zu neuen Wäldern und neuen Rasenflächen hinab. Stand man oben auf der Terrasse des Klubhauses, so wurden die über weite Räume verteilten Spieler und ihre buntbekleideten Caddies in der klaren, trockenen und reinen Luft der Mark vor dem Blickfeld des Betrachtenden eng zusammengezogen, als seien sie mit ihrem erhobenen oder gesenkten Spielgerät kostbar gebildete, in schwierigen Verkürzungen dargestellte Figuren eines japanischen Holzschnittes. Begleitet nur von den bagstragenden Knaben, doch abgesondert von den andern Spielern, hatte der Spielende etwas in seiner Haltung von den frommen, auf sich gestellten Eifer eines Eremiten der Thebais.“ Von solchen Gestalten nennt uns unsre Protektorin einige bei Namen, während wir auf der schönen Gartenterrasse sitzen, und so lernen wir Berliner Gesellschaft kennen, dieses schwer darzustellende Gebilde, zu dessen Formung so viel verschiedene merkwürdige Ehrgeize beigetragen haben, daß die zugleich freieste und konventionellste Sozietät entstand. Man muß sich sehr zusammennehmen, um sich so gehen zu lassen, wie es den großen Berlinern gefällt. Durch unsre Athene (Athene ist Schutzgöttin der jungen Berlinerinnen mehr als Diana oder Venus, glaub' ich), durch diese unsre Athene werden wir auch den kennenlernen, der uns mitnimmt zum Polo in die Gartenstadt Frohnau, zum Trabrennen nach Mariendorf und auf die Rennbahn Grunewald usw.

Nach alldem wird Athene uns, um ihre Güte vollzumachen, auch noch heimfahren, und zwar über die Avus, die berühmte Automobil-Verkehrs-und-Übungsstraße. Dort lernen wir, da wir in diesem Artikel noch nicht so erfahren sind wie hier jeder Junge von zehn Jahren, die verschiedenen berühmten Automobilmarken im Vorbeifahren unterscheiden, und von manchen, wie jenem großen Hispano, diesem eleganten Buick, dem schlanken ganz roten, dem kleinen ganz weißen Wagen, nennt Athene den Besitzer oder die Dame am Steuer, während die kleinen Bäume hinter dem Zaun und die Reklameschilder am Straßenrand schräg in unsre rasche Fahrt sinken. Langsamer gleiten wir dann durchs nördliche Tor, und hinterm Funkturm geht es noch einmal mit achtzig oder mehr Kilometer die breite Straße auf den Tiergarten zu.

Nachwort an die Berliner

Das waren ein paar schüchterne Versuche, in Berlin spazieren zu gehen, rund herum und mitten durch, und nun, liebe Mitbürger, haltet mir nicht vor, was ich alles Wichtiges und Bemerkenswertes übersehen habe, sondern geht selbst so wie ich ohne Ziel auf die kleinen Entdeckungsreisen des Zufalls. Ihr habt keine Zeit? Dahinter steckt ein falscher Ehrgeiz, ihr Fleißigen.

Gebt der Stadt ein bißchen ab von eurer Liebe zur Landschaft! Von dieser Landschaft habe ich hier nichts gesagt, habe die Grenzen der Stadt nur flüchtig mit ein paar Worten überschritten. Sie ist ja schon viel beschrieben und gemalt, die merkwürdige Gegend, in der unsere Stadt wohnt, die märkische Landschaft, die bis auf den heutigen Tag etwas Vorgeschichtliches behalten hat. Sobald die Sonntagsgäste sie verlassen haben, sind Kiefernwald, Luch und Sand wie vor der Zeit der ersten Siedler, besonders im Osten. Im Westen aber haben wir ein Stück Landschaft, an der Menschenhand mitgeschaffen hat. Das ist die Gegend, die Georg Hermann in seinem ‚Spaziergang in Potsdam' eine Enklave des Südens nennt. Wie in dies Neuland des achtzehnten Jahrhunderts Stadt- und Parkbild sich einfügt, müßt ihr in dem kleinen Büchlein nachlesen. Und dann laßt euch von ihm auf den Platz beim Stadtschloß führen, den ‚losgelösten Architekturtraum', und zu Knobelsdorffs Kolonnaden im Schloßgarten, den Riesensäulen mit zart durchbrochener Balustrade, und in die Schlösser, Hecken und Teppichbeete von Sanssouci. Er lehrt das Persönliche der königlichen

Schöpfung verstehn, die Art, wie Friedrich ‚die Stadt im Gesamtbild abstimmte, als hätte er sie innerlich stets als Ganzes vor Augen gehabt'. An der Hand dieses Führers wandert ihr dann auch gut durch die Straßen der Stadt mit ihren glücklichen Durchblicken und Abschlüssen, lebt mit all den Vasen, Girlanden, Flöten und Leiern, Waffen und Sphinxen der Bauplastik, die ‚selbst im Kietz, wo die Fischer wohnen, Amoretten auf der Dachkrönung Netze flicken' läßt. Hermann unterscheidet die verschiedenen Typen von Häusern, Puttenhäuser, Vasenhäuser, Urnen-, Masken-, Medaillen-, Zopf- und Wedgwoodhäuser und ihre Mischformen, beschreibt uns eine alte Straße, die ‚eine zwitschernde Voliere all dieser Typen' ist, und treibt, wohin er uns führt, ganz gelinde im Weitergehen, was er selbst ‚peripatetische Stilkunde' nennt.

Ins weitere und nähere Havelland leitet uns Fontane. Bei ihm lesen wir zum Beispiel die Geschichte der alten und den Anblick der späteren Pfaueninsel nach. Und was wir dort an Blumenmustern der Tapeten, Bettschirmen und Möbeln von der Welt der Königin Luise spüren, führt uns nach Paretz zu ähnlichen Mustern, zu hängenden und tropfenden Bäumen auf der Wandbespannung, zu Kommoden und Diwanen, in denen so viel von der Atmosphäre dieser Frau und ihrer Welt geblieben ist.

Diese vollendeten Potsdamer Schönheiten zu lieben, fällt nicht schwer, wir aber müssen die Schönheit von Berlin lieben lernen. Zum Schluß müßte ich nun eigentlich auch einige ‚Bildungserlebnisse' beichten und gestehn, aus welchen Büchern ich lerne, was nicht einfach mit Augen zu sehen ist, und manches, was ich sah, besser zu sehen lerne. So eine saubere kleine Bibliographie am Ende, das gäbe meinem Buch ein wenig von der Würde, die ihm mangelt. Ach, aber auch in den Bibliotheken und Sammlungen bin ich mehr auf Abenteuer des Zufalls ausgegangen als auf rechtschaffne Wissenschaft, und zu solchem Kreuz und Quer durch die Welt der Bücher möchte ich auch die andern verführen.

Einer der großen Kenner der Geschichte, Kultur- und Kunstgeschichte Berlins (ihre Namen finden sich im Baedeker unter dem Abschnitt Literatur) sollte einmal eine Beschreibung der Stadt aus lauter alten Beschreibungen zusammenstellen und alle Denkmäler von den näheren Zeitgenossen ihres Entstehens darstellen lassen: Über das Grabdenkmal des Staatsministers Johann Andreas Kraut in der Nicolaikirche müßte der Rektor Küster vom Friedrich Werderschen Gymnasium zu Worte kommen, über das Opernhaus müßte aus Carl Burneys, der Musik Doctors, Tagebuch seiner Musikalischen Reisen zitiert werden, über Schinkel müßte einer von denen reden, die ihn den Königl. Geh.

Oberbaurat titulieren usw. Das gäbe einen hübschen bibliographischen Spaziergang durch Berlin und würde uns immer neue Vergangenheiten der Stadt bildhaft nahebringen und im noch Sichtbaren Verschwundenes genießen lehren.

Bisher wurde Berlin vielleicht wirklich nicht genug geliebt, wie ein großer Freund der Stadt, der Bürgermeister Reicke, einmal geklagt hat. Noch fühlt man in vielen Teilen Berlins, sie sind nicht genug angesehn worden, um wirklich sichtbar zu sein. Wir Berliner müssen unsere Stadt noch viel mehr – bewohnen. Es ist gar nicht so leicht, das Ansehen sowohl wie das Bewohnen bei einer Stadt, die immerzu unterwegs, immer im Begriff ist, anders zu werden und nie in ihrem Gestern ausruht. In seinem geistvollen, aber hoffentlich doch zu pessimistischen Buch ‚Berlin, ein Stadtschicksal' klagt Karl Scheffler, Berlin sei heute noch wie vor Jahrhunderten recht eigentlich eine Kolonistenstadt, vorgeschoben in leere Steppe. Darum keine Tradition, daher soviel Ungeduld und Unruhe. Der Zukunft zittert die Stadt entgegen. Wie sollte man da den Bewohnern zumuten, liebevoll in der Gegenwart zu verweilen und die freundliche Rolle der Staffage im Bilde der Stadt zu übernehmen?

Wir wollen es uns zumuten, wir wollen ein wenig Müßiggang und Genuß lernen und das Ding Berlin in seinem Neben- und Durcheinander von Kostbarem und Garstigem, Solidem und Unechtem, Komischem und Respektablem so lange anschauen, liebgewinnen und schön finden, bis es schön ist.

FRAUEN UND STÄDTE

In Büchern, Zeitschriften und Zeitungen hatte ich viel über das Stadterlebnis geschrieben. Ich beabsichtigte, von dem nicht in Buchform Veröffentlichten eine Auswahl zusammenzustellen. Und mit dieser wollte ich eine Reihe von Aufsätzen über Frauen vereinigen.

FRAUEN UND STÄDTE

sollte das Buch heißen und als Motto den alten Merkspruch aus der Lateinischen Grammatik haben:

> *„Die Weiber, Inseln, Städt' und Land*
> *Als Feminina sind bekannt."*

Von dieser Genusregel eingeleitet und vielleicht noch um einiges vermehrt und zugleich in eine bestimmte Anordnung gebracht, sollten sich die Stücke dieser Mappe zusammenfinden, die nun hier nebeneinanderliegen. Einige davon sind vielleicht wert, aufgehoben zu werden. Die andern werden immerhin euer persönliches Interesse erregen, Erinnerungen wachrufen. Ihr könnt sie dann nach der Lektüre nach Belieben in eine Familienmappe oder in den Papierkorb wandern lassen.

FRAUEN

Margarete Koeppke

Eine junge Schauspielerin von kindlicher Schönheit und elbischem Wesen. Polgar nannte sie einmal „den Kolibri in der Wiener Volière". Ich sah sie in Berlin manchmal bei einem, der sie sehr liebte, und in Wien auch auf der Bühne. Ihr plötzlicher Freitod (sie vergiftete sich im Haus einer Wiener Freundin um 1930) war der Anlaß zu diesem Aufsatz in der „Frau". Ich hab ihn gern aufgehoben, weil er sich um den Ausdruck mythologischen Schicksals bemüht, worin ich immer eine besonders verlockende Aufgabe gesehen habe.

Briefe der Gräfin Franziska zu Reventlow

Davon gibts zwei Fassungen, von denen die eine in der „Literar. Welt" erschien, als das Buch, von der Schwiegertochter der gegen Ende des Weltkriegs Verstorbenen, kurz nach der Ausgabe der gesammelten Schriften und Tagebücher der Gräfin, erschien. Die andre Fassung erschien in dem Hamburger „Deutschen Buch-Club". Über die unvergeßliche Frau ist ja vorher und nachher viel von Berufenen und Unberufenen geschrieben worden. Und ich hätte eigentlich wohl Wesentlicheres über sie zu sagen, als was ich da schnell hinge-schrieben habe. Immerhin wird es euch als Dokument interessieren.

„Seid nur fromm, wie der Grieche war" – Ein Motto zum Werk der Renée Sintenis

Auf diesen Essay lege ich besonderen Wert. Er ist nicht so nur zu einer Gele-genheit geschrieben, sondern das Resultat vielen Anschauens und Nacherle-bens.

Marlene Dietrich

Dies Essay ist in Buchform erschienen 1931 bei Kindt & Bucher. Ihr findet es in meiner Bibliothek. Es ist geschrieben in der Zeit, als Marlene ihre ersten Hollywood-Erfolge hatte, im wesentlichen aber unter dem Eindruck ihrer Erscheinung im „Blauen Engel". Marlene war später für mich nie wieder so bedeutsam wie in dieser Rolle. Zu verherrlichen hatte ich das Berliner Kind, die spätere Künstlerin nur zu bewundern.

Von einer Zeitung des Vobach Verlags wurde ich aufgefordert, einen mehr populären Aufsatz über „Marlene als Mutter, Marlene als Kind" zu schreiben. Diesen selbst besitz ich nicht mehr. Aber den Entwurf dazu leg ich hier bei. Nur für euch! Er erzählt mein Interview bei Marlene und einiges aus ihrer Kindheit, was mir ihre Mutter mitgeteilt hat.

Die Bergner im Film

Eine kurze Notiz geschrieben für die „Lit. Welt", zweitgedruckt in dem Film-photobuch des Verlages Kindt & Bucher, das ihr in meiner Bibliothek findet. „Der Geiger von Florenz" war ein stummer Film. Daher das merkwürdige „Ach, wenn sie doch spräche!"

Jack von Reppert-Bismarck

In der „Frau" ein Aufsätzchen über die paradiesische Kunst dieser Frau. In der „Wochenschau" einer Provinz-Illustrierten populärer eine Art Interview.

Als Übergang zu den Städten ein paar Mädchengestalten, nach den bedeuten-den Frauen die mehr bedeutsamen, typischen Kinder ihrer Stadt. Eine kleine Pariserin:

Frühstück mit einer Verkäuferin
erschienen in der „Dame".

Eine kleine Berliner Sekretärin:
Interview in einer kleinen Konditorei
erschienen im „Almanach der Schönheit", einer Sondernummer der Frankfur-
ter „Frau", ad hoc geschrieben, vom Standpunkt des Mannes, der ‚eigentlich
nichts davon versteht' …

Noch ein Berliner Mädchen in der
Märkischen Epistel
geschrieben für eine Art Frühlingsnummer der „Frau", gefällt mir in seiner
leichten Art immer noch, ist vielleicht Berlinisches Zeitdokument.

WIEN

Versuch mit Wien
In Wien war ich zum ersten und einzigen Mal im Frühjahr 1929, gehütet und
geleitet von Polgar und den Seinen. Die Stadt war wunderbar „ähnlich", und
ich habe sie in den drei kurzen Wochen sehr erlebt. Und der kleine Aufsatz im
„Tage-Buch" scheint mir in Sprache, Themenauswahl ein besonders glückli-
ches Produkt dieses Erlebnisses zu sein.

Clarior in Adversis
Besuch bei dem berühmten Wiener Inflations-Millionär Castiglioni.

BERLIN

Eine Reihe Skizzen, die mit und neben dem Buch „Spazieren in Berlin" ent-
standen.

Persönliches über Sphinxe
Juni 1933 im „Tageblatt" erschienen, eine meiner letzten Veröffentlichungen
im Dritten Reich. Für euch mit Kindheitserinnerungen verknüpft …

Im alten Westen
beigesteuert zu einer Sammelnummer des „Tageblatts" über den Berliner Frühling, etwas „beiläufig" und gewissermaßen von mir selbst abgeschrieben, aber für euch vielleicht Erinnerungswelt.

Fruchtlose Pfändung
Nach einem Spaziergang und Gespräch mit einem Vollziehungsbeamten geschrieben und getreues Dokument der Zeit (1929).

Hyänenkind
Aus der Zeit, als der Tier-„Kinderzoo" eingerichtet wurde.

An die Berlinerin
in der damaligen deutschen „Vogue", 1929, etwas ad hoc geschrieben, aber ein paar nette zeitdokumentierende Einzelheiten.

Unsere fleißigen Mädchen
in der „Frankfurter Zeitung" etwas auf Bestellung und von mir selbst abgeschrieben. Wegen einiger Späße einmal lesen, dann Papierkorb.

Das andere Berlin
„Kölnische Zeitung" 1929. Variante zu Dingen aus dem Buch „Spazieren in Berlin".

Berlin. Herberge und Heimat
Zu Bildern einer Illustrierten, dokumentarisch.

Berliner Gedichte
Geleitwort zu einer Sammlung. Ihr findet den Privatdruck der Berliner Bibliophilen in meiner Biblio.

Vielleicht ein Volkslied
Dokument der Arbeitslosigkeit, abgedruckt, um einen mir nicht unwesentlich erscheinenden Satz gekürzt, in der „Frankfurter Zeitung", August 1931. Zur Orientierung hefte ich den Ms.-Durchschlag an. Und den kompletten Abdruck aus dem „Montag Morgen".

Tatü-Tata
Diese Glosse im „Tage-Buch" hat ihren Namen von dem Hupenlaut des wei-
land kaiserlichen Autos. Dokumentarisch. Muß zwischen 1924 und 1925
erschienen sein.

Berliner Notizbuch
Diese „Tage-Buch"-Glosse vom Jahre 1927 wollte ich in das Kapitel „Allbi" in
den „Ermunterungen zum Genuß" aufnehmen, habs dann aber weggelassen.

Berliner Familie 1931
Beitrag zu einer Art Rundfrage der „Frankfurter Illustrierten" von diesem
Jahre. Dokumentarisch.

Frierende Tänze
In der Frankfurter „Frau" erschienen. Obwohl Novellenform, doch mehr eine
Zeit-Skizze und in dies Stadt-Buch passend.

Das rheinische Mädchen aus Wendisch-Rietz
Novellistische Variante der S. 60-63 aus „Spazieren in Berlin". Nur in dem
beiliegenden Privatdruck des „Fontane"-Abends erschienen.

Wird er kommen?
Wird besonders Uli an allerlei erinnern. Abdruck in der „Frau", März 1934.

Heimweh nach der Mark
Ein Stückchen Landschaft bei Berlin. Erinnerung an Blankensee bei Trebbin,
wo ich Weihnachten 1913 bis Frühjahr 1914 mit eurer Massi lebte (Uli war
heimlich auch schon dabei). Die meisten Geschichten hier drin sind Erzählun-
gen von Massi.

MÜNCHEN

Das echte Münchner Mädel
Aufgefordert, etwas zu Fasnacht über München zu schreiben, wozu Engert,
der berühmte Scherenschneider, Silhouetten machen sollte, schickte ich erst

diese Faschingserinnerung. Die war dann aber zu lang und zu novellistisch. Da schrieb ich den kleinen Aufsatz.

Vom alten Münchner Fasching
der dann mit den Scherenschnitten in der „Frau" erschien. In beiden Stücken sind etliche Späße, die euch erheitern werden, ehe ihr die Blätter wegwerft.

PARIS

Ihr kennt die „Vorschule des Journalismus" in der „Nachfeier". Im Zusammenhang mit den einzelnen Stücken dieser „Vorschule" entstanden Pariser Aufsätze, die in der „Literar. Welt" etc. veröffentlicht wurden. In diese Zeit fällt auch die Arbeit an einer Reihe kleiner Paris-Aufsätze für das vom Verlag Ullstein geplante große Konversationslexikon, aus dem nichts wurde als – vermutlich aus Restbeständen – das „Kluge Alphabet". Von diesen in besonderer Mappe ein Durchschlag.

Ein Garten voll Weltgeschichte
anknüpfend an eine Palais-Royal-Ausstellung. „Literar. Welt".

Aus alten Pariser Gassen
„Literar. Welt". (Hierzu leg ich noch ein Kuriosum bei. Nämlich eine Variante des Stückes „Hotel de Sens", die ich unter dem Titel „Page und Königin" und unter dem von euch entliehenen Autornamen Stefan Ulrich (denn ich war ja, anno 35, kein deutscher Verfasser mehr) veröffentlichte. Hierzu gehört ferner der beiliegende Zettel „Ghetto", der ursprünglich die Einleitung zu „Hotel de Sens" bilden sollte.
   Zu Rue Mouffetard machte Germaine Krull Bilder und da habt ihr hier die „Légendes" zu den Bildern beigelegt.

Sonntag in Senlis
Dieser Versuch ist der Energie eurer Mama zu verdanken, die einmal im Auto mit mir nach Senlis fuhr. Sie hatte auch die Tüchtigkeit, den Gastwirt zu interviewen und so etwas „Sachlichkeit" in den Aufsatz zu bringen.

Pause in Paris
„Köln. Zeitung", August 30. Das Erlebnis „Cloture" kennt ihr ja.

Mitgenommen in eine Modenschau
„Frau". Die Situation ist euch wohl deutlich. Interessant war die Überraschung der wieder langen Röcke.

Die älteste Logenschließerin
Leider nur nach einer Pariser Zeitungsnotiz, nicht aus eigener Anschauung.

Tanz aller mit allen
Gelegentlich eines Vierzehnten Juli. Berliner „Acht-Uhr-Abendblatt".

Pariser Saturnalien
Für eine Fasnachtsnummer der „Magdeburg. Zeitung". Beachtet, ehe ihrs wegwerft, den hübschen letzten Satz.

Der Flohmarkt von Paris
Das war wohl zu Photos als Begleittext gemacht.

Verwaiste Gegenstände
Ein Aufsatz über das Hôtel Drouot, der in der „Münchner Illustrierten" erschien anno 29, als dort mein alter Freund Wolfskehl Redakteur war.

Der Turm von Paris
War wohl zu Photos gemacht.

Mi-Carême
Ein nicht weiter ausgeführtes Tagebuchblatt.

Architekturen des Augenblicks
Anno 27 in „Frkf. Illustr. Blatt" zu Bildern der Krull. Diesen Aufsatz liebe ich. Ihr auch?

Der Hausmeisterball
Wie oben die „Logenschließerin" leider nur nach einer Zeitungsnotiz.

Bagatelle

„Frau". Enthält im vorletzten Absatz einen hübschen Märchengedanken.

Spaziergang mit einem Wölfchen

„Hannoverscher Kurier". An das Entstehen dieses Aufsatzes erinnert ihr euch wohl noch. Es ist ja mehr euer Verdienst als meins.

Der Hosenboden

Das ist, glaub' ich, nie erschienen. Ich liebe es besonders. Wahr ist es außerdem auch noch. Ihr werdet euch vielleicht an die Tatsache erinnern. Es war zur Ernest Cressons-Zeit.

Araber in Paris

Wohl vorwiegend von der Mama und zu Photos von G. Krull.

Pariser Kaleidoskop

Großenteils von der Mama, die mir helfen wollte, richtige Artikel für die Zeitung zu machen. Wir haben aber diesen nicht angebracht. Er ist auch zu gut für diesen Zweck.

Der Dôme und das Schicksal

Die Berliner Zeitschrift „Kunstauktion", in der unser alter Freund Bondy redigierte, wollte Aufsätze über den alten „Dôme". Einen auch von mir. Da ist er.

Hafenpause

Bäderblatt der „Frankfurter". Das Bild ist von Elie Lotar, Freund der Krull. Wart ihr dabei, als wir da vor „Tout va bien" saßen?

Frauen

Margarete Koeppke

Ganz zu Hause ist sie in unserer sogenannten Wirklichkeit wohl nie gewesen. Sie hat schon in den Kinderjahren und wieder und wieder Fluchtversuche in eine vertrautere Welt gemacht, die sie hinter der Schwelle des Sterbens lockte. Sie hatte die sehr hohe, sehr runde Stirn eines klugen frühreifen Kindes, und wie bei solch einem Kinde meinte man bei ihr die Schar der Gedanken wahrzunehmen, die unablässig von innen an die Wölbung dieser Stirn streiften und stießen: Gedanken, die Flügel breiten, und Gedanken, die Purzelbäume schießen. „Kobolz", wie wir als Kinder sagten. Und wenn die koboldischen Gedanken kamen, dann konnten ihre reichen Lippen, die sich nie ganz schlossen, unbändig lachen, dann lachte das kleine zarte Geschöpf mit den Mannsleuten, die breit und trinkfest herum saßen. Im herrlich Lächerlichen, im unendlich Grotesken des Lebens verstand sie sich mit den menschlichen Gesellen; da war sie Puck unter den besessenen Athenern. Aber wer weiß, wie einsam sie war, wenn das Gelächter aufhörte, wenn Stunden kamen, in denen die Elfe Heimweh hatte, frierendes Heimweh nach dem Reigen, aus dem der sie geraubt hatte, der am Nebelrand des Tanzes ihren Schleier fand!

Im bürgerlichen Leben war sie Schauspielerin. In Wien und Berlin trat sie auf. Wenn man sich aber getraute, sie nach ihrer Heimat zu fragen, so nannte sie Memel; und dieser entlegene und etwas verwunschene Ort, diese Grenzgegend an der Bernsteinküste wurde uns ihr zuliebe die Märcheninsel Orplid: „Uralte Wasser steigen / Verjüngt um deine Hüften, Kind!"

Sie war eine große Schauspielerin in kleinen Komödien. Meisterlich spielte sie gewisse törichte und listige Frauenwesen und hätte gewiß noch viel Wichtigeres und dem eigenen Wesen Verwandteres gespielt, wenn sie dazu gekommen wäre, und es muß Rollen geben, welche die Dichter eigens für sie hätten schreiben müssen, aber das ist nun zu spät. Manche meinen, die Schauspielkunst sei das Eigentliche an ihr gewesen, der Sinn ihres kurzen eiligen Daseins. Und weil sie nicht recht zur Entfaltung ihrer Künstlerschaft gekommen sei, weil sie nicht die Rollen bekommen habe, in die sie sich ganz hineintun konnte, sei sie lebensüberdrüssig geworden. Hat sie doch am Tage vor ihrem Freitod zu den letzten, die mit ihr zusammen waren, von einer Rolle, die sie demnächst spielen sollte, gesagt: „Eh ich das spiele, sterbe ich lieber." Das mag einen letzten winzigen Anlaß gegeben haben. Die Ursachen waren älter. Es mußte wohl nur noch ein Steinchen sich lockern, damit die Mauer sank, die sie abtrennte von der Wunschwelt, von der Heimat, in der es keine Abwechslung gibt, keine armselige Ökonomie der Kräfte, nicht jähen Rausch noch Überdruß, sondern nur süße Dauer ohne Pause, ohne – Komma. Sie sprach ohne Komma auf der Bühne und im Leben. Und das atemlose Zuviel war ein besonderer Zauber dieses beglückenden Wesens, das die Interpunktionen der teilenden Vernunft verschmähte und nur seine Pausen einhielt, „die nächtiger Weile", von denen zu Beginn des Zweiten Faust Ariel spricht in dem Gesang, der „kleiner Elfen Geistergröße" verkündet. Eine kleine Elfe war sie und geistergroß. Und jetzt, da sie uns hastig verlassen hat – sie fand ihren Schleier wieder, es war ihr Totenhemd –, ist es, als habe sie hier unter uns nicht ihr ganzes Lachen gelacht, nicht ihr volles Weinen geweint, ihre beste Rolle noch nicht gespielt. Und es ist eine Lücke, eine Kluft, eine Gruft, wo Margarete Koeppke war.

Briefe der Gräfin Franziska zu Reventlow

Briefe der Gräfin! Wo man aufschlägt: die Achtzehnjährige an den jungen Kameraden: „Ich bin beim gestrigen Waldfest überhaupt sehr wild gewesen. Wir fielen zu vieren, als alle fort waren, über die Reste her, tranken alle Bowlen aus und zogen singend nach Hause ... Ich lechze nach Ruhe, nach geistiger und körperlicher, da ich mich heute hundeelend fühle. Ich muß nun noch für das Seminar Probearbeiten machen, Aufsatzthema: ,Warum lehnt Iphigenie den Antrag des Thoas ab? (Wirkliche und angebliche Gründe)'. Wenn du Erbarmen mit mir hast,

so belehre mich etwas darüber, wie ich es andrehen soll ... Angeblicher
Grund ist wohl, daß sie Pastorin ist und daß sie so unangenehme Großeltern hat, aber der wirkliche ist mir noch nicht klar. Daß er ihr nicht
sympathisch ist?" „Die beiden letzten Morgen habe ich heimlich gebadet, es lockte mich unmenschlich, ich kann dem Wasser nicht widerstehn. Das Wasser war eisig kalt, so daß mir der Atem ganz weg war
und ich nachher ordentlich rennen mußte, um warm zu werden; aber es
war fast überirdisch schön, so in dem goldenen Morgen auf dem Wasser herumzuschwimmen, als ob man allein auf der Welt sei ..."

Oder gegen Ende des Buches die Beschreibung der grotesken Verlobung und Hochzeit mit dem „Seeräuber": „Mit dem promesso sposo
bin ich ganz zufrieden, es entspinnt sich so etwas wie eine vage persönliche Beziehung. Wenn er sich sehr besauft, bringt er mir am lendemain
Pralinés und Zigaretten und bittet, ich möge ihm nicht grollen. Und
wenn mir etwas fehlt, bringt er Orangen – also ganz bestimmte Abstu-
fungen. Überhaupt ist er etwa so wie ein wildes Volk, das seiner Gottheit Opfer bringt. Die merkwürdigste, aber sehr nützliche Gabe war
eine ungeheure Säge, mit der man die dicksten Bäume absäbeln kann ...
Dann gibt es noch Wasja, einen melancholischen Russen, der natürlich
in Sibirien gesessen hat, und den R. sich zum ständigen Gefährten er-
wählt hat. In der Früh weckt er ihn und fragt: ‚Wasja, glaubst du, daß
meine Herrin immer gut gegen mich sein wird?' Wasja macht sich sehr
nützlich, zimmert Tische und stiehlt Holz, wenn wir eins brauchen ...
Kurz, man wird von dem kleinen, aber konzentrierten Hofstaat auf
Händen getragen ..."

„Geheiratet haben wir nun auch – vor vierzehn Tagen, es war der
reine Karneval. Kirchliche Trauung, die wegen Rußland sein mußte.
Vormittags fuhr man in das Felsendorf zur Ziviltrauung. Sämtliche
Dorfbewohner standen mit ihren Kindern am Arm um uns herum, und
wir legten unsere Zigaretten nur weg, um ‚Si' zu sagen. Dann über den
See nach Locarno zur Kirche. Keiner wußte, wo sie war ... bis ein
Fuhrmann sie uns zeigte. Schwiegervater und Schwester in tiefstem
Schwarz standen davor – wir alle in hellen Sommerkleidern – sahen aus
wie eine Tennispartie. Stummes Spiel. Ich ließ, von plötzlichem Entset-
zen erfaßt, alles stehen und rannte in die Kirche, durch die Kirche durch
bis zum Altar – die andern behaupteten nachher, es hätte ausgesehen,

als ob ich zu einem Bahnhofsbüffet stürzte, um noch rasch etwas zu trinken ..."

Wo man aufschlägt: Vertrautes Gespräch mit dem Denker, holder Trost für den jungen Lebenstraurigen, Morgenworte an den Liebenden, Bekenntnisse über den schweren Kampf mit Not und Menschen und vor allem mit dem „lieben Gott", der immer wieder, wenn sie einmal endlich glücklich und ruhig ist, „seine Pfoten dazwischen steckt", Träume von der nordischen Heimat, Jubel über das blumenhafte Dasein des „Göttertiers", ihres Kindes.

In diesem Briefbuch ist sie ganz wie sie im Gespräch war. Aus Gesprächen und Briefen sind ja ihre besten Bücher entstanden in schönem Übermut des Schaffens, hier erfahren wir auch im einzelnen, wie die schwebend nachdenkliche Konversation, wie das, was sie das „Teegespräch" nannte, sich zum Werke formt. Die Geselligkeit der Briefe ergänzt die Einsamkeit ihrer Tagebücher (die in der Ausgabe der Gesammelten Werke so viel Anteil und Bewunderung fanden) zum Gesamtbild dieser einzigen Frau. Eigentlich müßte man nun noch ihre Gespräche haben, aber die hat niemand aufgeschrieben, all die begeisterten und frivolen, leichten und wehmütigen, schüchtern tiefen und absichtlich oberflächlichen Worte der unvergeßlichen Stimme.

Denen, die sie gehört haben, wird aus den Zeilen dieses Buches das beste Schwabing auferstehen, das ja nicht nur ein Münchner Stadtteil, sondern eine Art zu leben war, die mit den Echten auf alle Reisen und in alle Fernen mitwanderte. Aber auch denen, die von dieser Welt nur so vom Hörensagen wissen, wird hier ein Welt- und Menschenbild gegeben. Denn bei der ungewöhnlichen Menschen- und insbesondere Männerkenntnis der Franziska zu Reventlow ergibt sich aus ihren Briefen immer auch die Art dessen, an den sie geschrieben sind. Klug, frauenhaft klug war sie, und verstand einem jeden das zu schreiben, was gerade ihm Sehnsucht nach ihrer Gegenwart machte.

So sind diese Briefe Bekenntnis und Weltbild zugleich, und wir haben der Herausgeberin zu danken, mit wieviel Sorgfalt sie gesammelt, mit welchem Takt sie ausgewählt hat.

„Seid nur fromm, wie der Grieche war."
Ein Motto zum Werk der Renée Sintenis

„Seid nur fromm, wie der Grieche war."

Dies in seiner Einfachheit recht paradoxe Mahnwort Hölderlins an die jungen Dichter könnte als Motto über dem Werk der Bildnerin Renée Sintenis stehen. Ob sie winzige Bronzetiere oder größere Gestalten schafft, das Wesen ihrer Geschöpfe ist griechische Frömmigkeit. Man hat viel und vielerlei geschrieben über ihre Fohlen, Ziegen, Hunde, Antilopen. Man hat das Lebensgesetz dieser eindringlichen, kaum noch individuellen und auch nicht „stilisierten" Tierwirklichkeit zu ergründen, zu benennen versucht und etwa formuliert, die Künstlerin forme den Typus eines Tieres und bringe in ihm ein Gefühl, einen Zustand zum Ausdruck. Oder man hat einfach zu sein versucht und gesagt, sie liebe die Tiere so sehr, daß sie über sie nur die Wahrheit sagen könne. Aber das scheint mir alles, soweit man über diese Dinge überhaupt reden kann, noch zu ungenau. Ich glaube, daß diese Schöpferin, ob bewußt oder unbewußt, in dem Tier, das sie formt, die Gottbesessenheit der Kreatur liebt und erlebt. Womit durchaus nicht immer etwas Stürmisches, sondern ebensogut etwas sanft Gewaltiges gemeint ist. Von der Gottheit ergriffen, besessen im einfachen Sinn von „in Besitz genommen" sind all ihre Wesen. Das ist an ihnen das „Instinktive, Naürliche, Unmittelbare, Unschuldige", oder wie sonst die ungenauen Ausdrücke ästhetischer Zärtlichkeit lauten. Mythologische Geschöpfe sind ihre Tiere. Poseidons, des Meeres- und Rossegottes, leibhafte Wellen sind ihre jungen Pferde. Dem Dionysos geweiht ist der kleine Bock, der sich mit gesenktem Kopf in dumpfem Ungestüm bäumt. Als Emblem der Tragödie, des Bocksgesanges, könnte dies Tierchen dienen, und man kann es ebenso tragisch wie „niedlich" finden.

Vom Gott ergriffene, vom „Mystagogen Eros, dem Zeuger im Schönen", sind auch die Frauengestalten, welche Renée Sintenis zu der Sapphoausgabe, einem Werk der Maréesgesellschaft, radiert hat und die wegen der Kostbarkeit dieses ganz in Kupferdruck hergestellten Buches vielleicht nicht so allgemein bekannt sind wie die andern Arbeiten der Künstlerin. Für die Worte des Textes hat E. R. Weiß ein geschriebenes

Griechisch geschaffen, dessen Buchstaben mehr geworden sind als Schriftzeichen; es sind lebendige Gefäße ihres Inhalts. Und die vierzeilige sapphische Strophe ruht auf dem kürzeren Schlußvers wie eine Schale auf ihrem Fuß.

In das weiße Blatt sind Frauengestalten der Sintenis eingeritzt, zart wie in die Rundung einer Lekythe, fest wie in die Metallfläche eines etruskischen Spiegels. Dem Fragmentarischen der überlieferten Sapphogedichte entspricht es, daß die Figuren meist fußlos sind, sie enden nicht, sie beginnen immer wieder, anhebend wie Gesang, mit Schultern und Schenkeln, verklingend in Knien, Händen, Haar, rhythmisch gestreckt und aufgelöst, sich überwachsend und in sich versinkend, flutend und ebbend. Seelenhaftes ist ihnen ganz Leib geworden, die Gesichter sind eins mit den Körpern, drücken nicht mehr aus als Rumpf und Glieder, ja, fast verblassen sie vor der Eindringlichkeit der Leibessprache. Die seltenen Gewänder sind nicht Hüllen, sondern schmeichelnde, tröstende oder erregende Begleiter des Fleisches wie das Haar. Beiwerk gibt es nicht: Der Tuchzipfel in der Hand der Eifersüchtigen trägt die Zornwelle des Armes weiter. Die Blume, welche die kindlich Aufrechte in der Hand hält, ist ein Seitentrieb ihres Blühens. Und die zu Füßen der Trauernden mit den schmerzlich angezogenen Schultern wiederholt den zarten Zerfall dieses Wesens: „Hyazinthe im Bergland, von Hirten mit Füßen zertreten."

Sinnbilder sind diese Leiber auch der sapphischen Landschaft. Das schlafende Haar, der hauchende Mund der Zurückgesunkenen enthält das feuchte Rauschen der Zweige überm Teich. Lichtfülle des Mondes, vor dem die Sterne ihren Glanz verlieren, wird zum nackten Schreiten heller Glieder. Verlassene Mitternacht, der die Plejaden schon versunken sind, starrt aus dem Blick der liegend Aufschauenden.

Ein Wort noch von den Händen. Da sind betend offene: antikes Gebet, das kein Händefalten kennt, bei dem die Bitte aufsteigt aus erhobenen Armen und die Gewähr durch sie hinabfließen kann in den ganzen mitbetenden Leib. Da sind spendend offene der Schenkenden, die alles hingibt, mit den Purpurtüchern für das Haar der Geliebten die ganze Seele gibt, eindringlich und schüchtern, zag aus Überfülle, spendende, die nicht leer werden im Schenken. Da ist die gekrampfte Faust der Zürnenden, die unschuldig mitwandernde Hand der Schreitenden, die flatternde der Knienden. Sie alle enthalten etwas wie den Beginn einer

Verwandlung, einer Auflösung in Blätter, Blüten, Krallen. Wir denken dabei an die Metamorphose der Daphne und alle Wunder der Mythen, die aus den Gebärden der von göttlicher Erregung erfaßten Sterblichen Blume, Baum und Tier werden lassen.

Und so ist in diesen Bildern Ahnung und Vorstufe des großen Bildwerks Daphne, das Renée Sintenis später geschaffen hat, den Augenblick festhaltend, in dem die von Apoll Verfolgte zum Lorbeerbaum erstarrt. „Zu Laub werden die Haare, zu Ästen die Arme, und der eben noch eilende Fuß haftet in lähmender Wurzel." In der gestreckten Hingegebenheit, in dem hilflosen Erleiden dieses Leibes fühlen wir, daß er geliebt wird von dem Gotte, den wir nicht sehen. Apoll hat den Arm gelegt um sie, die sich vor unseren Augen immer wieder, immer mehr verwandelt. Der Gott fühlt, wie es im ovidischen Gedicht heißt, ihr Herz noch furchtsam unter der werdenden Rinde schlagen.

Von der Gottheit ergriffen sein, ihr nicht mehr widerstreben, verwandelt werden von der dauernden, verwandelt, damit sie dauere, von ihr erfüllt sein wie jene Insel, von der es bei Homer heißt, daß sie voll Gottheit war, das ist griechische Frömmigkeit. Nirgends finden wir sie so stark wie in der neuen Maske der Renée Sintenis.

Über ihre Masken könnte man eine besondere Abhandlung schreiben. Immer wieder hat die Künstlerin mit neuer Vereinfachung, mit immer mehr Weglassen ihr eignes Antlitz geformt zu einem Gesicht, das nicht ansieht, sondern angesehen wird, von der Gottheit angesehn und ergriffen wie ihre stillen und ungestümen Tiere, wie ihre Daphne, wie die Frauen des Sapphobuches. Es ließe sich viel von dem hohen Kunsthandwerk sprechen, das diese Maske geformt hat; ich habe hier nur zu sagen, daß es ein griechisches Gesicht geworden ist.

Marlene Dietrich

Eine junge Deutsche, ein Berliner Kind, ist der Film-Stern von Hollywood und New York geworden. Flugzeuge mit ihrem Namen in Riesenlettern überfliegen die Köpfe in U.S.A. In Schlagzeilen und langen Spalten verkünden die amerikanischen Zeitungen, was irgend von den Triumphen dieser Frau zu berichten, was von ihrem Privatleben, ihren Meinungen und Erlebnissen zu erfragen ist. In Paris wird der Film, der in Europa ihren Ruhm begründet hat – in Amerika begründete ihn „Marokko" –, mit deutschem Text vorgeführt. Und die Franzosen, die sonst ausländischem Künstlertum gegenüber bei aller Anerkennung eine gewisse ihnen natürliche Zurückhaltung bewahren und an seinen Leistungen gern betonen, was speziell und fremdartig ist und sie vom Französischen unterscheidet, bewundern und preisen an dieser Frau die Frau schlechthin, das Weib, das irdisch-himmlische Geschöpf, das in zeitgenössischer Form sein Urwesen offenbart. Diesem plötzlichen, in seiner Art einzigen Ruhm in der weiten Welt entspricht die heimische Wirkung: In der kleinsten deutschen Provinzstadt spielen die Grammophone immer wieder das Lied von der, die „von Kopf bis Fuß auf Liebe eingestellt" ist, und sowohl sittsame wie leichtfertige Frauen finden in Wort und Klang dieses Liedes ihr eigentliches Wesen wieder.

Bei andern Stars des Theaters, Films oder Kabaretts läßt sich meist leicht ein besonderer Charakterzug ihrer Schönheit und Kunst hervorheben, und sie sind oft gerade mit dem Besten, was sie geben, „nicht jedermanns Geschmack". Es ist schwer und bedenklich, bei Marlene Dietrich das einzelne zu betonen. Und sie ist in großartiger Weise Gemeingut geworden. Ich habe die Gesichter ihrer Zuschauer und Zuhörer am Kurfürstendamm und in einem „Flohkino" der Vorstadt Tegel beobachtet und in den Mienen der verschiedensten Menschen- und Berufsarten dasselbe Entzücken entdeckt. Die Wirkung der Künstlerin gemahnt an die der Zauberpuppe des persischen Märchens, an der Zimmerer, Schneider, Maler, Brahmane und noch etliche Handwerksmeister geschaffen haben; sie streiten sich um ihren Besitz, sie kommen vor den Kadi, und der will in ihr seine verlorene Gattin wiederfinden. Marlene Dietrich, ob sie nun eine Dame oder eine Dirne, eine Eroberin oder ein Opfer darstellt, verkörpert immer einen allgemeinen Wunschtraum, sie ist wie die Heldin einer ihrer Filme die Frau, nach der man sich sehnt, man, nicht der und jener, sondern jeder, das Volk, die Welt, die Zeit.

Wie es auch den Wesen, die sie verkörpert, ergehen mag – und manche von ihnen müssen ihr frevelhaft lebendiges Dasein mit dem Tode büßen –, sie sind zunächst nicht gerade mitleiderregend. Wir alle, die Zuschauer, sind mit ihren Liebhabern ihre Opfer. Sie werden Objekte des allgemeinen Begehrens. Man denkt nicht sehr daran, wie ihnen selbst zumute ist. Dafür ist ihre Wirkung zu stark. Man hat nicht das Bedürfnis, sich in sie zu versetzen, man ist von ihnen besessen. Solch eine Frau wäre also ein „Vamp"? Ach nein. Der Vamp, aus dem Vampyr alter Sage ein spezifisch angelsächsischer Begriff geworden, bedeutet Frauen, die gewissermaßen aus Geschlechtsberuf und -bedürfnis den Männern das Lebensblut aussaugen. Dies Blut ist ihnen nötige Nahrung wie jenen altertümlichen Gespenstern, und es ist anzunehmen, daß die so mörderisch Bezeichneten wissen, was sie tun. Bei den gefährlichen Frauen, wie sie Marlene Dietrich verkörpert, hat man nicht das Gefühl, daß sie es so böse meinen. Den bartsträubenden Kopf des Schulprofessors nimmt sie als muntere Lola aus dem „Blauen Engel" in mütterlich gütige Hände, tätschelt dem zärtlich Ergriffenen die Backe wie einem Kind, schaut mit bräutlichem Lächeln zu ihrem armen Opfer auf, als er die höchst Unwürdige zu seiner Ehefrau macht, und lächelt ihm seinen Traum vom reinen Glück zu. Am Morgen nach der ersten entscheidenden Nacht hat sie ihm den Kaffee eingeschenkt wie ein braves Hausmütterchen und ist ihm zuliebe ganz bürgerlich geworden. Und daß er dann langsam an ihr zugrunde geht, scheint ihr gar nicht angenehm zu sein, sie versucht allerlei, ihn zu ihrer Art Leben zu erziehn, aber schließlich läßt sich zu ihrem Schrecken die Katastrophe nicht vermeiden. Für jeden hat die Gutmütige das Gesicht, das er braucht, für den Direktor und Zauberkünstler das kühl vertrauliche Kollegengesicht, für den anstürmenden Kapitän genau das, wonach er sich während der Seefahrt gesehnt hat, für den munter auftauchenden „Mazeppa" mit seinem banalen Schick die zwinkernde Miene: „Na, wie wär's wieder mal?" Sie ist kein bißchen dämonisch bemüht, alles geht wie von selber. Sie hat eine geradezu unschuldige Art zu verführen. Mag die Situation noch so bedenklich, mag ihr Kostüm noch so frech und herausfordernd sein, sie breitet über Kleid und Welt ihr holdes Lächeln. Darin ist nichts, was erobern oder erobert werden will. Es ist sanftmütig erregend und stillend zugleich. Es gilt nicht nur dem, den es trifft, so gut es auch für ihn paßt, es geht durch ihn hindurch, an ihm vorbei in die ganze Welt. Mit diesem Lächeln hat Marlene Dietrich Europa und Amerika erobert. Es ist in einem göttlicher und gemeiner als das all ihrer Rivalinnen. Das Lächeln der Greta Garbo ist von gebrechlicher Zartheit, schmerzliches Mitleid erregt es, auch wenn die Trägerin glücklich zu sein scheint, es ist christlich, engelhaft; das Lächeln der Elisabeth Bergner ist jungfräulich einsam, das der Asta Nielsen tragisch verhängnisvoll. Marlene Dietrich kann lächeln wie ein Idol, wie die archaischen Griechengötter und dabei harmlos aussehn. Man kann ihrem Lächeln gar keinen Vorwurf machen. Es ist „nicht bös' gemeint". Und kann doch ein ansaugendes Astarte-Lächeln sein, ein Ausdruck jener Venus vulgivaga, die – im Nebenberuf – Todesgöttin war. Es kann banal sein, grandios banal wie die Worte der Lieder, welche die fesche Lola singt. Diese Worte und ihre Melodien sind die Erfindung eines Mannes, der die Ausdrucksmöglichkeiten unserer großen Berlinerin genial erfaßt hat, Friedrich Hollaender. Den berühmt gewordenen Refrain:

> „Ich bin von Kopf bis Fuß auf Liebe eingestellt,
> denn das ist meine Welt
> und sonst gar nichts!
> Das ist – was soll ich machen? – meine Natur.
> Ich kann halt lieben nur
> und sonst gar nichts"

singt sie mit einer Gelassenheit, einer selbstverständlichen Nacktheit, die viel einfacher, eindeutiger und stärker ist als aller absichtliche „Sexappeal". Hier bemüht sich das Geschlecht nicht, anzulocken, es ist unbefangen dargeboten, vorhanden. H. H. Stuckenschmidt sagt in seiner Studie „So wird heute gesungen" von Marlene Dietrich, sie trage ihre Couplets mit „ernster Unverschämtheit" vor und vollziehe die Abkehr von jedem überlieferten Kabarettstil. „Der Unterton, der hier entscheidet, ist auf eine erschütternde Art neu und für die Gegenwart bezeichnend. Vor ihm versagen alle ästhetischen und moralischen Maßstäbe. Der Begriff des ‚Schönen' ist abgeschafft, verdrängt durch die fraglos kultische Betonung und Verherrlichung des Sexus." Das klingt etwas unerbittlich pathetisch, trifft aber wohl den Grund der großen Popularität, deren sich Marlene Dietrichs Stimme erfreut. Um noch ein wenig die andern zu zitieren: Max Brod hat in seiner „Liebe im Film" von ihr gesagt, sie wisse genau, daß ihre Sanftmut erst dann so richtig Männer und Frauen bezaubere, „wenn auch die Stimme aus tieferen Regionen zu kommen scheint, als es Stimmband oder Mund sind". Und über ihre sichere und dabei sparsame Art, das Erotische anzudeuten, sagt er: „Wenn sie im Reitsitz auf dem Sessel sitzt, so ist das ein aufreizenderer, wilderer Aufruf der Sinne als die deutlichste Intimität ... Wenn sie ganz leise, nur andeutend, den Schenkel hebt, dann vertritt diese einzige Bewegung eine ganze Orgie." Aber, muß ich hinzufügen, man hat den Eindruck, als ob sie – oder die, die sie darstellt – das eigentlich gar nicht merke oder wolle. Und wie sich ihre Schönheit unbefangen solcher Bewegungen bedient, in sie eingekleidet ist wie in die Tingeltangelfetzen ihrer entblößenden Tracht, so bedient sich ihre Stimme gewisser fast heiser versoffen klingender Töne. Und wenn sie singt: „Männer umschwirr'n mich wie Motten das Licht", dann kommt das „Mot-tään" mit einem langgezogenen Kehllaut heraus wie bei einem sanft grölenden Dienstmädchen oder wie bei den Sängerinnen, die in alter Zeit in den Nixengrotten-Etablissements der Berliner Friedrichstadt in ausgeschnittenen Flittern mit rosa und hellblauen Schleifen im Haar, an ihren Achselbändern rückend „Mut-täär, der Mann, der Mann, der Mann" oder „Ich lass' mich nicht verfüh-rään" vortrugen. Von diesen Wesen, diesen armseligen rührenden Geschöpfen führt ein wunderlicher Weg, eine kuriose Tradition bis zu unserm großen Star. Marlene Dietrich hat damit etwas Berlinischem Weltgeltung gegeben. Bei ihr klingt auch das heimische Patois, allerdings nur leise angedeutet, mit an. Es wird nicht unterstrichen, nicht Thema wie in dem Vortrag der in ihrer Art genialen Claire Waldoff, dessen Reize einem Nicht-Berliner oder gar Ausländer nur zum Teil zugänglich sind. Durch Marlene Dietrich bekommt auch dies Spezielle seine allgemeine Wirkung. Die Pariser und New Yorker verstehn, was sie berlinisch singt.

*

Wo der Berliner Westen Wilmersdorf und Westend wird, ist sie aufgewachsen, als Offizierskind frühzeitig an umsiedelnden Garnisonswechsel gewöhnt, aber immer wieder zu Hause in der Stadt der nüchtern hellen Tagesfarben und langen Dämmerungen, der zarten Wintermorgenröten und langen Sommerabende, die keiner vergißt, der in Berlin Kind war. Als preußisches Kriegerkind ist sie an Disziplin gewöhnt, zu straffender Energie erzogen. Das ist ihrem Kunstberuf zugute gekommen. Wenn's drauf ankommt, vermag diese zarte Frau, die so wunderbar träge dreinschauen kann, alles auszuhalten. Bei den langen entnervenden Filmproben ist sie unermüdlich. Vom Kinderfleiß ist ihr aber auch das putzig Emsige, das Verspielte geblieben. Wenn sie sich im „Blauen Engel" als Chansonette in der bretternen Garderobe am derben Toilettentisch, auf dem die Biergläser der hoffnungsvollen Gymnasiasten herumstehn, vor drei kleinen Handspiegeln zurechtmacht, Puderperücke und Dreispitz aufprobiert oder das Kleidchen überzieht, dessen Reifrock vorn so rührend lasterhaft hochgeschlagen ist, wenn sie sich brav die erforderlichen Laszivitäten zurechtrückt oder anmalt, dann wird dies sündhafte Unternehmen ein munterer Betrieb, ein niedliches Spiel, dessen Reizen wir erliegen wie der puderbespritzte Professor, der ihr hingerissen zuschaut und aus einem lüsternen Pedanten ein kleiner Junge wird, der mitspielen möchte. Die schmale Wendeltreppe, die sie hinaufschlüpft und hinunterhüpft, wird ein Turnvergnügen, die ganze Bretterbude Puppentheater. In dieser Atmosphäre gleitet sich's sanft mit ihrem Opfer ins Verderben, ganz gelinde in die grausige Lächerlichkeit. Nichts kann auflösender, destruktiver, dämonischer wirken als ihr Verzicht auf alles Dämonische, als die Kinderstubenverwirrung und Kinderstubenordnung des Daseins, das sie vorgaukelt. Solchen Zauber konnte nur eine Frau mit viel geretteter Kindheit üben.

Die kleine Marlene scheint mehr verträumt als kokett gewesen zu sein. Nie war sie das Theaterkind mit der frühen Sehnsucht nach Rampenlicht und Ruhm, das vor dem Spiegel steht und Mienen probiert. Vielleicht kümmerte sie sich gar nicht viel um das kleine Mädchen, das sie aus dem Spiegel ansah. Und auf manchen Filmphotos, auf denen jetzt die Erwachsene in den Spiegel sieht, kann sie höchst unbeteiligt aussehn, an sich vorbeisehn wie so oft an ihren Partnern, die nur selten ihr voller Blick trifft. Meist sieht sie durch sie hindurch. Wohin?

Die Wunschwelt der schnellen Erfüllungen, das Theater, spielt also noch keine besondere Rolle in dieser Kindheit. Aber dann sieht sie im Kino Henny Porten und bekommt eine Begeisterung, wie Backfische sie im allgemeinen eher für männliche Filmstars empfinden. Sie lauert der Verehrten auf, wartet stundenlang vor dem Hause, aus dem die Ersehnte wirklich und leibhaftig kommen wird. Und dabei lernt sie vielleicht schon, ohne es zu ahnen, viel an und von dieser Künstlerin, die, wie man auch sonst über sie urteilen mag, einer weitverbreiteten Sehnsucht entsprach und für das kleinbürgerliche Deutschland war, was später ihre junge Verehrerin für die Welt werden sollte: die Erfüllung eines Wunschtraums, ein „Ideal".

Darüber ist die Schulzeit vergangen, und die musikalische Begabung des Mädchens und eine leidenschaftliche Liebe zur Tonkunst verlangen Ausbildung. Die Eltern schicken sie nach Weimar, wo sie Klavier- und Violinkurse besucht. Eine stille Zeit, in der sie für sich Dichterverse liest und lernt und spricht, eine Zeit, in der sich manches vorbereiten mag, was bei dieser Wandlungsfähigen auch heute noch in zukünftiger Ferne liegt. Eine Sehnenentzündung, hervorgerufen durch allzu rastloses Üben, verletzt ihr Handgelenk, sie kommt nach Berlin zurück, muß für einige Zeit das Studium aufgeben. Jetzt beginnt ihr Interesse für das Theater. Sie tritt in die Reinhardtsche Schauspielschule ein. Bei einer Bühnenprüfung will sie die Worte des Mädchens aus Hofmannsthals „Tor und Tod" aufsagen. Man will aber lieber das prüfungsübliche Gebet Gretchens hören. Dazu soll sie hinknien, was ihr nicht sympathisch ist. Man vermißt in ihrem Vortrag Betonung und Gebärde. Und damit beginnt eine Reihe von Zurückweisungen, vergeblichen Versuchen, halben Erfolgen. Man findet sie hübsch und nicht besonders talentiert. Manchmal leuchtet einem einzelnen auf, was für Möglichkeiten in ihr liegen, sie wird hin und wieder „entdeckt" und bekommt kleine Rollen in Stücken, die aufzuzählen nicht lohnt, denn Marlene Dietrich wird sie überleben.

Sie heiratet und bekommt ein Töchterchen, dem sie zwei volle Jahre fast ausschließlich widmet. Dann debütiert sie beim Lichtspiel. Sie hat „hübsche" Erfolge. Wir lernen ihre Erscheinung kennen, es prägt sich uns das Gesicht ein mit dem breiten Raum zwischen den Augenbrauen und dem schmalen zwischen Nase und Oberlippe. Sie wird aufgefordert, in der Kammerrevue von Marcellus Schiffer und Mischa Spoliansky „Es liegt in der Luft" mitzuspielen. Während der Proben wird ihre ruhevolle Sicherheit, ihre Chanson-Begabung immer deutlicher. Es werden ihr zuliebe Änderungen vorgenommen, sie bekommt neue Couplets zugeteilt. Dann hat sie, besonders im Zusammenspiel mit Margo Lion und in ausgleichendem Gegensatz zu den harten, provokanten, geistigen Reizen dieser Künstlerin mit dem Duett von der „Besten Freundin" den ersten fühlbar großen Erfolg ihrer sanft gefährlichen Weiblichkeit. Der Berliner Westen und seine Gäste beginnen sie zu verehren.

Einer der letzten stummen Filme, den die Terra herausbrachte, schlägt das Thema an, das – bisher (denn wer weiß, was uns von Marlene Dietrich noch bevorsteht?) – der Eigenart dieser Einzigen am meisten entspricht. Schon der Titel sagt es: „Die Frau, nach der man sich sehnt". Da ist sie hinter Rauchdunst und Waggonfenster die Reiseerscheinung, die ins Unbestimmte schaut und deren Blick uns mit einmal trifft wie ein Ruf, wie das Schicksal, Leben ändernd, schaffend und zerstörend, das Wesen, zu dem es keine minniglichen, Geist nutzenden Umwege gibt, sondern nur den einen geraden und gefährlichen Weg der Liebe, die Leben um Leben wagt. Der Mann, der sie liebt und dessen geordnetes Geschick sie unterbricht, um sein neues zu werden, erfährt nie, ob ihre Abenteuer- und Lustbereitschaft Hingabe ist oder Überlassung. Sie behandelt ihn getreu ihrer Frauenpflicht, wie Weininger sie definiert hat: den Mann an die Wirklichkeit zu kuppeln. Sie scheint zu staunen über das, was sie anrichtet. Unvergeßlich ist das Runzeln ihrer sonst so glatten Stirn, wenn sie erschrocken neben dem Verwundeten kniet, unvergeßlich die rasche sprungartige Bewegung, mit der sie über den Liegenden hinwegsetzt wie über ein Verkehrshindernis. Oft sieht sie ganz unbeteiligt aus, als ginge alles, was rings um sie und um ihretwillen geschieht, sie gar nichts an: Es geschieht ihr nicht, es passiert ihr nur. Und zuletzt hält sie dem tödlich auf sie gerichteten Geschoß still, als wäre auch ihr eignes Sterben nur ein mitgemachtes Ereignis. Sie taucht in den Tod unter, wie die Nixe heimkehrt in ihr Gewässer.

In dieser Rolle und wohl überhaupt in dieser Zeit trägt Marlene Dietrich ihre klare, schön gewölbte Stirn noch nicht frei. Fallendes hüllendes Haar betont ein dumpfes Dasein. In ihren langsamen Bewegungen ist träg lauernde Raubtierruhe. Aber das Milieu, in dem sie sich bewegt, Schlafwagen, Hotelzimmer, Halle und Bar, hat etwas beschränkend Mondänes, eine Art Reiseeleganz, eine Atmosphäre, in der sie die romanhafte Abenteurerin, die Salondame mit dem kalten Blick bleiben muß, sie kann noch nicht ganz ihre elementare, unschuldige Gefährlichkeit entfalten.

Und dann bekommt sie plötzlich unerwartet ihre große Rolle und hat den ungeahnten, seither immer wachsenden Erfolg. Josef von Sternberg, der geniale Regisseur, der ihre Begabung bereits erkannte, als er die noch wenig Beachtete in einem unbedeutenden Stück ihre Rolle zurückhaltend, bescheiden spielen sah, wählt sie unter allen für den ersten wichtigen deutschen Tonfilm, den „Blauen Engel", zur Gegenspielerin von Jannings. Dieser Film wurde angezeigt: „Emil Jannings in ‚Der Blaue Engel' mit Marlene Dietrich". Und rein quantitativ nimmt die Gestalt des Professors Unrat, die Jannings in seiner Art ausgezeichnet verkörperte, den meisten Raum in diesem Werk ein. Und doch ist es ein Marlene-Dietrich-Film geworden und geblieben. Seinen Weltruhm hat sie gemacht, sie mit Sternberg, der ihre Ausdrucksmöglichkeiten als erster ganz begriffen hat. Er hat diesem Meisterwerk der Kollaboration (der prachtvolle Jugendroman von Heinrich Mann, das Manuskript unter Mitwirkung des Dichters von Vollmoeller und Zuckmayer geschrieben, die Musik und die Liedertexte von Friedrich Hollaender usw.) Gesicht und Gewand gegeben und insbesondre die Rolle unserer Künstlerin, die Lola Lola, mit einer jahrmarktbunten Zauberwelt gerahmt, in der jede ihrer Bewegungen, jedes ihrer Worte zum deutlichsten Ausdruck, zur unmittelbarsten Wirkung kommt. Derbe Engelputten auf der Balustrade und auf dem gemalten Hintergrund der hafenstädtischen Varietébühne, der schwebende Vogel, halb Möwe, halb blasphemische Geisttaube, der bald neben ihren Schenkeln, bald vor ihrem Schoße flattert, die hochbusige Karyatide neben der Loge, aus welcher der Professor entzückt auf die Singende herabschaut, die Rettungsringe am Geländer und der Fisch darunter, der Anker, der ihr zu Häupten hängt, die Tonne, auf der sie unter ihrem schiefsitzenden Fastnachtzylinder überzwerch ins Publikum schaut und ihm unter hochgeschlagenem Rockschoß Strumpfhalter und nacktes Fleisch preisgibt, der Blick der Valetti als Direktorsgattin und Kollegin auf dies Fleisch, Gerrons pausbäckig grinsendes oder empörtes Zauberkünstler- und Direktorengesicht, die feisten puppigen Chansonetten, die sie im

Halbkreis umgeben, der Clown, der stumm aus klaffender Tür seine Nase streckt oder auf der Treppe vorüberhuscht, und immer wieder das Wendelflimmern dieser Treppe um ihre Beine, überall die Plakate mit ihrem komischen Doppelnamen, das enge Gelaß ihrer Garderobe mit Dosen, Schminktöpfen und lungernden Kleiderfetzen, die billig phantastischen Kostüme, die sie mehr enthüllen als bekleiden, abgespreizte Reifröcke, zu kurze Flimmerschöße, hosenmatzige Dessous, all dies drängt und hängt frech armselig um ihre schamlos und unschuldig preisgegebene Schönheit. Was sie auch anstellen mag, sie wird immer schöner. Das Lasterhafte, das sie mit ganz kleinen Gesten betont, wirkt aufreizend und befriedigend zugleich. Es ist wie in dem Paradiesgedicht des „Westöstlichen Diwan":

„Mit den Augen fängst du an zu kosten.
Schon der Anblick sättigt ganz und gar."

Sie ist nicht nur mit ihrem besondern Opfer, sie ist mit der ganzen Welt die bona meretrix, die mütterlich gütige Buhlerin, sie gibt sich ohne Ansehn der Person, „jedem hat sie sein Verlangen aufgehoben zu genießen", sie ist Gottesgeschenk und Teufelsmesse. Und wie Aphrodite aus dem Meeresschaum steigt sie holdselig aus dem Schlamm der Begierden, die zu ihren Füßen stranden, sie lächelt lieb und leer in das Weltall, das an ihr zerbricht, unter ihr zerbröckelt. Und dazu singt sie mit Menschen- und Engelszungen und etwas berlinisch:

„Ich bin die fesche Lola,
der Liebling der Saison,
Ich hab' ein Pianola,
zuhaus in mei'm Salon."

*

Bevor noch der „Blaue Engel" gedreht wurde, ehe noch ein endgültiger Vertrag mit Marlene Dietrich zustande kam, verhandelte Sternberg schon für die Paramount mit ihr. Sie ist ihm dann nach Hollywood gefolgt, und dort hat er mit ihr zwei neue Filmwerke geschaffen: „Marokko" und „Dishonored". In „Dishonored", das ich nur aus einigen Photos kenne, verkörpert Marlene Dietrich eine Spionin, die auf dem Schafott endet. Mit ihrem wechselvollen Schicksal wechselt oft ihre

Erscheinung und Kleidung. Unter anderm ist sie als russisches Bau-
ernmädchen verkleidet, trägt aufgestecktes Haar, derbe Röcke, Waden-
strümpfe, hat ländlich geschminkte Wangen und einen dumpfen stie-
renden Magdblick. Sie ist nicht wiederzuerkennen. Das ist eines der
vielen Beispiele von der Mannigfaltigkeit ihrer Mienen und Gesten.
Man fühlt sich etwas hilflos vor immer neuen Überraschungen: Alles,
was man bisher über die Künstlerin gedacht und gesagt hat, wird pro-
visorisch. In einigen Bildern dieser neuen Epoche tritt immer deutlicher
ein Zug, ein Ausdruck zutage, der in Kindheitsbildern sich leise andeu-
tete, während der Zeit der jungen Mutterschaft, der Zeit der „Stascha"
und „Lola Lola" ganz verschwunden schien und nun wunderbar wiederkehrt, ein Zug, der an die Gesichter der präraffaelitischen Malerei
erinnert. Die Modellierung der Backenknochen wird deutlicher, die
freie Stirn hebt die Brauen und betont den geheimnisvollen Zwischen-
raum der Augen, um das Haar breitet sich manchmal eine Aura, ein
Märchenschein. Immer reicher wird der Übergang der schlanker, ge-
spannter gewordenen Gestalt von Gelassenheit zu Bewegtheit. Ist das
noch die „fesche Lola"?

Den andern Film „Marokko", der sie zu dem Star von Amerika gemacht und damit ihren Weltruhm begründet hat, habe ich im Vorführ-
rungsraum der Parufamet gesehen und – zögere noch, von ihm zu
sprechen. Die erste übersehbare Epoche von Marlene Dietrichs Kunst
konnte ich notieren, die erste Epoche ihrer Schönheit, die noch manche
Kindheit und Reife durchmachen wird, in andeutenden Umrissen auf-
zeichnen. Mit ihrer Erscheinung in „Marokko" aber scheint etwas ganz
Neues zu beginnen. Es ist, als ob ein starr lächelndes, unwandelbar
scheinendes Idol sich belebt. Nun bleibt mit einmal das Auge, das
durch Spiegel und Menschen ins Unbekannte sah, auf einem Gesicht
gefesselt haften, und Menschenleid zeichnet die Züge neu. In ihrem
Blick und Leib erleben wir, wie zum erstenmal, die Liebe. Nicht den
pathetischen oder larmoyanten „Blitzschlag", nein, den quälenden
seligen Übergang von Sinnenneugier und Kampflust zur hingerissenen
Verfallenheit. Wir sehen, wie eine Starke, die sich sträubt gegen den
Allsieger Eros, schwach wird, sehen die Niederlage der Siegerin. Marlene Dietrich ist in diesem Film eine französische Chansonette, die nach
Marokko kommt, wo ein reicher und eleganter Lebemann (Adolphe
Menjou) ihr ein leichtes, luxuriöses Leben bietet. Sie aber nach langem

Kampf folgt mit demütigen Beduinenweibern dem Regiment der Legionäre, das durch die Sahara zieht, in Armut und Abenteuer. Denn unter den Soldaten marschiert der freche und franke Bursche, der ihr weder Reichtum noch Zartgefühl zu geben hat, der immer aufs neue erobert werden muß (Gary Cooper). Das neue Meisterwerk Sternbergs umrandet das Kind des Nordens mit grellem Licht, läßt es durch scharfe Schatten gleiten, an südliche Pracht arabischen Mauerwerks und ins steinerne Dunkel fremder Gassen tasten. Der Mann taucht auf, den sie noch nicht erlebt hat, der Landsknecht, dem Lieben ein Abenteuer ist wie Töten. Da wird aus der trotzig frivolen Chansonette, die im koketten Frack vor das Publikum tritt und ihrem Zylinder mit einem Fingerstups schiefe Verwegenheit gibt, aus der Verwöhnten, die ein Gelegenheitsabenteuer mit einem Kerl von Soldaten verlockt, das arme Weib, das fortläuft aus hellem Saal, dem Liebsten nachzuspähen und im Elend genug Widerstand zu finden für das brandende Herz. In ganz leisen Veränderungen ihres Gesichtes spielt sich das Drama dieser Liebe ab. Wunderbar deutlich werden Momente des Zauderns, wie der, als sie, noch Verführerin und schon Verführte, ihr gewohntes Lächeln noch weiter lächelnd, neben ihm steht und vor sich hinschaut. Der Korb mit den Äpfeln, den sie eben noch frech gelassen allen hinhielt, hängt schlaff wie vergessen an ihrem Arm, die Augen, eben noch etwas gekniffen, werden starr und groß, die Schultern unterdrücken ein Zittern. Noch wählt sie leidend zwischen ihren Möglichkeiten. Und dann kommen von Szene zu Szene neue Verschleierungen und Offenbarungen ihres Blicks: beobachtender Trotz, Erschrecken vor der eignen Leidenschaft, Angstfreude am Heldischen, hilflose Hingabe. Zuletzt aber sehen wir nicht mehr, brauchen wir nicht mehr ihr Gesicht zu sehen, es liegt alles Schicksal in ihrer abgewandten Gestalt, wenn sie durch den Sandsturm den andern Frauen, die mit ihren Ziegen und Bündeln dem Regiment folgen, nacheilt und, indem sie sie erreicht, eine von ihnen, ihresgleichen wird. Die Schuhe hat sie abgestreift; sie faßt nach dem Strick der Ziege, läuft barfuß mit den andern, ist nur noch ein wehender Fetzen Weib.

*

Diese Zeilen sind geschrieben in der Berliner Ferienzeit der Künstlerin, in der Pause zwischen Hollywood und Hollywood, wohin sie nun bald zurückkehrt. Ich habe sie im Spielzimmer ihres Töchterchens besucht zwischen Puppenstube und Kaufmannsladen, Kinderbett und Puppenwagen. Einen reizenden Filmstreifen habe ich zu sehen bekommen: eine junge Mutter, die ihrem Geschöpfchen, das von der Eisbahn heimkommt, die wollenen Hüllen abstreift und aufknöpft und, wo ein bißchen Haut frei wird, schnell hinküßt. Da waren viele neue Gesichter zu sehen, die wir noch aus keiner ihrer Rollen kennen. Was wissen wir von dieser Frau? dachte ich. Es ist Schicksal und auch ein wenig Beruf der großen Filmschauspielerinnen, mit ihren Rollen verwechselt zu werden. Das tun wir alle unwillkürlich, und dazu kommt, was die Leute so erzählen, die sie von ihrem Erscheinen in der Gesellschaft flüchtig kennen. Was darf, was kann sie selbst sagen? Ich habe in dem chiromantischen Werk der Marianne Raschig „Hand und Persönlichkeit" den Abschnitt über Marlene Dietrichs Hand gelesen. „Sie besitzt viele Zeichen und eine Überfülle von Linien. Der Venusberg mit seiner interessanten Linienführung zeigt viele schmale Leitern, die wie Strickleitern aussehen; die Kopflinie fällt stark zum Lunaberg ab, Depressionen und trübe Stimmungen anzeigend, die zum Glück nicht ihren Widerhall in einem geschlossenen Saturnring finden. Der Saturnring in dieser Hand ist offen …" Nach alldem ist noch viel Geheimnis über diesem Leben … Nur eins ist deutlich: „Die Kunstlinie ist ein geradezu überraschendes Gebilde von Schönheit, Wucht und Eindrucksfähigkeit. Wie ein Feldherrnstab, der an seiner Spitze einen Schellenbaum trägt, mutet diese Kunstlinie von seltener Pracht an." Das bestätigen die wenigen Worte, die sie mir von ihrem Verhältnis zur Kunst sagt, von denen das merkwürdigste ist, daß sie auf das „Schöne" immer am liebsten mit einer Tat reagieren möchte.

Während das Kind nach seinen Spielsachen griff, sagte sie: „Wenn Sie es für richtig halten, den Leuten etwas von meinem persönlichen Leben zu erzählen, so sagen Sie bitte, das da" – sie zeigte auf das Kind – „ist die Hauptsache, ist der Lebensinhalt."

Danach habe ich sie nur noch nach einem Erlebnis gefragt, nach dem des Ruhmes. „Eigentlich erlebe ich meinen ‚Ruhm' gar nicht richtig", sagte sie. „Als in Berlin Premiere des ‚Blauen Engels' war, trat ich meine Reise nach Amerika an. An dem Tag, als ich von New York abfuhr, war wieder, genau wie damals, Premiere des ‚Blauen Engels'. Die von ‚Marokko' habe ich allerdings miterlebt, dankbar und erschrocken. Wenn es aber jetzt hier gegeben werden wird, werde ich vielleicht schon wieder unterwegs nach Hollywood sein. Als die Aeroplane mit meinem Namen in Riesenlettern über mir herflogen, war mir beklommen zumut. Na ja, ich muß wohl zufrieden sein, die Arbeit war immer spannend und hat mich manchmal glücklich gemacht, aber der Ruhm hat wohl mit Glück nicht viel zu tun, und – die Sehnsucht hört nicht auf."

Und dann hat sie mir auf dem Grammophon eine neues Lied vorgespielt, das Friedrich Hollaender für sie gedichtet und vertont hat. Es wird jetzt schon von andern gesungen, aber eigentlich ist es ihr Lied. Es fängt an:

„Wenn ich mir was wünschen dürfte,
käm ich in Verlegenheit."

Das Wort Verlegenheit sang die Marlenenstimme im Grammophon mit einem kurzen ‚ö' statt des ‚er', hübsch berlinisch – oh, kaum zu merken, eine ganz leise Nuance – und ebenso summte die lebendige Stimme mit.

Und weiter sang das Lied von dem Heimweh nach der Traurigkeit mitten im Glück. Da stand sie, die große Wunscherfüllerin, der Traum der Tausende, den Kopf seitlich geneigt zu ihrem Echo im Kasten, und hatte einen Ausdruck von Melancholie und Einsamkeit im Gesicht, aus dem die Dichter, Musiker und Filmregisseure noch viel Neues zu lernen und zu schaffen haben werden.

Marlene als Mutter, Marlene als Kind

Eigentlich ist es immer ein kleiner Frevel sowohl am Menschen wie am Künstler, wenn wir nach dem Privatleben, nach Schicksalen, Herkunft, Kindheit, Unternehmungen und Meinungen einer großen Darstellerin forschen. Und doch tun wir das unwillkürlich immer wieder und nicht nur aus purer Neugier und Sensationslust, sondern aus dem Bedürfnis, hinter ein Geheimnis zu kommen. Denn ein Geheimnis ist es, daß jemand zugleich sein und darstellen kann, ob es sich nun um ein Kind handelt, das im Stampfschritt über den Teppich Eisenbahn mimt, oder um den großen Mimen, der den sterbenden Cäsar gibt. Wir sind zuschauend eins geworden mit diesem Wunderwesen und wollen es nun zurückverwandeln. Der Film hat die leibhafte Erscheinung der großen Darstellerin nun in einen neuen, noch geisterhafteren Zustand verwandelt als das Theater. Bei diesem ist sie nur wirklich und einmalig zugegen. Im Film tausendmal und für viele Tausende. Gefällt sie, wird sie Ausdruck des Geistes, des Geschmackes, der Sehnsucht der Tausende, so erringt sie eine viel größere Popularität als auf dem Theater. Und damit wird auch das Bedürfnis, mehr von ihrem Urbild zu wissen, gesteigert. Wir möchten wissen: Wer ist in Wirklichkeit dies wandelnde Wunder in Schwarzweiß? Wie lebt es? Wie kommt es, daß es uns alle als Schattenschrift auf der Leinwand so erregt, rührt, erschreckt, quält und glücklich macht? Die banalste, ‚amerikanischste‘ Betätigung dieser Neugier oder Wißbegier ist das Interview. Auch die roheste und rücksichtsloseste. Deshalb wird der Leser dieser Zeilen begreifen, daß mir nicht gut zumute war, als ich eines Tages vor der großen Marlene Dietrich stand, der allbekannten Unbekannten, dem Wunschtraum von Millionen, und sollte sie ausfragen. Das war in der „Eden-Bar" zu Berlin. Und es waren ringsum lauter Prominente. Die kluge und gütige Frau durchschaute und übersah die Qual meiner Situation und sagte: „Kommen Sie morgen nachmittag zu mir. Da bekommen Sie auch meine kleine Tochter zu sehn."

Besuch bei der Diva, dachte ich am andern Morgen. Ein Boudoir voller Blumen. Soll ich da ankommen mit einem mäßigen Bukett und mich lächerlich machen in der Pracht? Da fiel mein Blick auf ein Kaleidoskop, das ich in einem Trödelladen gefunden hatte, einen winzigen Behälter, in dessen Spiegeln Stückchen aus buntem Glas, Perlen und Moos bei leisem Schütteln sich zu immer neuen schönen Figuren zusammenfanden. So ein Ding hatte ich als Kind sehr geliebt. Vielleicht, dachte ich, kennt die kleine Marlenentochter so etwas noch nicht, und steckte es zu mir, als ich mich auf den Weg machte. Und ich hatte Glück! Aus dem gefürchteten Boudoir wurde ich bald ins Kinderzimmer hinübergeführt, und da sah ich zwischen Puppenstube, Kaufmannsladen, Kinderbett und Puppenwagen Mutter und Töchterchen. Und der kleinen Heidede, die gerade von der Eisbahn zurückkam, wurden von ihrer schönen Mama die wollenen Hüllen abgestreift und aufgeknöpft, und wo ein bißchen Haut frei wurde, bekam das Geschöpfchen zarte und derbe Küsse, das war ein reizender Filmstreifen voll neuer Marlenengesichter. Und als ich dann den Behälter mit den Schüttelbildern aus der Tasche zog und der Kleinen hinhielt, da sahen sie zusammen hinein, Mutter und Tochter, Gesicht an Gesicht, Wange an Wange. Und dieses An- und Miteinander war schöner, als ich beschreiben kann, etwas so Schönes, wie ich es später wiedererlebt habe, als ich Marlene D[ietrich] [als] die „Blonde Venus" sah, die ihrem Knaben das Liedchen der Spieldose dreht und vorsingt.

Als dann Heidede nach ihren Spielsachen griff, sagte M[arlene] D[ietrich] zu mir: „Mein lieber Herr Interviewer, wenn Sie es für richtig halten, den Leuten etwas von meinem Privatleben zu erzählen, so sagen Sie bitte, das da" – sie zeigte auf das Kind – „ist die Hauptsache, ist der Lebensinhalt." Den Kompaß ihres Lebens hat sie einmal einem andern Frager und Bewunderer gegenüber ihr Kind genannt. Und die Größe, Eigenart, vielleicht auch die Tragik ihres Künstlerdaseins kann man erst ganz verstehen, wenn man um ihr Muttertum weiß. Die Reporter und Photographen von U.S.A. haben sich natürlich diese ‚Note' zunutze gemacht, haben die Mutter heimlich mit der Kamera belauscht, als sie in Hollywood im Bett mit dem fernen Kind in Berlin telephonierte, und später, als das Kind mit hinüberkam ins Filmparadies, haben die Eifrigen sich keine Nuance seiner Erscheinung entgehen lassen. Aber dies Mutter-und-Kind-Wesen ist etwas ganz andres als eine ‚Note'. In dem Muttertum dieser Frau sind die Wurzeln der Kraft, die es ihr möglich macht, in immer neuen Gesichtern und Gestalten Güte und Schönheit auszustrahlen, mitzuteilen, rührend und unberührt zu bleiben in der verwegensten Dirnen- und Abenteuerrolle. In ihrem Muttertum und ihrem Kindtum. Denn ein gut Teil von M[arlene] D[ietrichs] Kunst ist gerettete Kindheit. Die bretterne Garderobe im „Blauen Engel", in der sie sich vor drei kleinen Handspiegeln zurechtmacht, Puderperücke und Dreispitz aufprobiert oder das Kleidchen überzieht, dessen Reifrock vorn so niedlich lasterhaft hochgeschlagen ist, wenn sie sich eifrig die erforderlichen Laszivitäten anmalt und zurechtrückt, wird diese ,Stätte des Lasters' zur Kinderstube, das sündhafte Unternehmen wird ein munterer Betrieb, ein niedliches Spiel, dessen Reizen wir erliegen wie der puderbespritzte Schulprofessor, der ihr hingerissen zuschaut und aus einem lüsternen Pedanten ein kleiner Junge wird, der mitspielen möchte. Die schmale Wendeltreppe, die sie hinaufschlüpft und hinunterhüpft, wird ein Turnvergnügen, die ganze Bretterbude Puppentheater. In dieser Atmosphäre gleitet sichs sanft ins Verderben, gelinde in grausige Lächerlichkeit. Nichts kann auflösender, dämonischer wirken als ihr Verzicht auf alles Dämonische, als die Kinderstubenverwirrung und Kinderstubenordnung des Daseins, das sie hier vorgaukelt. Solchen Zauber konnte nur eine Frau mit viel geretteter Kindheit üben.

So kommen wir dazu, nach Marle[ne] D[ietrichs] Kindheit und Kinderzeit zu forschen, und sie und die, die es erlebt haben, nach dem Kind Marlene zu fragen.

Der Film-Stern von Hollywood ist ein echtes Berliner Kind, ein preußisches Offizierskind, im Berliner Westend aufgewachsen. Und so weit sie auch in der alten und neuen Welt herumgekommen ist, sie hat nie die Berliner Heimat verleugnet. Und diese Berliner Heimat muß ihr dankbar sein wie kaum einem andern Künstler. Sie hat dem heimlichsten Wesen dieser Stadt Weltgeltung verschafft. In ihrer Stimme klingt leise, ganz unaufdringlich das heimische Patois mit. Von der verhaltenen Sentimentalität aller echten Berlinerinnen, ob es nun Damen, Portierkinder, Varieté- oder Heilsarmeesängerinnen sind, klingt etwas mit in ihrer Stimme und ist in ihr zur Kunst geworden. Ob sie nun die fesche Lola aus dem „Blauen Engel" singt oder als blonde Venus dem Kinde vorsingt („Leise zieht durch mein Gemüt liebliches Geläute"), immer wieder sind wir hingerissen von der eigentümlichen Mischung von Rauh und Zart, von einem fast als körperliche Berührung fühlbaren Dehnen und Schleifen des Klanges und seinem plötzlichen Fallenlassen, das bald wie ein schluchzender Verzicht, bald wie Kindertrotz wirkt. Das ist Berlin, heimlichstes Berlin!

M[arlene] D[ietrich] hat es auch selbst ausgesprochen, daß sie dieses Berlin niemals loswerden kann aus ihrem Blut. Immer wieder ist sie zu Hause in dieser Stadt der nüchtern-hellen Tagesfarben und langen Dämmerungen, der zarten Wintermorgenröten und langen Sommerabende. Großstadtschwermut und Heimatgefühl ist ein wichtiger Teil ihres Wesens und ihrer Künstlerschaft. Und die besondre Nuance von Sehnsucht und Entsagung, wie sie in dem Liede laut wird, das Friedrich Hollaender für sie gedichtet und komponiert nach ein paar Worten, die sie einmal vor sich hinsummte, als sie müde zu ihm ins Filmatelier kam.

„Man hat uns nicht gefragt, als wir noch kein Gesicht,
Ob wir leben möchten oder lieber nicht.
Jetzt gehe ich allein durch eine große Stadt,
Und ich weiß nicht, ob sie mich liebhat.
Ich schaue in die Stuben durch Tür und Fensterglas,
Und ich warte und ich warte auf etwas.
    Wenn ich mir etwas wünschen dürfte,
    Käm ich in Verlegenheit,
    Was ich mir denn wünschen sollte:
    Eine schlimme oder gute Zeit.
    Wenn ich mir was wünschen dürfte,
    Möcht ich etwas glücklich sein,
    Denn sobald ich gar zu glücklich wäre,
    Hätt ich Heimweh nach dem Traurigsein."

Sie war ein träumerisches Kind, das gut allein spielte, und immer beschäftigt. Für ihre Puppen hat sie so mütterlich gesorgt wie später für ihr Kind. Sie war nicht das Theaterkind mit der frühen Sehnsucht nach Rampenlicht und Ruhm, das vorm Spiegel steht und Mienen probiert. In ihren Kinderbildern ist dasselbe Erstaunen über das Leben, dieselbe träumerische Gefaßtheit, dasselbe Jenseits, das uns noch heut aus ihren Augen ansieht. Sie sieht hindurch durch den Spiegel mit ihrem eignen Bild und durch die Gesichter derer, die sie anschauen.

Die kleine Marlene hat eifrig gespielt und, als sie Schulkind wurde, eifrig gelernt. Sie ist immer gut ‚weitergekommen', wie man sagt. Aber bei jedem Fortschritt hat sie eine Art Heimweh nach dem früheren

Zustand gehabt. Wenn sie in eine neue Klasse versetzt wurde, hat sie manchmal der alten Klasse, in die sie nun nicht mehr zu gehen brauchte, nachgeweint wie einem verlorenen Glück. Das scheint ein kindischer Zug, hängt aber mit dem innersten Wesen der Frau und Künstlerin zusammen, mit dem, was wir Idealismus nennen. Und ist Idealismus nicht das größte Heimweh? Heimweh hatte sie immer und das entsprechende Gefühl, die Sehnsucht nach Freiheit. In einem Aufsatz, der von ihrer Schulzeit berichtet, sagt sie: „Oft noch versuche ich in Träumen die riesige schwere Schultür aufzumachen, die wir kleinen Mädels gar nicht so richtig mit der Klinke aufdrücken konnten. Wie andre vom Examen träumen, erscheint mir diese Türe immer wieder, und ich sehe mich mit dem Rücken dagegenstoßen, die Beine gegen den Boden gestemmt, und dann, wenn sich ein wenig nach vielfachem Gegenbumsen ein Spalt geöffnet hat, durchschlüpfen. In die Freiheit, in die Sonne der Straße."

Marlene hat gelernt, was eine ‚Höhere Tochter' aus gutem Hause zu lernen hatte, und daß eine Mademoiselle das Berliner Kind im Französischen, eine Miss sie im Englischen unterrichtete, ist der internationalen Künstlerin des Films sehr zugute gekommen. Vor allem aber hat sie mit Leidenschaft Musik getrieben. Schon als kleines Mädchen hatte sie Klavier- und Geigenunterricht. Es ist schön, sich dies innige Kind mit einer Geige am Kinn und dem Bogen im Arm vorzustellen. So fand es vielleicht seine erste Zuflucht aus dem immer unzureichenden, nie ganz ausfüllenden Leben in das Reich der Kunst, in die Welt des ewigen Schenkens und Beschenktwerdens, die einzige, in der man ganz alles empfangen und ganz sich geben kann. Einem frommen Dienstmädchen spielte das Kind Marlene auf ihrer Laute geistliche Lieder vor und sang dazu mit dünnem Kinderstimmchen, was diesem Wesen gewiß ähnlich wohlgetan hat wie uns allen später die weniger harmlosen und die zartesten der immer gütigen Lieder des großen Filmsterns. Ans Selbst-Filmen hat sie als kleines Mädchen noch nicht gedacht. Und doch spielte der Film eine große Rolle in ihrem kleinen Leben. Denn sie hatte im Kino die Frau gesehn, die ihr erstes Ideal von Frauentum und Künstlertum verkörperte: Henny Porten. Über dieses Erlebnis gibt es zwei Berichte, die sich reizend ergänzen; den einen hat M[arlene] D[ietrich] selbst geschrieben in einem Zeitungsartikel, der andre steht in Henny Portens Autobiographie „Vom Kintopp zum Tonfilm".

„Ich wohnte damals im alten Berliner Westen, in der Matthäikirchstraße. Und immer wenn ich aus dem Hause kam, standen unten
auf der Straße ein paar Mädels, angehende Backfische, die einen Knicks
machten, mir ‚Guten Tag' sagten und sich eiligst davontrollten. Einmal
aber, als ich schon die Straßenecke erreicht hatte, an der sich eine Litfaßsäule befand, kam plötzlich noch ein sehr niedliches blondes Mädel
hinter der Säule hervorgestürmt – sie mußte dort schon eine ganze
Weile gestanden und auf mich gewartet haben –, sagte vor lauter Verlegenheit kaum ‚Guten Tag' und drückte mir mit einem stotternden ‚Da,
bitte!' eine ausgemalte Postkarte in die Hand. Ehe ich noch etwas sagen,
geschweige denn mich bedanken konnte, war sie schon davongestürzt
und um die Ecke verschwunden. Ich besah mir die Karte; es war eine
sogenannte ‚Künstlerpostkarte' mit meinem Bild, aber die Photographie
war mit einer rührenden Sorgfalt ausgemalt, so sauber und fein, daß
auch nicht ein Fleckchen oder nur ein Rand zu sehen war.

Bald darauf hatte ich Geburtstag, und am Morgen hörte ich schon in
meinem Zimmer ein geheimnisvolles Flüstern auf dem Flur draußen.
Und gleich danach erklang Musik, Geigenspiel, ein liebliches kleines
Lied, das ‚Engelslied' von Braga. Nanu, wer brachte mir denn da ein
Ständchen? Das hatte ich bisher noch nicht erlebt, und meiner guten
Wirtschafterin war auch nicht zuzutrauen, daß sie heimlich das Geigenspiel erlernt hatte. Ich trat in das Nebenzimmer – und da stand, na, es
wird nicht schwer sein, das zu erraten, eben dasselbe kleine niedliche
Mädchen mit den blonden Locken und spielte. Ich bedankte mich sehr
für die reizende Überraschung und forderte sie auf, noch ein bißchen zu
bleiben und ein Stück Geburtstagskuchen mit mir zu essen.

Ein Jahr später war ich in Garmisch, und wie ich eines Morgens er-
wachte, klingt wieder Geigenspiel an mein Ohr. Ich trete ans Fenster,
sehe auf die Straße hinaus, und da steht doch wirklich wieder unten die
Kleine und bringt mir das zweite Ständchen. Sie war inzwischen nämlich nach Mittenwald in Pension gekommen, hatte dort in der Garmi-
scher Kurliste meinen Namen entdeckt und war, da es in der Pension
ziemlich streng herging, am frühen Morgen heimlich mit ihrer Geige im
Arm über eine am Abend vorher vorsichtig bereitgestellte Leiter aus
dem Fenster geklettert und mit dem ersten Zug nach Garmisch gefahren. Und da war sie nun also wieder, und ich wußte vor Freude und
Rührung gar nicht, was ich dazu sagen sollte.

Ja, und jetzt kommt die Pointe dieser wahren Geschichte. Ob wohl jemand schon erraten haben wird, wer jenes entzückende Mädel war? Ich glaube es kaum, aber es soll auch nun nicht mehr länger geheimgehalten werden. Es war niemand anderes als Marlene Dietrich."

Und Marlene schreibt: „Henny Porten, das war vom erstenmal an, da ich ihr lachendes Gesicht auf der Leinwand sah, das Schönste, was ich kannte. Und mit ihr begann eine Zeit der Aufregungen und Abenteuer, die heute noch für mich dasselbe Herzklopfen heraufbringt, wenn ich an sie denke, wie in jenen Tagen.

Ich ging in die Auguste-Victoria-Schule an der Nürnberger Straße. Oft noch versuche ich in Träumen die riesige, schwere Schultüre aufzumachen, die wir kleinen Mädels gar nicht so richtig mit der Klinke aufdrücken konnten. Wie andere vom Examen träumen, erscheint mir diese Tür immer wieder, und ich sehe mich mit dem Rücken dagegenstoßen, die Beine gegen den Boden gestemmt, und dann, wenn sich nach vielfachem Gegenbumsen glücklich ein Spalt geöffnet hat, durchschlüpfen. In die Freiheit, in die Sonne der Straße und in den Konfitürenladen gegenüber, wo – ich heute noch das Zuckerzeug für meine Tochter Heidede kaufe.

Ganz in der Nähe war noch ein Laden. Da gab es die herrlichsten Künstlerpostkarten. Darunter eine Menge von Henny Porten. Und ich nahm sie mit nach Hause, malte sie mit Eiweißfarben aus, und dann begab ich mich auf meinen Posten hinter der Litfaßsäule in der Matthäikirchstraße, wo nicht nur Henny Porten, sondern auch meine Großmutter wohnte. Wie schön waren dadurch meine heimlichen Spaziergänge zu begründen. Die andern Mädels waren ja viel frecher. Sie gingen einfach auf Henny Porten zu, wenn sie aus dem Hause kam, machten einen Knicks und sagten: ‚Guten Tag!' Das traute ich mich nicht. Erst wenn sie herankam, flitzte ich hinter der Säule hervor, drückte ihr die ausgemalte Karte in die Hand, stotterte: ‚Da, bitte!' und stürzte davon.

Ich malte aber nicht nur die Postkarten, sondern ich kaufte zum Beispiel auch von meinem Taschengeld wundervolle Cremeschnitten, und die bekam Henny Porten bei ihren Premieren in die Loge hinaufgeschickt. Wie sie ihr geschmeckt haben, weiß ich allerdings nicht. Meine Mutter merkte bald die große Leidenschaft, und eines Tages nahm sie für die ganze Familie bei einer Porten-Premiere die große Loge, die neben der Porten-Loge lag. Dieser Tag wurde, ohne daß ich es geahnt hätte, ein berauschender Triumph für mich. Einige Monate vorher hatte ich nämlich ein Gobelinkissen für Henny gearbeitet und ihr zugeschickt. Und was erblickte ich im Film? Wohin fiel Henny Porten im Höhepunkt der Leidenschaft in Ohnmacht? Mitten auf mein Gobelinkissen. Und ich kniff meiner Mutter in den Arm und trompetete in den Mozart-Saal: ‚Mutti, sieh mal, sie fällt auf mein Kissen.' Das war das Glück.

Dann hatte Henny Porten Geburtstag. Schon ehe ich nach Weimar zum Musikstudium ging, hatte ich als Kind immer Geige gespielt. Und was gelingt nicht der Energie eines liebenden Kinderherzens?! Am Geburtstag stand ich draußen im Korridor von Henny Portens Wohnung und spielte das rührendste Lied, das ich kannte, das ‚Engelslied' von Braga. Und wie es im Märchen heißt: Mit einem Male ging die Tür auf, Henny Porten erschien und fragte, strahlend über das ganze Gesicht: ‚Wollen Sie nicht mit mir frühstücken?'

Erstens sagte sie ‚Sie' und zweitens ‚frühstücken'. Gefrühstückt habe ich nichts. Und gesagt habe ich auch nichts, sondern ich habe nur auf der Stuhlkante gesessen und von Zeit zu Zeit gesagt: ‚Jetzt muß ich aber gehen!' So schön war es.

Dann kam ich nach Mittenwald in Pension. Da gab es nicht mehr viel Filme zu sehen. Aber der Traum blieb. Und eines Tages wiederholte sich die Berliner Situation. Die Fremdenlisten lagen immer im Speisezimmer, auch die Fremdenlisten der großen Kurorte in der Umgebung. Wir lasen die Namen, die pompösen fremdländischen Namen der vielen fernen Städte, die wir Mädels alle einmal sehen wollten. Und dann traf der die Kolumnen hinabgleitende Finger unter ‚Eingetroffen' eines Tages die Zeile: Henny Porten, Berlin.

Das Regiment der Pension war streng. Man hatte mit den Wünschen eines Backfischs wenig Einsehen. Da kroch er des Morgens über eine nachts vorher sorgfältig neben das Fenster gestellte Leiter aus dem Zimmer, romantisch seine Geige unter dem Arm, und dampfte mit dem ersten Frühzug nach Garmisch. So kam Henny Porten zu ihrem zweiten Geigenständchen.

Als ich vor einigen Monaten aus Hollywood zurückkam und so froh war, daß ich nun vieles schon hatte, was ich mir einst gewünscht, und auf dem Zoo stand, glücklich, in diesem Berlin zu sein, das ich niemals

aus meinem Blut loswerden werde, kam mir von ungefähr der Gedan-
ke: eigentlich, wie das alles noch nicht so war, das Bekanntsein und die
vielen Photographen und das Hin- und Herreisen von Stadt zu Stadt,
mit der Verbeugung vor dem Vorhang bei den Premieren – da war es
doch eigentlich beinahe schöner. Man hatte mehr Möglichkeiten für
seine Sehnsucht."

Hier haben wir von ihr selbst ausgesprochen das Heimweh nach
dem Bereich der Kindheit, der heimlichen, denn die äußere war
bedrängt und erschüttert von dem, was in dieser Zeit jede deutsche
Kindheit bewegte. Es war die Zeit des Weltkriegs. Der hat sie noch
besonders getroffen: Er hat ihr den Vater genommen, den Rittmeister
von Losch, einen Mann aus uckermärkischem Adelsgeschlecht. Von
ihm hat die Tochter wohl beides geerbt, die straffe Disziplin, die ihr die
Kraft gibt, die längsten entnervenden Filmproben durchzuhalten und
sich im Lebenskampf gegen Neid, Eifersucht, Mißgunst zu behaupten,
die gerade die vermeintlichen Lieblinge des Glücks bedrohen. Und die
andre, tiefere Erbschaft, die Versonnenheit, die Melancholie alten Blu-
tes. Als ihre Schulzeit vergangen ist, geht sie nach Weimar zur ernsthaf-
teren Ausbildung ihrer musikalischen Begabung. Da ist sie zunächst in
einem sehr gediegenen Pensionat, eine gute Kameradin ihrer Altersge-
nossinnen, mit denen sie sittsam zu zweit und zweit durch alte Parke
spazieren geht. Bei einem Festspiel dieser Mädchenkinder, die in bunten Zigeunerkostümen tanzen und Tamburine über den Köpfen
schwenken, mimt Marlene – es ist ihre erste ‚Hosenrolle' – den düster-
blickenden Geigerknaben, der den Mädchen zum Tanze aufspielt. Dann
folgt eine stillere und freiere Zeit, da wohnt sie in dem gärtenumgebe-
nen Haus, das einst der Frau von Stein gehört hat, eine Zeit, in der sie
für sich Dichterverse liest und lernt und spricht. In dieser Zeit bereitet
sich viel in ihr vor, was sich später erfüllen sollte, manches vielleicht,
was bei dieser großen Wandlungsfähigen auch heute noch in zukünftiger Ferne liegt. Eine Sehnenentzündung verletzt ihr Handgelenk, sie
kommt nach Berlin zurück, muß für einige Zeit das Musikstudium
aufgeben. Aber ein Haustöchterchen kann sie nun nicht mehr sein, und
ein bürgerlicher Beruf lockt sie nicht. Sie muß in der Welt der Kunst
bleiben. Es war ein so großes Erlebnis, in Hofmannsthals „Tor und Tod"
die Rolle des Mädchens laut im leeren Zimmer zu lesen. Sie will es mit
der Schauspielerei versuchen. Ehe wir ihr auf diesem Wege folgen, der

für sie nicht ohne Mühsal und Enttäuschung war, schauen wir als eine Art Prognose ihrer großen Zukunft in die Linien ihrer Hand, wie sie Marianne Raschig in ihrem Werk „Hand und Persönlichkeit" gedeutet hat.

„Eine Hand, die viele Zeichen und eine Überfülle von Linien besitzt, ist diejenige von Marlene Dietrich. Der Venusberg mit seiner interessanten Linienführung zeigt viele schmale Leitern, die wie Strickleitern aussehen; die Kopflinie fällt stark zum Lunaberg ab, Depressionen und trübe Stimmungen anzeigend, die zum Glück nicht ihren Widerhall in einem geschlossenen Saturnring finden. Der Saturnring in dieser Hand ist offen, man sieht ihn überhaupt nur zu einem kleinen Teil unter dem Apollofinger. Der Schicksalsweg bricht an der Herzlinie scheinbar ab, doch formt er sich neu, und es steht noch nicht fest, welche Wege die Künstlerin als Mensch geführt werden wird, welche Wege sie aus eigenem Machtwillen geht. Die Kunstlinie ist ein geradezu überraschendes Gebilde von Schönheit, Wucht und Eindrucksfähigkeit. Wie ein Feldherrnstab, der an seiner Spitze einen Schellenbaum trägt, mutet diese Kunstlinie von seltener Pracht an. Kleine Stimmgabeln lehnen sich an den Fuß der Kunstlinie an, und das croix mystique ist lang und deutlich markiert, wenn es auch schmal zusammengeschoben erscheint."

Die Bergner im Film

Der „Geiger von Florenz" ist ein aus romantischen und psychologischen Motiven gemischter Film mit Vorzügen und Schwächen, den man wohl bald vergessen oder verwechseln würde, wenn ihn nicht eins unvergeßlich machte: die Erscheinung der Elisabeth Bergner. Ach, wenn sie doch spräche! dann würde alles gut. Aber dann wird jedes Glied dieses beweglichsten, bewegtesten Körpers so beredt, dann tragen und leiden die schmalen Schultern an Kinder- und Frauenschicksal, der Wind meißelt an der zart widerstehenden Stirn, die Luft um sie her wird sichtbares, fühlbares Element, das angreift, erregt, ermüdet. Wenn sie als falscher Hirtenbub durch die Landschaft stürmt, wenn sie in Gärten ruht, mit der Geige am Kinn im Tanzschritt die Knie hebt oder starr hingeworfen in des Vaters Armen liegt, ist es nicht das Muntere oder Niedliche, das ihr das Thema liefert, nicht die charmante Hosenrolle, was uns entzückt, nein, diese Wangen, diese Finger, diese Knie jubeln, leiden, lieben und verkünden unendlich viel mehr als verlangt wird. Jedes Gefühl erwacht, erscheint wie zum ersten Mal. Was bei andern nur rührend wäre, wird innig und ergreifend, und so hat sie auch auf der Leinwand die große Gabe, immer wieder noch „tausendmal schöner" zu werden.

Jack von Reppert-Bismarck

Aufgebaut in andeutenden Linien, in immer wieder beginnenden Umrissen, kenne ich eine Reihe von Wesen von einer besonderen Art der Glückseligkeit. Sie lagern und stehen leicht beieinander. Sanfte Tiere schmiegen sich an ihre Glieder. Haben sie Hüllen oder Hemden um, Badekostüme, Matrosenblusen, Sportsweater, so wird ihre angenehme Nacktheit dadurch nur auf eine neue Art hervorgehoben. Strümpfe, die sie manchmal anziehn, bleiben meist unterm Knie gerollt zärtlich an der Wade haften. Bisweilen verkleiden sie sich auch auf kurze Zeit in bunten streifigen Carneval oder in bürgerliche Complets, aber alles sitzt so locker an ihnen, als wollte es bald wieder abfallen und holden Wuchs freilassen. Sie meinen es gut miteinander und auch mit uns Beschauern, wobei sie aber gar nicht zu uns hin kokettieren, sie sind herrlich unbekümmert um ihre Wirkung und leben in einem Garten Eden oder einem Lande Bimini, wo es keine Eitelkeit und keine Scham gibt. Sie können sich's leisten, von Zeit zu Zeit Menschenwelt zu spielen, dann sehen manche von ihnen derb und stämmig aus und drein oder gebärden sich sogar wie böse Leute, Verbrecher, Verführer. Ach, was für verführerische Verbrecher werden sie dann, was für unschuldige Verführer! Ich habe noch gar nicht gesagt, ob ich mehr von Männern oder Frauen, Erwachsenen oder Jugendlichen rede. Das macht, diese allerlei Geschlechts- und Altersunterschiede, an denen wir Menschen so viel leiden, sind bei ihnen nicht so bös gemeint. Andeutungen davon sind auch nur ein Teil des Kostüms, der Bekleidung eines träumerischen blumenhaften Daseins. Bezaubernde Gewohnheiten und Sitten herrschen unter ihnen. Mit ein wenig Blick und Gebärde können sie einander unendlich wohltun. Wie sie sich anfassen, das ist erregend und stillend zugleich. Und wenn sie nur ganz gelassen neben- und beieinander sind, ist die Glückseligkeit vielleicht am größten. Als Gruppe sind sie oft wie Glieder eines schönen Gesamtleibes. Und diese vielfältige Einheit macht es möglich, daß sie auf einigen Blättern (es ist hier nämlich von Gezeichnetem und Gemaltem die Rede) als indische Gottheit erscheinen, die um einen oder mehrere Rümpfe viele Arme und Beine beugt und spreizt. Und das ist dann nicht das drohende Welt- und Dämonenbild, als welches uns sonst diese Vielgötter erschrecken und bedrängen, sondern ein seliges Viel und Zuviel an regem und ruhendem Fleisch und Bein, ein glückliches Übermaß, das nicht enden will, zeitlose Gegenwart.

So sehe ich die Geschöpfe, die Frau Jack von Reppert-Bismarck zeichnet und in Wasserfarbe und Pastell malt. Sie meint gewiß die Wirklichkeit und kann manche Kinder und sich selbst und etliche Mädchen und Burschen auch sehr ähnlich darstellen. Der Nana-Film hat sie zu Gestalten inspiriert, in deren Kleidung die ganze Nana-Epoche auflebt. Und wenn diese Illustratorin – laßt eure hübschesten Geschichten von ihr illustrieren, junge Dichter, sie werden dadurch nur noch hübscher werden –, wenn sie einen eleganten jungen Engländer in Reisekleidern oder ein paar Zollbeamte in Uniform zeichnet, so wird's ganz korrekt und überzeugend. Und doch gehören auch diese eingeordneten Existenzen mit dem holdseligsten Teil ihres Wesens in das Eden oder Bimini, das es noch nicht oder nicht mehr oder erst, seit diese Frau zeichnet und malt, gibt. So etwas kann man am Ende von der Kunst überhaupt sagen. Nun, dann wollen wir es an diesem Fall aufs neue begreifen.

Das Land, in dem die Geschöpfe der Frau von Bismarck wohnen, kommt noch besonders zum Ausdruck in der Farbe der Hintergründe. Die könnte man geschmackvoll nennen. Statt dessen möchte ich lieber berichten: Sie erinnern mich an die Schlußverse eines schönen Rilke-Gedichtes:

> Smaragde und Rubinen
> Und die Tale von Türkis.

Frühstück mit einer Verkäuferin

Ich war beim Fisch, als diese anmutige kleine Person im Restaurant erschien. Der Kapellmeister an der Balustrade des oberen Saales dirigierte gerade mit runden Opernbewegungen das alte „Ah, sieh mich vor Wonne beben". Dazu nickten und wiegten viele der Mittagsmädchen, die in dem weiten Vogelbauer vor grüngestrichenem Gitterwerk an ihren papiergedeckten Tischen nisteten und von den Tellern pickten. In den Spiegelwänden schimmerten, von Glühbirnen bestrahlt, die Goldblätter der Beleuchtungskörper. Es war bei dem trüben Wetter in dem dunklen unteren Saal schon Licht gemacht worden.

Da stand sie in ihrem Regenmantel und sah sich suchend um.

„Mademoiselle ist allein?" fragte der Kellner.

„Ein Tisch mit zwei Plätzen", verlangte sie.

Der Tisch neben mir wird vorgerückt, sie schlüpft auf die Bank. Wir sitzen Ellbogen an Ellbogen. Ich habe eine Nachbarin. Sie zerrt an ihren Ärmeln, schwingt den Mantel nach hinten auf den krippenähnlichen Halter. Zum Vorschein kommt ein schwarzes Kleid mit weißem Kragen, der vorn mit einer Brosche zugesteckt ist. Unter der enganliegenden Kappe fällt eine einzige Locke bis in die Nähe der blaßblauen, etwas strengen Augen.

Wie wir ins Gespräch gekommen sind, weiß ich nicht mehr; wahrscheinlich ergab es sich, als ich ihr die Karte und sie mir die Salatmenage reichte. Sie hatte Eile zu bestellen. „Schrecklich, wenn man mit unpünktlichen Leuten verabredet ist", sagte sie, „ich muß um ein Uhr wieder im Magazin sein."

„Viel Besorgungen?"

„Die der andern. Ich bin Verkäuferin."

Nun konnte ich sachliches Interesse zeigen, mich unterrichten lassen.

„Der Ladentisch", sagte ich, „ist mir immer wie die Rampe einer Bühne vorgekommen. Was hinter den Kulissen geschieht, bleibt unsereinem ein Geheimnis."

„Es ist eine große Organisation", erwiderte sie stolz. „Wir sind fast 6000 Angestellte."

„Und viele hübsche Mädchen darunter."

„Aufs Hübschsein kommt es nicht an, sondern auf die Karriere."

„Wie weit kann man es denn bringen?"

„Bis zur Seconde, die gleich unter dem Rayonchef steht. Sie wissen doch, der Herr mit der weißen Krawatte, an den Sie sich wenden, wenn Sie unzufrieden sind."

„Weil Sie mich so schlecht behandelt haben ..."

„Das kommt nicht vor. Man hat doch seine Lehrzeit in der Hausschule gehabt. Und da lernt man nicht nur das Zettel- und Nummernsystem und das schnelle Kopfrechnen, wenn zum Beispiel eine Dame zwei Meter 15 von einem Stoff zu 3,45 verlangt ..."

„ ... sondern auch?"

„ ... die wahre Höflichkeit und die Kunst, die Wünsche des Käufers zu erraten und ihn nicht das Falsche wählen zu lassen."

Aha! denke ich. Dienst am Kunden! Ganz wie bei uns. Laut sage ich: „So lassen Sie ihn doch ruhig das Falsche wegtragen. Dann sind Sie den Kerl und die Ware schneller los."

Aber da werde ich belehrt: „Ich bitte Sie, mein Herr, das wäre doch nur verlorene Zeit. Bedenken Sie: Bei uns kann alles umgetauscht werden, ausgenommen natürlich Zahnbürsten und hygienische Artikel überhaupt. Wenn nun auf dem Konto der Verkäuferin häufig der Vermerk ‚Umtausch' steht, das macht einen schlechten Eindruck. Und welch ein Verlust an Prozenten!"

Ich sah voll Bewunderung auf den kindlichen Mund, aus dem soviel Weisheit kam.

„Prozente bekommen Sie auch schon?"

„Ich bin doch keine Debütantin mehr, die der Verkäuferin hilft, aber selbst noch keine Verantwortung hat."

„Na, ist's denn schon so lange her ...?"

„Schon über ein halbes Jahr bin ich aus der Hausschule."

„Da war es gewiß lustig?"

„Sie sind ein Ausländer, Sie glauben, in Paris ist alles lustig. Schulbank ist immer hart."

„Aber so Jungen und Mädchen durcheinander ..."

„ ... sie sind nicht durcheinander. Es gibt eine Klasse für die jungen Mädchen und eine für die jungen Männer und noch eine besondere für die Grooms."

„Die brauchen allerdings eine besondere. Aber die jungen Mädchen und Männer, lernen die nicht ungefähr dasselbe?"

„Nicht ganz. Ein Mann, das ist doch was andres. (Das sagt dies stolze Kind mit dem durch nichts zu erschütternden Respekt der Französin vor dem starken Geschlecht.) Da ist der Außendienst, die Verkaufsstände im Freien. Dazu gehört Sicherheit und Geschicklichkeit und auch Kraft. Und ein Mann verdient mehr als ein Mädchen."

„Wird man sehr streng beaufsichtigt?"

„Ja, es gibt Kontrollbeamte und Aufseher. Die notieren, wie oft man zu spät kommt und wie man arbeitet und ob eine sich zu sehr schminkt oder zu dem dunklen Kleid, das wir im Dienst tragen, einen zu auffallenden Kragen oder Ausschnitt hat. Sie sagen es ihr aber nicht direkt. Sie machen die Seconde darauf aufmerksam."

„Ich zittere vor der Seconde!"

Das war meine erste Bemerkung, über die sie ein bißchen lachte. Dann zupfte und naschte sie eine Weile stumm an ihrer Artischocke und sah von Zeit zu Zeit nach dem Eingang. Die Freundin kam noch immer nicht.

„Speisen Sie oft hier oder auch manchmal in der netten Crémerie-Pâtisserie ein Stückchen weiter die Straße hinauf, wo man an Steintischchen sitzt und einen sogenannten Lunch bekommt, niedliche Portionen auf winzigen Desserttellern …"

„Haben Sie die gern?"

„Ja, ich finde sie reizend. War auch heute erst da, bekam aber keinen Platz unter all den verbannten Prinzessinnen, die vor Zwergentellern essen. Nun, heute war es mein Glück, denn ich bin hierhergekommen und habe eine so liebenswürdige und belehrende Bekanntschaft gemacht. Aber sonst sitze ich da gern in der Quetschecke als geduldetes männliches Wesen und höre der Musik der Gäbelchen, Löffelchen und Stimmchen zu."

Meine Schilderung scheint wenig Eindruck zu machen. Das kleine Wesen neben mir sieht hinüber zu der lebhaften Brünetten in der Männergruppe am Nebentisch, die zu allem, was sie ißt, immer wieder Essig und Öl nimmt und ihren Nachbarn mutwillig Salz und Pfeffer auf ihre Teller schüttet. Bisweilen wandern die Blicke auch hinauf zu der Balustrade mit den Blattpflanzen in Henkelvasen. Die Musik da oben spielt einen Walzer. Aus Gedanken auffahrend, sagt sie dann:

„Ich gehe nur selten ins Restaurant. Meistens esse ich in unserer Kantine. Da wird man sehr gut ernährt und hat noch Zeit, ein wenig vor die Tür zu gehen und an einer Bar einen Kaffee zu nehmen."

Darauf erging ich mich, wie es dem Fremden ziemt, in längerer Lobrede über den Reiz der Pariser Mittagspause, der Midinettenstunde.

„Ja", gab sie zu, „die ist ganz schön, aber lustiger ist doch der große Kehraus am Abend. Um 6 Uhr sind manchmal noch Kunden da, die man nicht los wird. Aber um 6 Uhr 25 klingelt es. Dann werden die Tische eingehüllt und zugedeckt. Jeder macht sein Päckchen. Es muß allerdings von jedem Rayon immer eine für Nachzügler bleiben …"

„Und dann", falle ich ein, „flaniert man durch die Straßen an den Schaufenstern entlang."

Damit habe ich wieder kein Glück.

„Flanieren? Nein, ich muß mich eilen, an der Gare Saint-Lazare den frühen Zug zu erwischen. Meine Familie wohnt in Suresnes. In der Stadt sind die Wohnungen so teuer. Und da draußen hab ich's immer noch besser, als die armen Mädchen, die in Paris in Familienpensionen unterkommen, wo sie um neun zu Hause sein müssen."

„Alle?"

„Nun ja, wer nicht gerade ein kleines Extraleben führt …"

„Was für ein Dessert?" fragt das Mädchen im weißen Häubchen, das uns mit dem Kellner abwechselnd bedient. Meine Nachbarin wählt Schokoladeneis. Als sie das einlöffelt, bekommt sie Flimmer in die Augen. Die Musik spielt einen flotten Walzer.

Unvermittelt frage ich:

„Finden Sie das Leben schön?"

„Ach, wissen Sie", ist die Antwort, „wir Pariserinnen, wir überlegen. Das ist man von der Familie her gewohnt. Man tut, was man kann. Und wenn man Chance hat, wird man glücklich. Manche sind es gleich von Natur, aber die riskieren zuviel. Vor dem Kriege soll das anders gewesen sein. Aber jetzt, wo man mit fünfzehn Jahren anfängt, sich selbst zu ernähren …"

Mir fällt der schöne Berliner Schlager ein:

„Oh, wie praktisch, oh, wie praktisch
ist die Berlinerin.

Heute ist schon jeder Backfisch
eine Verdienerin."

„Denken Sie manchmal ans Heiraten?" frage ich weiter.

Und sie: „Ich lasse mir noch Zeit, bis ich Catherinette geworden bin.
Sie wissen doch, was das ist?"

„Gewiß, ich habe sie am Tag der Heiligen Katharina gesehen, die
munteren Fünfundzwanzigjährigen, auf ihrem Wettmarsch von Montparnasse nach dem Montmartre mit Radlern und Autos und Filmopera-
teuren hinterdrein."

„Meine älteste Schwester war dabei, sie trug ein entzückendes
Häubchen und hat ein großes Champagnerfrühstück im Atelier und
abends das Fest im Lunapark mitgemacht. Drei Tage später hat sie sich
verlobt."

„Und so lange wollen Sie warten, nur um im Catherinettenhäubchen
bewundert zu werden?"

„Ich habe es noch so gut zu Hause. Manche Mädchen bei uns heiraten junge Männer aus dem Magazin, bisweilen sogar aus dem eigenen
Rayon. Es gibt Phantastinnen, die wollen in die große Welt heiraten,
wie die Mannequins der Modehäuser. Aber das scheint mir auch so ein
Vorkriegsgeschmack zu sein."

Mit einmal drehte sie das Köpfchen schräg zu mir herauf:

„Und Sie? Was sind eigentlich Sie von Beruf?"

„Raten Sie!"

„Nicht schwer. Journalist."

„Bravo. Woran haben Sie das gemerkt?"

„Daran, daß Sie mich interviewt haben."

„Habe ich das getan? Da kann ich ja ganz stolz sein."

„Na, die Auskünfte hätten Sie noch viel genauer in unserer Presse-
abteilung kriegen können."

„Aber nicht aus so jungem, hübschem Munde!"

„Doch! Neulich war ein Amerikaner da, der wollte über das Leben
der Pariser Verkäuferinnen Bescheid wissen. Da haben sie ihm meine
Freundin Claire zur Verfügung gestellt, die in der ‚Interpretation' arbeitet. Sie wissen, das ist die Abteilung, die ausländischen Besuchern
sprachkundige Mädchen mitgibt, die sie durch die verschiedenen Ray-

ons führen und den Dolmetsch machen. Claire war lange in England, sie ist …"

„… wohl kaum so hübsch wie Sie."

„Schmeichler! Sie ist viel hübscher, sie ist blond."

„Hat ihr nachher der Amerikaner seinen Artikel geschickt?"

„Nein, aber einen entzückenden Strauß Chrysanthemen."

„Und dann hat er sie gewiß zum Souper eingeladen."

„Da hätte ihn Claire schön abfahren lassen."

„Seid ihr so streng? Schade. Ich hätte Sie nämlich auch gern eingeladen, um Sie über etwas anderes als das Magazin zu interviewen."

„Über was denn?"

„Über Ihr Herz."

„Das müssen Sie wohl auf später verschieben", sagte sie mit hochgezogenen Brauen, „jetzt muß ich Sie bitten, mich zu entschuldigen. Denn da kommt der schlechte Mensch, auf den ich die ganze Zeit gewartet habe – noch gerade zum Kaffee zurecht."

So habe ich die hübsche Nachbarin nicht einmal zu der Midinettenmahlzeit einladen können, die sie in meiner Gesellschaft genossen hat. Ich brachte es nicht fertig, mit dem jungen Mann, der sich zu ihr setzte, Bekanntschaft zu machen. Er hatte ein Menjoubärtchen. Ich glaube nicht, daß er aus ihrem Rayon war.

Interview in einer kleinen Konditorei

Ja, wenn ich Toilettenfrau wäre in einem soliden Tanzlokal, dann wüßte ich Bescheid über Seelen- und Leibespflege der tüchtigen Berliner Geschäftsmädchen, dann bekäm ich Geständnisse gemacht oder belauschte inhaltsreiche Gespräche, die mit der Frage anfangen: „Was nimmst du eigentlich? Du siehst ja fabelhaft aus." Oder ich hätte das Falkenauge des Rayonchefs in der kosmetischen Abteilung des Warenhauses, das mit einem Blick Natur und Kunst auf dem Frauenantlitz unterscheidet … Soll ich ihn interviewen? Oder eine seiner Fräuleins? Die große Brünette dort, die einer Kundin die Spiegeldose hinhält mit Rosenfingern, genauer: Rosennägeln. (Die rosennäglige Eos! Ob die Göttin der Morgenröte sich vielleicht zu einem Inserat für Nagelbemalung verwerten ließe? Klassizistisches Bild mit Text!) Mit Rosenfingern hält das Fräulein die Dose hin und flüstert: „Mystikum, gnädige Frau!" Musterhaft ist das Fräulein zurechtgemacht. Sogar die Augen sind effektvoll ummalt wie bei Pariserinnen. Solche Augen werden einem hierzulande selten vorgesetzt, glaube ich. Man müßte das genauer feststellen und daran Geschmacksunterschiede der Völker studieren, kosmetische Normen, moralisches Minimum der Schönheitspflege bei den berufstüchtigen Mädchen in Paris, Mailand, London, Berlin … „Mystikum, gnädige Frau." Nein, dies Fräulein kann ich nicht befragen. Ich bin zu feige. Ich rede mir schnell ein, daß sie ein Ausnahmefall sei, und gehe weiter. Ich habe am Handarbeitslager eine Bestellung zu machen. Ich kenne da eine Verkäuferin mit schön geschwungenen Augenwimpern. Die frage ich, die Gelegenheit nutzend: „Verwenden Sie Wimperntusche?" „Um Gottes willen!" sagt sie. „Bei unserer Kundschaft! Wenn das die Damen aus Potsdam sähen, würde ich sofort rausfliegen." „Würden Sie gegebenenfalls Ihre Brauen rasieren?" „Wachsen ja doch gleich nach", weicht sie aus. Sie hat sehr schmale waagrechte Brauen, die wie gezeichnet aussehn, und müßte doch eigentlich hochgeschwungene Bogen haben. Sie verrät mir ihr Geheimnis nicht. Bei den Mädchen im Warenhaus habe ich kein Glück.

Nun gibt es ein Büro, in dem ich als Lieferant von Literatur viel verkehre, habe da auch gelegentlich verstohlene Blicke in zufällig offene Schubfächer geworfen, in denen Bleistift- und Lippenstiftstummel nachbarlich beieinanderliegen, und die Puderquaste über die Thermosflasche kriecht wie Seegetier über Klippenstein. Dort machte ich also jüngst einen Versuch. Frage ich nun so ungeschickt oder wollen die sonst so Freundlichen nicht mit der Sprache heraus? Eine schickt mich zur andern. Die hätte vielleicht Zeit, Geld und Lust, sich schön zu machen, sie nicht. „Aber Sie haben so schönes Haar", sagte ich zu der blondesten Stenotypistin. „Das sieht so gut gepflegt aus." „Na, Sie denken wohl Wasserstoff, Herr? Da irren Sie sich. Ein bißchen mit Kamille gewaschen und mit Zitrone gespült." Ob das Haar von Natur so sanft gelockt ist? Ich traue mich nicht, die Trägerin selbst zu fragen. Die Kleine am Telephon, die unser Gespräch belauscht hat, klärt mich auf: „Das ist Wasserwelle!" „Aha, Dauerwelle …" „Aber nein, einmal in der Woche eine kleine Stunde Wasserwelle. Dann bleibt das Haar natürlicher wie bei Dauerwelle." Ich werde auch darüber belehrt, daß die Brennschere nicht mehr beliebt ist, weil sie das Haar brüchig macht, und lerne bei dieser Gelegenheit, daß man die Frauen nicht immer direkt befragen soll, sondern lieber eine über die andere. So erfahre ich, daß die sehr maßgebende Sekretärin des Prokuristen die sogenannten Pariser Parfüms verschmäht, welche die Straßenhändler als Ware aus der Konkursmasse anbieten. Man darf darauf nicht hereinfallen. Dann schon lieber 10 Gramm aus einer guten Drogerie. Da heißen sie jetzt meistens nach Kleiderstoffen. Crêpe de Chine soll aber schon passé sein, und en vogue ist Crêpe Georgette. Oder war's umgekehrt? So etwas soll ein Mann behalten! Ich kann auch nicht intensiv genug zuhören. Die Gegenwart verschiedener Mannsleute stört mich. Und jeden Augenblick kann ein Chef hereinkommen.

Das waren also bisher zwei ziemlich mißglückte Versuche. Aber dann geriet ich einmal in eine nette altertümliche Konditorei. Und da saß eine, die ich kannte. Sekretärin eines mir befreundeten Anwalts. Augen schlug sie zu mir auf, die an diesem Spätnachmittag meergrün waren. Augen mit Lebenslust, gemildert durch Berliner Vernunft. Und da sie mir versicherte, sie warte ‚nur‘ auf eine Freundin und sei nicht einmal sicher, ob sie auch kommen werde, durfte ich mich zu ihr setzen. Zur Begrüßung machte sie die Handtasche auf und puderte sich die Nase. Mit des Journalisten schöpferischer Indiskretion sah ich in die offene Tasche, dieses auskunftsreiche Attribut der Frauen. Ein kleiner nach Parfüm riechender Kalender quoll heraus, und hinterdrein rutschte ein Zigarettenetui aus Galalith. Das wollte ich ‚bewundern‘ und machte es auf. Innen war eine bereits angerauchte Zigarette. Das Fräulein errötete. Ich bezeugte ihr aber gleich mein Verständnis dafür, daß ‚man‘ Rauchzeug manchmal rasch verschwinden lassen müsse und es doch schade drum wäre, es wegzuwerfen. So kamen wir darauf, wie eilig es oft ein berufstüchtiges Mädchen hat, und gleich war ich mitten im Interview.

„Hat man im Büro geschminkte Lippen?" fragte ich mit einem Blick auf ihren artig gemalten Mund.

„Nein, besser nicht, man malt sie sich erst, wenn man im Begriff ist, wegzugehn."

„Aber so 'n Chef sieht doch auch gern einen hübsch angemalten Mund, besonders wenn die Schminke ... wie sagt man doch ... kußfest ist."

„Ach, wissen Sie, das gibt's wohl mehr in Romanen und Filmen. In Wirklichkeit ist so 'n Chef lieber seriös. Schon aus Angst vor Konsequenzen. Aber wenn endlich Büroschluß ist, dann macht man sich hübsch, dann wird schnell gepudert und Nägel gefeilt von wegen Kohlepapier. Manche reiben sich auch mit Parfüm ein. Das soll die Poren reinigen, ist aber eigentlich viel zu scharf für die Haut. Hautpflege, das ist die Hauptsache! Da darf man nicht irgend so 'n Sonnenbrandcreme darauf schmieren, der im Augenblick guttut, aber auf die Dauer die Haut spröde macht, sie muß doch Nahrung haben. Es muß in die Tiefe wirken. Man braucht sich keine Gesichtspackungen machen zu lassen in der Budapester und am Kurfürstendamm wie die reichen Damen. Man macht sich Gesichtsdampfbäder zurecht mit römischer Kamille. Die brüht man in einer Schale ..." Und dann berichtete sie ausführlich weiter, wie und wie lange man das macht. Ferner erfuhr ich, wie wichtig es ist, ob die Creme (sie sagt „der") matt ist oder fett. „Fett immer nur für die Nacht. Nicht jede Haut verträgt den gleichen Creme. Man probiert so allerhand durch, was sie in den Illustrierten anzeigen, bis man seinen raus hat."

Verallgemeinernd fährt sie fort: „Die Zeiten sind vorbei, wo man sich nur zurechtgemacht hat, wenn man ausgehn wollte. Vorbei wie die Veilchenparfüms, die gar nicht zu einem paßten. Mütter und Tanten finden ja immer noch, man macht sich die Haut kaputt mit der vielen Schmierage. Ist aber nicht wahr. Früher war Blei in der Schminke ..." Und wieder betont sie mit einem gewissen Fanatismus, daß die Hauptsache Hautcreme sei.

„Wenn ich's noch so eilig habe, cremen muß ich mich, pudern nicht, aber cremen, und wenn ich noch so traurig bin."

„Ist das nun Ihre Spezialität oder tun das viele?"

„Was ein rechtes Berliner Mädel ist", sagt sie, „die hungert lieber, als daß sie schlecht aussieht. Wenigstens, wenn sie einige Erfahrung hat."

Und dann bekam ich eine Geschichte zu hören von einer Freundin, die sich zuerst gar nicht zurechtgemacht hat. „Höchstens ein bißchen Mandelkleie ins Waschwasser", und in der Zeit hatte sie einen Verlobten, einen sehr netten Burschen, aber etwas unzuverlässig. „Gerade als es drauf ankam, ist er ihr fortgelaufen. Sie verstehn schon. Da hat sie viel durchgemacht. Eine Zeitlang hat sie sich von allem Vergnügen zurückgezogen. Aber dann fing es wieder damit an, daß sie sich pflegte. Erst war es das Haar. Sie machte sich Garbo-Locken und Marlene-Frisuren. Nach jeder Film-Premiere probierte sie was Neues. Und schaffte sich kunstseidene Hemdchen an, die man selbst waschen kann, abends mit Seifenflocken in lauem Wasser, ohne sich die Hände zu verderben, und morgens schon anziehn …"

„Das nennt man Reizwäsche, nicht wahr?" fragte ich frech und unwissend.

„Aber nein", entrüstete sie sich. „Man wird doch nicht solches Zeug tragen wie manche Ladenmädel, so mit schlechter Spitze dran, so 'n rosanes Complet, womöglich inkrustiert! Wo denken Sie hin?" Und sie erzählt weiter von der Freundin, die nur wenig verdient und sich so fleißig behandelt. „Vorigen Sommer, als man noch verreisen konnte, waren wir in Krummhübel. Da wurde sie Schönheitskönigin. Und letzten Winter auf einem Ball im Zoo waren Fünfe hinter ihr her, fünf Freunde. Immerzu wurde sie photographiert, und jeder von den Jungens wollte ein Photomaton von ihr. Und das gab nachher ein Anklingeln im Büro. Sie mußte sich also direkt verleugnen lassen."

„Na, die ist gewiß jetzt viel glücklicher?"

Nachdenkliche Stirnfalte: „Glücklicher? Das weiß ich nicht so bestimmt. Aber sie versteht jetzt besser, mit den Männern umzugehn. Wer seine Haut pflegt, der kann sich auch besser seiner Haut wehren!"

Ein Blitz aus den Meergrünen begleitet diesen Ausspruch, den ich allen Inseratverfassern zur Nachahmung empfehle.

Ich glaube, die bewußte Freundin – sitzt mir in Person gegenüber.

Märkische Epistel

Du, Erna, denk dir, ich hab' eine Wochenend-Eroberung gemacht, und die kann sich noch zu allerlei auswachsen. Mensch, halt mir den Daumen: ein chicker Junge und dabei dof, dof! Und Vater, der sonst immer komisch wird, wenn er Einblick in mein Seelenleben kriegt, Vater ist diesmal ganz Feuer und Fett. Und eigentlich selbst an allem schuld. Das kam so: Wir waren bei dem himmlischen Maiwetter an unserm geliebten Plätzchen zwischen den beiden Seen hinter Strausberg. Du weißt, da, wo der Laubwald bis ans Ufer kommt. Und vis-à-vis sind so chinesische Föhrennadeln. Eine Stelle, wo kaum jemand hinkommt, weil's gleich daneben so schilfig wird. Vater wäre ja lieber ins Belebtere gefahren, aber weil Mutter nicht mitkonnte, ihr war nicht gut, tat er mir die Liebe. „Für den Wagen ist es ja nicht gut", sagte er. Ich sage: „Unsere olle Lieferkarre, was der das schon schadet!" Du kennst sie ja, wochentags Lacke und Farben, sonntags runter mit'm Aufsatz und rin mit de Weekendpölsterchens. Und vom Beruf bleibt hinten nur das Plakat mit dem Negerboy zu sehn, über den die Straßenjungen in der Köpenicker lachen. Erst war es so trocken, daß wir noch das letzte Ende Waldweg fahren konnten bis dicht an unsre Stelle. Nachmittags fängt's mit einmal zu regnen an. Wie wir nu, der Alte und ich, gemütlich unter der Zeltbahn hocken, er macht die Wurstbüchse auf und ich koche Kaffee, kommt was durchs Gras naß hergeschlappt: „Die Herrschaften entschuldigen. Wir haben uns verirrt und sitzen mit dem Wagen fest" usw. Und da steht einer, und der Wind weht ihm durch seinen Trenchcoat und durch die Generalstabskarte, in der er sich nicht auskennt, und eine dicke blonde Strähne fällt ihm immer wieder fast bis auf die Nase. Vater gleich mit ihm los. Ich seh' ihnen nach, bis sie hinter dem Schilf verschwinden. Wie er so neben dem Alten hinstapft, der Junge, na, ich sage dir: einfach Silhouette! Es dauerte ne ganze Weile, bis sie wiederkamen. Und dann waren sie nicht allein, sondern dem Jungen Seine war dabei, was mich erst ärgerte. Aber laß man, wirst schon sehn, wozu es gut war. Der Junge hat einen eleganten Picknickkoffer in der Hand. Vater stellt vor und sagt zu mir: „Liebe Else, ich habe die Herrschaften hergebeten, damit sie nicht einregnen in ihrem Kabriolette." Die also mit unter unsere Zeltbahn. Ich muß dann erst mit der Kalle reden, von Wetter, Berliner Umgegend und den ganzen Schmus; erfahre dabei gleich, daß sie ne Studierte ist, ne chemische. Inzwischen kann sich Vater, ganz in seinem Element, mit ihm über Autos ausleben: Weshalb das nicht das richtige ist mit der Kabriolettkappe ... und was für Scheibenwischer man ... und wenn der Kühler ... na, da hatte er mal wieder ein bessres Publikum als mich. Schließlich griff ich ein und bot von unsern Vorräten an. Da wollten die auch mit ihren rausrücken. Der Junge machte den Picknickier auf. Der hatte innen eine Miniaturkühlanlage. Aber da war bei der Hitze und, weiß der Himmel wovon, das Salz ausgelaufen und hatte Unheil angerichtet. Und wie der Junge mit seinem Patentkorkzieher die Kognakflasche aufmachen will, glitscht der ihm ab. Na, da war Vater ganz groß. Er machte seinen Trick mit Serviette und Baumstamm, wobei er den Flaschenboden immer wieder sachte gegen den Stamm stuckst, bis der Korken von selber rutscht. Und dem Jungen seine Sodaflasche macht er mit einem Markstück auf. Lauter elegante Kapseln hatten die in ihrem feinen Felleisen. Aluminiumbehälter für die Eier, aber so versandet, daß sie nicht aufzubringen waren. Und als der Junge an seinen Konservenbüchsen drehen wollte mit dem lächerlichen Schlüsselchen, das mitgeliefert wird, nahm ihm Vater gleich das Zeug aus der Hand und langte das nötige aus seinem Werkzeugkasten. Die Chemische bewunderte ihn mächtig. Kurz, was klassenbewußte Proletarier sind, wir siegten wiedermal mit Spirituskocher, Halberstädterwurst, Stullen und derbem Werkzeug auf der ganzen Linie. Reizende Hände hatte er, zierlich und dabei knochig, mit denen er ungeschickt an seinen Behältern und Vorrichtungen herumstümperte. Das war ein Fressen für meine heftige Mütterlichkeit, kannst dir denken. Inzwischen war wieder schön Wetter geworden. Und ich schlug vor zu baden. Vater machte nicht mit. Die Chemische hatte wohl auch keine große Lust, aber mitmachen wollte sie doch, kannst dir denken, weshalb. Sie holten ihr Badezeug. Dottergelb kam sie an und mit einem Badehelm auf dem Kopf. Er in Braun mit einem niedlichen gelben Gürtel und sehr schlank. Edgar heißt er. Im Wasser war sie zimperlich wegen Schlinggewächse und Kälte. Und so konnten wir beiden andern uns auch noch nicht richtig austoben. Dafür lagen wir nachher schön lange in der schrägen starken Abendsonne nebeneinander. Ich in meinem kurzen Badetrikot ließ den Jungen auf meine braunen Beine sehn. Die Chemische hockte in einem Strandpyjama, und wenn sie die Hose mal hochstreifte, war das Fleisch drunter recht bläßlich. Trotz des Badehelms hatte sie Verdruß mit ihren halblangen Kringellocken, die gräßlich krausten. Immerzu petterte sie daran herum. Na, sie konnte sich ja zu Vatern rüber unterhalten, während er mir Liebes sagte, wovon später mal …

Dann war Vater wieder groß, als es heimgehn sollte und das armselige Kabriolett nicht loszukriegen war in dem lockern Sand. Er langte ein Seil aus unserm Wagen (hat ja immer alles dabei), band den andern dran, setzte sich ans Steuer und gondelte los. Neben ihm saß die Chemische und bezirzte ihn. Edgar und ich zu Fuß hinterdrein. Es dämmerte schon … Wir haben nicht viel geredet, und ich weiß noch gar nicht, was er eigentlich ist von Beruf. Abschied auf der Chaussee, nachdem Vater ihre Karre angekurbelt hatte. Morgen seh' ich Edgar allein nach dem Büro „in einer kleinen Konditorei"! Ach, weißt du, er ist so aufregend schüchtern, der dofe Junge! Aber laß man. Du, Erna, Vater möchte, ich sollte Examen machen und studieren. Ist das nötig? Geht's nicht auch so? Na, nu aber Gruß, Kuß, Schluß

deine einstweilen glückliche
Else

Städte

Wien

Versuch mit Wien

Wien – dieser angenehm lautende Einsilber – ist nun mehr als verhei-
ßungsvoller Klang und beängstigender Begriff, es ist wirklich da. Ich
bin hingekommen, bin mitten drin. Mitten drin ist eine Mulde, heißt
Graben. Am Rand dieses Grabens wohn' ich, ein kleines Stück die Gasse hinauf. In dem Gasthaus, in dem ich wohne, soll hoch oben in einem
Zimmer der Dichter seine letzte Lebenszeit verbracht haben, der dieser
Stadt und uns Fremden einst neue Gesetze des Genusses gab. Ich hab
ihn gesehn vor langer Zeit, als er in München eine Gastrolle des Daseins
gab und aus dem „Stefanie" durch seine Gegenwart ein richtiges Kaffeehaus machte. Und hier in dem dämmerigen Café, das zum Hotel
gehört, hat er, erzählt man mir, des Abends gesessen im engeren Kreis.
Ich denke ihn mir dort in den Winkel, sehe Augen über einem hängenden Bart und deutlicher die kleine Hand, die belehrend aus einem
Pulswärmer, „dem Pelz der Armen", kommt. Ich sitze mit den Männern, mit den Mädchen bei ihm wie zu seinen Füßen. Und geh' ich die
Gasse hinunter, so ist in den Steinen der Gasse noch etwas von seinem
Schritt und über dem Pflaster von seinem Flug.

Aus dem Graben steigt über ihren Sockelunterbau eine marmorne
Wolkensäule. Zackig endet sie nach allen Seiten in Hände, Köpfe, Kro-
nen, Szepter und Krummstäbe. Sie lastet mit sinkenden, wächst mit
schwebenden Gestalten. Unten an die Balustrade gelehnt, kannst du
von den Reliefs des Sockels Tierkreis des Himmels und die Pest in der
Erdenstadt ablesen. Schaust du hinauf, droht in feuergoldnem Kupfer
Gottes Hand mit eherner Rute, und es tröstet ein geflügeltes flammen-
des Herz. Und mit Engelleibern und fürstlichen und heiligen Gewandfalten hebt es dich hinauf in schwindelnde Höhe der Dreifaltigkeit.

In die Balustrade, die du mit Händen fassen kannst, hier ganz nah bei Autobushaltestelle und Reklameschild, hat sich als steinerne Wolke niedergelassen, ist eingebannt die ganze alte Himmel- und Höllen-, Jenseits- und Diesseitswelt.

Auf diesem Graben und unter dieser Säule fängt mein Morgen an und endet mein Abend, und die Tageswege führen zu anderen Plätzen und Sockeln. Steh ich vor der Josefssäule am Hohen Markt, so überwölbt der metallne Baldachin, unter dem der Hohepriester Josef und Maria vermählt, auch mein Einzeldasein. Aber ganz zugehörig werde ich erst, wenn ich bei der Marktfrau am nächsten Stand ein Kipfel kaufe und es hier auf dem Forum der Römerstadt angesichts alter Hauswahrzeichen, Forelle und Pelikan, und neuer Ladenaufschriften verspeise. Etwas kleinere, aber auch sehr gute und zugehörig machende Kipfel gibt es bei den Weibern des Marktes, der auf dem Platz „Am Hof" zu Füßen der hohen Mariensäule statthat, wo geharnischte Putten artig Schlange, Drachen und Basilisk bekämpfen. Das ist Frühstück, aber auf dem Wege zum Mittagessen komm ich oft über den Neuen Markt und an den Brunnen zu Füßen der Fürsichtigkeit. Gern möchte ich mich neben eine der vier Flußgottheiten auf den Brunnenrand setzen, mich an bronzene Schenkel lehnen, einmal den des alten saturnischen Träumers, einmal den des kräftigen fischenden Burschen, vielleicht auch den einen oder andern der beiden anmutigen Frauen, die March und Ybbs heißen. Ich glaube nicht, daß man mich wegjagen würde. Ich habe einen jungen Burschen auf dem Brunnenrand sitzen sehn. Ich glaube, das muß ungewöhnlich zugehörig machen, mehr vielleicht, als wenn man jahrelang an den berühmten Bleioriginalen im Barockmuseum die Kunst Raphael Donners studiert. Aber ich habe nicht den Mut. Ich bin ein Fremder und werde in das Museum gehn.

Mit Kirchen bin ich noch schüchtern, schaue kaum an den Stefanstürmen hinauf, bin im Dominnern noch nicht ganz bis zu Orgelfuß und Kanzel gekommen. Vertrauter war mir gleich die Minoritenkirche. Deren verschiedene Teile und Zeiten sind so gut nachbarlich versammelt und beieinander. Und der dicke achteckige Turm, der das Ganze bewacht, hat eine landesväterliche Milde zu den allerlei Heiligtümern seiner Hut. Wohltuend ist die schwingende kreisende Linie, mit der die adeligen Paläste die Kirche halb umgeben. Und aus dem untertänigen Dächergewirr dem Turm gegenüber löst sich von einer Hauswand ein modernes Plakat, fromm leuchtend wie ein großes Ikon. Um die holde schmale „Maria Stiegen" suchte ich ganz herumzugehen, aber leider kann man hinterm Chor nicht vorbei, ich sah, an der Langseite zurück-schleichend, bedauernd nach dem wunderlichen Turmhelm hin.

Mit dem bloßen Ansehn von Monumenten in fremden Städten ist es nicht getan. Man muß durch Gewohnheiten eine Art kleines Bürger-recht erwerben. Über den einen Burghof ging ich anfangs befangen an den berühmten „Trakten" entlang, bis ich entdeckte, daß es da hinter einem Tor in ein Postamt geht. In dem konnte ich mir mit Briefschaften etwas zu tun machen. Seither ist sowohl der leopoldinische als der Reichskanzleitrakt erheblich freundlicher zu mir, und auch der Stand-bildkaiser mitten auf dem Platz will mir wohl, wenn ich vorüberkom-me. Gern nehm' ich meinen Weg durch ein und das andre Durchhaus, wenn ich mich dabei auch verirre. In Durchhäusern fühlt man sich fast noch mehr ins Innre der Stadt gelangt als auf Höfen oder Treppen. Und in dem befreundetsten der Durchhäuser ist aus bemaltem Stein ein Ölberg mit Christus und den schlafenden Jüngern. Und weiterhin Judas und die Häscher und im Hintergrund die Stadt Jerusalem und, immer kleiner werdend, ferner, zukünftiger, Kreuztragung und Kreuzigung. Und nicht weit davon ist eine Tabaktrafik. Da kauf ich mir oft eine Virginier, ziehe behutsam den Strohhalm heraus und umräuchere lang-sam die Spitze der Zigarre, bis sie einen kohlschwarzen Kranz mit aschenfarbenen Fäden bekommt. Dabei halte ich mich lange auf, nicht nur, um meine Zigarre sorgfältig in Brand zu setzen, sondern auch we-gen der Trafikantin. Ich kaufe mir immer nur eine Virginier auf einmal, um öfter wiederkommen zu können. Nicht, daß die Trafikantin beson-ders schön wäre, aber sie hat eine wunderbar tiefe wienerische Stimme. Hab' ich besonders Glück, so ist ein Nachbarmädchen bei meiner Trafi-kantin zu Besuch: ich höre beide Stimmen, verstehe immer besser die Sprache, lerne.

Einmal hatte das Nachbarmädchen ein weißes Deckchen mitge-bracht und fragte die Trafikantin um Rat, wie sie den Rand behandeln solle. Da gab es seltsame Ausdrücke, wie ich sie in Auslagen auch schon gelesen hatte: „Handajour" und „Handrouliert" und dergleichen. „Mach ich a Spitzn dran?" fragte die Nachbarin. „Nein", lehrte die Trafikantin, „mach an Schlung." Ich verstand erst „Schlund", aber die Damen meiner Bekanntschaft, denen ich dies Erlebnis berichtete, belehrten mich, daß es vermutlich „Schlung" geheißen habe, und das ist eigentlich auch schöner.

Die liebenswürdigste der Damen hatte sich angeboten, mir gewisse Sehenswürdigkeiten der Stadt Wien zu zeigen, Museen und Palais, aber ich habe sie gebeten, mich lieber mitzunehmen, wenn sie Besorgungen mache. Da durfte ich sie begleiten in den sechsten Bezirk, der Mariahilf heißt, und in die Gumpendorferstraße zu ihrem Schneider. Was dieser über ein Jackenkleid im Herrenschnitt, das er für sie arbeitete, mit ihr besprach, war sehr lehrreich, aber mein besondres Interesse galt dem böhmischen Zuschneider, der vor ihr kniete und mit Kreide und Stecknadeln arbeitete. Er hatte am Bauch etwas rechts ein dickes Nadelkissen. Das sah wie eine Pestbeule aus. Ich hatte so etwas noch nie gesehn und halte es deshalb für wienerisch. Bei uns haben Zuschneider und Nähmädchen die Nadeln doch immer im Mund. Manchmal verschlukken sie sogar eine. Das weiß ich von einem Arzt, der viele von ihnen operiert hat.

Vom Hause des Kleiderschneiders gingen wir in den Laden einer Blusenschneiderin, der wir Stoff mitbrachten. Wir hatten eine ernstliche Besprechung mit dieser etwas kränklich und gekränkt aussehenden Person. Was sie sagte, war nicht eben freundlich, aber auch ihre Stimme war so tief wienerisch, daß ich nicht aus dem Wohlbehagen herauskam. Und so möchte ich eine ganze Stadt einfach als Begleiter einer Frau, die Besorgungen macht, erforschen, unter ihrer Protektion miteindringen in die Läden und Ateliers, und wo ich nicht mithinein soll, draußen warten und Inschriften studieren, Epigraphik der Gegenwart und Straße treiben. Man könnte von jeder Stadt ein Corpus inscriptionum verfassen. Und dazu dienen hier in Wien nicht nur die öffentlichen „Kundmachungen" und großen Reklamen, sondern vor allem das, was an kleinen Läden steht, die Strapazstrümpfe feilhalten oder besondre Nuancen von Hemdhosen, die etwa Haserlhoserl heißen. Oder Italienisches wie Stampiglien. Oder Namen von Gasthäusern wie „Katakombenstüberl". Ja, selbst Namen von Bonbons sind lehrreich: wie da Goldeibisch neben Deutschmeister liegt!

Eine Seitengasse nahmen wir einmal, die etwas bergan ging. Die hatte zwischen dem einen Bürgersteig und dem Damm drei Stufen. Das Pflaster über dieser Stiege wölbte sich in leisem Bogen, und am Ende der Gasse war die oberste Stufe verschwunden, eingeebnet. Als Kind wäre ich, glaub ich, die mittlere Stufe entlanggegangen, bis an die Stelle, wo sie zur oberen wird, und hätte damit Gassenrecht und Einwohnerschaft erworben. Das kann ich nun leider nicht mehr tun. Diesen betrüblichen Umstand versuche ich meiner Begleiterin zu bekennen. Als beste Antwort reicht sie mir zum Troste ihren Arm und zieht mich mit auf den Damm der breiteren Straße, die wir jetzt überqueren müssen. Sie leitet vorsichtig, als ginge sie nicht mit einem Erwachsenen. Und da ich mich immer noch daran gewöhnen muß, daß in Wien die Wagen links ausbiegen, ist ihre Fürsorge ganz berechtigt. Und ich fühle, wie mir das mütterliche Links des Wiener Verkehrs wohltut. Mir kommt es vor, als ob die ganze Straße sich weich nach links neigt, nachgebend und schmiegsam.

Man hat mich mitgenommen in das berühmte alte Kaffeehaus. Es soll bei der jüngeren Literatur und Kunst nicht mehr en vogue, soll abgelöst sein von dem helleren, säuberlicher aussehenden ein paar Häuser weiter in dieser selben Herrengasse und von andern. Aber meine Freunde haben hier noch einen Spätnachmittagstisch, von dem sie in die bräunliche Dämmerung ringsum wie in eigne Vergangenheit schauen können. Und von dieser Warte lassen sie nun auch den Kömmling ins Alte schauen, in die Zeit, da es hier gefährlich war. In der Luft liegt noch etwas von dem trägen Zauber, der einst die Lebenskraft der Insassen betäubte. Man ist immer noch wie in einem Bassin. Oben über den Rauchwolken könnten Luftblasen sein. Und einige Gestalten glaube ich zu sehn, die aus dem tragischen Zeitalter des Cafés stammen. Da der Alte, der schon zum dritten Mal durch den Saal geht, von dem Ecktisch neben den Kartenspielern bis beinah zur Toilette. Er will gar nicht ganz dahin. Er ergeht sich nur. Er ist hier ambulant zu Hause. Ich muß gestehen, daß er meine Sympathie erregt. Seine Bewegungen hypnotisieren mich. Alles aufgeben und gelinde durch diese Unterwelt gleiten! Man weiß draußen die Kurve der Gassen, die vielen Fenster, die ihren Rahmen so dicht anliegen wie Augen à fleur de tête, Holztüren und Säulenportale der Paläste, Weihrauchatem aus offenen Kapellen, den Freund, den Dichter, der von seinem engen Balkon zwischen steinernen Blumenvasen hindurch auf Dächer, Rauchfänge und Gassenschachte sieht. Und um die Wälle der Stadt die Hügelwellen bis zum Gebirg, den Zwiebelturm der Dorfkirche hinter der Heurigenschenke. Das hübsche

Jagdhaus weiß ich unterm Walde, über dessen Moos die junge Schauspielerin huschte, den tiefen Garten um das alte Haus in Atzgersdorf, wo die vier Bullterrier mit weißen Gliedern und ernsten Mienen um ihre zierliche Herrin springen. Die gelben Häuser in der Gloriettegasse zu Hietzing – wenn ich hier im Cafédämmer an sie denke, sind sie noch ganz in der Zeit, da im nachbarlichen Schönbrunn der Hof seine Sommerséjours hatte. Das Wenige, das ich von dieser Stadt kenne, ist schon geeignet zur Erinnerung, Gasse, Hof und Durchgang führt in die Traumstadt. Wien ist so ähnlich, ähnlich ohne Objekt, ähnlich schlechthin. Hier im Dämmer hätte man es ganz nah um sich herum. Ganz allein könnte man hier sitzen wie der Alte dort bei kaum gelesenen Zeitungen vor dem Glas mit dem immer wieder frischen Wiener Wasser und von Zeit zu Zeit sich erheben zu einem kleinen Gang quer durch das Kaffeehaus.

Es ist Sonntag nachmittag. Die beiden, Bruder und Schwester, holen mich ab, wir wollen in den Prater. Sie haben einen der zehn noch vorhandenen wirklichen Wiener Fiaker genommen, die sehenswürdig vor dem großen Hotel am Kärntnerring warten. Zwei Schimmel sind vor unsern Wagen gespannt, einfache Pferdchen, gewiß, aber weil sie so selten sind und sich so anmutig und gelassen bewegen, empfind' ich sie von ferne stadt- und wahlverwandt den stolzen Lippizanern, deren hohe Kunst ich in der Spanischen Reitschule bewundert habe.

Wir fahren zum Praterstern. Ja, ich sehe das Denkmal, und der Name ist schön, aber ihr seid schöner, ihr beiden. So im Fiaker seid ihr früher mit den Eltern gefahren und du, kleiner Bruder, hast neben dem Kutscher sitzen dürfen, und du, kleine Schwester, hattest gewiß schon damals auf dem Feierkleidchen die Hände so freigebig, so einzeln liegen. Damals fuhren hier viel Wagen entlang und kamen unter die vierfache Reihe der Kastanienbäume auf der Hauptallee. Und eurer Eltern Ahnen haben vielleicht mitangesehn, wie einst vor den Wagen des hohen Adels die Läufer mit den Windlichtern in den Baumdämmer Lichtkeile stießen. Von alledem ist jetzt, während wir an den drei klassischen Kaffeehäusern („Jausenstation", „Milchindustrie") vorüberfahren, die große Allee so sichtlich leer und heimlich voll. „Heustadlwasser" nennt ihr, was da unten fließt, und eure Gesichter leuchten von Erinnerungen. Und im Vorbeifahren zeigt ihr auf das Lusthaus, das einst kaiserlich war. Ein Stück weiter steigen wir aus, und ihr findet alte Kinderwege am Wasser. Ganz einzeln steht und wartet unser Fiaker, bis wir zurück sind von euren Uferpfaden. Dann fährt er uns weiter durch selige Wiesen, die ihr Krieau oder so ähnlich nennt, und zur Meierei. Die Tassen, aus denen wir dort trinken, sind noch so irden wie die, aus denen ihr damals eure Milch und Schokolade bekamt, nicht wahr? Und der Napfkuchen heißt immer noch Guglhupf.

Zum Schluß aber kommen wir in den Wurstelprater und gehn von Bude zu Bude. Ihr seid etwas eilig, wollt mir eure Lieblinge zeigen. Aber ich möchte bei so vielem verweilen. Ihr müßt begreifen, daß für mich dies „erste Wiener Krönungskarussell" mit seinen Karossen in Muschelform und den Kindern, die am Wagenrücken, mit Riemen angeschnallt, neben den Deichseln aufsitzen wie Lakaien alter Zeiten –, ihr müßt begreifen, wie wichtig mir dies Karussell ist. Denn wo soll ich sonst in lebendiger Bewegung sehn, was in der Welt geblieben ist von der Pracht eurer großen mütterlichen Kaiserin? Wohl kann ich an den Goldstickereien und Miniaturen ihrer Appartements in der Hofburg, unter den Deckenfresken von Schönbrunn und an den vielen Bildern ihrer vielen Kinder als Fremder vorübergetrieben werden, aber hier im immer noch gebrauchten Muschelwagen des Jahrmarkts kommt mir die alte Zeit leibhaft daher. Erlaubt auch, daß ich in den Schießbuden beachte, was etwa anders ist als auf der Münchner Oktoberwiese, dem Hamburger Dom, dem Jahrmarkt der Pariser Vorstädte usw. Nicht als ob ich vorhätte, die Geschichte des Jahrmarkts zu schreiben, aber ich möchte für Walter Benjamin, den Forscher und Freund, von dem ich dies Werk erhoffe, einige hiesige Besonderheiten notieren wie etwa dort den Zahnarzt in grünem Wams und mit weißer Perücke, den Landsknecht mit soviel Koller und Pluder zwischen Leib und Trommel. Auch der Hausierer ist mir neu, den, wenn der Schuß trifft, das Hündchen anfahren wird. Am wichtigsten aber ist mir der Weingartenhüter mit seinem Horn. Der ist wie ein Roland dieser Winzerstadt, dieses Marktes zwischen den Hügeln der Weinbauern. Doch nun sind wir vor dem berühmtesten der Karussells angelangt, das sich schon über hundert Jahr um den riesigen Chinesen dreht. Ihr nennt seinen Namen, den jedes Wiener Kind kennt. Gewaltig ist er und freundlich mit seinem mehrere Meter langen Zopf, der im Kreise wiederkehrt. Nicht weit davon ist das winzigste aller Karussells mit den knietiefen Wägelchen, auf denen oben Vögel hocken, ich erkenne nicht recht, ob Adler oder Tauben. War das deine erste Rundfahrt, kleine Schwester? Nachdem ich noch etwas Station verlangt habe vor der gemalten vier Meter langen Riesenschlange und einigen Versinschriften, an deren ungenauen Reimen ich mich erfreue (z. B. die des schönen Maxi, der verheißt: „Da werden Sie vor Lachen sich krümmen / In unserm Theater drinnen"), habt ihr mich endlich vor das Wichtigste gebracht, vor das, in dem wir mitspielen müssen, statt nur zuzuschauen. Wir sind vor der Grottenbahn angelangt. Schon überwachsen uns wie Wände von Tropfsteinhöhlen rosafarbene Wölbungen und Schlünde. Reiten nicht da hinten, wo die Schlucht sich vertieft, Hexen auf ihren Besen zum Brocken? Zur Linken aber hat der Zauberer auf dem Rücken der kleinen Sirene sein Buch beschwörend aufgeschlagen. Zu seinen Häupten geht die Höhlenwand über in eine Art Theatervorhang, gerafft wie Tuch und doch steinern. Nun sitzen wir in einem der Wagen, welche von großen hölzernen Lindwürmern gezogen werden. Gesträubte Stacheln wachsen den Ungeheuern aus dem Nacken empor und enden in elektrische Birnen, die nachher leuchten werden, wenn wir ins Dunkel fahren. Erst haben wir noch eine Weile zu warten. Über uns leuchtet zwischen dem Mädchen mit den Schellen und dem mit der Mandoline der Dirigent, dessen Arm mit dem Taktstock zuckt, gezogen von der dröhnenden Werkelmusik. In heller Uniform ist er und wie aus Zucker. Es steigen noch ein paar Kinder ein, nicht viel; diese Grottenbahnfahrt, die uns so sehr verlockt, scheint ein veraltendes Vergnügen zu sein. Jetzt gleitet der Wagen, wir tauchen in „purpurne Finsternis". Die Leuchtstacheln unseres Lindwurms bestrahlen inneren Fels. Und aus dem Dunkel taucht die erste Lichtoase: Schneewittchen bei den sieben Zwergen. Ihretwegen halten wir noch nicht, und auch an Rotkäppchen und dem Wolf, die rechts erscheinen, rutschen wir vorüber. Erst als wir nach Sizilien gekommen sind, machen die Lindwürmer halt vor einer blühenden Stadt am Meer, es wird Messina sein. Sie hat mit hundert Dachgärten, Türmen und Brunnenplätzen ihr blinkes Dasein hier mitten im Dunkeln. Aber die Finsternis überwächst die Stätte mit Donnern und Zucken. Und als es wieder hell wird, sehen wir in eine schreckliche Trümmerstätte, sehn Bohlen brechender Häuser von unterirdischem Feuer bengalisch angeraucht. Nach des Feuers Macht die des Wassers. Ein schimmernder Katarakt sprudelt uns hinüber in die Wolfschlucht des Freischützen. Eh' Samiel uns noch recht erschien, sind wir weiter und halten vor des Königs prächtigem Palast bei Kandelabern und Hofdamenschleppen. Und seltsam, dies Schloß ist dicht vor der Ausfahrt. Tag schimmert herein, und mir kam es doch so vor, als seien wir in immer fernere Tiefen gefahren. Es ist schon ziemlich spät. Die Wagen werden heute nicht mehr viel in die Grotte gelassen werden. Was wird in der Nacht aus der Welt da im Dunkel? Ob der Besitzer manchmal allein zu den Figuren schleicht? Werden sie abgeputzt oder stauben sie gar nicht ein? Wenn nun ein Kind mutwillig unbemerkt aus dem Wagen und in eine der Bilderinseln glitte, was das wohl erleben würde, das Kind in der Grotte?

Clarior in adversis

Es sind jetzt in einem schönen Hause des Berliner Westens die Kunstschätze aus dem Wiener Palais von Camillo Castiglioni zu besichtigen, und bald werden sie bei Paul Graupe versteigert. Ich hatte das Glück, diese Kostbarkeiten in dem Wiener Heim zu sehen. Und er, dem sie gehörten, hat sie mir selbst gezeigt. Unter den hohen Wölbungen seines Büchersaals empfing er mich, klein und mächtig, und führte mich dann durch Säle und Gemächer. Er zeigte hinauf zu Decken mit altitalienischer Malerei, die er in seiner Heimat gefunden und hierher hatte übertragen lassen. Er knipste Beleuchtungen an, die eine Art Sonnenlicht breiteten über Tiepolo und Palma Vecchio, über Tintoretto und Bronzino. Wenn er mit der runden Hand den roten Samt gewaltiger Vorhänge streifte, wurden sie noch kostbarer und – wenn man ein solches Wort noch von Besitz ableiten darf – besessener. Um leise zu loben, sagte er mit italienischem Akzent von Marmor und Holz, Bildern und Stoffen, sie seien „so rein und still", aber unter seinen Blicken wurde alles dukkende, lastende Pracht. Seine Augen waren manchmal so lidlos offen wie die des Drachen, der seinen Schatz bewacht. Er sah reich aus wie der reiche Mann im Märchen.

In einem etwas düstern Saal zeigte er mir einen hohen Kamin. Er habe ihn aus Verona, sagte Castiglioni, er sei still, er sei rein, aber nicht nur deshalb habe er ihn erworben, sondern insbesondere, weil eine Inschrift darauf stehe, die sein Motto, seine Devise sein könnte. Ich sah näher hin und las: *Clarior in adversis.* Lichter, größer, stärker im Mißgeschick. Ich sah den Mann neben mir von der Seite an. Was für Wucht und Geduld war in dem mächtigen Nacken! Dann begegnete meinem Blick sein Lächeln, ein unheimlich freundliches Lächeln. Ich wußte nicht, ob er, während wir da standen, gerade Millionen verlor oder gewann ... Und wer weiß, wie es ihm jetzt geht? Vielleicht sehr schlecht. Und deshalb ist er vielleicht im Begriff, in der Heimat, in welche er zurückkehren will, in Italien der reichste Mann zu werden. Clarior in adversis.

Berlin

Persönliches über Sphinxe

Auf mich haben es in Berlin die Sphinxe abgesehen. Berliner Sphinxe zwar, aber doch immerhin letzte Nachfahren des Kolosses bei den Pyramiden und der Rätslerin von Theben. Und wenn endlich einmal ein gelehrter Herr auf den guten Gedanken kommen sollte, Kultur- und Kunstgeschichte in einer Monographie über die Sphinxe zu spezialisieren, Tiefsinn und Schnörkelei von Gizeh und Karnak bis zum Wiener Belvedere mit seinen zierlich gezöpften Tierdamen zu sammeln, die literarische Auffassung und Ausdeutung dieser Bestien von den griechischen Tragikern bis zur modernen Hintertreppe zu studieren, über Creuzer und Bachofen nicht den Herausgeber meines griechischen Schullexikons zu vergessen, der die grausige thebanische Sage auf Überschwemmungen und deren Beseitigung durch Kanalisation zurückführt, kurz, wenn dieser kuriose Abriß der Weltgeschichte je unternommen werden sollte, so möchte ich aus persönlicher Erfahrung folgendes dazu beitragen:

Als ich Schuljunge war, wohnten meine Eltern dem Zoo gegenüber. Ging ich die fünfzig Schritte bis zur Kurfürstenstraßenecke, so erhob sich vor mir das Portal eines stattlichen Hauses aus der Gründerzeit. Da lagerte hoch und gewaltig wie eine dämonische Portierfrau die Jungfrau mit Flügeln und Tatzen. Drohend schaute sie auf meinen Schulweg, besonders montags früh. Vor kurzem sah ich sie wieder. Auf dem Block unter ihren Pranken war ein Anschlag angebracht, der die Aufteilung der ehemaligen Hochherrschaftlichkeit in $3^{1/2}$- und 4-Zimmerwohnungen verkündete.

Milder und kleiner als diese mächtige Hausmeisterin waren dann die vier, die auf der Brücke überm Landwehrkanal lagern, weggewandt von den beiden Taten des Herkules, die sich auf mittlerer Brückenhöhe begeben. Ganz nahe bei diesen hab' ich lange Zeit als Erwachsener in einem gut bürgerlichen Hause gewohnt und bin tagtäglich an ihnen vorübergekommen. Statt Flügeln haben sie jede ein Kind mit Füllhorn auf dem Rücken. Sie sind viel gelassener als die beiden Herkulesse, die es, der eine mit einem Löwen, der andre mit einem Zentauren zu tun haben. Viel erlebte ich mit diesen vieren zusammen, viel ist an uns vorbeigezogen. Darüber ist der einen die Nase abgebröckelt und in allzu hellem Stein ersetzt worden wie auch des einen Herkulesses Bein und seines Löwen Hinterbacken.

Und nun bin ich vor kurzem in ein Hinterhaus des Bayerischen Viertels gezogen. Beim ersten Besuch meiner neuen Wohnung habe ich die Einzelheiten des Vorderhauses kaum beachtet. Ich hatte schon gemietet, da fiel mir erst auf, daß im vorderen Hausflur am Treppenabsatz auf einem Podest mit einmal eine Sphinx lagerte wie eine Katze auf einem Kissen. Mit der lebe ich nun in naher Gemeinschaft. Sie ist winzig gegen meine früheren Sphinxe. Sie hat ein schmales Mädchenköpfchen, und über den Nacken fällt ihr steinern ein Kopftuch. Ihre Vorderpfoten liegen nicht prankig drohend; schräg krümmt sich die eine zu der andern und man könnte ein Kinderbällchen in sie hineinlegen oder -denken. Auf eine schadhafte Stelle, eine Vertiefung über ihrer linken Brust, hat neulich ein vorwitziger junger Bekannter die Asche seiner Zigarette abgeschlagen. Manchmal im Vorübergehen muß ich leise über ihren Rücken streichen, um das Tierchen zu ein wenig Mythologie zu ermuntern. Mit der haben wir es beide ja nicht mehr leicht.

Was wird meine nächste Sphinx sein? Vielleicht eine Stoff- oder Quietschpuppe meines Enkelkindes, wenn ich das noch erlebe! Oder sollten wieder Zeiten kommen, in denen diese Katzen groß vor Pyramiden und Abgründen lagern?

Im alten Westen

Höre ich das alte Lied „vom grünen Strand der Spree", so denke ich nicht an den betriebsamen Fluß im Nordosten der Stadt, zwischen Geschäfts- und Fabrikvierteln, sondern an unsern alten Landwehrkanal, dessen Ufer bis in die achtziger Jahre, ehe er mit Steinquadern eingefaßt wurde, wirklich „grüner Strand" hießen. Kaum hat er Charlottenburg verlassen und kommt in den Berliner Westen, so säumen ihn Parkanlagen; und Brücken gehen über ihn, die fast wie Gartenstege sind. Der Übergang von dieser Gartenlandschaft in die Stadtlandschaft ist gelinde, und in dem Parkwinkel neben dem Klubhaus der Von-der-Heydt-Straße wird das Ufer noch einmal grüner Strand und das Wasser ein Ententeich, über den sich Weiden neigen.

Noch sind die Kastanienbäume dort winterlich grau, bald aber werden die feuchten farbigen Knospen sich zeigen, und wieder nach einer Weile werden die Blütenkerzen aufleuchten. Und die kleine Marmornymphe im Busch, die jetzt noch geduckt fröstelt, wird sich selig sonnen. Am nahen Lützowplatz spielen schon die Kinder um den großen Herkules-Brunnen. Leider dürfen sie nicht mehr, wie in früheren Jahren, über den Rand des Beckens klettern; das Spielen im Wasser und selbst das Betreten des trockenen Beckens ist jetzt, zur Vermeidung von Beschädigungen des Brunnens, verboten. Das ist sicher weise von den Stadtvätern. Aber die riesigen Flußgötter, die da mit ihren Nixen balgen, hätten wohl nichts dagegen, von den Kindern ein bißchen beschädigt zu werden, sie bröckeln gern, wie alles, was hier im alten Westen als Hebe oder Flora in Gärten oder Türnischen steht, als Sphinx auf

Brückenrampen oder vor Hauseingängen lagert. Hoch über dem Brunnentreiben der Herkules würde auch nichts gegen die Frühlingsspiele der Kinder einzuwenden haben, sondern ruhig weiter, die Keule geschultert, hinüberschauen zu seinen beiden Mit-Herkulessen auf der Brücke, die sich, mit dem Löwen der eine, der andere mit dem Zentauren, zu schaffen machen. „Achtung Dücker!" lesen sie eine Tafel am Ufer, während sie ihre Taten verrichten, und dürfen ihre Opfer nicht ins Wasser stoßen. Denn dann könnten sie am Ende den Dücker (ich habe im Konversationslexikon nachgeschlagen und gelernt: Dücker, vom holländischen duiken = bücken, Unterführung eines Wasserlaufs unter einer Straße, einem Kanal) beschädigen.

Auf den Dücker müssen auch die Schiffer aufpassen, die hier durch den Kanal, auf dem noch vor wenigen Wochen Eisschollen trieben, mit langen Stangen stakend ihre Kähne flößen. Wird es Abend überm Wasser und treiben im blaßblauen Himmel porzellanrosa Wölkchen, dann ist diese alte Gegend, in der ‚man' längst nicht mehr wohnt, eine verträumte Kleinstadt.

Den Abendwolken nach spazieren wir in den nahen Tiergarten. Zwischen den borkigen Stämmen der anderen Bäume leuchten glatt und grau die einzelnstehenden großen Buchen. Die Erde dampft ein wenig, und auf den Bänken sitzen schon die Liebespaare und – lassen sich nicht stören. Vom Spielplatz am Goldfischteich kommen, trödelnd und eilend, die Kinder heim. Wir aber finden kleine Pfade, die noch aus den wilderen Zeiten des Tiergartens, ehe der Naturpark gelichtet und seine Wege verbreitert wurden, übriggeblieben sind.

Nacht bricht herein, als wir zurückkommen in die ‚Parklane' von Berlin. Von deren Fenstern sind nicht viele hell. Die meisten dieser alten Familienhäuser und Villen sind nicht mehr von den Nachkommen derer bewohnt, für die sie einst gebaut wurden. Gesandtschaften, Modehäuser, Büros einer G.m.b.H. haben das Privatleben verdrängt; und so ist es jetzt in den meisten Räumen dunkel. An ältere Zeiten, an die Tage, da mit seiner Stocklaterne der Philosoph Schleiermacher vom Hause seiner Freundin, der Hofrätin Henriette Herz, hier entlangkam, erinnern ein paar kleine, einstöckige Häuser, die, durch tiefe Gärten von der Straße abgetrennt, wie im Dunkel der Vergangenheit eingebettet liegen.

In der Frühlingsnacht lebt in den Querstraßen zum Kanal noch die Zeit unserer Jugend. Hier und auch in einigen Nebenstraßen der Maaßen-, Derfflinger- und Kurfürstenstraße führen nachts, wenn man die vielen Zettel und Schilder ‚Zu vermieten' nicht sieht, manche Häuser ein wunderbares Inseldasein in ihren Gärten. Sandsteinerne Mythologie taucht auf, säulengetragene Vorhallen, runde Balkone und Glasveranden, auch hier und da Gartenlauben mit hölzernem Gitterwerk.

Heut wollen wir ganz im alten Westen bleiben, wollen einen Freund besuchen, der in einem dieser Häuser, die einst vornehm waren, über Läden und Büros bei einer Zimmervermieterin wohnt. Sein großes Zimmer ist wohl der ehemalige Salon, und da, wo früher der Flügel gestanden haben mag, auf dem gebildet musiziert wurde, steht nun sein Diwan voll möblierender Kissen schräg in den Raum hinein. Er hat auch einen Balkon für sich, so einen, wie ihn in dieser Gegend meine Tante hatte. Den liebte sie über die Maßen und pflegte sich um diese Jahreszeit regelmäßig auf ihm zu erkälten. Und wenn es wärmer wurde, mochte sie gar nicht von ihrem Balkon und ihrem Berlin fort. Sagte man ihr, wie schön es in den Bergen ist, erwiderte sie: „Ja, die Berge! Wenn ich die so von meinem Balkon aus vor mir hätte!" – und blieb im alten Westen.

Fruchtlose Pfändung

Als der Herr Vollziehungsbeamte zum zweitenmal wegen der Kirchensteuer zu mir gekommen ist, hab ich bezahlt, um nicht gepfändet zu werden. „Sonst nehmen Sie mir am Ende noch meine Bücher weg." – „Die kann ich Ihnen nicht wegnehmen, die brauchen Sie doch beruflich." Er lächelte über meine Ahnungslosigkeit. „Da war ich neulich bei einem Kollegen von Ihnen, der brauchte noch ganz andere Sachen beruflich. Der Herr Doktor war nicht zu Hause, nur die Schlummermutter war da, bei der er wohnt. Ich seh mich um. Hat auch viel Bücher. Schreibtisch und Schrank gehört der Wirtin. Ob er denn gar nichts mitgebracht hat? Ja, sagt sie, den Diwan und den Sessel und den stummen

Diener. Na, sag ich, dann werd ich da meinen kleinen Kuckuck raufsetzen. ‚Man ja nicht‘, sagt sie, ‚die Sachen braucht er doch für seine Sprechstunde. Er macht doch Züchow-Annaliese oder wie das heißt. Da müssen sich die Damen auf den Diwan legen, und er setzt sich auf den Sessel.‘ – Na, ich habe doch geklebt." – „Und wenn nichts dagewesen wäre?" – „Dann hätt' ich eben fruchtlos pfänden müssen." – „So was gibt's auch?" – „Na, und ob. Vieles kann man sowieso nicht zu fassen kriegen. Wenn Sie sich ein Auto auf langsamen Gang kaufen, können wir nicht ran, eh's abgezahlt ist. Ach, ich muß so oft fruchtlos pfänden, und nicht bloß bei arme Leute. Da kommt man zum Herrn Kammersänger. Eine schöne Wohnung. Der Herr Kammersänger ist leider verreist, und die Sachen gehören ihm nicht mehr. Bis auf ein paar Lorbeerkränze mit Seidenschleifen, wo die Haushälterin davor steht und mit einem verhandelt. Oder Sie treten in die Zehnzimmerwohnung vom Herrn Bankdirektor. Im letzten Zimmer liegt seine kranke Frau und jammert. Der Herr Direktor läßt sich nicht blicken und ist auch telephonisch nicht zu erreichen. Die Möbel gehören ihm nicht. Der Vertrag ist beim Anwalt. Und die Frau jammert!" – „Die armen Frauen." – „Na, wissen Sie, meistens tun mir die Männer mehr leid. Nu ist man ja auch ein Mensch, und solang's sanfte geht, soll'n wir nicht wild werden. Aber was die Frauen sind, die weinerlichsten sind oft die schlimmsten. Da kramen sie in den Papieren. ‚Mein Mann ist im Geschäft. Da muß doch ein Schreiben gewesen sein.‘ Stöbern hin und her und wissen doch, es ist nichts da. ‚Ach, ich versteh' doch von all dem nichts. Meine Nerven!‘ – Und dann klingelts Telephon. Es ist ein Kunde dran, da wissen sie genau Bescheid mit Fabrik und Preise und alles. Und andere, die ganz still sind und keine böswilligen Zahler, denen sieht das Elend aus den Augen. Da wird's einem schwer. Na, viele machen auch Witze, wenn's ihnen noch so dreckig geht. Was ein richtiger Berliner ist, der verliert den Humor nicht. Meine meisten ‚Kunden‘ sind alte Bekannte. Da begrüßt man sich herzlich. Auf dem Lande geht's schlimmer zu. Die Bauern halten zusammen. Gehn mit Mistgabeln auf die Kollegen los. Und treibens so lange, bis sie schielen müssen." – „Schielen?" – „Na ja, durch gewisse Gitter."

„Wissen Sie, Herr Gerichtsvollzieher …" – „Sagen Sie nicht Gerichtsvollzieher. Das ist was anderes. Mit dem werden Sie nicht so gut auskommen. Bei denen ist alle paar Tage Auktion. Wir vom Staate sind viel sachter." – „Also pardon, Herr Vollziehungsbeamter, mit Ihnen plaudert sich's gut. Schade, daß ich Sie so selten sehe." – „Na, das Vergnügen können Sie sich öfters verschaffen." – „Ach, ich begleite Sie ein Stückchen, Sie haben doch gewiß noch hier in der Gegend zu tun. Sie müssen mir noch mehr erzählen."

Wir gingen ein paar Häuser entlang und blieben vor dem Lokal stehen, wo „Jeden Abend Ball" ist. Vorn waren die Rolläden zu. „Na", sagte er, „denn Marschroute durch die Toiletten, Hofseite." Ich wollte mit, aber das erlaubte er nicht. Ich sah durchs Straßenfenster in den wüsten Morgen des Abendvergnügens: Halbvolle Biergläser auf der Theke. Grausiges auf dem Teppich. Dann kam von hinten über die leere Tanzfläche mein Freund mit einem alten Mann zwischen den übereinandergestellten Stühlen her. „Für die drei Quadratmeter Tanzboden müssen jeden Abend fünf Mark Konzession gezahlt werden", sagte nachher mein Mentor, „und die paar Jungs, die herkommen, bleiben meistens auf einem Glas Bier sitzen." Er wollte mit dem Alten (Vater des Wirts, offizieller Besitzer, in Wirklichkeit mehr Hausknecht) erst nach hinten in die Kuschel- und Knutschecke, um seine Schreibsachen aus der Mappe zu breiten. Aber der Alte führte ihn ins „Privat". Da fand sich außer ein paar gichtbrüchigen Stühlen als pfändbarer Gegenstand nur ein vorsintflutliches Grammophon mit Riesentrichter, und das war schon vorgepfändet. „Konnten Sie denn nicht das prunkvolle Büfett im Saal pfänden?" – „Haben Sie 'ne Ahnung. Die ganze Einrichtung gehört doch der Brauerei, ist nur gepumpt."

Dann gings weiter zu dem kleinen Flohkino. Da klopfte er vergebens. Nicht mal die Reinemachefrau war da. „Geh'n wir da gegenüber in die Privatwohnung der Besitzerin." Ich mußte in einem hochherrschaftlichen Treppenhaus warten, zwischen falschem Marmor und Topfpalmen. Im ersten Stock bekam ich ein Glasfenster zu sehen mit einem Zwischending von Burgfräulein und Fee, das an einer gläsernen Blume roch. Nicht minder bauschige Ärmel hatte im zweiten Stock ein Rittersmann, der mir seinen blinkenden Humpen entgegenhielt. Nach einer Weile öffnete Frau Gublitz oder Kibitz meinem Freund wieder die Tür. „Nu werde ich wohl wieder ein Schneideratelier einrichten", sagte sie und strich über den speckigen Morgenrock. „Mit Zwischenmeisterei verdient man noch am ehesten und braucht nicht soviel zuzusetzen." –

„War nichts zu holen", sagte er, als sie verschwunden war. „Das Sofa mit Umbau, auf das ich scharf war, ist schon heidi!"

Es gab noch etliche Etappen. Eine völkische Zeitung, „Vormarsch" oder „Anhieb" oder so ähnlich, die konnten ihre Lohnsteuer nicht zahlen, ein Maßschneider stellte einen etwas zweifelhaften Scheck aus. Eine Siedlungsbank – „Nette Fräulein drin", sagte er, „jedesmal, wenn ich komme, wolln sie mir eines von ihren Einfamilienhäusern anhängen, auf meine alten Tage. So eins auf Abzahlung, Kaufpreis per Mietraten. Aber auf den Leim geh' ich nicht. Wenn dir nach zehn Jahren die Bude gehört, fällt sie dir überm Kopp zusammen. Braucht man bloß die Balken ansehn, wo die mit bauen."

Zu guter Letzt ließ er sich zu einem Glas Bier verführen. Widerstrebend. „Ich bin noch lang' nicht mit meiner Arbeit fertig. Muß doch zu Haus' den ganzen Kram bearbeiten für morgen früh im Amt. Ihr denkt, Beamte, die haben nur bis eins zu schuften." Aber eine Viertelstunde schenkte er mir doch. Da lernte ich noch allerlei.

„Wir sehn, wie es aussieht in die schönen Häuser an unsern reinejemachten Straßen, vorne rein und hinten Schwein. Na, und vor ein paar Jahren, wie es noch die Spielklubs gab, da hab' ich auch 'was erlebt. ‚Kommen Sie doch lieber ohne die große Mappe, das macht so einen schlechten Eindruck auf die Gäste.' Hab' ich mich nicht lumpen lassen und mir den Cut angezogen, damit ich nicht abstach. Ausgetragne Jungen, mit denen ich da zu tun hatte. Immer gleich Wein vorgesetzt, und ob man nicht 'was zum Speisen serviert haben will. Mir können sie damit nicht kommen. Alle zehn Minuten machen sie ein neues Spiel Karten auf, und Gesichter gab's da! Kavaliere in Lack mit durchgelaufne Sohlen, die Abendbrot schnorren … Die sind ja weiter nicht mitleiderregend. Aber wie ich die Gegend hatte, wo die Laubenkolonien sind, in der schlimmen Zeit, erst im Eis und dann im Dreck, wo man kaum durchkann. Und die Leute haben nichts als das Dach, wo es durchregnet und -schneit. Da kann man erleben, was Elend ist. Wie der Parker Gilbert hier gewesen ist und hat gesagt, Deutschland blüht, und die Leute sitzen in den Cafés, hätt' ich ihm gern geschrieben: Kommen Sie mal mit mir mit, da können Sie sehn, was los ist. Wer kann's den Leuten verdenken, wenn sie sich mal einen vergnügten Tag machen? Elend macht leicht. Wissen wir ja von uns selber. Früher, als wir noch 'was zurückgelegt haben und sollten für zehn Pfennig Elektrische fahren, haben wir's uns erst dreimal überlegt, ob wir das Stückchen nicht lieber laufen. Jetzt, für zwanzig, überlegen wir uns gar nichts. Und das Zigarettenpaffen haben wir uns im Krieg angewöhnt. Und überhaupt, die Nerven taugen nichts. Ich bin auch zweimal verwundet, war ein ganz andrer Kerl."

Ich fragte nach seinem Alter. – „Einundfünfzig." – „Die sieht man Ihnen aber nicht an."

„Na, denn Prost! Es muß ja auch wieder 'mal besser werden mit uns allen!"

Hyänenkind

Im Berliner Zoo kann man zur Zeit in ein Paradies schauen und eintreten. Wie die meisten irdischen Paradiese ist es durch Zaun und Extra-Entree abgesondert. Es enthält *Tierkinder*. Tierkinder und Menschenkinder wunderbar vereint. Denn ein besonders Holdes dieser Schau sind die mancherlei Pärchen. Kind und Lamm oder Kind und Zicklein, die sich da, Tier im Menschenschoß, mitsammen sonnen oder, einander gängelnd, umherstreifen. Neben dem Lager dort der rosa Ferkelchen (etwas angeschmutztes Rosa wie Marzipan, von Kinderhand angefaßt) erlebt beneidenswertes Glück der kleine Schimpanse. Ihm krault unablässig das Rückenfell mit Frauenmilde ein Menschenmädchen. Selig streckt und reckt er sich am Gitter, in Krampfwonne greift sein Arm in die Luft.

In Sommersonne gleitet man an wellig lagernden Schafen vorbei zum Ponybaby, das neben seiner kleinen Mutter liegt. Man möchte seine Hufe anfassen, ob sie schon hart genug zum Treten sind. Von träumerischen Lamaaugen verfolgt, kommt man zum Sandplatz in der Mitte, auf dem Kleinbären, ein Löwenkind, ein Jaguarjunges und zwei schlanke Hetzhunde miteinander spielen. Die meisten Einfälle haben die Bären. Da steht ein knorriger gabeliger Stuhl (im Stil Försterhaus und alte Waldschenke). Es ist nicht auszudenken, zu wieviel Gruppen, Dreiecken, Pyramiden, Turntürmen und gegenseitigen Beschleichungen dies Gestühl verhilft. Tänzerisches versucht ein Einzelbär: er richtet sich an einem Holzblock auf, nimmt den dann nur noch zum Rückhalt und wiegt sich mit erhobenen Vorderpfoten. Das Löwenkind bestaunt ihn. Es ist noch unbeholfen, es scheint von seiner künftigen Tierkönigwürde wenig zu spüren. Geschubst und gestülpt, fällt es immer wieder auf seine noch zu großen Tatzen. Am liebsten geht es zu dem Hundchen, das auf dem Rücken in der Sonne liegt, legt ihm die weichen Polster künftiger Krallen zärtlich aufs Fell und leckt ihm das Gesicht mit wohl noch gar nicht rauher Zunge. Funkelnd duckt der Jaguar unter der guten Amme Hündin durch und leckt ihr unterwegs in spielender Erinnerung die Zitzen.

Ein Kind aber ist abseits. Es schleppt sich am Gitter entlang mit seinem schon schwer hängenden Hinterteil, und niemand will mit ihm spielen. Ob es schon fühlt, was später aus ihm wird, das Hyänenkind? Ob die andern ihm anriechen, wie es seine Eltern treiben? Noch sieht es nicht lauernd und gierig aus, eher schüchtern wie manche Schulknaben, die infolge leidiger Rassengegensätze der Eltern in der Zwischenpause im Schulhof nicht mitspielen mit den andern. Man möchte sie streicheln, die kleine Hyäne des Tierkindergartens, aber leider weicht sie aus.

An die Berlinerin

Schöne Berlinerin, du hast bekanntlich alle Vorzüge. Du bist tags berufstätig und abends tanzbereit. Du hast einen sportgestählten Körper, und deine herrliche Haut kann die Schminke nur noch erleuchten. In den sogenannten geistigen Dingen hast du – wie sagt man doch jetzt auf neudeutsch? – „letzten Endes" immer die richtige „Einstellung". Mit der Geschwindigkeit, in der deine Stadt aus klobiger Kleinstadt sich ins Weltstädtische mausert, hast du Fleißige schöne Beine und die nötige Mischung von Zuverlässigkeit und Leichtsinn, von Verschwommenheit und Umriß, von Güte und Kühle erworben.

Manchmal kommst du mir gerade vor wie jene schöne Polin der alten Operette, die „von allen Reizen die exquisitesten vereint". Alle Fremden und Welterfahrenen sind sich darüber einig, daß es nirgends soviel schöne Mädchen auf der Straße und liebenswürdige Frauen in der Gesellschaft gebe wie in Berlin. Du hast dir soviel Mühe gegeben. Bist berühmt. Nun lerne noch, anmutig auf deinen Lorbeeren auszuruhen.

‚Scharre' nicht. Du weißt doch, was das heißt? Wenn eine, kaum zu Besuch gekommen, schon nach der Uhr am Handgelenk späht und locker sitzt, weil sie heut noch so furchtbar viel vorhat.

Lerne Gegenwart, sei nicht immer unterwegs. Es sieht ja reizend aus, wenn du beschwingten Schrittes an den noch Langsamen vorübergleitest und sicher durch die Menge zum Schaufenster steuerst, genau an die Stelle, an der du etwas Bestimmtes zu konstatieren hast. Aber mir geht der Atem aus, wenn ich deinen Knöcheln nachsehe, meine unwandelbare Verehrung für dich bekommt etwas Asthmatisches. Verweile doch… Nicht so faustisch, Fräulein!

Bitte flaniere! Das ist ein Fremdwort und wird ein fremder Begriff bleiben, bis du dich so bewegst, daß ein neues Wort von deinem schönen Gange redet. Lustwandeln ist zu langsam und kleinstädtisch. Berlinerin, schaff' ein neues Wort. Mach' einen Korso aus deinem westlichen Boulevard Tauentzienstraße-Kurfürstendamm. Noch ist er Stockung und Häufung, noch ist er voreilig. Schöne Berlinerin, sei gelassen!

Schöne Berlinerin, sei doch nicht so ehrgeizig! Wenn du mir auf dem Ball begegnest, erzähl' nicht gleich, welche Berühmtheiten du alle schon gesprochen hast. Begrüß' mich nicht gleich: „Haben Sie den C. V. gesehen? Sieht er nicht wieder himmlisch aus? Er sagte mir eben, daß die D. nicht daran denkt …" Laß doch die armen Prominenten. Es bekommt ihnen gar nicht, daß du sie soviel ansiehst. Sie stehen wie im Käfig und laufen Spießruten.

Im Januar warst du in St. Moritz und hast lauter großes Europa kennengelernt oder wiedergesehen, die Comtesse d'O. und den Baron M. de R., mit Lady D. hast du geluncht und mit Lord C. getanzt, mit dem neuesten französischen Dichter hast du Eishockey gespielt. Beinah wärst du dem Herzog von A. vorgestellt worden. Davon mußt du nicht erzählen! Ich empfehle dir den Snobismus derer, die in der großen Welt so selbstverständlich zu Hause sind, daß sie es gar nicht mehr der Mühe für wert halten, darüber zu berichten.

Im Frühjahr wirst du nach Paris gehn. Mach's da bloß nicht zu richtig. Finde nicht gleich alles zauberhaft, was anders ist als zu Hause. Die Stadt Paris wird dir viel mehr entgegenkommen, wenn du dich ein bißchen sträubst. Ängstige dich nicht vor den Leuten, die, wenn du zurückkommst und deine Erlebnisse berichtest, sagen: „Jockey? Da geht doch kein Mensch mehr hin. Waren Sie denn nicht im Jungle? Bal musette? Fremdenfalle. Negerball? Längst überholt. Ausstellung im Teesalon der Großfürstin ...poff? War schon voriges Jahr schwach!"

Ich an deiner Stelle würde den Leuten sagen: „Ich habe alle Vormittage dazu benutzt, den Louvre und das Guimet und das Musée Cluny mit Ruhe zu durchwandern, und wurde davon so müde, daß ich jeden Abend um elf Uhr todmüde ins Bett fiel."

Junge Berlinerin, sei nachsichtig mit deinen unmündigen Eltern! Ärgere dich nicht, weil sie es so schrecklich gut mit dir meinen. Suche ihnen altväterische Reize abzugewinnen. Sei froh, wenn sie nicht „mit der Jugend mitgehen" wollen. Das wäre viel peinlicher als ihr rührender Widerstand, der dir doch ein ganz hübsches Relief gibt. Kläre die braven Leute nicht unnötig auf, teile ihnen nicht mehr mit, als sie fassen können.

Und was die Liebe betrifft ... Ich habe schon gelernt: die heimliche, von der niemand nichts weiß, ist abgekommen. Und du erzählst, die Hände am Steuer, bei hundert Kilometer Geschwindigkeit auf der Avus ganz gern beiläufig von deinem letzten Liebesweh wie von Zahnschmerzen. „Au!" sagst du, „gestern hab' ich mich gräßlich verknallt, noch dazu in einen, der gar nicht mein Typ ist." Sei doch lieber manchmal bitte ein bißchen sentimental, schon der Landschaft und uns alten Zuschauern deiner Jugend zuliebe. Nimm dich nicht gar so sehr zusammen. Laß dich ein wenig gehn. Weine nicht all deine Tränen in das einsame Kopfkissen. Gönne uns ein Teil, laß uns zusehn, wie du weinst, und erzähle nichts. Es ist lehrreich, ein gutes Mädchen weinen zu sehn.

Quäl' dich nicht soviel. Es tut dir nicht gut. Vertrau' auf alles, was dir auffällt und einfällt. Bist ja ein kluges Kind. Aus Schamhaftigkeit redest du manchmal frivoler als dir zumute ist. Brauchst du nicht. Sei nicht so ehrgeizig, sei gelassen.

Gib dich lieber einen Grad tugendhafter, als du es bist. Dann wirst du unwiderstehlich sein.

Du runzelst die Stirn? Lernst du schon wieder so schnell? Dann bitte vergiß alles, was ich da gesagt habe. Und sei, wie du bist!

Unsere fleißigen Mädchen

„Gott wie praktisch / ist die Berlinerin. / Heut ist schon jeder Backfisch / jeder Backfisch / eine Verdienerin."

Sie singen es gern, die fleißigen Mädchen, und ebenso munter und spöttisch, wie sie die sentimentalen und die „kessen" Schlager singen. Die Not der Zeit haben sie zu spüren wie alle anderen. Aber sie singen.

Wenn am Feierabend die jungen Männer Büro oder Warenhaus verlassen, sehn sie noch beschäftigt aus mit der getanen Arbeit oder schon beschäftigt mit der Arbeit des Vergnügens, das sie auf sich nehmen müssen. Und gehen sie zu zweit und dritt, so laufen sie entweder zusammenhanglos nebeneinander her oder sie halten Tritt wie ein Trupp Soldaten. Aber die Mädchen! Denen merkt man an: es ist etwas zu Ende, es kann etwas Neues beginnen; und gehn sie zu zweit und zu dritt, gleich bilden sie Gruppe, bewegen sich gemeinsam, drei Grazien von Wilmersdorf oder Lichtenberg. Das gibt es noch, dazu ist immer noch Raum und Zeit.

*

Ich war einmal an einem der laufendsten Bänder von Berlin, nämlich in der Zählerfabrik, wo die Arbeit ununterbrochen über die Werkbänke wandert, wo in langer Kette Mädchen sitzen und dem unterwegs entstehenden Fabrikat Teile und Teilchen einfügen, ansetzen, einschrauben. Und genau so wie die Maschinenteile wandern auf dem Laufband auch Tassen und Becher, in welche die Mädchen ihren Kaffee oder Kakao getan haben, der nun von seinem Rundgang aus der Küche gekocht und trinkbereit zu ihnen zurückkommt. Das ist alles sehr nütz-

lich eingerichtet, ohne Kraft- oder Zeitvergeudung, und ist täglich dasselbe. Es hat aber jede, die da sitzt, an der Werkbank ein Stückchen
Nebentisch, eine kleine Ablage. Und auf einer solchen Ablage sah ich
etwas Buntes; und der, welcher mich herumführte, nickte der Inhaberin
des Platzes einen Gruß zu. Da war dicht am stählernen Rasselgang ein
winziger Geburtstag aufgebaut aus ein paar Tellerchen, Täßchen und
Löffelchen, die neben dem Wanderwerk rührend stillstanden, und es
blühten auch schüchterne Blumen mitten daraus. Und dies bißchen
Privatleben bekam glückwünschende Seitenblicke der vielen Geschäftigen ab und dankbare des Geburtstagskindes.

*

In einer Rahmenfabrik sah ich die vielen Mädchen, die da leimen, kleben und polieren. Da saß etwas abseits eine Blaßblonde, die mit kindlich runden Fingern eine Blechform in kreidige Masse drückte und das
feucht Geformte auf ein Holzbrett abstreifte. Es sah aus, wie wenn Kinder auf dem Spielplatz ihre Sandkuchen backen. Was die kleine Arbei-
terin machte, war ein Rokokoornament, das nicht so viel fabriziert wird
wie die gradlinigeren; und was bei ihrer Arbeit herauskommt, wird
wohl nicht besonders nützlich noch sehr geschmackvoll sein. Aber wie
schön sie spielt, die ahnungslose Schöpferin!

*

Mädchen gibt es in der Stadt, die sich im Büro über ihre Schreibmaschi-
ne neigen wie über einen Abhang, an dem sie Blumen pflücken wollen,
oder wie über ein rauschendes Wasser. Und manche können Telephon-
hörer ans Ohr nehmen wie die Nymphe ihre Muschel, und der Stift in
ihrer Hand, auf den die Steckdosen warten, wird Griffel einer Garten-
muse. In den trostlosesten Kontoren sind Schubladen oder Winkel unter
Pulten, da schaut Obst aus einer Tüte, da steht eine Thermosflasche.
Und zwischen Aktendeckel verirrt liegt eine Handtasche und sieht
privat aus. Wenn sie aufgeht, weil das Taschentuch heraus soll, wird
einen Augenblick mit Briefen, Zetteln, Puderdose, Lippenstift und
Spiegel und allerlei undeutlich Raschelndem und Knisterndem eines
Mädchens Tagesseele sichtbar. Und wird bei der Gelegenheit etwas
Puder auf die Nase getan und „das Gesicht gemacht", so ist das – genau

wie bei den verwöhntesten Teetrinkerinnen – nicht einfach eine Toilette oder eine Koketterie, sondern vor allem – eine Interpunktion im Satz des Tages.

*

Die Teetrinkerinnen? Von denen muß oder will jetzt so manche auch berufstätig sein. Eine kannte ich, die wollte sich ganz jung mit Photographieren selbständig machen. Stadtbilder für Tageszeitungen wollte sie aufnehmen, und ich sollte Text dazu schreiben. Wir gingen zusammen auf das Augenabenteuer. Es war grausig kalter Winter. Sie hatte einen Apparat mit altväterischem Stativ. Den bauten wir mühsam auf in einer Gasse nah der Spree, wo die Häuser Satteldächer aneinanderschmiegen, wo über den Türen Steingirlanden und in den Fenstern Blumenkästen und Vogelbauer sind. Zähneklappernd knipste sie die Gasse. Und dann bauten wir uns in dem Gartenhof eines ehemaligen Patrizierhauses auf und dann in einer runden Kirchgasse. Und zogen weiter bis nah an den Torbogen, der die verträumte Auffahrt, Balkone und Mansarden des Prinzessinnenpalais abschließt gegen die Straße Unter den Linden. Überall wurde frierend und fleißig photographiert. Als ich aber die Produkte zur Redaktion brachte, vermißte man darauf das sogenannte Leben. Ich sagte, es sei dort still gewesen. Man sagte, man brauche Leben. Daran hatten wir nicht gedacht. Inzwischen hat die junge Lichtbildkünstlerin gelernt, das gewünschte Leben zu liefern, und besitzt einen modernen Apparat ohne Stativ. Wenn zwischen den vielen Bildern, die ihr die Redaktionen abkaufen, einmal eins unterläuft, auf dem zufällig das gängige Leben fehlt, bekomm ich es zur Erinnerung geschenkt und tu es zu den wunderschönen unverkauften ersten von unserm Wintertagsfleiß. Ich habe schon eine kleine Sammlung ...

*

Nun muß ich wohl auch von einer berichten, die Schriftstellerin geworden ist. Während der Zeit, in der ich ihr zusah, wie sie Autos lenkte, Tennis spielte, Hunde spazieren führte, tanzte, und ihr zuhörte, wenn sie erzählte, hat sie mir das Schreiben abgesehn, und jetzt macht sie es viel besser und praktischer als ich. Manchmal darf ich dabei sein, wenn sie eins dichtet. Sie tut es meistens auf dem Sofa oder Bett mit hochge-

zogenen Knien, auf denen der Block ruht. Herrlich sind die Gedanken-
pausen, in denen ihr reizendes Gesicht ganz leer wird, wie das eines
Schulmädchens, das im Gedichtaufsagen steckenbleibt. Kommt dann
der neue Einfall, gibt es ihr ordentlich einen Ruck, und der kleine Terrier zu ihren Füßen schrickt auf. Danach fließt es wieder beneidenswert
geschwinde aus dem Füllfederhalter, und die Zunge schaut zwischen
den Zähnen heraus wie bei eifrigen Kindern. Erst war ich etwas unglücklich, daß sie über sich und die andern Mädchen schreibt, ich hätte
es lieber selbst versucht. Aber da hat sie mir erklärt, ich wüßte nichts
von Mädchen und wolle nur immer etwas vorgemacht bekommen, und
das täten die Mädchen aus Gefälligkeit, es sei bei mir nicht schwer.
Vielleicht hat sie recht. Ich merke nur bei einer unserer Freundinnen,
daß nicht wahr ist, was sie sagt, bei der Nicky, die so atemlos und über-
strömend lügt. Kaum war sie einmal in Neubabelsberg zu Besuch,
gleich hat ihr ein Filmmagnat eine Divarolle angeboten; jungen Dichtern und Musikern, die sie unglücklich lieben, muß sie Revolver entrei-
ßen; wenn die eifersüchtigen Ehefrauen nicht wären, hätte sie schon
Villen an der Riviera oder mindestens ein Bootshaus am Wannsee.
Einen festen Beruf hat sie nicht, aber so viel Chancen. Da steht sie in
ihrem blauen Kleidchen mit dem weißen Kragen und den weißen Man-
schetten und lügt Festroben. Ach Gott, hoffentlich geht es ihr nicht zu
schlecht. Ob sie oft hungert, das tapfere Kind? Wir wollen ihr etwas
Gutes zu essen geben und weiter hören, was sie alles fleißig lügt.

Wie fleißig sie alle sind und tapfer in schwerer Zeit und tanzen im
Osten und Westen der Stadt durch Pracht und Dreck und singen!

Das andre Berlin

Berlin selbst in der Stadt, die so heißt, zu entdecken ist gar nicht so leicht. Diese Stadt ist sozusagen immer unterwegs, im Begriff, anders zu werden. Sie ruht nicht in ihrem Gestern aus. Und das Heute, die neuen Theaterbauten, Warenhäuser, Verlagshäuser, Fabriken, planvoll angelegten Wohnblöcke in der Stadt und Siedlungen der Umgegend, das alles ist noch so im Werden, man kann es kaum als Gegenwart empfinden. So sucht man denn nach sichtbarer Vergangenheit. Und da hat man sich nicht nur an die paar bekannten, oft beschriebenen Sehenswürdigkeiten zu halten wie etwa die vielgemalte Gasse am Molkenmarkt, den Krögel oder in der Nähe das Rokokopalais Ephraim oder das zierliche Haus der Loge Royal in der Dorotheenstraße (um vom Schloß, Opernplatz, Brandenburger Tor usw. ganz zu schweigen). Lehrreich ist es auch, die Grachten und kleinen Gassen an der Spree und in Alt-Kölln aufzusuchen. Da gibt es noch Häuschen, die mittelalterlich aneinanderdrängen und mit ihren Giebeln vorlugen und nicht so leer oder nur am Rand besiedelt sind wie die berühmten Bauten alter Zeit. Nein, sie sind dicht bewohnt von ahnungslosen Leuten, die steile Stiegen mit breitem Holzgeländer herunterkommen oder hinter Blumenkästen und Vogelbauern aus schöngerahmten Fenstern schauen. Man muß sich in der ältern Stadt zwischen den einst auf königlichen Befehl geradeangelegten Straßen die paar krummen herausschälen, deren Linie alte Stadtmauern und Bastionen nachzeichnet. Da wird man immer wieder Entdeckungen machen. Einen besondern Reiz hat es auch, aus zerstreuten Resten sich das Berlin Schinkels aufzubauen, wobei ich wieder absehe vom Allbekannten wie Schauspielhaus, Neue Wache, Altes Museum und auf die schlichten Privathäuser des preußischen Klassizismus hinweisen möchte, die überall in den ältern Teilen Berlins sich finden, Unter den Linden und beim Anhalter und Potsdamer Bahnhof, um den Hackeschen Markt und in den Straßen, die sich dem Tiergarten anschmiegen. Ihre vornehme Blässe hat sich gut vereinigt mit dem hellen Gelbbraun der alten Palais zu einem Stadtbild, das uns dann leider durch die verfehlte Pracht späterer Architektur entstellt ist. Die üble Zwischenzeit möchte man gern vergessen oder ausrotten, um

an das alte Berlin direkt anzuschließen, was jetzt die junge Baumeister-
generation an wohlbeschaffenen Häuserblöcken und Einzelbauten errichtet. Aber das hieße eine Vergangenheit auslassen und wäre echt
berlinisch pietätlos. Gerade in den Burgen des schlechten Geschmacks
hat zwischen Möbeln der Plüschzeit und drohenden Büfetten in dunklen Hinterzimmern eine merkwürdige Gesellschaft gelebt, eine sehn-
süchtige Jugend sich entwickelt. Heute sind diese Häuser fast alle von
den Familien ihrer frühern Bewohner verlassen, ganze Straßen sind wie
entseelt, die Zimmer möbliert zu vermieten oder düstere Büroräume
geworden, aber es ist eine eigentümliche, spezifisch berlinische Sensation, die verödeten Palastaufgänge, die schon bis Hochparterre endlos
wirken, zu erklettern, einen weiland „Salon" zu betreten und hinaufzu-
sehen zu der Decke, aus deren Stuck sich langsam die Tropfsteinhöhle
der Vergangenheit bildet.

Wer eine Großstadt kennenlernen will, darf die Quartiere der Armut
nicht auslassen. Und da ist wieder im Gegensatz zu ältern Städten eine
Eigentümlichkeit Berlins, daß man auf den ersten Blick von außen nicht
viel zu sehen bekommt. Auch in den rein proletarischen Bezirken des
Nordens und des Ostens kann man aus den Fassaden der Häuser auf
Glück oder Elend seiner Bewohner keine zutreffenden Schlüsse ziehen.
Kleinbürgerlich wirken die mächtigen Mietkasernen mit den vorgekleb-
ten Balkonen, auf denen Topfblumen ein kümmerliches Dasein fristen.
Aber geh' in die Höfe hinein, den schrecklichen ersten und den schreck-
lichern zweiten, sieh' die fahlen Kinder, die da lungern und hocken,
geh' an ihnen vorbei eine ausgetretene Stiege hinauf, und wenn du es
dir zumuten kannst, tritt ein in eine der dumpfen Wohnküchen. Sieh' in
die Gesichter derer, die abends aus der Halle des Ringbahnhofs heim-
treiben. Steh' einmal morgens, wenn die Bude geräumt wird, vor der
„Palme", einem der Asyle für Obdachlose, und lasse dir die Gäste entgegenkommen. Es ist noch lange nicht das schlechteste Nachtquartier,
in dem sie geschlafen haben. Unter den Abbruchtrümmern und zwischen den Bohrlöchern am Alexanderplatz gibt es schlimmere Schlupfwinkel. In den Kellerräumen eines abgerissenen Obst-Engrosgeschäftes,
das früher seine Wagen und Körbe zur nahen Zentralmarkthalle schickte, versteckt sich hinter Schutt und Mörtel die Zufallshöhle des Bana-
nenkellers. Wer in den Asylen nicht untergekommen ist, kriecht hier
spät, wenn der Betrieb in den Lokalen rings um den Platz aufhört, in

eine Ecke. Er zieht die Beine nur ein bißchen näher an den Bauch, wenn wir unbefugten Eindringlinge an ihm vorüberstolpern.

Aber das Volk von Berlin hat eine erstaunliche Arbeits- und Lebenskraft. Es ist ein zäher Menschenschlag, der, sobald er nur das Nötigste zum Leben hat, das Elend vergißt. In seinen Äußerungen und Redensarten ist selten etwas von der Schicksalsergebenheit der Slawen oder der ein wenig melancholischen Beschaulichkeit der Pariser zu bemerken. Auch im Genuß bleibt er tätig und eifrig. Wo Bauland einige Zeit freisteht, hat er seine Schrebergärten, seine Laubenkolonien angelegt, diese rührend gepflegten Stätten mit kleinen Häuschen, einem bißchen Acker, Gemüse- und Blumengarten für jede Familie, woraus dann eine blühende Gesamtheit, ein Riesenbeet geworden ist. Und obwohl – oder vielleicht weil – diese Welt nur ein flüchtiges Dasein hat – denn immer wieder bedroht sie die Ausdehnung der Stadt und die Baulust der Unternehmer –, haben die Laubhütten nichts Provisorisches, sie wirken paradiesisch dauerhaft. Die hemdsärmeligen Mannsleute, die säen, Mütter, die gießen, Töchter, die Schoten palen, sehen aus, als hätten sie nie etwas andres getan, als wäre dies nicht nur eine abendliche oder sonntägliche Erholungsfrist von Leuten, die wochentagsüber das Pedal der Nähmaschine treten, Drähte ziehen, Stäbe hämmern, Krane und Turbinen bedienen, Leichtes verpacken und Schweres verladen. Sie scheinen lebenslänglich unter Kletterrosen und Sonnenblumen, mit Petersilie und Mohrrüben zu tun zu haben. Es gibt unzählige solcher Kleingärten, die zusammen einen grünen Streifen rund um die Stadt bilden, der sich immer wieder etwas verschiebt und stellenweise durchbrochen wird, um sich aufs neue gürtelhaft zu schließen. Hier wie überall in Berlin muß man zur Belehrung die Plakate und Anschläge lesen: Der Pflanzerverein „Erholung" lädt zur italienischen Nacht ein, die Kolonie „Waldesgrün" verspricht musikalische Abendunterhaltung; den Kindern wird verheißen: „Onkel Pelle ist zur Stelle".

Die moderne Riesenliteratur und -malerei der Plakate beherrscht auch die winterlichen Vergnügungen des Berliner Arbeiters. In der „Grünen Quelle" hängt überm elektrischen Piano das Bild eines Löwen, und darunter steht geschrieben: „Brülle, wie ein Löwe brüllt, wenn dein Glas nicht voll gefüllt." An einer Destille, nahe bei der Jannowitzbrücke las ich die lapidaren Verse: „Borgen Pech / Ware los / Gäste weg."

Gewaltige Filmreklamen verheißen Amerikas berühmtesten Cowboy und den Grafen von Cagliostro, der auf eine schmerzlich stirnrunzelnde Brünette höhnisch niederlächelt. In solche Filme muß man hier im Norden und Osten gehen. Da wird das „große Leben" viel gleißender als in den gediegenen Kinopalästen der Tauentzienstraße und des Kurfürstendamms. Und oft bekommt man vor oder nach dem Film noch eine Revue zu sehen, in der sich dem, der das treuherzig-freche, das rührend „kesse" Berlin kennenlernen will, dies simpler und deutlicher offenbart als in den prächtigen Darbietungen der Charell und Haller. Oh, diese Ballette von fünf Girls, die sich keck und steif bewegen wie Schulmädchen mit deutlichen Pausen zwischen den einzelnen Tanzfiguren! Wie sie nicken zu den Zäsuren der Musik!

Hast du vor solchem Schauspiel deinen Abend verbracht, Fremder, und willst nicht doch noch zu guter Letzt gen Westen pilgern, um in Bar, Diele oder Prachtsaal bei Sekt und Whisky die internationale Lebewelt tanzen zu sehen, so empfehle ich dir, dich über den Mühlendamm in die alte Fischerstraße zu begeben. Dort, dicht am Wasser, im vielleicht ältesten Haus von Berlin, ist eine interessante Wirtschaft. Eine gemischte Gästeschar findest du versammelt, Seidenbluse und Schürze am selben Tisch schwesterlich nebeneinander, Fischer- und Fuhrmannskittel neben Bratenröcken. An der Wand hängen unter alten Gastwirtsdiplomen Zille-Bilder, vom Meister selbst geschenkt. Hier kannst du die neuerdings veränderte Lorelei singen hören mit den schmetternden Strophenanhängseln: „Sie kämmt sich mit dem Kamme / sie wäscht sich mit dem Schwamme" und von deinen Tischnachbarn ein Berlinisch lernen, das sich gewaschen hat.

Herberge und Heimat

Bilder aus Berlin

Die Reichshauptstadt, einst vorgeschobene Kolonistenstätte in endloser Ebene, jetzt Zentrum Deutschlands, Stelldichein und Knotenpunkt des Westens und Ostens der Welt, ist gleich anderen Großstädten eine Fremdenstadt mit den üblichen Sehenswürdigkeiten und Vergnügungen. Aber bemerkenswerter als der Fremdenverkehr, der in den älteren Städten Europas ein reicheres und bunteres Bild ergibt, sind in Berlin die Siedlungen und Rastplätze der Wandervölker und Völkerwanderungen unserer Zeit. Das Wahlghetto der Ostjuden in dem einst „Scheunenviertel" genannten Stadtteil zwischen Alexander- und Bülowplatz ist jetzt schon leerer Bauplatz geworden oder unter neuen Häuserblöcken verschwunden, und man sieht nicht mehr Männer mit alttestamentarischen Bärten und Schläfenlocken und heißäugige Fleischertöchter auf dem Straßendamm abends promenieren; auch die große russische Invasion nach Weltkrieg und Revolution hat sich weiter nach dem Westen zerstreut; aber noch immer hält das Wandervolk der Zigeuner bei uns Rast. Im Norden, in Weißensee, haben sie ihr Hauptlager aufgeschlagen. Dahin lockt die Männer der Pferdemarkt, der allwöchentlich stattfindet und auf dem sie in Kauf und Verkauf ihre ererbten Kenntnisse und Erfahrungen eines alten Reitervolkes einträglich verwerten können. Für ihre Familien haben sie hier ihre Wohnwagen aufgestellt und Hütten aufgeschlagen. Da sitzt die Ahne, die Pfeife im Mund, auf dem Wagenrand und füttert das Enkelkind, das in seinen bunten Fetzen und mit dem Kinderblick einer Mongolenpuppe noch fremdländischer wirkt als die Erwachsenen. Mütter und Mädchen aber wandern durch die Stadt und finden in Schankstätten und Nachtlokalen Opfer ihrer Wahrsagekünste. Berlin hat sich an die Zuwanderung dieses Volkes gewöhnt und den Kindern sogar Plätze in einigen Gemeindeschulen eingeräumt, wo sie, bis die Horde weiterzieht, an den ersten Segnungen einer bodenständigen Kultur Anteil haben können.

Stille und wenig bekannte Schlupfwinkel haben, meist in der Gegend des Schlesischen Bahnhofs, die chinesischen Händler gefunden, die Not und Beschwerden der Fremde geduldig ertragen, um dereinst in der Heimaterde ein prächtiges Grab zu bekommen. Die Berliner kaufen ihnen gern ihr leichtes zierliches Teegeschirr und ihre Matten ab. Der Wirt ihrer Kneipe führt Buch für sie, gibt ihnen Kredit und vermittelt ihre Geschäfte. Auf seinen Tischen liegen neben Berliner Zeitungen und Annoncenblättern exotische Journale mit seltsamen Schriftzeichen. Wunderlich nehmen sich unter deutschen Wandkalendern und über Berliner Bierflaschen, Mollen und Bechern die Mongolenköpfe aus.

Nicht so weit her, aber doch Gäste sind die Zimmerer, die man bei Zunftbrauch und Zeitvertreib in ihrer Herberge beobachten kann. Man erkennt sie an ihrer Tracht, den weiten Hosen, dunklen Samtwesten und -jacken mit großen hellen Knöpfen. Den Zylinderhut oder den breiten Kalabreser auf dem Kopf, wandert der Zimmergesell, auf seinen „Stentz" oder gedrehten „Ziegenhainer" gestützt, von Ort zu Ort. Von den hanseatischen Schiffsbauleuten hat er die Sitte übernommen, Ohrringe zu tragen wie die Seeleute. Unterm Arm trägt er sein Reisepäckchen, „Charlottenburger" genannt, ein Riesenschnupftuch, das neben dem Handwerkszeug, Winkelmaß, Beil und Wasserwaage, das spärliche Reisenecessaire des wandernden Gesellen enthält. Er hat seine Lehrlingszeit hinter sich und ist „fremd geschrieben". Kommt er in eine neue Stadt, sucht er die Zunftherberge auf und „grüßt das Handwerk"; er bekommt Zehrgeld für die erste Notdurft und nach Möglichkeit Arbeitsgelegenheit. Mindestens drei Jahre muß er auf Wanderschaft gehen und darf in dieser Zeit nur zweimal und jedesmal nur vierundzwanzig Stunden in der Heimat zu Besuch sein. Hält er sich länger auf, wird er vom Altgesellen und seinen Kameraden fortgeschafft. Will er nicht gutwillig gehen, läuft er Gefahr, seine „Ehrbarkeit" zu verlieren, deren Symbol die um den Hals geknotete Schnurkrawatte ist; die bedeutet für ihn das, was für den Studenten die „Couleur". In vielen seiner Bräuche, Lieder und Spiele lebt Altstudentisches fort, das die Musensöhne wiederum einst von alten Handwerkerzünften übernommen haben und das nun im Kreislauf der Dinge zum wandernden Handwerk zurückgekehrt ist.

Dem Frommen ist das ganze Erdendasein eine Art Wanderschaft, und in dieser Fremde sind Betstätten und Kirchen Herbergen der Gotteskinder. Besonders der Obdach- und Arbeitslose ist in diesem Sinn ein Wandersmann und der Herberge bedürftig. Da nun nach dem

Ausspruch eines der Gründer der Brockensammlungen und Stadtmissionen von Gottes Wort niemand etwas hat, dem die feste Grundlage im Magen fehlt, hat man in den sogenannten „Schrippenkirchen", Stiftungen aus der Zeit und dem Wirkungskreis des Hofpredigers Stöcker, eine Einrichtung getroffen, welche die Befriedigungen geistiger und leiblicher Bedürfnisse vereint und die einen zur Bedingung der anderen macht. Eine vielbesuchte Schrippenkirche liegt in der Ackerstraße. Da bekommt jeder Gast zwei Schrippen, einen Becher Milchkaffee und dazu ein Wort für die Seele. Alles, was an Weihrauch oder Prunk erinnert, fehlt gänzlich in diesen Mauern, sie sind wohl das protestantisch Kahlste im protestantischen Berlin, aber dafür ist allerlei zu lesen in den Gesichtern derer, die da still bei ihren Bechern sitzen und der Predigt lauschen, die altertümlich verheißungsvolle Bibelworte mit alltäglichen, nüchternen Wendungen, die zu Lebens- und Arbeitsmut ermuntern, verbindet.

Für die jüngsten Erdengäste in der Herberge Großstadt sorgt Berlin, so gut es kann. Für die Babys werktätiger armer Mütter, die ihre Kleinen niemandem anvertrauen können, wenn sie auf Arbeit gehen, sind Tagesheime geschaffen worden wie das „Sonnenhaus" des Fröbelvereins in Lichtenberg-Friedrichsfelde. Doch auch die Stadt selbst hat ähnliche Fürsorge getroffen. Das Bezirksamt Kreuzberg z. B. unterhält eine Anstalt, welche die Kleinen aufbewahrt und versorgt, die morgens von ihren Müttern gebracht und nach Feierabend abgeholt werden. In reinlichen Gitterbettchen liegt das Völkchen und schläft und wacht, weint und lacht dem Leben entgegen.

Wie wird es ihm weiter ergehen in der Heimat Berlin? Kinderglück gibt es auch in den ärmsten Straßen, wo man gegen eine Wand Prallball spielen kann, Gesang und Leierkastenmusik in den düstersten Höfen zwischen Stangen zum Ausklopfen und Mülleimern. Mit Fähnchen und Lampions, kleiner Bretterbühne und ein paar bunten Lappen machen die Kinderfeste aus dem Hinterhof der finstersten Mietskaserne eine Zauberwelt. Das holprige Pflaster des Hofes wird mit Stearin eingerieben und für ein paar schöne Stunden Tanzboden. Kinderglück gibt es überall in den Parken von Berlin, im Tiergarten so gut wie im Friedrichshain, bei der Jungfernheide wie zu Füßen des Kreuzbergs. Überall haben die Kleinen ihre holzabgesteckten Sandhaufen zum Wühlen und Formen und für gemeinsame Spiele. Ja, für deine Kindheit ist einigermaßen gesorgt, kleiner Berliner. Aber wie wird's dir weiter ergehen? Ist die große Stadt Heimat oder nur Notherberge? Wirst du in Asylen nächtigen, in Wärmehallen Zuflucht suchen und stempeln gehen? Wirst du Stullenbettler werden, der seine Bettelbeute verkauft? Oder sitzest du eines Tages als strahlender Bräutigam im Mantel mit Samtaufschlag neben der stattlichen Braut im Standesamt und hörst die würdevolle Rede des Herrn Standesbeamten, dessen etwas stolpriges Pathos heutzutage oft die Salbung des Herrn Pastors ersetzen muß? Wirst du es zu Amt und Würden bringen und vielleicht einmal als Richter im Verkehrsgericht sitzen und – hübsche Erinnerung an deine Spielzeit – mit kleinen Elektrischen, Bussen, Taxis, Bäumchen, Laternchen und Figürchen vor den Zeugen und den Rittern und Knappen vom Steuer einen Zusammenstoß und Verkehrsunfall rekonstruieren? Schlaf, träum und spiel in deinem Gitterbettchen, bis Mutter wiederkommt.

Berliner Gedichte

„Oh wie ist die Stadt so wenig", beginnt Goethe sein, glaube ich, einziges Berliner Gedicht, und er findet für „Musen und Grazien" in der Mark keine Stätte. Und denen unter seinen Zeitgenossen und nächsten Epigonen, die über Berlin Gedichte gemacht haben, ist dabei die Stadt, gerade diese Stadt mehr Vorwand, Anlaß als eigentliches Thema gewesen. Echt berlinische Lyrik entsteht wohl erst durch das tragische oder komische, erschütternde oder belustigende Zusammentreffen einer etwas altväterischen Empfindsamkeit, die sich unter nüchternen Allüren verbirgt, mit Tatsachen und Ereignissen des neuen großstädtischen Lebens. Und da ergeben sich alle Abwandlungen des Gefühls von dem simplen Staunen über Quantitäten („Berlin ist schön, Berlin ist groß") bis zur herbsten Kritik der Häßlichkeiten, Eitelkeiten, Unmenschlichkeiten, alle Regungen von vergnüglicher weißbierschäumender, den Rixdorfer tanzenden Gemütlichkeit und Gemeinsamkeit bis zur bittersten Verlassenheit im steinernen Straßenmeer, in den vielen Häuserzeilen, die „nichts als Querstraßen ihrer Querstraßen sind".

So schlechthin als Großstadt mit Betrieb und Tempo hat Berlin die richtigen Dichter nie dichten gemacht; nur wer die anonymen Reize, die heimliche Seele dieser Stadt, ihre Trotzalledem-Schönheit erlebte, dem ward das Berliner Gedicht geschenkt. Dem wird der Lärm der Straßenkreuzung zur Melodie, Trauer des Hinterhofs, Landschaft des Kanals zum Rahmen oder Spiegel eignen Erlebens. Der gewinnt die Stadt lieb, möchte sie „anziehn wie eine schöne Hose" (Ringelnatz), möchte die „heimatlichen Kaschemmen an die Brust drücken" (Lichtenstein), dem blüht die „zementene Rose" (J. R. Becher). Oder er haßt die Stadt mit einer Leidenschaft, die sie zum lebendigen Gegenspieler macht.

Nach altem Herkommen ist unter den vier Jahreszeiten der Frühling den Dichtern besonders gnädig und dem Dichten besonders günstig. Und diese Jahreszeit ist in der klar grauen Atmosphäre der Reichshauptstadt auch besonders schön und überraschend. Aber sie bricht nicht im Sturm herein, ringt sich nicht aus feucht geheimnisvollen Nebeln. Sie ist mit einmal wieder da, schüchtern wie ein Kind, zurückhaltend wie ein Gast. Und wo wird sie so dankbar begrüßt wie in Berlin? Der armseligste Balkon mit Aussicht auf das Stadtbahngeleise füllt sich ihr zur Feier mit Blumen. So erfüllt die Berliner Dichtung ein immer wiederkehrendes Anfangsglück, eine noch etwas frierende, aber unverwüstliche Daseinslust. In ihr ist selten etwas von der herbstlichen Schwere, der grandiosen Verzweiflung, den tödlichen Paradiesen der Baudelaire-Heimat. Blumen des Bösen wollen bei uns nicht recht gedeihen, aber es blüht manche holde Unschuld zwischen Unkraut und Gestrüpp. Es sprießen Gräser im Hof zwischen den Steinen und haben ihr Leben von dem bißchen Erde, das zwischen den Steinen ist.

Allmählich hat das, was man so die Poesie nennt, wirklich einige Berliner Stätten erobert. Die erscheinen von Zeit zu Zeit wieder in der Berliner Lyrik und werden wohl in ihr und durch sie bleiben. Das sind die Kinderspielplätze im Tiergarten und in den Vorstadtparks, der wunderliche Carrefour, der sich Potsdamer Platz nennt und in dessen Nachbarschaft Blumen verkauft werden, das ist der Zoo und der Viadukt zum Bahnhof Zoo. Das ist – um noch eines von vielem wenig Beachteten zu nennen – die Stelle, wo die Hochbahn, von der Bülowstraße kommend, den Häuserblock durchbricht. Und viel solche Stätten und Stellen warten noch auf ihre Dichter sowohl in Schrebergärten als in Fabriken.

Und (– da vom Frühling die Rede war, muß ich, schon aus Allitera-
tion, auch auf die Frauen kommen –) wieviel ist noch zu dichten von
der lebensfleißigen, eifrigen, in allem Elend tapferen, um möglichst viel
Schönheit wacker bemühten Berlinerin. Tucholsky hat sie beim rechten
Namen genannt: „Mutterns Beste". Und es wird noch oft von ihr gesagt
und gesungen werden. Von ihr und ihrer Stadt, dieser Nomadensied-
lung in Deutschlands leerem Osten, in der die Dichter noch etwas no-
madisch und heimatlos herumlaufen. Aber wartet nur: Wenn das mit
Europa noch eine gute Weile weitergeht und wir erst einmal richtig
ruhig und mittendrin siedeln, was für eine bodenständige Berliner
Poesie wir noch bekommen können!

Vielleicht ein Volkslied

In den steinernen Höfen der Großstadt zwischen den Mülleimern und
den Stangen zum Ausklopfen stellen sich die bettelnden Musikanten
auf. Manche erscheinen mit Instrumenten. Aber in diesem gramheißen
Sommer haben viele nicht einmal das Anlegekapital, oder den Kredit,
sich bei den speziell für Bettler tätigen Instituten ein Instrument zu
leihen. Die stehn dann mit leeren Armen da und singen einfach, so gut
es geht, die paar Lieder ab, die sie können. Die Lieder handeln von der
Liebe, sowohl der kecken wie der unglücklichen, viele vom Mütterlein
oder von der Heimat oder einem sagenhaften Fluß namens Rhein, der
sich auf den Wein reimt, bei dem man, wie der arme Sänger behauptet,
seine Sorgen vergißt. Alle singen sie mehrere Lieder. Und zwischen
dem ersten und zweiten halten sie eine kleine Ansprache, in der sie in
wohlgesetzten Worten um eine kleine Gabe, sei es auch nur ein Stück
Brot, bitten. Während ihre Ansprache und ihre Erscheinung auf ihr
Elend hinweist, ist es, als sollten die Lieder von dieser materiellen Not
sie und ihre Zuhörer ablenken, wenn nicht zu munteren Dingen, so
doch zu feineren Nöten wie Liebesgram oder Heimweh. Ein Sängerpaar
aber, Mann und Weib, hat auch diesen letzten Luxus aufgegeben und
singt zur Zeit in Berlin ein Lied von der Arbeitslosigkeit. Es singt nur

dies eine, etwa fünfstrophige Lied. Nach der ersten Strophe macht es eine Pause für die kurze übliche Ansprache. Jede Strophe des Liedes fängt an:

> „O, wie bringst du uns so weit",

und endet:

> „Arbeitslosigkeit, Arbeitslosigkeit,
> du bringst uns weit."

Dazwischen kommen immer nur zwei, dies Thema variierende Zeilen wie:

> „Schon ein ganzes Jahr dahin,
> daß wir ohne Arbeit sind",

und alles einzelne, besondre übertönt das langgezogne, auf gedehnter Melodie getragene Wort Arbeitslosigkeit.

Nach dem Ertrag in klingender Münze, der dann in Papier gewickelt aus den Fenstern an unserm und den Nachbarhöfen fiel, zu schließen, müssen die beiden Sänger ein ganz gutes Geschäft machen, ein besseres als die mit den lustigen oder sentimentalen Liedern. Die Dienstmädchen und Köchinnen der Hofzimmer, die Schreibmaschinenfräulein und Näh-mädchen der Büros und Betriebe blieben länger an die Fenster gebannt stehn als sonst bei Rhein und Mütterlein, obwohl sie doch fast nichts als dies eine Wort zu hören bekamen: Arbeitslosigkeit. Das negative, arme, umständliche Wort bekam ungeheure Fülle, Dichtheit und Schlagkraft. Es war ein Kampfschrei, eine Parole wie einst die alten Wahnworte Freiheit und Gleichheit. Es könnte ein Erfolg werden wie „Ich bin von Kopf bis Fuß …" oder „Wenn du meine Tante siehst …", womit ich nicht sagen will, daß der Verfasser daran reich werden wird. Vielleicht hat es gar keinen namhaften oder greifbaren Verfasser. Vielleicht ist es wirklich ein anonymes Lied, ein Volkslied wie einst „Am Brunnen vor dem Tore" oder „Schlaf, Kindlein, schlaf". Vielleicht ist es das Lied von 1932 und ein Ruhmesblatt dieses Jahres.

Tatü-Tata

Ich bin zwar selbst eine Art Berliner, aber um die Stadt besser kennen-
zulernen, benehme ich mich bisweilen wie ein Fremder, bleibe vor
Sehenswürdigkeiten stehn, befrage die Wissenden. – So stand ich neulich vor dem Brandenburger Tor und studierte erst die Architektur,
dann den Verkehr. Das Brandenburger Tor, 1789-93 von K. G. Langhans
nach Motiven der Propyläen in Athen in Sandstein aufgeführt, bis zur
Spitze der Figur 26 m hoch, hat fünf durch sogenannte dorische Säulen
geschiedene Durchfahrten, zwei zur Rechten, zwei zur Linken und die
fünfte, oder erste, die eine, in der Mitte. Durch die beiden rechten sah
ich Droschken, Autos, Autobusse in die Linden hineinfahren, durch die
beiden linken sah ich Droschken, Autos, Autobusse aus den Linden
herausfahren. Aber in der Mitte die fünfte oder erste Durchfahrt blieb
immer leer. Leeres Pflaster, hohle Halle. Ja, da konnte wohl auch nur
ein Gefährt hindurch, dem kein anderes begegnete, eins, das hin und
zurück durch dieselbe Durchfahrt durfte. Wer durfte das? Der eine
Herr – mit dem schönen Signal. Aber jetzt?

Schließlich wandte ich mich an den Sipo, der an der nächsten Säule
stand, zeigte hin und fragte mit möglichst ausländischem Akzent: „Oh,
Herr Constable, warum niemand fahren durch das Mitte?"

Er lächelte, ein Schatten Weltgeschichte wanderte über seine redli-
chen Mienen. Dann sagte er schlicht: „Weil's verboten ist."

Ich sah noch eine Weile auf diese Leere. Sie verdroß mich. Wenn ich
eine Spreewälderin wäre, würde ich meinen Kinderwagen durch die
mittlere Durchfahrt des Brandenburger Tores schieben. Ob man mir's
erlaubte? Ob man nicht den Magistrat bitten könnte, diese Durchfahrt
den Kinderwagen zu gestatten? Bis auf Widerruf? Zwei Kinderwagen
könnten gut einander ausweichen.

– – damit ich diese Leere loswerde. Sie ist wie das unangenehme
Gefühl an der Stelle, wo der Zahn saß, den man dir gestern gezogen
hat. Du hast da noch eine Weile Schmerz in der Luft.

Berliner Notizbuch

Als Aufenthalt sind manche kleineren Berliner Restaurants mit ihren grünen oder roten zu tiefen Sofas, den linearen Ornamenten auf ihren eckig abgeteilten Fenstervorhängen, den Kleiderständern, an deren unteren Haken Zeitungen in Sammelklemmern hängen, nicht gerade beglückend. Aber während man an solcher Stätte als einzelner Konsument eines Menüs zu 1,25 an langen Saucen leidet, bekommt man oft Gelegenheit, interessanten Gesprächen des gebildeten Mittelstandes zu lauschen. So wurde ich jüngst aufmerksamer Zuhörer des Tischgesprächs dreier würdiger Matronen, die, aus der Dienstfertigkeit des Kellners zu schließen, Stammgäste dieser Speisestube zu sein schienen, welche mit Bildern von Helden der Freiheitskriege deutsche Art betonte. Die Damen redeten von alter und neuer Kunst, wobei die neue nicht eben gut wegkam.

„Heutzutage", sagte die eine – sie hatte auf dem Busen, den Paul Morand eine ‚poitrine d'avant-guerre' genannt hätte, ähnliche Ornamente gestickt, wie sie auf den Fenstervorhängen waren –, „heutzutage ist in der Malerei alles nur Beleuchtung. Haben Sie im vergangenen Jahr die Corinth-Ausstellung geseh'n?"

„Also, dieser Corinth – Lovis nennt er sich, heißt wohl Louis –, wenn der nicht ein Jude ist!" meinte verdrossen die mit dem Lehrerinnenkneifer. Und als man dann auf Bildhauerei kam, erklärte sie: „Mir geht eben nichts über die Gotik. Das war eine Periode!"

„Mein Mann", warf die dritte ein, die von allen am verheiratetsten schien, „der geht ganz in der Antike auf. Die kommt nie wieder."

„Ach, wissen Sie", bemerkte fein die Antisemitin, „es ist eigenartig, wie doch manches wiederkehrt. Da war ich neulich in dem Museum, ich trug meinen grünen Filzhut, der ja nicht gerade hochmodern, aber doch erst einige Jahre alt ist. Da kam ich in den Saal mit den römischen Helmen, die eine so schöne Patina haben. Ich nahm meinen Filzhut ab und hielt ihn neben so einen Helm. Nein, Sie machen sich keinen Begriff, wie ähnlich mein Hut und der alte Helm waren. Der Aufseher, der interessiert hinzukam, hat es auch gefunden. Es wiederholt sich eben alles."

Berliner Familie 1931

Vater bekommt noch Briefe mit der Anschrift Herrn Direktor oder gar Generaldirektor, aber zur Zeit hat er nur die Vertretung einer Automobilfabrik, und wie lange noch? Mutter will gern von den Vorderzimmern zwei abgeben, am liebsten an eine Dame, die man vielleicht auch in Pension nehmen könnte, aber hier im alten Westen sind jetzt in jedem zweiten Haus möblierte Zimmer billig zu haben. Ob es sich lohnt, selbst wenn sich jemand findet?

Paul, dem Ältesten, ist der Krieg nicht gut bekommen. Erst wollte er als blutjunger Oberleutnant bei der Reichswehr eintreten, aber in der Inflationszeit bekam er Lust aufs Geschäftemachen, leitete eine Zeitlang zusammen mit einer baltischen Baronin eine größere Blusenfabrik in Köln, reiste 1927 für eine Büsten- und Wachskopffabrik. Zwischendurch fand er allerlei Kleinkram, bei dem er's nicht aushielt, Annoncenakquisition, Versicherungsagentur, vertrieb Staubsauger und Kühlschränke. Den „Spartaumel" der anderen machte er nicht mit, ist viel von Hause fort. Mutter fürchtet, er spielt. Fritz, der ein Lieblingsschüler des großen B. H. war, geigte zwei Jahre im Danziger Rundfunkorchester, jetzt bemüht er sich hier um Unterrichtsstunden und sucht Verbindungen, um Schlagerkompositionen bei Film oder Kabarett anzubringen. Im schlimmsten Fall wird er in einem Vergnügungslokal geigen. Für Mahlzeiten außer dem Haus entdeckte er immer wieder neue Lokale, wo man für 80, ja sogar für 50 Pf. usw.

Trude hat noch ein paar Kinder in ihrer „rhythmischen Gymnastik". Ihr Freund, der Oberarzt in der X'schen Klinik, will ihr Kundschaft zu „Babyturnen" verschaffen. Sie hat mehr Lebensmut als die Brüder. Zur Not könnte sie auch für Zeitungen photographieren und dazu schreiben. Die Eltern kommen ihr nicht mehr mit Heiratszumutungen, sie reden ihr überhaupt nicht viel in ihre Lebensführung hinein. Manchmal, wenn sie Meinungen äußert, braust Papa einen Augenblick auf, aber Mama begütigt ihn mit Wendungen, in denen immer „heutzutage", „andere Einstellung" vorkommt.

Vater geht abends fast gar nicht mehr aus, höchstens mal an den alten Ingenieurstammtisch. Mutter nutzt jede Gelegenheit, gratis oder fast gratis Theaterbillette zu bekommen. Bei den Steuerkarten, die Schauspieler aus Trudes Freundeskreis ablassen, muß man leider immer noch 1,50 oder 2 Mark draufzahlen. Ärgerlich ist es, wenn einen Bekannte fragen, ob man schon den neuen Film gesehen hat; womit man doch wartet, bis er in den kleinen Kinos in der Potsdamer Straße kommt.

Sonntags bei schönem Wetter möchte Mutter immer noch gern mal mit allen in corpore über Land. Aber die Kinder schließen sich lieber Freunden an, die Autos haben. Vater vergräbt sich hinter der Zeitung, über deren Inhalt er sich ärgert. So bleibt ihr meist nur ein Kaffeeplauderstündchen mit ihrer alten Freundin, der Rätin, in Pichelsdorf oder Treptow. Ach, und bei der Heimfahrt in der überfüllten Elektrischen geht die Erholung schon wieder halb zum Teufel. In Sommerfrische ist man dies Jahr gar nicht gekommen. Und wie wird es im nächsten sein? Man hätte sich damals, als es noch ging, doch so ein Wochenendhäuschen in Gatow anschaffen sollen.

Ein Trost ist noch das schöne Herbstwetter dieses Jahr. Jeden Morgen geht Vater durch den Tiergarten ins Geschäft, freut sich am roten Laub und den Stämmen der alten Buchen und – spart das Fahrgeld.

Frierende Tänze

Grau schimmern die kleinen sandsteinernen Götter, die porösen Putten vor den grünen Gartenbüschen. Regenschwere Wolken kommen über den See her. Etwas abseits vom Schwarm der Gäste plaudert die zierliche Frau Toinette, die immer noch sehr jung aussehende Herrin des Hauses, mit einem Graulockigen in abgeschabtem Gehrock. Der alte Anselm Schimmelmann, der ihr einst in der Heimat, dem thüringischen Residenzstädtchen, die Anfangsgründe des Klavierspiels und der Harmonielehre beigebracht hat, ist plötzlich – „Das ist aber eine Überraschung!" – in die Hauptstadt gekommen. Wie reizend, daß er sie gleich aufgesucht hat. War's schwer, den Weg zu finden hier draußen bis zu ihrem Haus am See? Schade, daß er in solch einen Trubel von Teegästen geraten ist. Mozartmusik ist das freilich nicht, was da aus dem Saal vom

Grammophon herüberschallt. Nun gilt es, ein paar Schritte auf und ab, Erinnerungen aufzufrischen: an den Flügel im blauen Salon der Eltern, an das alte Hammerklavier der Tante Hofdame … Seltsam kommt es ihr vor, daß sie einmal für dies schon damals graue Lockenhaupt geschwärmt hat.

Kaum hat sie im Garten der Vergangenheit zwischen Strauch und Hecke ihren schmalen Mädchenpfad ein wenig herausgefunden, ist schon einer ihrer jungen Freunde zur Stelle und holt sie zum Tanz in den Saal. Und der alte Anselm kommt nicht dazu, sein Anliegen vorzubringen. Er hatte doch auf ihre Hilfe, ihre Beziehungen gerechnet bei dieser seiner späten Übersiedlung. Heut war nun keine rechte Gelegenheit mehr … Und bis er sich wieder hier einfinden konnte … Gebückt schlich er an lauter fremder Jugend vorbei und fort.

*

Nein, von den Vergnügungsstätten des Westens wollte sie heute nichts wissen, erklärte – etwa acht Tage später – Frau Toinette ihren Freunden, die sie in die Stadt ‚entführen' wollten. In den Norden oder Osten sollte man sie bringen oder an die Friedrichsgracht oder in einen Bouillonkeller. Es wurde dann nach ein paar rasch abgebrochenen Vorstößen ins früher Grausige, jetzt nur noch Kümmerliche doch nur Tanz in irgendeiner „Libelle" der Friedrichstadt inmitten von Provinzgästen der Grünen Woche, über die man sich matt mokierte, ein bißchen Tanz, unterbrochen von der Vorführung einer historischen Cancan-‚vision' und einer rasselnden ‚Nacht in Sevilla'. Dann aber fand man zwischen grelleren Brennpunkten des Nachtlebens ein matter beleuchtetes Portal und ging ein paar Stufen hinab in die ‚Nixengrotte'. Das war zunächst ein langer Gang zwischen ampelbeleuchteten Tischen. Hinten neben dem Büfett bildete dieser Gang einen Knick, um dann in die eigentliche Grotte zu verlaufen, eine mürbe Tropfsteinhöhle, aus der Klaviermusik scholl. Man stand in staubiger Leere. Die wenigen Gäste in Gesellschaft von zeitgemäß dezenten Ladenhüterinnen verloren sich in den Nischen. Vor dem Büfett tanzte ein einziges Paar einen müden Tango. Der Wirt am Ausschank machte den Ankömmlingen eine tiefe Verbeugung. Die wollten gleich wieder gehn. Aber da geschah das erste Merkwürdige: Die Tangomelodie ging mit einmal über in den schönen uralten Walzer vom Glück der unbeständig Liebenden, und Toinette nahm den Arm ihres jüngsten Freundes und bostonierte sanft. Und dann das zweite: Als sie beim Vorbeitanzen in die Tropfsteinhöhle geblickt hatte, ließ sie plötzlich den Arm ihres Tänzers los, glitt an den Putten der Einfassung vorbei und verschwand in der Höhle. Man sah ihr verwundert nach. Ein Witziger bemerkte, daß die Höhlenputten eine fatale Ähnlichkeit mit den sandsteinernen draußen in Toinettes Garten hätten. Und dann blieb man und nahm Platz, Toinettes Rückkunft erwartend. Statt deren bekam man ein vierhändiges historisches Walzerkonzert vorgespielt, die Valse brune und die Valse bleue und Melodien aus dem Wiener Wald. Frau Toinette hatte sich neben den Klavierspieler gesetzt, der niemand anderes war als ihr alter Anselm Schimmelmann. Beim Spielen flüsterte sie mit ihm: Gott, war sie erst erschrocken, ihn hier zu finden! Warum hatte er ihr denn neulich nichts gesagt! ... Ihr keine Adresse hinterlassen ... Sie würde sich umtun für ihn ... An den Tisch zu den andern wollte er nachher nicht kommen? ... Ach, schön war's, mit ihm zu musizieren, selbst in dieser muffigen Grotte.

*

Seither besucht Anselm Frau Toinette bisweilen nachmittags, wenn sie allein ist. Und dann führt sie, die so manche Enttäuschung in ihrem Leben gehabt hat, an seinem Arm eine wohltuende Schwermut durch ihren schönen Garten am See spazieren. Mit bröckelnder Geste erstarrter Tänze begleiten die Putten die Promenade des fahlen Gehrocks und des kanariengelben Hauskleides. Dann wird, so schlecht die Zeiten auch sind, der Westwind aus Potsdam zum Zephyr. Ja, die Zeiten sind schwierig: Trotz vieler Bemühungen hat Frau Toinette ihrem alten Lehrer nur ganze zwei Schüler verschaffen können. Und abends muß er auch weiterhin in der Nixengrotte Jazz und Rumba und scheußliche Potpourris spielen. Er kann froh sein, wenn es dabei bleibt. Der Wirt geht mit dem Plan um, aus seinem Lokal einen Frühstücks- und Mittagstisch zu machen. Dann wird man in der Grotte Gläser spülen, statt zu musizieren.

Ob Frau Toinette noch lange in ihrem schönen Garten schwermütig lustwandeln wird, ist auch fraglich. Sie hat Sorgen. Doch ist sie voll Lebensmut, und wenn's nicht anders geht, gern bereit, mit ihrem alten

Lehrer vierhändig einem dezenten Publikum zum Tanze aufzuspielen. Für wen werden dann aber die kleinen sandsteinernen Götter am See ihre frierenden Tänze tanzen?

Das rheinische Mädchen aus Wendisch-Rietz

Klaus Heinrich aus dem Kreise Lebus kam nur selten nach Berlin. Des Vaters Fabrik nahm ihn zu sehr in Anspruch, und seine Geschäfte und Besorgungen ließen sich fast ganz in Beeskow und Fürstenwalde erledigen. Was er in der Hauptstadt zu tun hatte, war bald getan, und dann blieb immer noch der lange Abend mit all seinen Verlockungen. Man macht sich keinen Begriff, wie schön die Berlinerinnen werden, wenn man mit dem letzten Abendzug fort oder bis zum nächsten Morgen um sechs Uhr bleiben muß. Meistens entschlüpfte er noch glücklich mit dem Abendzug den großstädtischen Gefahren. Das letzte Mal – aber wir wollen nicht vorgreifen.

Er wollte sich das berühmte neue Etablissement ansehn, von dem man soviel zu hören bekommen hatte. Schon von weitem lockte die Prunkkuppel, die sich mit tausend Lichtern zu drehen schien. Am Eingang bekam er ein Programm in die Hand gedrückt, in dessen mannigfache Versprechungen er sich so vertiefte, daß er zunächst von der Pracht umher nichts sah. Dann fielen ihm vornehme Erscheinungen auf, die in der riesigen Halle des Hauses, welche durch zwei Stockwerke geht, teils einzeln, teils zu mehreren an kleinen Rauchtischen müßig saßen. Er bewunderte diese Gelassenen, die es weder zu Geschäften noch zu Vergnügungen eilig haben, und suchte sich die lässige Haltung der Herren einzuprägen. Über die Damen floß aus Beleuchtungsanlagen, die am Plafond halb verborgen waren, milchiges Licht. Neben ihnen auf den Tischen lagen als Attribute ihres hohen Wesens Täschchen aus Metallschuppen oder buntbesticktem Stoff. Vor diesen Unnahbaren rettete er sich in den Fahrstuhl, der ihn zur Rheinterrasse hinauffuhr. Mit dieser Angelegenheit begann das Programm, ehe es zu den internationalen Darbietungen überging. Am Eingang staute sich das Publikum: es war gerade eine Vorführung zu Ende. Im Gedränge fühlte Klaus Heinrich sich sanft beiseite geschoben von einem duftenden Arm, und dann glitten an dem Erstaunten die rheinischen Tänzerinnen vorbei. Mit erhobenen Händen hielten sie Rebenreifen über ihre blonden und braunen Köpfe und verließen mit leise hüpfendem Gang die Halle. Die letzte drehte sich unter ihrer Girlande halb nach ihm um. Das war doch niemand anders als die Miez! Die Miez aus Wendisch-Rietz, seine erste und einzige Liebe. Die Miez, die er nie wiedergesehn seit jenem Abend am See, im Busch. Er wollte ihr nach, da stieß ihn einer in samtener Jacke heftig beiseite. Und hinter dem drängten noch einige solcher Samtjacken, wie man sie auf alten Bildern von der Burschenherrlichkeit sieht. Das waren die rheinischen Sänger. Klaus Heinrich geriet mit einem Schub Menschen in das Terrassenrestaurant und an einen Tisch, von dem er das prächtige Panorama mit Rebenhügeln, Wellen und Ruinen übersehen konnte. Er war sehr durstig, aber noch ehe er sein Glas ansetzen konnte, verfinsterte sich der gemalte Himmel. Ein Gewitter wurde veranstaltet. Als es nach Donner, Blitz und Regen wieder hell wurde, sah Klaus Heinrich in den Wogen des Flusses das Lächeln seiner Miez. Er fragte den Kellner, wann die nächste Tanzvorführung sei. In einer Stunde. Jetzt sei größere Pause. Er solle sich doch inzwischen das türkische Café, die Wildwestbar oder die Bodega ansehn. Klaus Heinrich goß seinen Wein hinunter und las im Programm. Das sandte ihn zunächst nach dem Münchner Löwenbräu. Die Einrichtung des Bierkellers war so „lebensfreudig", wie das Programm es verhieß. Hinter einem Glasfenster war die wildromantische Szenerie des Eibsees zu sehn. Klaus wollte erst nur durchgehn, aber da stand mit einmal eine reizende, etwas üppige Kellnerin neben ihm in einem Strohhütchen mit Feder, blauer Jacke und gerafftem Rock und jodelte gerade zu einer Stelle der Musik, die auf der Estrade gemacht wurde. Klaus saß. Sie brachte ihm zu trinken, wollte durchaus, daß er einen Rettich und „Gschwollne" esse, aber sich zu ihm setzen, das durfte sie nicht. Allein, als dann im Saal Dunkelheit und überm Eibsee Alpenglühen eintrat, stand sie angenehm nah hinter ihm. Und Miez? Ob sie noch manchmal an ihn dachte? Warum war sie nach Berlin gekommen, statt in des Vaters Gastwirtschaft zu bleiben? Und wie hierher?

Grinzinger Heuriger unter Windlichtern in der Fliederlaube am Alt-Wiener Basteitor und Tokaier im ungarischen Dorfwirtshaus, wo die Czardasmädchen aus der sonnendurchglühten Pußta wirbelten, erregten in Klaus das Bedürfnis, einen Kaffee zu trinken, um den Kopf frei zu bekommen für das Wiedersehn. Im orientalischen Café gabs nicht nur Mocca double (wie man in der Hauptstadt den Bohnenkaffee nennt), sondern etwas gradezu Türkisches mit Satz. Am Nebentisch saß ein offenbar ausländisches Paar. Der Herr hatte eine Art Theaterdomino um und funkelnde Ringe am Finger. Er strich seinen schwarzen Knebelbart und flüsterte mit der Dame. Die war sehr brünett, ihre Wangen schimmerten wie altes Elfenbein oder Meerschaum. Plötzlich war der Herr fort und Klaus bekam von ihr einen Blick. Der war schlechthin wie Tausendundeinenacht. Klaus versuchte sich auf das Bosporuspanorama zu konzentrieren. Aber kaum schielte er dann einmal schüchtern zur Nachbarin, so zeigte sie lächelnd mit dem Kopf auf die Moscheen hinter den Wasserpfeifen und fragte: „Sie kennen Konstantinopel?" Unauffällig setzte sie sich zu ihm. Schauspielerin war sie und auf der Durchreise. Der Herr vorhin, ihr Impresario, mußte noch schnell ins Hotel Bristol, ein paar Direktoren zu sprechen, mit denen sie wegen Gastspielen in Unterhandlung stand. Klaus fand ihren Akzent russisch. Ihre Mutter sei Polin gewesen, teilte sie mit, der Vater balkanischer Offizier. Berauschend war sie, aber die Zeit verging. Bald wird die Miez nebenan rheinisch tanzen ... Die Orientalin war gern bereit, ihn auf die Terrasse zu begleiten. Dort erfuhr er, daß die Tänzerinnen jetzt im großen Ballsaal als deutsche Girls aufträten. Dort gefiel's der doch weitgereisten Schauspielerin unter einem Himmel aus lauter buntgeschliffnen Spiegeln. Palmenschäfte trugen als Säulen den Saal. Auf der kreisrunden Tanzfläche wirbelte ein Jüngling in Badehose eine Dame, die zu solcher Hose nur noch einen Büstenhalter trug, so lange herum, bis sie nur noch mit Knöchelschleife ihm um den Hals hing. Und dann rauschten die deutschen Girls herein, glitten so dicht vorbei, daß ihre Gazeschleier Klaus Heinrich streiften. Und da, die Letzte, in ihren Schleiern noch unschuldiger anzusehn als vorhin in Winzertracht: Miez, rheinisches Mädel aus Wendisch-Rietz. Die Girls standen bengalisch beleuchtete Gruppe um eine Spitzentänzerin. Vor Klaus' Augen flimmerten Ballettbeine und viele Gesichter der Miez. Die Nähe wurde rote Finsternis. Seine Begleiterin unterhielt sich mit dem Kellner. Über ihr wedelte mit dem Bindfaden ein Ballon, den ihr ein Herr vom nächsten Tisch geschenkt hatte. Als dann die Gazeschleier wieder vorbeirauschten, sprang Klaus auf und taumelte hinterdrein. Doch da stellte ihn einer der Scholaren im Samtrock, verbot ihm, „die Dame zu belästigen". Studenten! dachte Klaus. Korps! Duell! Er suchte im Rock nach seiner Visitenkarte. Da er den ungewohnten Gehrock trug, fand er nicht gleich das Gesuchte. Das wartete der Widersacher auch gar nicht ab, sondern übergab ihn einem Mannsbild, das eine bunte Binde um den Kopf und eine noch buntere um den Bauch trug. Klaus ließ sich mitziehn die immer marmorner, immer steiler werdende Treppe hinunter. In der Bodega kam er auf eine Tonne zu sitzen, rundlich wie die Säulen, welche oben die bogige Wölbung trugen. Dämmerlicht quoll aus einer Laterne über seinem Schädel. Spanierinnen drehten sich zwischen den Tischen hindurch und rasselten erregend mit den Tamburinen. Ihre Tücher züngelten nach Klaus. Oh, ganz Europa war verschworen, ihn von Miez zu trennen. Und nun kam noch Amerika dazu mit der Wildwestbar, in der er auf seinem feucht gewordenen Programm kaum noch entziffern konnte, daß er die ganze Romantik der Prairie empfinde. Um die Lichter schwammen Schilfkränze, von der Kapelle grinste ein Negergesicht. Und dicht vor Klaus tanzten zwei Mädchen mit pariserischen Filzkappen, die tief in die Augen saßen, und jeder baumelte das Täschchen der andern mit der dazugehörigen Hand hinterm Rücken. Schon hatten sie Klaus in ihre Mitte gezogen und drehten ihn. Näher grinste der Neger. Elfenbeinern glitt das Gesicht der Orientalin dazwischen, und ihre Lippen schienen Klaus zu beschimpfen. Dann bestellten sie und die Pariserinnen beim Cowboy Nahrungsmittel. Plötzlich das feiste Gesicht des Scholaren. Klaus wütend auf ihn los: „Wo ist meine Miez?" „Das ist doch meine Dolly von der Blauen Maus!" Klaus fährt ihm an die Gurgel, drängt ihn bis zum Durchgang. Dort entwischte der Gegner, und Klaus sank einem riesigen Bären in die Arme. Es war aber nur ein ausgestopfter, der ihn freundlich aufnahm. Von der andern Seite stützte ihn ein wohlwollender Bayer. Klaus stierte ihm auf die kunstgewerbliche Tätowierung seiner Beinkleider und flehte um Miez, verfluchte die welschen Frauen: „Ach, hätt' ich doch am Rhein gewartet!" „Da wachsen unsre Reben", sang der Bayer und trat mit dem Schützling auf den offenen Balkon. Da lag in milder Nacht gutmütig gelbbraun der alte Bahnhof …

Klaus meinte schon Stampfen und Bimmeln seiner Kleinbahn zu hören, da legte sich ihm eine Hand auf die Schulter: fröstelnd im Girlge-
wand stand sie vor ihm. „Miez!" „Klaus Heinz, du kennst mich noch?"
Kennen? Heiraten wollte er sie! Von keiner andern wollte er wissen.
Was sie all die Zeit getan, danach fragte er nicht. Er hatte ja selbst erfahren, wie gefährlich es in Berlin sei.

Das gab ein merkwürdiges Verlobungsgelage in der Bar, alle waren
geladen, die welschen Schönen, Cowboy und Bayer. Sogar der Scholar
gesellte sich dazu, schloß Klausen in seine Arme und versprach die
Miez von ihrem Kontrakt loszueisen. Und dann wurden alle zur Hochzeit geladen. Die sollte in Fürstenwalde stattfinden. Nur eine große
Bahnstunde von hier. Da gab es einen schönen Festsaal. Natürlich nicht
zu vergleichen mit dieser Pracht hier!

Wird er kommen?

Wird er „kommen"? Nämlich der Wein in den Kästen auf dem Balkon.
Die dicke Dame, die vor mir in dieser Wohnung hauste, hat es mir
versichert. Sie hat mir ausgemalt, wie dicht er sich rankt und die ganze
Welt verhüllt. „Ganz versteckt sitzt man dann hier", sagte sie und
machte schrecklich verführerische Augen. Die grüngestrichenen Kästen,
aus denen jetzt dürre Äste zackig aufsteigen, hat sie mir billig überlassen. Schön sind sie nicht. Wenn ich sie vom Maler streichen lasse, ob
dann das Morsche verschwindet? Aber nun ist der Wein doch schon
von der dicken Dame hineingepflanzt, und die Kästen passen in der
Form genau in das Eisengitter. Es sind zwei zur Rechten und zur Linken, und in der Mitte zwischen ihnen ist noch einer, in den könnte ich
Blumen pflanzen, Geranien oder Päonien, die sich weit hinunterranken.
Oder aber Bohnen. Für Tomaten ist die Sonne hier leider zu schwach.
Es ist ja nicht Südseite. Darauf habe ich beim Mieten wieder nicht acht-
gegeben. Müde habe ich der Dame die Kästen abgekauft, übernommen
wie den kleinen grünen Ofen im Wohnzimmer, den sie damals, als die
Wasserheizung so oft versagte, hat setzen lassen. Er würde gut sein für

die Übergangszeit, hat sie gesagt. Weil jetzt gerade solche Übergangszeit ist, habe ich gestern Papier und Holz in diesem Ofen angesteckt. Er wollte nicht recht, hat sehr geraucht, ist es wohl nicht mehr gewohnt. Man wird ihn besser in den Keller schaffen und eine „Sonne" kaufen. Aber wir haben schon soviel anschaffen müssen. Und in den Keller geht er kaum noch hinein. Ist nur ein kleiner Keller. Ist ja auch nur eine kleine Wohnung. Dreieinhalb Zimmer, Hinterhaus vier Treppen ohne Fahrstuhl. Aber im Hinterhaus, das man hierzulande Gartenhaus nennt, im Hinterhaus vier Treppen hoch wohnt in Berlin die Seele.

Wird er kommen, der Wein in meinen Kästen? Der am Fenster nebenan hat schon Triebe. Ringsum in der Nachbarschaft knospet es schon. Inzwischen werde ich den mittleren Kasten versorgen. Im Seifengeschäft habe ich Tüten mit Samen gesehn, große Auswahl. Sieht alles wie Erbsen aus. Aber außen auf der Tüte ist immer eine sehr üppige Vegetation abgebildet. Die Drogistin sagt, das dankbarste sei „fette Henne". Das ist so dankbar, sagt sie, daß man gar nicht nachzuhelfen braucht, kommt immer von selbst wieder. Ich wollte nun eigentlich am liebsten gleich blühende Blumen einpflanzen, und unter „fetter Henne" kann ich Unerfahrener mir im Augenblick nichts anderes vorstellen als die dicke Dame, die mir die Kästen überlassen hat. Und die wird doch nicht, wenn ich fette Henne pflanze, von selbst wiederkommen. Und bei „dankbar" muß ich an eine andere dicke Dame denken, die ich in einem Pensionsgespräch sagen hörte: „Gott, wissen Sie, Velvet ist so dankbar." Dankbarkeit ist eine seltene Tugend auf dieser Welt. So will ich denn dankbar sein für alles, was in dem mittleren Kasten „kommen" wird. Jetzt ist er noch scheußlich anzusehn voll Asche und Kerne und Scherben. Aber die beiden mit dem Wein? Morgens seh' ich die dürren Äste immer so lange an, bis es mir vorkommt, als sprieße hier und da schon was Winziges. Muß man eigentlich fleißig gießen? Und wann am Tage und wie oft? Einmal habe ich schon gegossen und Ärger gehabt mit dem empfindlichen alten Fräulein unter mir, weil's hinuntergetropft hat. Und das Fräulein war schon gereizt, weil ich neulich noch so spät Möbel gerückt habe. Es wollte schon zur Polizei schicken. Es hielt den Lärm wohl für eine Orgie. Aber wenn man in eine neue Wohnung zieht, muß man die Sachen doch erst ein bißchen hin und her stellen, bis sie eine Stätte gefunden haben.

Wohnen ist gar nicht leicht. Und wenn man eine neue Wohnung bezieht, wohnt man erst sehr heftig, hat Geschmack und Streit. Später gewöhnt man sich das Wohnen ab und überläßt das den Gegenständen, die auf ihre Art miteinander und mit uns Menschen auskommen. Man stellt nicht mehr um. Man wartet, bis alles von selbst „kommt", auch der Wein.

Schön still ist es hier. Die Bäume im Hof sind schon ganz grün. Auf dem Balkon gegenüber erscheinen manchmal zwei kleine schwarze Mädchen, die aussehn wie Japanpuppen. Weit weg ist man hier von Berlin und doch mittendrin. Ganz mittendrin. Denn in Berlin, ich sagte es schon, wohnt die Seele Gartenhaus vier Treppen ohne Fahrstuhl.

Heimweh nach der Mark

Wenn ich aus der Ferne an die Mark denke, die Landschaft so vieler Jugendtage, was taucht als erstes auf? Nicht die Königsparke von Sanssouci und Rheinsberg mit Terrassen und Blumenparketts – dort war man doch nur Zaungast einer reicheren Zeit –, nicht Paretz und die Pfaueninsel – da war man nur zu Besuch in einem fürstlichen Idyll –, nicht die großen, von sonntäglichen Menschenmengen, Segelschiffen, Ruderregatten, Dampfern und Motorbooten belebten Seen … Das erste, was ich in Gedanken wiedersehe, ist eine Art Vorwelt, eine Gegend ohne Häuser und Menschen, ein Bild ohne Staffage. Aus weiter flacher, nur bisweilen leise gewellter Sandfläche steigen Reihen und Gruppen von Kiefern und Föhren; sie streuen einen zarten Pfad aus Nadeln auf den weichen Sand, sie führen bis an das Ufer kleiner Seen, auf denen kein Fahrzeug sich bewegt, höchstens daß im Schilf ein altertümlich ungefüges Boot liegt. Am Rand des Sees mischt sich in den Nadelwald etwas Laub und Buschwerk. Die Wege am Ufer sind kaum sichtbar. Es herrscht eine Stille und Unzugänglichkeit, als wäre dies noch Bruch und Luch aus der Zeit, als die ersten Siedler in diese Urwelt eingedrungen sind. Wenn es Abend wird zwischen den Zweigen und über den Wipfeln, bekommt das Bild seine eigentliche Farbe: der Himmel rötet sich, das Wasser wird tief und geheimnisvoll, das Nadelwerk zeichnet sich in Zacken und Geweben auf den Hintergrund, wie sie die Linien auf einem japanischen Holzschnitt bilden. Das ist die Traumwelt, die Walter Leistikow auf manchen seiner Bilder festgehalten hat. Wer sie in der Jugend erlebt hat, bekommt in üppigeren und mannigfaltigeren Umgebungen immer wieder ein kleines Heimweh nach dieser berauschenden Eintönigkeit.

Bisweilen auf einer Heimfahrt aus dem Westen oder Süden findet man sie wieder im Zug oder im Auto in den beiden letzten Stunden vor Berlin, wenn das Land ganz flach wird und die Sonne nicht hinter Hügeln und Bäumen, sondern in tiefen Roggenfeldern untergeht. Wir kommen an eine kleine Station, ein Städtchen, das schon zum Kreise Teltow gehört, der bis an die Hauptstadt führt. Da hält etwas abseits von den Autos an der Bahn eine ramponierte, aber in der Form immer noch elegante Kutsche mit zwei Apfelschimmeln. Der Alte, der, in seine Pelerine eingesunken, auf dem Bock sitzt und wohl auf die Berliner Gäste seiner Herrschaft wartet, das könnte doch gut immer noch der Kutscher sein, in dessen Hause ein Stündchen von hier wir damals gewohnt haben. Es war eines der stattlichsten Häuser im Dorf, wenn auch nicht so hübsch wie die kleineren, rosa und hellblau angestrichenen mit Strohdach, Fachwerk und den Kugelakazien vor der Tür. Wir hausten oben. Im Erdgeschoß hatte die schönsten Zimmer die Frau Superintendent, die achtzigjährige Mutter des Dorfpastors, eine tüchtige Alte aus zähem Geschlecht. Sie war im Jahr vorher mit dem damals ziemlich neuen Zeppelinluftschiff aufgestiegen. Das hatte sie noch erproben wollen. Da saß sie vor ihren Blattpflanzen im schwarzen Kleid und Spitzenhäubchen. Man besuchte sie manchmal am Sonntagnachmittag und machte artige Konversation. Und wenn nachts Gewitter war, wollte es der Hausbrauch, daß sich alles bei ihr versammelte, die Kutscherfamilie und die Logiergäste, dann las sie mit fester Stimme aus der Bibel vor. Ihr Organ war unbedingt imposanter als das ihres Sohnes, der nur die Schlichtheit, aber nicht die Anmut von ihr geerbt hatte und in dessen Munde sonntags das Vaterunser recht nüchtern klang. Aber wenn dann oben auf dem Chor die Stimmen der Dorfkinder sangen (und einer der Jungen durfte die Bälge der Orgel treten, die der Herr Lehrer spielte), dann wurde die kleine Halle tönend. Ihre bläulich weiß gestrichenen Wände sahen aus, als ob Wasser in die Milch gegossen wäre. So rührend klein die Kirche war, es gab eine Art Loge für die Gutsherrschaft. Die stand zu unserer Zeit meistens leer. Denn das Gut gehörte nicht mehr der alten Familie, nach der das Dorf heißt, sondern einem neuen Herrn von mehr weltlicher Art. In den Parkwegen neben und hinter dem lehmfarbenen Herrenhaus hatte er Büsten griechischer Philosophen und römischer Kaiser aufgestellt, wie man sie in den Gärten des Schlosses Charlottenburg und des Neuen Palais zu Potsdam sieht. Wir waren ein und das andre Mal bei ihm zu Gaste, wenn er die Gutsnachbarn von den andern Ufern des Sees eingeladen hatte, den jungen Klubmann aus der großen Berliner Bankierfamilie, der neben seinem neuen Haus auf dem Hügel eine große Pferdezucht hatte, und die kleine Dame von Adel, die eine Fasanerie besaß, auf die sie stolzer war als auf ihr Wappen. (War Gesellschaft bei ihr, erzählte man, so führte sie immer ihre Gäste zu den Gehegen und zerriß sich ihr Spitzenkleid am Draht.) Lieber als in diesem Kreise saßen wir mit den jungen Malerinnen im Garten des Wirtshauses unter den Kastanienbäumen. Die waren berlinisch kritisch mit dem Leben und mit der Kunst, mit uns und miteinander. Streng besahen sie die Leinwände ihres Morgenfleißes. „Ich bringe die Valeurs des Sees nicht raus, wenn Wolken drüber sind", klagte die hellblonde reizende Käthe. Und Fanny warf einen kurzen Blick auf Lisas Tagewerk und sagte: „Hm, Ginster! Ich habe heut auch schlecht gemalt." Und dann kamen die rundlichen, apfelbackigen Töchter des Wirtes herzu und erzählten Dorfgeschichten. Sie waren alle drei verlobt, sogar schon die sechzehnjährige. Und nächstens würde es wieder eine Hochzeit geben. Eine große Hochzeit. Drei Tage lang wird gefeiert werden, und jeden Abend wird die Braut ein neues Kleid anhaben. Da wird es viel zu tanzen geben und viel abzuwaschen, immer abwechselnd zu tanzen und abzuwaschen.

Das waren gute Zeiten, glückliche Sommertage. Mit allen waren wir befreundet, mit dem Kaufmann, in dessen Laden es so „gemischt" roch, mit dem Bäcker, zu dessen Haus man erst das Flüßchen entlangging, in dem wir immer „krebsen" wollten und es nie taten, dann über die Wiese mit den Vergißmeinnicht und den Sumpfdotterblumen. Neben dem Bäcker hauste das uralte kinderlose Paar, von Lisa, die bei den beiden wohnte, Philemon und Baucis genannt. Zärtlich und liebenswürdig waren die Alten miteinander. Als einmal ein Hausierer dem Philemon schwarze Strumpfbänder verkaufen wollte, kam Baucis hinzu und sagte: „Schwarze darfst du nicht nehmen. Schwarz macht alt." Bei gutem Wetter saßen sie vor ihrer Tür und sahen die Straße hinauf. Erschien in der Ferne ein Wagen, so erkannten sie schon von weitem an Gespann und Geschirr, wer der Nachbar war, der daherkam.

An der hohen Pappel kreuzten sich die Straßen. Eine führte zum bewaldeten Kapellenberg. So hieß er, aber es war keine Kapelle darauf, nicht einmal eine Ruine, nur ein Aussichtsturm, der zwischen den vielen Bäumen wie eine etwas höhere Kiefer aussah. Die andre Straße führte am Mühlenberg vorbei zum See hinunter. Zum Fischer kam man da, bei dem wir so gern waren. Wir badeten meistens von seinem Boot aus. Es gab aber auch neben der Brücke, auf der die Angler saßen, eine sogenannte Badeanstalt, einen Verschlag aus Latten, die von viel Sonne und Feuchtigkeit einen grauen Ton bekommen hatten wie zarteste Seide. Dort trafen sich die Söhne der Gutsbesitzer und Verwalter mit den Schönen aus der Kleinstadt. Dorfleute kamen nie baden. Es war schwer zu schwimmen in dem flachen Wasser voll Schilf und Schlinggewächsen, aber wir hatten mehr Freude daran als an den Weiten und Tiefen des Scharmützel- und Müggelsees, und es ist erstaunlich, was für ein Heimweh man an azurnen und adriatischen Küsten, am Lago Maggiore und Lago di Garda manchmal nach diesem armen abseits gelegenen See bekommen kann, der in keinem Reisebuch genannt ist.

Einmal haben wir ihn im Winter besucht und den Fischern zugesehen, die das Eis aufschlugen. Eisschollen, bunte Jacken, Netze und zart rotes Licht darüber: es war wie auf einem Winterbild von Breughel.

Lang ist das alles her, und die Welt hat sich seitdem erheblich verändert, aber hinter dem kleinen Landstädtchen, das nun ganz autonah zur Hauptstadt liegt und das Glück der jungen Referendare ist, weil manche Schnellzüge dort halten und sie geschwind von und nach Berlin befördern – hinter dem Städtchen und etwas Wald, Flußlauf und Wiese liegt gewiß noch unberührt See und Dorf, und man könnte eines Tages dahin zurückfinden und länger bleiben.

München

Das echte Münchner Mädel

Eine Faschingserinnerung

Damals – das ist nun fast ein Menschenalter her – kam so ein Unersättlicher aus dem Norden, noch dazu ein namhafter Mann, der wollte durchaus dahinterkommen, was denn so Besondres dran wäre an dem Münchner Karneval.

„Fasching", verbesserten wir.

„Na gut, Fastnacht", sagte er. Und wir mußten noch einmal verbessern. Am liebsten hätte er das Ganze in einer Nacht absolviert. Er war sehr aufnahmefähig. Wir kamen kaum mit. Er hatte es scharf auf bestimmte Phänomene abgesehn: Er wollte durchaus das klassische Münchner Mädel kennenlernen, das sein gesamtes Bettzeug versetzt, um ein „Königin-der-Nacht"-Kostüm zu leihen, ferner die Mänade aus Schwabing (was damals nicht nur ein Stadtviertel, sondern auch eine Weltanschauung war). Gelernte Mänaden waren bei unseren Beziehungen zu Künstlerkreisen zunächst leichter aufzutreiben als das gesuchte Münchner Mädel, von dem schon damals behauptet wurde, es sei bereits im Aussterben. Auf einem Aztekenball in der berühmten, halb ländlich gelegenen Pension, die in ihren beiden winzigen Gemeinschaftsräumen die gewaltigsten Feste feierte, konnten wir ihm da manches vorsetzen. Aber er hatte eine so schneidende Art, festzustellen und abzustempeln, daß die guten Mädchen beim besten Willen ihren liebenswürdigen Taumel nicht anbringen konnten. Zu seiner schönsten Partnerin sprach unser Gast, auf ihr tätowiertes Bein starrend, über kunstgewerbliche Probleme, und wohl wurde ihm erst, als er gegen Morgen „der Feste Süßigkeit, wenn sie zu Ende gehn" zitieren konnte. Wir Eingesessenen hatten uns wieder sehr gut unterhalten, wir machten ja keinen großen Unterschied zwischen Kirchweih und antiker Orgie, tanzten Ländler mit Botticelli-Engeln und „Française" mit Hetären, wie's kam. Und wir waren sehr niedergeschlagen, als der feine unterscheidende Fremde uns am nächsten Tag auseinandersetzte, daß „all das" des Stiles ermangele.

Um so dringender verlangte er nun nach dem bodenständigen Münchner Mädel. Nicht ohne Mühe trieben wir in der „Blüte" und auf der Kindlkeller-Redoute zuverlässig Eingeborene für ihn auf. Die konnten sich aber nur schwer mit ihm verständigen. „Was is denn dös für a Wurzn?" fragten sie uns zwischendurch. Hatte er unsre gutwilligen Mänaden eingeschüchtert, so wurde er nun vor der kräftig spröden Bodenständigkeit der neuen Partnerinnen verlegen. Und an der herzigsten von ihnen, auf deren nackten Schultern die Samttragebänder des sogenannten Dominos appetitlich lagen wie Mürbeteigstreifen auf gedecktem Apfelkuchen – an der hatte er Anatomisches auszusetzen. Ach, es war schwer, den Herren zufriedenzustellen.

Gedeihlich entwickelten sich indessen die literarischen Angelegenheiten, die ihn eigentlich nach München geführt hatten und mit denen zugleich er eben auch den Fasching hatte erleben und erledigen wollen. Er hielt gutbesuchte Vorträge, bewegte sich in der guten Gesellschaft, zu der wir Zigeunernden nur selten Zutritt hatten. Und als wir ihm am letzten Tage seines Münchner Aufenthaltes auf dem Bal paré des „Deutschen Theaters" begegneten, wohin wir eigentlich gar nicht recht gehörten, führte er uns wohlwollend an den reservierten Logentisch, der einige Herrschaften aus der Brauereiaristokratie mit arrivierten Künstlern vereinigte. Unter den maskierten Damen, die zwischen zwei Tänzen sich an dieser Tafel niederließen, erkannte ich die junge Gattin des Kunsthändlers van R., eine bezaubernde Wienerin. Die nahm eine Weile zwischen ihrem Ehemann und mir Platz und erkundigte sich nach dem berühmten Fremdling. Ich erzählte ihr, was für Schwierigkeiten wir mit ihm gehabt hätten und daß es uns nicht gelungen sei, ihm das echte Münchner Mädel nahezubringen. Nun werde er am Ende die Stadt der Kunst und Lebensfreude mit kritischem Achselzucken verlassen und den Berlinern versichern, der Münchner Fasching sei auch nicht mehr, was er in alter Zeit gewesen sein solle. Er werde das dann mit Münchens – damals aktuellem – Niedergang als Kunststadt in Verbindung bringen usw. usw.

Wir drei kamen überein, diesem Übelstande müsse noch in letzter Stunde abgeholfen werden. Frau Toni warf wohlberechnete Blitze ihrer graublauen Augen durch die Maskenschlitze zu dem Fremden hinüber.

Der fing mit van R. ein fachmännisches Gespräch an und lugte dabei verstohlen nach Toni. Um etwas, das ihm über Ringfassungen eingefallen war, zu belegen, streckte er über den Tisch seine aufdringlich durchgeistigte Rechte, an deren Mittelfinger ein großer Skarabäus erschien.

„Der schaut ja aus wie 'n Mistkäfer, der Stein", rief Frau Toni, als habe sie noch nie dergleichen gesehn.

„Schöne Maske, das soll auch einer sein", lehrte der Fremde, „er war den alten Ägyptern heilig und wurde in Steingestalt von ihnen verehrt und als Amulett getragen."

„A gehn'S", sagte sie und spielte die Naive, über die sich ein Mann von Geist lustig macht. „Sie san an Schlimmer!"

Nun hatten wir den Fremdling bei Gelegenheit bereits darüber unterrichtet, daß diese häufige Redensart im Münchner Umgang keineswegs ein Tadel, im Gegenteil beinah das höchste Lob sei, das insbesondere ein Mann von einer Frau erteilt bekommen könne. Daraufhin faßte er sich also ein Herz und fragte, ob sie den Contre mit ihm tanzen wolle. Was denn das wieder wäre, fragte sie zurück und ließ sich mitteilen, daß man im Norden die „Française" oder, münchnerischer, den „Frasseh" so bezeichne. Im Aufstehn versuchte er noch schnell bei van R. nähere Erkundigungen über die schöne Naive einzuziehen. Der zuckte die Schultern und sah dann schmunzelnd dem Paar nach, das sich in den Saal hinunterbegab. Von oben besahen wir uns den Tanz. Mit jeder Tour wurden die Bewegungen des Fremdlings leidenschaftlicher. Mußte er seine Partnerin an den Herrn im Vis-à-vis abgeben, so flammte es aus seiner Hornbrille ihr wild nach. Durfte er sie dann wieder an sich ziehen, lehnte er sich mit Siegermiene zurück.

„Mitschreiben müßte man jedes Wort, das dies Mädel sagt!" bekannte er mir später, während van R. die schöne Toni zum Walzer fortführte. „Ich habe in dieser Viertelstunde mehr vom genius loci profitiert als in den ganzen acht Tagen. Das ist eine Echte, das ist das Mädel, das wir auf unsern bisherigen Eskapaden nicht auftreiben konnten, das ist diese subtile Mischung aus Ländlichem und Altstädtischem. Sie verstehen … Am Altheimereck überm Tal wohnt sie. Ist das nicht entzückend? Ihr Vater ist aus Trudering. Und die Mutter …"

„… aus Feldmoching", ergänzte ich.

„Ja, so ähnlich. Erst war sie Waschermädel, jetzt ist sie Weißnäherin. Deshalb wollte sie mich gar nicht ihre Hände ansehen lassen. Vom Nähen kriegt man harte Fingerkuppen, erklärte sie ..."

„Merkwürdig", meinte ich zaghaft, „wie gut sie angezogen ist für ein so einfaches Mädchen. Dieser Domino ..."

„Aber lieber Freund", wurde ich belehrt, „Sie machen sich ja keinen Begriff, was für ein lebenskräftiger Ehrgeiz in diesen Wesen steckt, was sie im Vorübergehn den großen Damen und den Schaufenstern an Geschmack ablernen."

„Am Ende hat sie auch ihr Bettzeug versetzt, um sich so zu kleiden."

„Ihr ganzes Inventar", rief er, „würde so ein Geschöpf für den Karneval drangeben. Jetzt ist ja ihre Zeit und Stunde. Das kurze Glück mit den Männern unserer Schicht, für das der Himmel sie geschaffen hat! Später nimmt sie dann irgendeinen braven Spengler ..."

Und nun folgte eine längere Betrachtung sozial-ethischer Natur.

„Ob van R. ihr wohl nahesteht?" flüsterte er dann, als die Eheleute wieder auf der Bildfläche erschienen.

„Ich glaube, er sieht sie heute auch zum ersten Mal", meinte ich; und diese Auskunft genügte dem Fremden, um Toni gleich wieder ungestüm zu entführen.

Die nächsten Stunden ließ er sich kaum noch an dem Logentisch blicken. Wenn er nicht mit seiner Beute tanzte, verschleppte er sie in entfernte Gegenden der Galerien und des Silbersaales. Nach dem letzten Walzer aber nahm er plötzlich van R. beiseite:

„Lieber, verehrter Freund, was tu ich nur mit diesem entzückenden Annerl?"

„Annerl?"

„Naja, so heißt die Kleine. Sehn Sie, morgen oder vielmehr heute früh um acht geht mein unerbittlicher Zug. Ich trau mich gar nicht, es ihr zu sagen. Das könnte eine maßlose Enttäuschung geben ..."

„Weiß sie denn nicht, wer Sie sind und daß Ihre Geschäfte und Pflichten ...?"

„Gott ja, ich habe ihr Andeutungen gemacht, aber so ein junges Ding phantasiert vielleicht, daß man alles verschiebt, aufgibt, selig dem Augenblick lebt ... Aber wohin sollte ich sie denn jetzt mitnehmen, diese paar Stunden? Finden Sie nicht auch, es wäre brutal, es wäre gewaltsam ...?"

„Ja gewiß, es wäre etwas gewaltsam. Ich will Ihnen was sagen: Vertrauen Sie sie mir an, ich werde sie langsam auf den Schlag vorbereiten."

Und damit übernahm van R. seine Toni. Und wir andern begleiteten den Fremdling, der, wie er gestand, in solcher Nacht doch kein Auge mehr zudrücken konnte, noch ins „Donisl" am Marienplatz. Unterwegs hielt er einen längeren Vortrag über das Wesen des Augenblicks, wenn ich mich recht erinnere, mit erstaunlichen Zitaten aus der Antike, der französischen Renaissance und der ersten schlesischen Dichterschule.

Im „Donisl", dem berühmten Imbißlokal der letzten Nacht- und ersten Morgenzecher, schoben wir uns am langen Tisch auf langer Bank in die Reihe der Gäste, um mit dem Schub allgemach an die Weißwürstlquelle zu gelangen. Was aß da nicht alles dies nie genug zu rühmende Frühgericht der Isar-Athener? Da saßen Leute in Oberländertracht, bei denen schwer zu entscheiden war, ob es echte Gebirgler, Ausflügler oder Maskierte waren, da saß ein Dionysos neben der zerlumpten Zigeunerin von der Nachfeier der Elendskirchweih. Ein Legionär umrasselte die lädierten Flügel eines musizierenden Engels, dem Bier über sein Saiteninstrument tröpfelte. Die Silberagraffe einer Dachauerin im ererbten Familienschmuck hinterließ Spuren auf dem roten Rücken des Teufels, der sie umwarb. Rupfen von Wandbekleidungen umhüllten rauh und unvollständig als Tigerfell Bacchantinnen. Lampenputzer waren Mützenkokarde, Staubtücher Turban geworden. Es war schwer, die Mänade von dem Gänseliesl zu unterscheiden.

Unser Fremdling war restlos entzückt. Nun hatte alles Stil, nun war alles echt geworden; die Maske war des Menschen echtestes Gewand, der Fasching war die organische Fortsetzung der antiken Saturnalien, die Tradition war nicht abgerissen und die Ehre der Kunststadt München gerettet. Beim Aufbruch umarmte unser Fremdling, was ihm in die Arme kam. Und wir verließen ihn mit dem Gefühl erfüllter lokalpatriotischer Pflicht. Und sollte er später Gutes über die bayrische Hauptstadt unter den kritischen Nordmenschen verbreitet haben, so ist der hiesige Magistrat und der Verein zur Hebung des Fremdenverkehrs Frau Toni van R., dem falschen Münchner Mädel, für ihre aufopfernde Lehrtätigkeit zu dauerndem Danke verpflichtet.

Vom alten Münchner Fasching

Andere mögen das vielleicht woanders gelernt haben – ich gehöre zu den preußischen Staatsbürgern, denen die Gesetze der Lebenslust vor etlichen Jahrzehnten im Karneval der bayrischen Haupt- und Residenzstadt beigebracht wurden. Man hatte seinen jugendlichen Eigensinn, persönliche Sehnsüchte, individuellen Geschmack und dergleichen, man hatte schon manchen schmerzlichen Gegensatz erlebt zwischen dem „ich" und der „Welt", da kam der Münchner Fasching und machte aus all dem – Tanzfiguren.

Was brachten wir mit als Betriebskapital? Den Abiturientenfrack und die artigen Bewegungen der Tanzstunde. Damit kamen wir auf den Bal paré und machten überraschende Erfahrungen. Aus dem steifen Kontertanz, den wir gelernt hatten, wurde die muntere „Française", gesprochen „der Frasseh". Da ging es denn doch etwas anders zu als daheim. Bei der letzten Tour, wenn die Herren zu zweit eine Dame auf die vereinten Arme setzten, wurde der sorgsam geplättete Feiertagsanzug bereits ein bißchen Bacchantenfell.

Und was lernten wir erst alles auf den weniger vornehmen Redouten im Arm des echten Münchner Mädels, auf dessen nackten Schultern die Samttragebänder des sogenannten Dominos appetitlich lagerten wie Mürbeteigstreifen auf gedecktem Apfelkuchen! Erfahrene Freunde hatten uns mitgeteilt, daß so eine ihr gesamtes Bettzeug versetzte, um eine „Königin der Nacht" zu leihen. Wer konnte mit seiner Seele kargen?

Der große Bauernball aber – zu dem wir Neulinge, die noch keine Bergsteigertracht besaßen, uns in einer dämmrigen Maskengarderobe der Altstadt in „Buams" verwandeln mußten – brachte eine neue Offenbarung: Schwabing! Dort nämlich fand er statt. Und dieses Schwabing war nicht nur ein Stadtviertel, sondern auch eine Weltanschauung. Richtige Künstlerinnen lernten wir dort kennen aus aller Herren Ländern, derbere und zartere, und manche in ihrer Bauernmädchentracht so zart, daß ein Witziger sie „Decadearndl" nannte. Und hatten wir Gnade vor ihren Augen gefunden, so nahmen sie uns auf Feste mit, wo man, wie sie sagten, sein wahres Gewand trägt, neben dem das Alltagskleid eine trübselig verkleidende Maske ist, auf Feste wie die antiken und die Aztekenbälle in der berühmten, halb ländlich gelegenen Pension, die in ihren beiden winzigen Gemeinschaftsräumen liebenswürdigen Taumel veranstaltete. Ja, da sind wir an gelernte Mänaden geraten! Anfangs nahm mancher von uns den neuen Zustand noch rein ästhetisch und unterhielt seine Partnerin, auf ihr tätowiertes Bein starrend, von kunstgewerblichen Problemen. Nach Mitternacht aber siegte die Kirchweih, man drehte Hetären, hopste mit Göttinnen, und exotische Teufelinnen wurden innig.

Dann gegen Morgen pilgerte man stadtein auf den Marienplatz in das Imbißlokal der letzten Nacht- und ersten Frühzecher, schob sich an langem Tisch auf der langen Bank in die Reihe der Gäste, um mit dem Schub allgemach an die Weißwürstlquelle zu gelangen. Was aß da nicht alles dies nie genug zu rühmende Gericht der Isar-Athener! Da saßen Leute in Oberländlertracht, bei denen schwer zu entscheiden war, ob es echte Gebirgler, Ausflügler oder Maskierte waren, da saß ein Dionysos neben der zerlumpten Zigeunerin von der Nachfeier der Elendskirchweih. Ein römischer Legionär umrasselte die lädierten Flügel eines musizierenden Botticelli-Engels, dem Bier über sein Saiteninstrument tröpfelte. Die Silberagraffe einer Dachauerin im ererbten Familienschmuck hinterließ Spuren auf dem roten Rücken des Teufels, der sie umwarb. Rupfen von Wandbekleidungen umhüllten rauh und unvollständig als Tigerfell Bacchantinnen. Lampenputzer waren Mützenkokarde, Staubtücher Turban geworden. Es war schwer, die Mänade von dem Gänseliesl zu unterscheiden.

Harmlos glückliche Zeiten waren das. Inzwischen ist viel passiert. Aber während wir jetzt graue Köpfe schütteln, lernen schon wieder unsere Kinder in der „Stadt von Volk und Jugend" die wackere Dämonie, die liebe Lebenslust.

Paris

Paris ist die Heimat des Fremden. Als Spaziergänger erwirbt man hier ein kleines Bürgerrecht. Die Straße ist hier ein Wohnraum. Und sie ist ein dauerndes Schauspiel. Oft wird es einem schwer, dies Schauspiel zu verlassen und irgendwo einzutreten. Aber dann gibt es die tausend und tausend Caféterrassen in jedem Stadtteil für Arm und Reich und alle gastlich. Von da kann man weiter dem Schauspiel der Straße zuschauen. Hier braucht man ja nicht mitzuspielen, hier macht schon das Zusehen glücklich.

Paris ist die Stadt, wo nichts aufhört, wo das Vergangene dauernd mitlebt. Paris ist immer zugleich Gegenwart und Erinnerung. Nichts steht vereinzelt. Nirgends wird es leer. Aus manchen Stätten voll Weltgeschichte sind Kinderspielplätze geworden. Aber man vergißt nicht, was sich alles begeben hat auf der Strecke, wo jetzt ein Baby taumelt, eine Murmel rollt.

Paris ist die Stadt der breitesten Avenuen und der engsten Gassen, ist Großstadt und Provinznest, Park und Elendsviertel. In Paris ist auch der Schmutz bunt, und Elend und Entsetzen sind schön, von einer Schönheit, die sich nicht definieren läßt. Die Maler sagen, es liegt an der Atmosphäre, an der Beleuchtung, aber das scheint mir zu ästhetisch gesagt.

Auch die armen Leute sind hier weise Genießer. Bei Anglern, die selten etwas angeln, bei alten Krokettspielern im Luxembourggarten, bei schmausenden Arbeitern in der Vorstadt habe ich feinsten Lebensgenuß gelernt.

Von Palast, Kathedrale, Museum und andern großen Sehenswürdigkeiten, deren es hier mehr gibt als irgendwo sonst, will ich nur das eine sagen: Sie sind nicht so streng mit dir, Fremdling, wie in andern Städten, nein, ebenso liebenswürdig wie Jahrmarkt und Schenke.

Schönste Straße der Stadt: ihr Fluß, die Seine.

Ein Garten voll Weltgeschichte

In Paris gibt es zwei Kinderspielplätze, auf denen in alter Zeit Weltgeschichte und das große Leben stattfand. Der eine befindet sich auf dem königlichen Platze, der seit der Revolution Place des Vosges heißt, der andere im Garten des Palais Royal. Da ist es hübsch, müßigzugehen oder auf einer Bank zu sitzen und die Strecke, die ein Baby taumelt, eine Murmel läuft, ein Ball fliegt, zu verfolgen und hinzuzudenken, was in denselben paar Metern, in demselben Spielraum der Zeit sich alles mag begeben haben. Solch nachdenklicher Aufenthalt im zweiten dieser Kindergärten bekommt reiches Material, wenn wir vorher in dem Pavillon de Marsan des Louvre waren, wo in vier Sälen zur Zeit eine kleine Ausstellung zu sehen ist: „Das Leben des Palais Royal". Da kann der Stadtfreund aus Porträts, Modekupfern und Karikaturen an den Wänden, aus Dokumenten, Büchern, Theaterzetteln und kleinen Objekten in den Glaskästen drei Jahrhunderte Paris aufbauen. Da sieht er zunächst mit Richelieu und seinem Baumeister Lemercier einen Plan mit alten Häusern und Terrains an, die der Kardinal ankaufte, um sich an dieser Stätte sein Palais erbauen zu lassen. Mitten über den Plan – und schräg über den jetzigen Kinderspielplatz – quert ein Stück Festungswall der mittelalterlichen Stadtmauer, gegen die einst Jeanne d'Arc anstürmte und vor der sie verwundet wurde. Er sieht dann das strenge Schloß aufsteigen, dessen Äußeres dem düster vornehmen Wesen seines Besitzers entspricht. Um so üppiger sind Hallen, Treppen und Säle des Inneren. Hier empfängt in überschmücktem Gemach Richelieu die Gelehrten, aus deren Privatverein er die Académie Française machen wird; dort im großen, von Logen umgebenen Theatersaal sitzt er mit viel Abstand von den anderen Besuchern und wohnt der Aufführung eines Stückes bei. Es ist „Mirame", die Liebes- und Staatsaktion, deren eigentlicher Autor er selber ist, wenn er das Stück auch von einem seiner Höflinge hat vollenden und signieren lassen. Er wollte wetteifern mit dem „Cid" des jungen Corneille. Und hier, in einer Art Atrium, in das die Kavaliere des Königs langsam eintreten, sich nach seiner Gesundheit zu erkundigen, hat der Todkranke an einem Tisch Platz genommen und schreibt das Testament, in welchem er seinem König sein Palais, seine goldene Kapelle, sein großes Buffet aus zisieliertem Silber und seinen großen Diamanten vermacht. Er sieht hinaus in seinen Garten, sieht, wo jetzt Sand und Rasen ist, zu Ornamenten gezüchtete Beete und in den Alleen Musketiere, die sich mit weitgeschwungenen Hüten begrüßen. Der König starb fünf Monate nach seinem allmächtigen Minister. Seine Witwe, Anna von Österreich, bezog das nunmehr Palais Royal genannte Schloß mit ihren Söhnen Louis, dem fünfjährigen König, und dem dreijährigen Philippe, als Königsbruder „Monsieur" genannt. Mansart vergrößert die Gebäude. Was ist dort auf dem kleinen Stich für eine Miniaturfestung mit Schanzen und Bastionen? Es ist das Fort Royal, mit dem der kleine König Krieg und Belagerung spielt. Es muß nicht weit von unserer Gartenbank gestanden haben, vielleicht da, wo jetzt Rodins Victor Hugo etwas deplaziert sitzt und nichts von seiner Umgebung merkt. Und jetzt erscheint, prächtig ausstaffiert, der königliche Knabe selbst mit einer Versunterschrift, die seinen niedlichen Anblick dementiert, indem sie behauptet, seine frühe Würde lehre uns, daß Könige nie Kinder seien. Louis' erste Apotheose, den berühmten Moment, in dem die Königinmutter die eindringende Menge der feindlichen Fronde entwaffnet – sie zieht die Bettvorhänge beiseite und zeigt das schöne, schlafende Königskind –, erleben wir wie manches andere nur in der Reproduktion eines Historienmalerbildes aus dem 19. Jahrhundert. Aber mit viel Zeitgenössischem werden wir beschenkt, wenn die Orléans, die Abkömmlinge von „Monsieur", dem Louis XIV. das Palais Royal überließ, Schloß und Garten ausbauen und erst die große und allmählich auch die kleine und die halbe Welt in Wandelgänge und Gartenwege eindringt. Der letzte in ihrer Reihe vor der Revolution, der später seinem Namen, schlau paktierend, aber mit nur kurz dauerndem Erfolg, das Wort „Egalité" anhängte, umgab, um sein verschwenderisches Leben zu finanzieren, den Garten des Palais mit Galerien, die er an Besitzer von Kaufläden und Cafés vermietete. Daraufhin nannte das Volk diese Prokurazien von Paris das „Palais Marchand", und Louis XVI. sagte: „Lieber Vetter, Sie machen einen Laden auf; da wird man Sie gewiß nur noch am Sonntag zu sehen bekommen." Nun siedelt sich die Mode an mit Tuch, Brokat, Phantasiestoffen, Schleifen, Blumen und Federn. Man bewundert Gravüren und Farbstiche, besonders die englischen. Man erfüllt die Speisehäuser und Cafés nicht nur im Erdgeschoß und ersten Stockwerk, sondern bis hinab in die Kellerräume, wo sie „Englische Taverne" und „Flämische Grotte" heißen. Im Wachsfigurenkabinett des Deutschen Curtius sieht man Favoritinnen des Sultans und berühmte Zeitgenossen. Man besucht Buden mit den ersten Automaten, chinesische Schattenbilder in Séraphines Theater, und vor einem Jahrmarktstand Madame La Pierre, die junge preußische Riesin, sechs Fuß zwölf Zoll hoch. Im nächsten Bilde ist Mittagszeit, die Stunde der „Abonnenten der Kanone". Sie kommen zu dem berühmten Rohr, einem Instrument mit einer geschliffenen Linse, durch welche die Sonne im Augenblick, da sie den Meridian erreicht, Pulver erhitzt und entflammt und einen Schuß auslöst. Auf dieses Signal stellen die Ankömmlinge ihre Uhren.

Im zweiten Saal wird es greller und unruhiger. 1789! Der Garten wird zum Forum der Revolution, die Cafés verwandeln sich in Klubs. Camille Desmoulins springt auf einen Tisch vor dem Café Foy und fordert in begeisterter Rede das Volk auf, die Bastille zu stürmen. Die Kanoniere, die ihren Posten verlassen haben, tanzen mit Marktweibern. Einem Abbé, der den Dritten Stand gelästert hat, wird das entblößte Hinterteil verprügelt. Im Café des Patriotes beehrt man sich, laut Plakat, mit dem Titel „Citoyen", man duzt sich, und man raucht. Curtius reicht aus seinem Kabinett die Büsten des entlassenen volksfreundlichen Ministers Necker und des Herzogs, der zu Ehren der Revolution sich selbst und sein Palais „Egalité" genannt hat, zu feierlicher Prozession. Eine Strohpuppe, die, mit Tiara und allen Zeichen seiner Würde angetan, den Papst darstellt, wird verbrannt. Auf einem zierlichen Kärtchen nennt sich ein Modehaus „Maison Egalité" und preist seine „Redingotes à la Républicaine", seine „Robes rondes à la Carmagnole" und seine „Jupes à la Grecque" an. In dieser Gegend würden wir gern ein Bild der Madame Tallien sehen, die in den Großkampftagen der Guillotine als erste mit kurzgeschnittenem Haar in diesem Garten promenierte. Man nannte das „les cheveux coupés à la victime". Das Treiben der „Nymphen" scheint unter der Herrschaft des sittenstrengen Robespierre einen Augenblick bedroht; man will den Jardin Egalité von ihnen säubern. Aber General Henriot, den man ihnen schickt, fragt sie nur, ob sie gute Republikanerinnen seien und keine Aristokraten und Feinde verbergen. Und sie erwidern: „Fi! Fi! notre général, nous ne reçevons que des Sansculottes." Und treiben es schlimmer als zuvor, vor allem etwas derber, nicht mehr so schäferinnenhaft. Während die eine den

Kunden liebkost, rauben ihre Gefährtinnen, auf manchen Bildern auch der halbverborgene Gefährte, seine Börse, Dose und Uhr. Kupplerische Hände winken hinter den Gitterstäben der Galerien und zerren in die Torbögen. Eine besondere Art Königinnen thront inzwischen als Buffetdame an hohen, blumengeschmückten Tischchen in Cafés und Restaurants. Mehrere Blätter zeigen die Belle Limonadière des Café des Milles Colonnes, von ihren Verehrern umgeben, und einzeln unnahbar die dicke Madame Véry in der berühmten Gaststätte, die ihren Namen trug.

Kaiserzeit: Über die Pflaster der Wandelgänge scheppern die Säbel von Napoleons Kriegern. Das Gehenk verwickelt sich im Gedränge in griechische und römische Gewänder, an denen man jetzt nur noch eine Schleife zu lösen braucht, um den ungeduldigen Sieger zu beglücken. Ganz Europa träumt, von Reisebüchern und Berichten erregt, von den Freuden im „Tempel der Wollust". Und als im Jahre 1814 die siegreichen Alliierten in Paris einrücken, stürzen sich Kosaken und Panduren, Wellingtons Schotten, Blüchers Grenadiere und österreichische Ulanen in die Wandelgänge. Den Engländern bekommt das vortreffliche Essen und Trinken bei Lemblin und Véfour nicht gut, wie eine lustige Karikatur verrät; einen „Mylord" verlocken die rundlichen, „Méringue" genannten Backwerke der jungen Kuchenverkäuferin fast so sehr wie ihre ähnlich gerundeten Brüste; schüchtern und süchtig steht der schlanke Kosak, von seinen Kameraden ermuntert, vor den Sirenen der Kolonnade. Drastisch wird der Abschied der Krieger illustriert: Ein dienstfertiger Apotheker bietet ihnen Pillen und Instrumente an, die sie von den Folgen ihrer Freuden heilen sollen. Eine Reihe Bücher, Hefte und Stiche behandeln die Spielbanken, insbesondere die berühmte Nr. 113, wo Blücher sein unkriegerisches Hauptquartier aufgeschlagen hatte und Millionen verspielte. Es sind dieselben Stätten, in denen zehn, zwanzig Jahre später Balzacs Raphael de Valentin sein letztes Geldstück einbüßt und der junge Rastignac in einigen Minuten ein kleines Vermögen gewinnt. Dort das belebte Barackengerüst ist auch eine Balzac-Illustration. Das sind die „Holzgalerien", die an einer Stelle stehenblieben, wo der Bau der Orléans nicht fertig geworden war. In den „Verlorenen Illusionen" sind ihre Baufälligkeit, ihr Schmutz und Flitter, ihre Makler, Buchhändler, Modistinnen und Freudenmädchen ausführlich beschrieben.

Wiederkehr der Bourbonen: Das Palais wird noch einmal königlich und Orléansbesitz. Wir bekommen einige Bürgerfreuden von Louis Philippe und seiner braven Familie zu sehen, aber nicht den neapolitanischen Ball, zu dem er wenige Tage vor der Juli-Revolution den König einlud und auf dem das Wort gefallen sein soll: „Das ist wirklich ein neapolitanischer Ball, wir tanzen auf einem Vulkan." Sichtbar hingegen werden die wilden Straßenkämpfe beim Palais, Louis Philippes glückliche Ankunft vor seinem Haus am vorletzten der drei „glorreichen Tage", sein Erscheinen am 30. Juli auf dem Balkon seines Hauses, wo er unter der Trikolore den General Lafayette umarmt. Gleich wird er die Marseillaise anstimmen und dann unter dem Jubel des Volkes, das ihm durch Barrikaden den Weg bahnt, Straßen entlang, die sein Vater Egalité zum Schafott fuhr, sich zum Stadthause begeben, um von dort als König der Franzosen zurückzukehren. Von spätem Abglanz der fürstlichen Zeiten zeugt dann noch ein krinolinenbreitender Besuch des portugiesischen Königspaares beim Prinzen Napoléon im Jahre 1867. Aber da ist die große Zeit von Schloß und Garten schon vorbei. Juweliere und Modehäuser wandern in die Rue de la Paix ab, nach ihnen die Restaurants und Cafés in die Boulevards und ihre Nebenstraßen. Die Spielhäuser sind schon längst geschlossen, die galanten Damen verschwinden. Und heut sind aus den festlichen Gemächern nüchterne Staatsbüros und Direktionen geworden. In den Galerien sind kleine Läden mit billigem Schmuck, Briefmarken- und Buch- und Papierhandlungen, wie man sie in den veraltenden Passagen findet. Und der Garten der Revolution und Wollust ist jetzt eine Promenade von Kleinbürgerhausfrauen, Bonnen und Ammen und dieser Kinderspielplatz, aus dessen Sand und Rasen uns die alte Zeit ersteht.

Aus alten Pariser Gassen

Ghetto

In ein paar Gassen des Pariser Rathausviertels haben sich elsässische, polnische, russische Juden zusammengesiedelt zu einer Art Ghetto, welches das gewohnte Straßenbild plötzlich unterbricht. Hebräische Lettern zeigen Theateraufführungen und Versammlungen an und erscheinen auf Zeitungen und Heften des Buch- und Papierladens. Neben deutschen Büchern liegt ein „manuel de Conversation française en judéo-allemand", ein Lehrbuch „Comment devenir français". Darüber hängen Notenblätter, in Whitechapel verlegt; das Bild eines englischen Postboten vor dem Briefkasten schmückt das Lied „A Brievele de Mame". „Der Rabbi hat geheißen lustig sein", heißt ein andres Heft. Auf den Menus der Speisehäuser lesen wir die Worte Kreplech, Farvel, Haladez und – halb französisch – Chalettes aux pommes. Die Aufschrift der Flaschen des Zionweines trägt den Davidstern als Markenzeichen. Kuchen mit dunklen Mohnstreifen und zopfgeflochtene Barches liegen in der Bäckerei. Aus rotem Metzger-Dunkel tauchen in schwarzem Haar blasse Mädchen mit heißen Augen auf. Stiller blickende ducken über Stoffballen, bunte Fetzen, gelbe Pantöffelchen eines schmalen Ladens am Hausgang, der wie ein Stück orientalischer Bazar wirkt. An einem Ausschank erscheinen Kaftane und bärtige Köpfe mit Schläfenlocken. Auf der Steinbank unter dem großen Brunnen, um den eine der Gassen sich verbreitert, sitzen eine sehr hagere und drei Nachbarinnen und reden lebhaftes Jiddisch; vor ihnen spielen, raufen und laufen kleine Buben; sie raufen nicht sehr wild; sie laufen heftig los, bleiben aber bald still stehn und einer scheint sich zu besinnen, daß er eigentlich von Geburt zu alt ist für große Munterkeit. Im Laufen kommen zwei von ihnen vor ein schönes Portal, wie man in diesem Viertel, das ehedem Sitz von Fürsten, Grafen, Bischöfen und Finanzpächtern war, viele findet. Die Kinder spähen durch die offnen Flügel der hohen Holztür in den Hof. Über dem Tor ist zu lesen: „Pharmacie centrale". Aber eine Steinschrift an der Mauer nennt das Haus „Hôtel d'Aumont". Mansart hat es für einen Herzog erbaut. Jetzt ist der stolze Herrensitz, dem der Hof mit seinen Quadersteinen eine kleine Entlegenheit mitten in der Stadt verschafft, Apotheke. Ein einzelnes Kind schleicht in die Seitengasse, die nur ein enger Gang zwischen düstern Mauern ist, und macht halt an dem Prellstein unter einem runden Torbogen. Das Tor führt jetzt in eine Bonbonfabrik. Im Mittelalter hat Hugues Aubriot, der Erbauer der Bastille, hier sein Haus gehabt, und von den dicken Mauern des Erdgeschosses stammen vielleicht noch Steinmassen aus seiner Zeit. Nun sind wir aufmerksam geworden auf die Gegenwart der älteren Welt, deren Vordergrund Judengasse ist. An unscheinbaren Häusern entdecken wir schmiedeeiserne Balkons, hinter offnen Türen breite Holztreppen, die nach schwungvoller Wendung in der Höhe des ersten Stockwerks kläglich in kümmerliche Stiegen übergehn. Selbst die spärlichen Reste von Muschelornamenten, die über einer brunnenartigen Wandöffnung wie an die Mauer geklebt haften geblieben sind, halten uns fest.

Hôtel de Sens

In der leeren Rue du Figuier springt plötzlich ein rundes Türmchen aus hoher, sonst schmuckloser Mauer. Ein paar Schritte weiter biegen wir um die Ecke und kommen vor die Front des Gebäudes. Da sind rechts und links über dem hochgewölbten Portal wieder zwei Türmchen und zwischen ihnen Stücke von Wasserspeiern. Eine Inschrift lehrt uns, daß wir vor dem Hause stehen, welches für den Erzbischof von Sens und Metropoliten von Paris, Tristan de Salazar, erbaut und von ihm und seinen Nachfolgern ein Jahrhundert lang bewohnt worden ist. Von einer merkwürdigen späteren Bewohnerin dieses Hauses, das jetzt Fabrik und Speicher ist, sagt die Inschrift nichts.

Sie wohnte nur wenige Jahre hier und war nicht mehr jung, die schöne, immer noch lebens- und liebensfrohe Königin Marguérite, die letzte Prinzessin aus dem Hause Valois. Von ihrem Gatten, König Heinrich IV., war sie bereits geschieden. Ihre aus politischen Gründen geschlossene Ehe war nie glücklich gewesen. Zwar waren beide Teile in der Liebe sehr eifrig, aber miteinander konnten sie nicht viel anfangen. Heinrich hatte derbere Gewohnheiten und Bedürfnisse als Marguérite, von deren Reiz, Geist und Eleganz ihre Verehrer und Freunde, vor allem Brantôme, der Biograph berühmter und galanter Damen, nicht genug Rühmens machen konnten. Dafür sagten ihre Feinde aus dem Hugenottenlager ihr alles nur denkbare Schlechte nach. Nach vielen Jahren des Hofglanzes und der Verbannung, nach all den Intrigen, die sie gesponnen hatte und die gegen sie gesponnen worden waren, nach mancher leidenschaftlichen Liebschaft und manchem nicht minder leidenschaftlichen Haß war Margot unerschöpft für eine Weile hier in diesem Hause gelandet, nicht um einsam auszuruhen, sondern um gleich ein neues geselliges Leben zu beginnen. Der König war zu seiner Geschiedenen liebenswürdiger, als er zur Ehefrau gewesen war. Er mahnte sie freundlich, nicht mehr die Nacht zum Tage zu machen und ihre Freigebigkeit etwas einzuschränken. Und sein Minister Sully bezahlte ihre Schulden. Auch mit der neuen Königin Marie bildeten sich gute Beziehungen, und Margot, die Kinderlose, spielte gern mit dem Dauphin. Sie hatte einen kleinen Hofstaat, in dem die Etikette und Anmut der Valois weiterlebte. Sie war von Musikern, Dichtern, geistlichen und weltlichen Würdenträgern und schönen Frauen umgeben, und ihre Pagen hatten modisches flachsblondes Haar. Margot war von Natur brünett, und Brantôme fand sie am schönsten in ihrem eigenen Haar. Sie selbst sah sich lieber in blonder Perücke. Um diese von Zeit zu Zeit zu erneuern, gaben die hübschen Edelknaben der Königin ihr Haar her. Und sie gaben ihr noch mehr. Besonders einer stand in ihrer Gunst, ein provencalischer Junker, Date de Saint-Julien. Margots Lästerer wollten wissen, sie habe diesen Date aus einem Zimmermannssohn und Lakaien mit sechs Ellen Stoff zu einem Edelmann gemacht. Der Zwanzigjährige hatte einen achtzehnjährigen Nebenbuhler namens Valmont, der ihm nach dem Leben trachtete. Als am 5. April des Jahres 1606 Margot von der Messe bei den Cölestinern, von ihrem Günstling begleitet, heimkam und hier auf diesem Platz aus dem Wagen stieg, schoß vor ihren Augen der eifersüchtige Valmont ihren lieben Date nieder. Er suchte dann zu fliehen, wurde aber gepackt und geknebelt. Margot, die mit dem Sterbenden ins Haus gekommen war, trat an ein Fenster, vielleicht an das dort im kleinen Seitenturm; denn die gewundene Gasse hinab könnte der Mörder geflohen sein. Von dort rief sie (sagen die hugenottischen Chronisten) wutheulend ihren Leuten zu: „Schießt, schlagt ihn tot! Und wenn ihr keine Waffen habt, hier nehmt meine Strumpfbänder und erwürgt ihn!" Es ist der Brief erhalten, den sie am selben Tage dem König sandte und in dem sie nach ausführlicher Besprechung verschiedener politischer Angelegenheiten (Heinrich hörte gern ihren Rat und ihre Meinungen) ihn beschwor, sofort an dem Mörder die Strafe vollziehen zu lassen. Sie wollte nicht essen noch trinken, ehe das Urteil vollstreckt sei. Schon am nächsten Tage wurde hier vor dem Hôtel de Sens ein Schafott errichtet. Und Margot sah vom Fenster aus zu, wie dem Mörder, der sie lachend grüßte und nicht um Verzeihung bitten wollte, der Kopf abgeschlagen wurde. Dann aber wurde sie ohnmächtig. Noch in derselben Nacht verließ sie das Haus und betrat es nie wieder. Einer ihrer Dichter mußte auf ihren Kummer eine Elegie dichten, die sie an ihrem Busen verwahrte, diesem Busen, von dem Brantôme sagt, Schmuck und Zier haben kaum gewagt, ihn zu bedecken, und so sei er meist sichtbar gewesen.

Später hatte Margot ein prächtiges Haus nahe der Seine, da, wo jetzt die Kunstakademie ist, und einen noch größeren Hofstaat, an dem schon fast so zierlich und gepflegt gesprochen wurde wie etwas später im Hôtel de Rambouillet; sie hat Stanzen gedichtet und auf der Laute begleitet und geistliche Lieder verfaßt, die ihre Schützlinge, die Augustiner-Barfüßer, sangen, sie war mildtätig und liebreich. Wenn am Königshof ein größeres Fest stattfinden sollte, mußte Margot kommen, alles zu organisieren, Eintritt und Ordnung der Gäste, Tafel, Tanz und Ringelstechen, denn sie kannte am besten die Sitten des alten Hofes. Sie wurde dick im Alter und trug auf den Hüften einen gewaltigen Vertugadin (so hieß halb spanisch der Hüftwulst der Damen). In diesem Vertugadin waren mehrere Taschen. Darin habe sie, behaupten einige Chronisten, in Kapseln die Herzen ihrer besten Liebhaber aufgehoben. Wenn das zutrifft, war sicherlich auch das Herz des blonden Date de Saint-Julien darunter, der hier vor diesen Mauern und Türmen sein Leben für Marguérite von Valois gelassen hat.

Mouffetard

Sonntag vormittag ist in Gegenden, wo die kleinen Leute wohnen, Straßenmarkt. Die Glocken klingen hinein in den Lärm der Käufer und Verkäufer, orchestrieren ihn, nehmen ihn mild in den Schoß der Kirche. Der billigste und bunteste dieser Märkte ist in der langen Rue Mouffetard. Noch immer eng und uneben wie in alter Zeit, schlängelt sich die Mouffetard unterhalb des Berges der Heiligen Genovefa vom Lateinischen Viertel in die südliche Vorstadt. Die Fülle der Menschen und Karren ist von beiden Seiten noch bedrängt durch die Auslagen der Läden. Die Erdgeschosse der Häuser verschwinden hinter Stoffstapeln und Gemüsehügeln. Ab und zu rahmt ein Hoftor den Durchblick in graues Elend, öffnet sich eine stille Passage oder Nebenstraße. Mit einmal steigen über Koffer, Bettstellen und Kinderkleidchen, über Tuchreste, Seide und Blumenkohl brüchige Säulen eines Eingangs. Die sind aus der Zeit, als hier die Wohnstätten der Vornehmen und Reichen und die Mauern stattlicher Klöster mit den Unterkünften und Schlupfwinkeln der Armen nachbarlich kontrastierten. Solch ein Portal ist übriggeblieben von dem Hospiz der Damen von der Miséricorde de Jésus. Das war Zuflucht mancher großen Dame, unter anderen einer, die erst später ihre volle Größe erreichte, der Enkelin von Agrippa d'Aubigné, die den lahmen kränkelnden Verfasser burlesker Späße, den Dichter Scarron, geheiratet hatte und sich nach dessen Tode hierher zurückzog, um danach Erzieherin der Kinder von Louis XIV. und Madame de Montespan und endlich des Königs Geliebte, heimlich angetraute Gattin und Mitherrscherin von Frankreich zu werden: der Marquise von Maintenon. Jetzt steckt zwischen den Säulen am ersten Stockwerk überm Tor eine blauweißrote geraffte Blechfahne, Wahrzeichen der Waschanstalt zur „Alten Eiche". Woher dieser Name und woher auf der Wand daneben der kleine, in derbem Relief ausgehauene Eichbaum? Vor einem halben Jahrhundert war hier ein Ball dieses Namens, einer der vielen Volksbälle im Stadtteil der Gobelins, die alle verschwunden oder weitergewandert sind.

Wo keine sichtbaren Spuren oder Trümmer bleiben, erinnert oft ein Name an Vergangenheit. So der benachbarte „Markt des Patriarchen", zu dem eine Nebengasse führt. Dort hatte Bertrand de Chanac, Kardinal von Frankreich und Patriarch von Jerusalem, Sitz und Besitz. Von seinen Nachkommen kam das Burgschloß mit seinen Dépendancen an die Geistlichen von Sainte-Geneviève. Man weiß noch eine Reihe späterer Besitzer des „Manoir du Patriarche". Da lebt zur Zeit der Brüder Gobelin ein reicher Färber, nach ihm ein Rentmeister, dessen Familie calvinistisch wird und einen Teil der Gebäude zur Kultstätte macht. Als dort einmal ein Prediger seine Stimme erhob, wurde sie übertönt von den Glocken der nahen Kirche Saint-Médard. Darüber entrüsteten sich die kriegerischen Protestanten so sehr, daß sie wütend die Kirche erstürmten und verwüsteten. Von all dem ist nur ein Wort, der erste Name geblieben.

Die Häuser der Mouffetard hießen einst schön. Das überliefert ein Verzeichnis aus der Zeit, als die Häuser noch keine Nummern, sondern nur Namen hatten, deren bildhafte Darstellung als Schild vorm Hause hing und zwischen schwankenden Laternen im Wind knarrte, auf Holz oder Blech an die Wand gemalt, vorspringend oder ausgehöhlt in die Mauer gemeißelt war. Die Kleine Armbrust gab es damals, die Vier Heymonskinder, Goldfaust und Silberhand, Drei Näpfe, Fackeln, Jungfern und Göttinnen, Stachelschwein und Kienapfel, den Pantoffel, das Irdische Paradies, Schlafende Katze und Gottesmutter, Zinnteller, Lebensbaum und Großen Carolus. Von dieser Lust am Bildzeichen, an der „Enseigne", ist der Mouffetard aus jüngerer Vergangenheit noch etwas geblieben. Über der Krämerei zur Guten Quelle ist in Relief ein Brunnen mit zwei schöpfenden Männern. Daneben hängt rechts und links je ein Zuckerhut, dessen Hülle blau angestrichen ist. Eine Metzgerei hat zwei Ochsen und drei Lämmer im Schild. Wie Schusters Stiefel und Schlossers Schlüssel hängt vor der Stahlwarenhandlung der „Kleine Scherenschleifer" leibhaftig mit Messer und Schleifrad aus.

Wir denken die kleine Weltgeschichte von der Enseigne bis zur Reklame entlang. Da lärmt eine Autohupe. Bergab ist die Metallkarosse gekommen und will sich Bahn brechen durch die Menschenmasse. Wir werden in eine Passage geschubst. Da ist die Armut grün umhegt. Lauben mit Blumentöpfen und Vogelkäfigen machen den Werkstätten, Küchen und Schlafkammern der Erdgeschosse sommerliche Veranden. Vor dem stillen Aufblick der Bewohner fühlen wir uns als Eindringlinge und gehen zurück in Gedräng und Lärm. Die Abbruchlücke zwischen zwei Brandmauern ist ausgefüllt von einem Gelegenheitsbazar. Pelzmäntel liegen über Kinderuniformen. Seifen reimen sich nachbarlich auf geblümte Pfeifen. Räucherparfüm duftet Probe. Wir treiben bergab vorbei an der grün, gelb und rot bemalten Eckwand des Farbenhändlers, vorbei an Schnecken und Taschenkrebsen. Mit letzten Ausläufern reicht der Markt bis auf den Platz vor der Kirche Saint-Médard. Dort bieten ein paar alte Händlerinnen getragene Schuhe und den Abhub verwelkter Gemüse feil.

Neben der Kirche ist ein Square, ein Gartenplatz. Die Greise, die da auf Bänken sitzen, die Kinder, die vor ihnen im Sand spielen, wissen nicht, daß der Boden unter ihnen ehemals ein Kirchhof war mit einem berüchtigten Grabe. Der Diakon von Paris wurde 1731 dort beerdigt, und seine Ruhestätte ward Schauplatz beunruhigender Wunder. Seine Anhänger, eine Jansenistensekte, hatten Ekstasen auf diesem Grabe. Das Treiben dieser Konvulsionisten wurde nicht lange geduldet, der Kirchhof wurde geschlossen und an das Tor eine Inschrift angebracht:

De par le roy defense à dieu
de faire miracle en ce lieu.

Sonntag in Senlis

Zum Tore hinaus, das bedeutete früher in Paris einigen Aufenthalt für den Automobilisten, auch nachdem schon die Fortifikationen gefallen waren. Er mußte seine Literzahl angeben, das grüne Zettelchen verlangen und dabei oft in Reih und Glied warten. Es war da immer noch etwas von Grenze, Schmuggel und Abenteuer. Jetzt wird ohne Aufenthalt aus der Rue de Flandre die Landstraße, die nach Flandern führt.

Vor den Toren geht der Jahrmarkt der Vorstadt noch ein gutes Stück weiter. Und während schon zur Linken die Hallen des Flugplatzes von Le Bourget aufsteigen, sind rechts Markt- und Würfelbuden. Oben rasselt ein Aeroplan durch die Lüfte. Unten dreht und klingelt ein Kinderkarussell mit Fahrzeugen älterer Zeit: Der grünen Lokomotive folgt ein Fahrrad, hinter dem Milchkarren lüftet ein kleiner Straßenjunge das Verdeck seines Autos mit dem Kopf; zwei weiße Häschen hüpfen hinterdrein, und das kleine Mädchen, das in der Karosse hinter ihnen sitzt, hat die Hand an der Bremse, damit nur ja kein Verkehrsunglück geschieht. Im übrigen ist dies Stück Bannmeile eine triste Gegend, auf die nur die Ankunft Lindberghs aus den Lüften einigen Glanz geworfen hat.

Nun kommen wir an langen Mauern alter Parke vorbei, von denen jetzt viele zu Siedlungen aufgeteilt werden. Immer wieder lesen wir das traurige Wort „Lotissement". Im Tale drüben die Eisenbahn, die über Chantilly gen Norden fährt, umhüllt beginnende Neubauten mit weißem Qualm. Die kleinen Ortschaften an unserer Straße reichen dem Kommenden ihre Visitenkarten vor dem ersten Haus entgegen: ihre Namen weiß auf blauem Schild.

Aus den einzelnen Bäumen, die erst wie Würmer am lichtgrauen Himmelsrand krochen, wird naher Wald. Wir sind in der Ile de France, und hinter den Wipfeln taucht die Turmspitze der Kathedrale von Senlis auf.

Senlis, die Kleinstadt mit der großen Vergangenheit, einstmals wichtiger als Paris, jetzt abseits von der großen Straße an einer Seitenlinie der Bahn gelegen, mit ein bißchen Handel und Wandel nur noch ein Ausflugsort, eine Sehenswürdigkeit. Senlis, wo der Krämer in Burgresten wohnt, wo der Gärtner im Erdgeschoß des verfallenen Königsschlosses sein Treibhaus hat und längs des gallisch-römischen Stadtwalls seine Gemüsebeete zieht. Sechzehn Kirchen hatte die Stadt und braucht davon nur noch zwei zum Gottesdienst, die andern sind alle weltliche Behausungen geworden: In der einen ist Markt, in der andern hat ein Maurermeister, in der dritten ein Holzhändler seine Ware gestapelt, eine vierte ist Theater geworden, die Garderoben der Schauspieler haben Spitzbögen mit alten Skulpturen. Hinter den schönen Holztüren und Fenstern des großen Jahrhunderts wohnen Kleinbürger und Fremde. Viele Kriegsherrn haben in dem jetzt so friedlichen Städtchen gehaust und geherrscht, von Chlodwig, dem Frankenkönig, bis zum Marschall Foch, der im Weltkrieg in dem alten Hôtel de Vermandois mit seinem scheckigen Turm Großes Hauptquartier hielt.

Durch das Tor, über dem der Salamander Franz des Ersten sich duckt, treten wir in die Kathedrale ein. Der Sonntagsgottesdienst ist gerade zu Ende. Von den Besuchern sind nur ein paar Mütter und Kinder übriggeblieben. Eines der Kleinen darf an den brennenden Kerzen eine neugekaufte anstecken, die ewigen Kinderweihnachten zu feiern. Ein andres kniet vor den Christrosen der Krippe, süßer anzusehn als das wächserne heilige Kind, auf das es über die wolligen Rücken der Lämmer und die Nacken der Hirten schaut. An einer Säule ist neben den üblichen Kirchennachrichten mit Stecknadeln ein Herz befestigt. Darauf steht geschrieben: „Ich habe zu Notre Dame de Bon Secours für dich gebetet." Durch das Filigran des Gitterwerks am Boden dringt Wärme herauf: die Zentralheizung. Es ist als ob von unten die Hölle den Himmel wärmt. In einem blassen Fenster, das nur am Rande blau und golden ist, zeichnet sich schattenhaft das Maßwerk eines Außenpfeilers ab. Wir gehn hinaus zum Parvis de Notre Dame, wo nach der Kirche die schöne Welt von Senlis eine Weile plaudernd umhersteht, ehe die Bewohner der umliegenden Schlösser in ihre Wagen steigen und die Bürger in ihre Häuser zurückkehren. Aus einer Gruppe von Kavalieren hört man das Wort „Apéritif". Der Weihrauchduft, aus dem sie kommen, hat die munteren Herren durstig gemacht. Kenner können an der Damenwelt feststellen, in welchem Grade man hier die Mode mitmacht und an welchen Grenzen man aufhört.

Vom Hinaufschauen zu Portalen und Türmen, vom langsamen Gang durch die Burgruinen hinter der Gärtner- und Wächterfrau her, vom Schlendern durch die alten Gassen bis zum Ufer des Flüßchens Nonette sind wir müde und hungrig geworden. Ach, man müßte das alles eine Zeitlang bewohnen, zu allen Tageszeiten sehn, aber man ist ja nur Tourist, Sonntagsausflügler. Da wird die kleine Gegenwart des Gasthauses tröstlich. Und es macht Spaß, die Leute anzusehn, die hier speisen, und an ihnen herumzuraten. Fremde sind fast keine heute hier. Senlis hat seine Saison erst, wenn die Blumen blühen. Die Gruppen um uns herum scheinen Einwohner zu sein, die sonntags zum Essen ausgehen, oder Besucher aus naher Umgegend. Schön onduliert ist dort die kastanienbraune Frau, die das graue Wurzelhaar herauswachsen läßt und sich lächelnd die Zähne kratzt. Ihr kleiner Sohn sieht aus wie der schlimme Bube aus dem Bilderbuch. Unter dem Hirschgeweih, an dem ein Waldhorn aufgehängt ist, sitzt ein Ehepaar mit Hund. Abwechselnd wird der Köter von beiden gestreichelt, von ihr sicher und vorbildlich, von ihm gefällig und etwas verlegen. Auf hohem Babystuhl seiner Familie präsidierend, sticht ein ganz kleines Mädchen mit erwachsener

Gabel ins Tischtuch. Der Alte und der Junge dort mögen Onkel und Neffe oder Großvater und Enkel sein. Der Junge bringt mit sicherer Miene und Geste seine Meinungen über Schule und Leben vor. Den grauen Kopf hinneigend, sucht der Alte mit gekrümmten Fingern sich in die neue Welt einzufühlen. Als dann die meisten Gruppen ihr Déjeuner erledigt haben, bleiben ein paar einzelne Herren noch trinkend und lesend sitzen. Der Wirt, der beim ‚petit verre' mit uns Bekanntschaft gemacht hat, erzählt uns von ihnen. Der Stattliche mit Vollbart und Mittelscheitel ist ein Schloßherr aus der Nachbarschaft, der müde aussehende Schlanke mit den knochigen Backen war ehemals Professor an einem Lyzeum, nun hat er sich als stiller Gelehrter etwas früh zur Ruhe gesetzt. Wir interviewen den Gastfreund sachlich über die Gesellschaft von Senlis. Sehr bürgerlich, ziemlich fromm, viel Justizbeamte am Tribunal, Notare, Handelsleute. In der Umgegend Landadel. Vergnügen gibt es nicht. Dafür ist Paris da und nah genug. Wir fragen nach den afrikanischen Kriegern, die wir mit ihren breiten sandfarbenen Mänteln und bunten Kopftüchern vor der Kaserne und in den Gassen gesehen haben. Das sind Spahis, Kolonialtruppen, hierhergesetzt, um, wenn es darauf ankommt, die Hauptstadt vor dem eigenen Volke zu behüten, was man den einheimischen Soldaten nicht zumuten mag. Fremd und befremdend spazieren diese Südländer, die in kein Gasthaus eintreten dürfen, zwischen den Wällen der Römer, Franken und Franzosen einher.

Der Wirt zeigt uns auf der Karte Ortschaften der Gegend, wo es alte Kirchen und Mauern zu sehn gibt, Baron, Pont l'Eveque, Versigny usw.

Unsere Nachmittagsfahrt bringt uns zunächst an den Teich und an die großartige Abteiruine von Chalis. Und ein Stück weiter in der Richtung nach Ermenonville überrascht uns mitten im Wald eine Wüste, eine weite wellige Sandfläche, aus der nur ein paar verlorene Bäume wachsen. Durch den weichen Sand stapfend, fühlt man sich wie in der Nähe des Meeres. Felsblöcke ragen aus der Öde. Wie aus weiter Ferne kehren wir zum Wagen und Wald zurück und fahren weiter an bemoosten und efeuberankten Gartenmauern entlang und durch die kleinen, noch kahlen Wälder der Ile de France, kommen an Marktplätze, zu Kirchen, Kirchhof und Kalvarienberg. Hier und da halten wir vor einem Turm, einem Portal, an einem Gassenwinkel, aber wir steigen nicht mehr aus.

Der Rückweg führt uns an mächtige Bahnviadukte, Monumente, Wölbungen und Bögen unserer Zeit. Und nur noch einmal taucht die alte Welt auf in Gestalt eines Schlößchens, das nach der Königin Blanche heißt, es hat runde Türmchen und reichgefaßte Fenster, Tore und Balkone. Einst war es bewohnt. Jetzt ist es – Museum!

Pause in Paris

„Es ist erstaunlich", wunderte sich in diesen Tagen ein ahnungsloser Fremder, „daß in so vielen Theatern dasselbe Stück gegeben wird: Relâche", bis man ihn belehrte, dies Wort bedeute „Geschlossen", ebenso wie das „Clôture", das er an manchen Geschäften las. Er erlebte lauter solche Überraschungen. Die erste am Tage seiner Ankunft, am Morgen des 16. Juli. Da hat er auf der Straße vor den Cafés eine Unmenge Stühle gesehen, die nach und nach zusammengeklappt und zu Riesenstapeln gehäuft wurden. Ein Heer von Kellnern, Abwäschern und Kittelmännern fegte bunte Fetzen auf, brach Gerüste von Musikkapellen ab und holte Lampions und Girlanden elektrischer Birnen von ihren Drähten herunter; er war in den Kehraus des Nationalfestes, des dreitägigen und viernächtigen Tanzes geraten.

In den Pavillons des Bois de Boulogne wollte er die „große Welt" beobachten, aber die war schon nach den letzten Rennen von Auteuil und Longchamp fortgereist. Einen Schub fliehender Bürgerschaft hat er noch gerade erwischt, als er am Seine-Quai spazierend bei einem Brücken- und Straßenübergang seinen Weg durch eine Wagenburg kofferbepackter, menschenüberfüllter Autos versperrt fand: er war in die Völkerwanderung zum Bahnhof Quai d'Orsay geraten.

Empfehlen wir ihm, sich mit andern Fremden in eines der Luxusautocars zu setzen und an den Sehenswürdigkeiten, die sich nicht entfernen können, entlangzufahren. Abends wird ihm von diesen Wagen aus sogar das sogenannte Leben vorgesetzt: Paris la nuit, Paris by night, Paris bei Nacht, Parijs bij Nacht, Parigi la notte usw. Da fahren sie an ein bißchen Montparnasse- und Quartier-Latin-Betrieb vorbei, streifen die Soupers der Plätze Pigalle und Blanche und enden unter Sacré-Cœur in einem ausschließlich für diesen Besuch bestimmten Kellerkabarett, wo ihnen, wie das Programm versichert, „eine Truppe auserwählter Montmartrekünstler heitere Gesänge, wie man sie nur noch auf der Butte, dem mit Recht so beliebten Herd französischer Heiterkeit, findet, vorträgt."

Merkwürdige Ausländer bekommt man jetzt zu sehen. An fremde Völkerschaften ist Paris ja gewöhnt. Doch die gehen und sitzen gelassen wie in ihren heimischen Steppen, Wüsten und Negerkrals. Was aber jetzt auf den Terrassen der großen Cafés sitzt wie an Deck eines Vergnügungsdampfers und so erwartungsvoll über die stillen Straßen schaut, aus welchen entlegenen Provinzen Europas, aus welchen Staaten von Amerika kommt das her? Ein paar solcher Hinterländler sprachen mich neulich vor dem Stadtplan an einer Station der Untergrundbahn auf anglo-amerikanisch an und fragten, wie man nach *Mainstreet* käme. „Mainstreet?" Hauptstraße? Was mochten sie damit meinen? Ich zeigte ihnen auf dem Plan die Fahrstrecke zur Oper. Da herum, nahm ich an, läge die gewünschte Mainstreet von Paris. Als die Burschen dann fort waren, fiel mir ein, ich hätte sie in die Avenue des Champs-Elysées schicken sollen, die in ihrem Vaterland vermutlich als Hauptstraße und Hauptsache von Paris angesehen wird.

Wie angenehm still es mittags rings um die Oper ist. Das Auffallendste sind jetzt die Reisebüros. In einem fährt hinter Glas ein Ozeandampfer, aus dessen Schornsteinen etwas Bewegtes weht, das aussieht wie eine richtige Rauchfahne. In einem andern steht still auf Sand, der statt seiner rollt, ein Tourenauto. Hinter ihm zieht im Bilde von beiden Seiten die afrikanische Landschaft vorüber, die es besucht: Berge von Marakesch, Tempeltrümmer von Timgad, Minarette und Kuppeldächer von Tunis, rote und gelbe Hügel der Sahara.

Weit und leer ist der Tuileriengarten; es sind mehr Statuen als Menschen darin. Und der sonst bevölkertste aller Parke, der große Mädchen-, Studenten- und Kindergarten Luxembourg, dehnt sich wie der schläfrige alte Schloßpark einer kleinen ehemaligen Residenzstadt. An der Gartenseite des Palais, in dem jetzt kein Senat tagt, langweilt sich ein einzelner Wachtposten. Das Palais sieht verwunschen aus. Und auf dem großen Wasserbecken davor, wo sonst die vielen Schiffchen der Kleinen und Kleinsten kreuzen, steht nur ein einziges Fahrzeug in der

Flaute. An den roten Beeten und den Fuchsiensträuchern schleicht, ganz Silhouette, ein schwarzer Jesuit entlang. Die marmornen Königinnen von Frankreich längs der Allee schauen auf ein paar verstreute Stühle. Die meisten hat die alte Sitzvermieterin an die Bäume und an die Balustrade gelehnt. Sie hat jetzt ganz wenig Kundschaft. Was hier häkelte, stickte, Kinder wartete oder flirtete, ist meist fort. Von den Studentenzirkeln im Freien ist nur eine einzige Gruppe geblieben, um einen Brillenmann geschart, der ihnen vermutlich eine Art Ferienkursus hält. Niemand ist in dem tiefen Laubengang unter der Fontaine de Médicis. Acis und Galathea in der Grotte überm Brunnen wähnen sich ganz allein und sind mehr denn je bedroht von dem gierigen Zyklopen, der sich über den Felsvorsprung neigt. In dem Karussell, dessen Rundfahrt Rilke in so schöne Verse gebracht hat, sind nur zwei Kinder beritten unterwegs, eins auf dem weißen Elefanten Toby, eins auf dem schwarzen seitwärts blickenden Löwen Brutus.

Wir gehen durch das südliche Tor auf die Avenue und weiter durch schweigende Straßen zum Platz um den Löwen von Belfort. Da war bis vor wenigen Tagen etwas Jahrmarkt mit Schieß- und Würfelbuden, Lotterierädern, Ringern und Wahrsagerinnen. Was jetzt noch von Buden steht, ist geschlossen. Nur in ein paar Süßigkeitsauslagen altern Pfefferkuchen, Nougat und Berlingotbonbons. Dem einsamen Löwen ist wüstenwohl. Ein paar Ecken weiter wartet die Garage, wo im Frühling oft kein Wagen mehr unterzubringen war. Jetzt geht der Aufseher vor den paar zurückgebliebenen Pensionären auf und ab, er ist wie ein Dompteur, dem die meisten seiner Tiere eingegangen sind, zwischen den Resten seines Bestandes.

Unsre Straße: Wo man wohnt, erlebt man Stadtflucht, Verlassenheit, Pause besonders deutlich. Jeden Tag sind wieder eine Reihe eiserner und hölzerner Fensterläden verriegelt. Das Grammophon unsrer Portiersfrau ist das einzige tönende Instrument in dieser sonst nur allzu musikalischen Straße. Und ihr weißes Hündchen, das bisher bei seinen Ausgängen vor Menschen und Wagen ängstlich behütet wurde, spaziert gelassen und stolz über den leeren Damm, als ginge es über Land.

Mitgenommen in eine Modenschau

Hier bin ich nur geduldet, nur mitgenommen, weil ich von der Sache nichts verstehe und nicht eine einzige von den „Creationen" richtig beschreiben und verraten könnte. Zu meiner Rechten und zu meiner Linken und mir gegenüber sitzen Kennerinnen. Sie haben den Katalog auf den Knien und machen mit dem silbernen Bleistift, der daran hängt, Notizen. Sie sehen streng und unbeeinflußbar aus wie Kritiker im Theater. Die Mädchen, die sich und die Kleider vorführen, wiederholen auf Wunsch den Namen der schönen Puppe, die sie jedesmal sind: Pétale Perdue, Heure Exquise, Enigme, Valse Rose, Jeune Abbé, Pourquoi Pas, Vagabonde … Manche wissen sogar auf englisch ihre Katalognummer. Sie kommen ganz nahe heran und lassen von den Richterinnen ihre Stoffe anfassen. Dazu fühle ich mich nicht berufen. Ich habe anderes zu erleben. Mir weht und spaziert der Frühling vorüber. Fest und elastisch hat er seine Lenden gegürtet. Leicht und locker sind seine Schleifen gewunden. Ein Griff, ein Windstoß könnte sie lösen. Züchtig kokett wie Schulmädchen sind seine dunklen Pelerinenmäntelchen, aber wenn er sie öffnet, flimmern erblühende Farben. Und der Sommer naht in Strandkleid und Badekostüm und trägt breitkrämpige Hüte. Bald ist er vorbei mit straffen und flatternden Seiden und Leinen auf eilig bewegten Gliedern. Und nun wird Licht gemacht, langsamer kommen die Mädchen wieder daher und sind in langen Gewändern Abend und Fest.

Und da gibt es Überraschung! Da ist etwas anders geworden! Mit einmal ist Überfluß da, ein flutendes Zuviel, eine reizende Verschwendung, eine sanfte Pracht. In den letzten Jahren war uns die wahre oder falsche Knabenstrenge und Knappheit der Frauenerscheinung ein großer Eindruck gewesen und hat, wie alle Mode, einer Mannessehnsucht entsprochen. Ob mit den neuen Kleidern eine neue Schönheit und Verlockung sichtbar wird, oder ob, was wir da sehn, nur Wiederaufnahme, Erinnerung, Heimweh nach früheren Zeiten ist und vorübergehn wird, wer kann das beurteilen? Genießen, begreifen können wir nur den Augenblick, den Anblick lang gleitender Gewänder.

Sie sind uns noch mehr als schöner Überfluß, mehr als neue Linie, Form und Farbe. Wenn sie gar nicht mehr geschürzt und gerafft sind, wenn sie reifenrund kreisen, dann streift ihr Saum durch den Rasen des Märchens. Dann geht die Königstochter durch ihren Garten, sie kommt bis an den Brunnen, und wir Bewunderer sind wie der aufschauende Froschkönig, zu dem sie sich in reicher Hülle herabbeugt. Wenn bisweilen Schleppen dem Schritt nachschlängeln, erwachen in uns ganz vergessene Pagenzaghaftigkeiten und Pagengelüste. Und mit den verbergenden, ändernden, wechselnden Falten umspielt die Gestalten Ahnung und Ungewißheit; wir werden wieder Kinder, die noch nicht viel wissen vom andern Geschlecht. Es wird noch einmal Geheimnis. Geheimnis, ob als bannendes Rätsel oder als neckendes Versteckspiel, gehört trotz allem unserm Lernen und Erfahren nun einmal zum Wesen der Frau. Wir wollen immer wieder in die Irre geführt werden und langsam erraten. Darum ist es hübsch von der Mode und weise von ihren Meistern, verhüllend das Geheimnis zu betonen.

Die älteste Logenschließerin

Einer der ältesten Staatsbeamten Frankreichs hat sich nach 51jähriger Dienstzeit im Alter von 80 Jahren zurückgezogen. Diese bemerkenswerte Persönlichkeit saß weder auf dem Sessel eines Ministeriums noch auf dem Drehschemel einer Kanzlei. Sie saß während der Ausübung ihres Dienstes überhaupt wenig, sondern stand oder wandelte meistens, die Älteste der Logenschließerinnen des Pariser Staatlichen Schauspielhauses, die „doyenne des ouvreuses de la Comédie Française".

Um sich einen Begriff von der Würde ihres Amtes zu machen, muß der Deutsche sich vergegenwärtigen, wie wichtig in Frankreich von alters her alle sind, denen eine Tür, ein Zugang anvertraut ist. Man denke an den meilenweiten Abstand zwischen einer deutschen Portierfrau und einer Pariser Concierge! Der Besucher des Pariser Theaters macht keinen Schritt allein. Er wird dauernd gegängelt. Hat er an der Kasse seinen Eintritt bezahlt, darf er noch lange nicht eintreten. Er muß erst vor die drei würdigen Herrn im Frack, die streng hinter einer Schranke thronen wie drei Totenrichter der antiken Unterwelt. Sie flüstern untereinander, und dann macht einer von ihnen nach unerforschlichen Erwägungen geheimnisvolle Zeichen auf dein Billet und übergibt dich einem Diener, der dich an die nächste Pforte deines Schicksals geleitet. Hast du bei der Garderobenfrau deiner Abgabepflicht genügt, so verfällst du der Beschließerin, die dich als Placeuse ins Parkett, als Ouvreuse in Rang und Loge einordnet. Diese Damen sind in leichtfertigen Revue- und Possentheatern munter und aufmunternd gekleidet und bisweilen jung. Aber auch die würdig angezogenen Ouvreusen der Staatsbühnen sind geschmückt, wenn nicht mit Maiglöckchen – wie die engelhaften Nymphen des großen Komikers Mayol es gleich ihrem Meister waren –, so doch mit einer Schleife im Haar, das sie oft noch altertümlich gezöpft tragen.

So geschmückt war 51 Jahre lang Madame Jeanne Noviant, die jetzt neugierigen Journalisten ihr Leben erzählt: „51 Jahre lang bin ich nie vor 1 Uhr 30 schlafen gegangen, ich hätte gern noch ein paar Jährchen so weitergemacht, aber mein Mann fängt an zu kränkeln, ich möchte ihn abends nicht allein lassen. Im August 1879 habe ich das neu eröffnete, renovierte ‚Théâtre Français‘ mit den ‚Femmes savantes‘ und dem ‚Malade imaginaire‘ eingeweiht." (Und dann zählt sie auf, wer alles damals mitspielte.) „Ich war dabei, als Sarah Bernhardt in ‚L'Aventurière‘ ausgepfiffen wurde. Und Victor Hugo habe ich gut gekannt und ihm oft seine Loge aufgemacht. Er nannte mich seine ‚kleine Prinzessin‘. Nun ja, damals sah ich anders aus … In meinem Elternhaus in Nièvre war ich das fünfte von zehn Kindern. Schulunterricht war bei uns nicht obligatorisch. Orthographie habe ich in meinem Leben nicht ordentlich gelernt. Sehr jung habe ich geheiratet. Mein Mann und ich, wir hatten ein kleines Hotel in der Rue Palais-Royal. Zur Zeit der zweiten Weltausstellung haben wir ganz hübsch Geld gemacht. Aber dann alles in russischer Anleihe verloren. Da bin ich denn in das Haus Molières eingetreten. Ich debütierte im obersten Rang. Man steigt nämlich in unserm Beruf hinab, je mehr man aufsteigt. Unten ist der ‚Senat der Ouvreusen‘, wie Coquelin der Jüngere es nannte. Beim Brande 1900 war ich noch im dritten Rang. Ich habe nicht viel vom Feuer gemerkt und doch die bronzene Medaille bekommen. In diesem Rang passierte mir auch das einzige Mißgeschick im Dienst: Ein Mantel war verschwunden; für die Sachen in den Logen sind wir doch verantwortlich. Das hat mich, glaube ich, hundert Franken gekostet. Unser Dienst ist nicht leicht. Denken Sie: die vielen Matinéen. Und doch liebe und segne ich das Haus, in dem ich so lange mitgespielt habe. 1922 bekam ich mein Diplom ‚für lange treue Dienste‘."

Madame Noviant erzählt das alles in einem hübschen Appartement, um das mancher Kopfarbeiter sie beneiden könnte. Sie zeigt Alben mit gewidmeten Bildern: berühmte Gesichter aus alter und neuerer Zeit. Ach, sie wird in ihrem bequemen Fauteuil oft Heimweh bekommen nach dem Stehn und Gehn in Licht und Dämmer des Vorzimmers der Kunst.

Tanz aller mit allen. Paris tanzt

Daß der 14. Juli, der Tag des Bastillesturmes, diesmal in Paris besonders prächtig ausgefallen ist, hat wohl schon in allen Blättern gestanden: seit langem keine solche Menschenmenge bei der Truppenparade. Die besondere Attraktion: Aufmarsch der Armee, die vor 100 Jahren Algier eroberte, in historischen Uniformen. (Patrioten vom Schlage derer, die in dem Zwei-Sous-Blatt des Parfümkönigs Coty, dem „Ami du Peuple", dem „Figaro" der kleinen Leute, Gefühlspropaganda machen, sehen in der Begeisterung der Pariser angesichts des Aufzuges der Spahis, Turkos, Zuaven die unerschütterliche Waffenfrohheit eines tapferen Volkes. Tieferblickende lassen vor den Rotmänteln, Burnussen, Turbanen, Rothosen, himmelblauen Tuniken, kreuzweis gebundenen weißen Tornisterbändern, vor der ganzen militärischen Ergänzungsrevue zur Jahrhundertfeier der Romantik die guten Bürger nur ein Wiedersehen feiern mit den Zinn- und Holzsoldaten, die sie einst aufgebaut, und den Bilderbogenkriegern, die sie ausgeschnitten haben und die nun mit einmal lebendig herumlaufen.)

Aber diese Prachtparaden und auch die Kinoposen der Offiziellen und alle Illuminationen von Monumenten, Feuerwerke auf den Höhen und am Fluß, Artilleriesalven, Gratisaufführungen in staatlichen Theatern, all das ist nur ein kleiner Teil des Vierzehnten, und nicht sein wichtigster. Hauptsache ist der Tanz, die Orgie der kleinen Leute, die Saturnalienfeier der Armen. „Ici on danse", diese Inschrift brachte die große Revolution an der Stelle an, wo sie den Kerker eingerissen hatte. „Ici on danse" steht jeden vierzehnten Juli an derselben Stelle an dem Bretterverschlag angeschlagen, in dem das Orchester der Menge zum Tanze aufspielt. Drei Abende und halbe Nächte hindurch (dies Jahr waren es sogar vier, da der sonntägliche Dreizehnte den Sonnabend-abend miteinbezog) beherrscht das Volk von Paris das Pflaster unumschränkt. Wo noch Autobusse fahren dürfen, warten sie, wenn sie an den Ball eines Platzes oder einer Straßenkreuzung auf ihrer Strecke kommen, jedesmal geduldig ab, bis die Tanztour vorbei ist, und wälzen sich dann langsam, wohlwollend umheult, weiter.

Die tausend Straßenbälle von Paris drücken jeder die Eigenart seiner Gegend, Reichtum und Armut, Bravheit und Verdächtigkeit, Berufsart und Menschenschlag der Bewohner aus. Schon die verschiedenen Musikkapellen und ihre Behausung sind charakteristisch. Die großen Orchester vor der Börse, dem Rathaus, auf dem Fremdenjahrmarkt Montparnasse musizieren in bewimpelten Loggien, in buntbehangenen Tempeln aus Holz und Leinwand, in blauweißrot angestrichenen Strandhütten. In schmalen Straßen und engen Carrefours hocken drei Männer unter einem Bretterverschlag und spielen die Instrumente der „Dudelsackbälle": Ziehharmonika, Banjo und Jazz. Und manche haben als Estrade nur eine Holzplanke, die auf Tonnen steht. Neuerdings sind aber viele der größeren und kleineren Kapellen durch Erfindungen verdrängt worden, die Musiker und ihre Unterkunft entbehrlich machen: die mechanischen Klaviere, die Grammophone, vor allem aber die Lautsprecher, die irgendwo an der Hauswand kleben und ihre Schlager in die größere oder kleinere Menge hinunterdröhnen.

„Ce n'est que votre main, Madame" (Anfang unseres „Ich küsse Ihre Hand") singen die Mädchen an der Porte Saint-Denis tanzend mit, während rosa, grüne und hellblaue Wechsellichter einer nahen Illumination über sie wandern. Tische und Stühle, zwischen denen Kellner in Papiermützen ihre Servierbretter balancieren, sind weit auf den Damm bis dicht an die Tanzenden geschoben. Heut ist der Tag, an dem die Jüngsten und Ältesten, Scheusten und Kränksten aus ihren Stubenecken und von ihren Fenstersitzen ans Festeslicht vordringen. Sogar die grimmigen Portierfrauen, die Conciergen, die der Pariser Zerberusse nennt, diese ewigen Schwellensiedlerinnen, schieben sich aus düsteren lindwurmlangen Hausgängen bis an das helle Fest.

Aber noch echter und eigener wird das Fest in den Gassen auf der kleineren Seine-Insel und am linken Ufer. Wo ein bißchen Licht und Musik aus dem Dunkel dringt, finden wir Auvergnaten und Limousiner, die ihre heimatliche Bourrée tanzen, kleine Liebhaberorchester mit Geige und am Klavier. An ein paar Stellen hörten wir sogar den altertümlich empfindsamen Klang des Waldhorns. Und schließlich kommen wir ins eigene schon etwas vorstädtische Quartier. Da vor dem Ausschank, wo wir unseren Tabak und unsere Briefmarken kaufen, umgeben Tische und Stühle ein freigelassenes Viereck auf dem Trottoir. Da warten die Mädchen vom Bäcker, vom Schlächter und aus dem Miniaturwarenhaus auf den nächsten Tanz. Sie haben farbige Fähnchen umhängen und nackte Arme. Die Frau des Besitzers der Kohlenhandlung, die zugleich Hotelbetrieb und Weinhandlung ist (wenigstens steht über der Tür „Vin Hôtel Charbons"), stillt neben dem Bierglas ihres Mannes ihr Jüngstes. Der Saufkumpan mit dem hängenden Gallierschnurrbart, der mir einmal hier an der Bar erklärt hat, es gebe kaum noch richtigen Kognak, er müsse es wissen, er sei mit den Hennessys verwandt, hat sich als Privatakrobat entpuppt. Er macht zur Musik erst Salto, dann Negerstep, unter Beifall und Hundegebell. Seine Schuhsohlen und Fußlappen sind der Leistung nicht gewachsen, sie lösen sich auf, schlappen seinen Hüpfern und Rutschern nach. Das stört ihn nicht. Und die Leute, die ihn sonst oft störend finden, selbst der Schankwirt, der ihn fast jeden Abend hinauswerfen muß, sind entzückt. Der Wirt winkt, als der Tanzakt aus ist, den Pustenden an die Bar heran und fragt, was er ihm zu trinken anbieten darf. „Heut sind Sie aber nachsichtig mit ihm", sagt eine Nachbarin. „Was wollen Sie?" ist die Antwort. „Heut ist der Vierzehnte!"

Pariser Saturnalien

In Paris finden die *wahren* Saturnalien, der Tanz aller mit allen, am 14. Juli, dem Nationalfest des Bastillesturmes, statt, da feiert das Volk unter Lampions an allen Ecken, wo nur irgendein bißchen Platz ist für einige Paare, die um die kleine Holzestrade mit der Dreimännerkapelle tanzen. Da steigt, was man sonst nie auf der Straße sieht, aus Salons herab und aus Kellern herauf, und tanzt auf dem Pflaster. Aber Karneval? Gibt es das noch? Daß zwischen Epiphanias und Aschermittwoch einige offizielle Festivitäten, Opernball und dergleichen, stattfinden und von hohen Staatsbeamten, Botschaftern und Balkanköniginnen heimgesucht werden und daß alle anderen Bälle etwas dichter gesät sind als sonst das Jahr über, ist das Karneval? Und die tollsten Feste, der berühmte „Ball der vier Künste", den die Kunstschüler immer noch mit rührend pathetischem Orgiasmus ausstatten, und der Ball der Mediziner, bei dem ein ebenso rührender Zynismus Nacktes und Beflittertes kommentiert, finden erst im Frühjahr statt. Und dann gehören zum Karneval doch eigentlich auch Umzüge! Wo ist der alte „Carrus navalis", das wandernde, wankende Räderschiff des Prinzen Karneval? So etwas sieht man wohl eher in *Nizza*, wo die Konfetti schon im Februar durch Frühlingshimmel schießen. Paris hat solch einen Umzug erst zu Mittfasten. Da rollen auf überschmückten Wagen die kleinen Königinnen der alten Provinzen, der allerlei Weinlande Frankreichs, umgeben von pappenen Symbolen ihrer Heimaten, durch dichte Menge über die Boulevards. Meist sieht man nicht viel davon, man wird beiseite gedrängt von Beiseitegedrängten und bekommt nur ab und an zwischen den schwarzen Helmbüschen der ordnenden Stadtgardisten hindurch ein strahlendes Gesicht, einen bebänderten Rücken, ein Papierkrönlein der Schönen von Mi-carême ab.

Seit in der alten und neuen Welt der Tanz eine Art obligatorischer Sport geworden ist, seit jeder Ladenschwengel Charleston kann, seit die weißen Mädchen mit ehrgeizigem Eifer in choreographischen Freiübungen es den schwarzen gleichzutun versuchen – aber die Negerinnen machen es immer noch schöner –, seitdem sind die Bälle von Vornehm und Gering, von Tugend und Laster einander alle ziemlich ähnlich geworden, hier wie in anderen Großstädten, und um etwas speziell Pariserisches zu sehen, muß man schon die kleinen Bals musette der Vorstädte besuchen, wo sich noch der Dudelsack neben dem Saxophon behauptet und nach jeder Tour ein sammelnder Tanzleiter oder eine entsprechende strenge Megäre den „Herren" Hand oder Geldtasche entgegenstreckt und „Passons la monnaie" befiehlt. Da tauchen dann auch noch ein paar Knaben des romantischen aussterbenden Volksstamms der Apachen auf, von denen einst so viel schöne Lieder auf Bühnen und von Straßensängern und Straßenjungen gesungen wurden – und deren schwieriger Beruf heutzutage von bürgerlich gekleideten, international geschulten Gentlemen ausgeübt wird.

Trachtenfeste? Das braucht Paris kaum. Es gibt ja soviel echte Volkstrachten hier, Mongolen, Mulatten, Siamesen, Indier, Araber – mitten im Alltag. Es wird immer schwerer, sich zu verkleiden. Reizend angetan sind trotzdem auch heute noch die kleinen Rokokodamen und Kavaliere, Pierrots und Colombinen der Kinderbälle an Spätnachmittagen in den Montmartre-Etablissements, wo abends erwachseneres Volk seinem Beruf und Vergnügen nachgeht. Und diese Kleinen drehen sich noch im Reigen und Rundtanz zu Pierrots Mondlied und den schönen Versen von der Schäferin im Regen.

Das eine oder andere Fest müssen wir aber doch auch dies Jahr bei „Bullier", dem altgeheiligten Tanzsaal des Lateinischen Viertels, mitmachen, und wenn wir nicht auf das Fest selbst gehn, wenigstens den Exodus nachher in der „Rotonde" erleben, dem einst kleinsten, jetzt größten Café des Montparnasse. Da schlüpft noch allerlei fragiles Paris und munteres Provinzfrankreich zwischen den Koffer- und Schrankgestalten Amerikas hindurch. Wie erfreulich war doch im vergangenen Jahr die kleine Rötlichblonde, die fast nichts anhatte außer den Papierschlangen, die man über sie warf, während sie sanft und beflissen zur Jazzmusik unentwegt die Bauerntänze ihrer auvergnatischen Heimat ausführte, die Knie hob und in die Hände klatschte und dazu La Bourrée, La Bourrée sang. Und uns fiel ein, daß es von Bach und Händel Musikstücke gibt, die „Bourrée" heißen wie dieser Bauerntanz, und wir sahen in der ländlichen und dabei zierlichen Gestalt das süße Alt-Europa zerzaust und nackt und buntbehangen, belächelt von Yankees und Exoten, seinen Kehraus tanzen.

Der Flohmarkt von Paris

La foire aux puces: heißt der kuriose Trödelmarkt vor den Toren der Stadt nach dem, was man mit der gekauften Ware gratis mitbekommt. Hier wird in einer kleinen Bretterbudenstadt die Ware von Paris zum letzten Male feilgeboten. Bis sie hierherkam, hat sie einen weiten Weg durch vornehme und gemeine Auslagen zurückgelegt und ist durch viele Hände gegangen. Was in den großen Bazaren und kleinen Läden nach Art und Wert getrennt war, kommt hier noch einmal bunt zuhauf. Alles steht, hängt und liegt durcheinander. Der Vogelbauer steht auf der Badewanne. Über der Druckerpresse hängt eine Pelzboa. Kasserollen, Pfannen, Teller und Schüsseln sind aufgestapelt oder angepflockt, der Papierkorb steht im Waschzuber. Auf der Druckerpresse lagern Perlenketten, eiserne Bettstellen lehnen an der Wand, und über ihren Gittern hängen Mäntel zum Verkauf. Kolonnen von Stiefeln hängen an Pflöcken und Leinen aufgereiht, winzige Kinderschuhe stehen zwischen Nippessachen auf dem Tisch. Eine ganze Kunstausstellung von Landschaften, Porträts, Stilleben, Historienbildern ist ohne Ansehen des Kunstwertes aufgestaffelt. Und die Maler kommen her und kaufen die Bilder ihrer unbekannten Kollegen – nicht wegen ihrer Schönheit, sondern um billig zu einem hübschen Rahmen zu kommen. Alle Zustände des verarbeiteten Eisens kann man hier erleben, von der großen Röhre bis zum kleinsten Uhrgehäuse. Unter den Hüten und Kapuzen, Toques und Mützen kann man Studien über die Moden der letzten zehn Jahre machen.

Kinderwagen tauchen hier noch einmal auf, in denen unsere Großmütter spazieren gefahren wurden. Und geduldig stehen und sitzen die Althändler und -händlerinnen neben und hinter ihrer Ware. Sie bieten nicht an, sie rufen nicht aus. Sie warten ruhig und ergeben, bis ein Kunde kommt, und sehen ihm gelassen zu, während er ruhig in dem Allerlei wühlt.

Auch dies ist ein Stück Paris; diese Bretterbuden gehören mit zu den Architekturen der vielen Wanderstädte, die innerhalb der großen Stadt aufgerichtet, abgerissen und neu aufgebaut werden. Die Kinder der Vorstadt lieben diesen Trödelmarkt, wenn es hier auch keine Karussells und Würfelbuden gibt wie auf den vielen Jahrmärkten, die längs der äußeren Boulevards rund um die Stadt wandern. Sie schleichen verwundert über dies große Kehrichtfaß des Verkaufs herum und spielen hinter den Bretterwänden Verstecken.

Verwaiste Gegenstände

Auf dem Korb voll halbzerbrochenen Geschirrs liegen zwei Fächer. Eine Greisin, die in der erste Reihe des Auktionspublikums sitzt, packt den einen und fächelt ihre Runzeln Probe. Angegraute Vorhänge quellen aus der Kiste, die der Diener heranrückt. Aus der bauchigen Tasche der strengen Händlerin knistern ihnen schon die schmutzblauen Scheine entgegen, eh noch der Hammer des Taxators aufgeschlagen hat. Sein Gehilfe holt auf einen Wink die große Puppe, die auf den Küchenmöbeln hockte, her. Er nimmt sie um den Leib und zieht ihr den Porzellankopf mit dem spitzzulaufenden Halse aus dem Rumpf; nach rechts reicht er den Kopf, nach links den Rumpf. Burschen schauen unter die steifabstehenden Puppenröcke. Der Saal wird voller. Du müßtest aufs Podest steigen, um noch etwas zu sehen. Aber von einem Schub Fachleute, die hier nicht mehr bieten wollen, wirst du auf den Flur gedrängt. Auf einem Anschlag in fetten Buchstaben: „Racoleurs". Was ist das? Der Text darunter erklärt: „Es ist ebenfalls verboten jeder Akt der racolage, bestehend in Handelsangeboten an Personen, die zur Versteigerung gekommen sind, und in Versuchen, sie von dem öffentlichen Verkauf zu entfernen, um sie in Privatgeschäfte zu führen."

Ankündigung neben der Tür zum nächsten Saal: Kanapees, Fauteuils, Schränke, Truhen, Bibliothek, Kommoden, Sekretäre, Eckschränke, Gueridons, ferner Bohrer, Feilen, Schrauben, Drehbänke, Pressen, kleine Guillotine (– was mag das sein? Ein Zigarrenabschneider? –), Pfriemen, Prägstempel, Eichmaße, elektrische Motoren. Im Saal sind viel Mützenmänner, manche stehen hoch auf den Holzstufen, manche auf Kisten neben Strohkorb und Ölkanne. Zwei halten sich rechts und links an den Eckwülsten eines Sofas fest, andere an den Querstangen,

338

deren Reihen bis zur Decke reichen. Ein großer Besitz soll hier losge-
schlagen werden, sowohl die Zimmer- wie die Fabrikeinrichtung. Die
da oben, die wie Techniker aussehen, werden noch eine gute Weile
warten müssen, ehe das, was sie angeht, drankommt. Denn die „Ordre
de vacation", welche die Reihenfolge der Versteigerung anzeigt, beginnt mit den Nummern des Haushalts. Der interessiert die Dame in
hochgeschlossenem Kleid. Sie ist noch immer in Halbtrauer um den
längst verstorbenen Gatten und begleitet von ihrer Tochter oder künftigen Schwiegertochter, der sie Einrichtung aussucht. „Wird Jacques das
lieben? Es nimmt nicht viel Platz weg", meint sie, als ein Eckschrank
versteigert wird. Das junge Mädchen kümmert sich mehr um Silber-
schüsseln. So wandert der alte Besitz, der einmal Tagesgeschmack war,
von Verarmenden oder Gestorbenen zu den zu Geld Gelangten, die
noch keinen neuen Geschmack haben. Die Dinge wollen nicht mehr an
ihren alten Stätten bleiben. Mit ihnen gehen die kleinen Hausgötter, die
Penaten, fort. Werden sie sich neu ansiedeln können? Sterben sie nicht
auf dem Weg zum Auktionshaus? Jetzt werden Feuerschirm und Feu-
erzangen eines Kamins ausgeboten. Die beachtet die Witwe und
Brautmutter nicht. Ihr Kind wird in eine Wohnung mit Zentralheizung
ziehen. Und sind dort noch Kamine, so wird kein Feuer darin angefacht
werden. Vielleicht wird es nur eines der falschen elektrisch erleuchteten
Kohlenfeuer geben. Die Laren sind fort auch aus dem kommenden
Heim. Einmal, als das Kind des früheren Bewohners dort auf dem Rost
mit Wolle, Strohhalm und Streichholz Feuer spielte, hat noch etwas
geraschelt, das mehr war als Flammenzucken. Aber dann hat man das
Kind fortgerissen und die Klappe zugemacht. Die Laren sind aufgeflo-
gen. Es ist ja auch kein Staub mehr in den neuen Häusern, in dem sie
siedeln könnten. Staubsauger strecken ihre Schläuche durch die Fenster
oder kommen treppauf in der Hand der Hausmeisterin. Geh den Frau-
en nach, die sich jetzt entfernen. Sie durchqueren den Saal gegenüber,
in dem heute keine Versteigerung stattfindet. Was da herumsteht und
hängt, wartet wie – Untersuchungsgefangene. Alle Dinge hier haben
das gleiche Los, ob sie nun Kunst- oder Gebrauchsgegenstände seien.
Die Ankündigungen unterscheiden zwar zwischen „bronces d'art" und
„bronces d'ameublement", zwischen „objets divers" und „objets de
vitrine", aber Gefangene werden einander ähnlich. Da sind eine Reihe
farbiger Stiche, die das Leben der Esther darstellen. Auf dem einen

wird immer noch, so stockfleckig sie ist, die schöne Königin für Ahasverus gesalbt und gebadet zwischen umgestülpten Louis XV-Stühlen, Bettgestell und Standuhr unter Lüstern, Wandleuchtern und hangenden Teppichen.

Nun gehen die Frauen in den nächsten Saal, wo die Spiegel mit den nachgemachten Schäfereien am Aufsatz sind, wo die traubengekränzte Bacchantin, die „Automne" heißt, ihr verschmitztes Marmorlächeln auf den Taxator hinabsendet. (Stand nicht so eine beiseitegerückt auf dem Spind im Schlafzimmer der Eltern und später auf einem noch höheren im Plättzimmer?) Da mögen sie Konsole, Nippestisch und Büfett wählen. Sie werden nicht so heikel sein wie der Alte dort, dem unter der Tellermütze der silberne Haarkranz sprudelt und der so mißtrauisch die Schlösser der Schränke und Truhen untersucht. Du siehst hinauf zu den beiden lustigen Mädchen, die sich aneinandergelehnt auf den Seitenstufen recken und dem Ausbieter gerade ins Gesicht lachen. Die sind hier nicht am Platze, hier wird nicht gelacht und geflirtet. Streng sind die Gesichter der Kenner und Laien, selbst als jetzt der goldgerahmte himbeerfarbene Sonnenuntergang hochgehoben wird. Laß die Mutter den für das Eßzimmer ihrer unglücklichen Nachfahren erstehen und komm eine Treppe höher. Da gibt es stillere Säle mit Spezialitäten und Spezialisten. In einem sitzen, über ihre Kataloge geneigt, die Briefmarkensammler. Viele von ihnen haben Alben vor sich liegen, in denen sie vergleichen, was der Auktionsdiener auf weißen Bögen an aufgeklebten Wertzeichen herumreicht. Mit sanfter Stimme nennt der Taxator von Zeit zu Zeit eine neue Nummer des Katalogs und liest von winkenden und nickenden Köpfen die Angebote ab. Ebenso gelinde geht es in dem Saal mit den Münzen zu, etwas lebhafter in einem dritten, wo eine Sammlung von Negerplastiken versteigert wird. Da wandern Götzen und Tiere durch Kennerhände, manche steigen dabei im Preis, manche scheinen zu verlieren. Die Kenner sehen diese Holzidole kaum noch auf ihre gleich sichtbare Schönheit hin an, sie drehen die Stücke und finden innen im Holz Merkmale, die dem Laien entgehen. Als eine Harmlose angesichts eines rätselhaften Tieres: „Ah! le beau monstre!" ausruft, bekommt sie von den Nachbarn ein nachsichtiges Lächeln ab. Einen stattlichen Vierfüßer mit Schildkrötenkopf, den, kaum von seinem Katalog aufschauend, ein alter Jude weiterreicht, erwirbt ganz billig eine junge Frau. Er wird aus ihrer Hand vielleicht in die eines Kindes kommen und wieder ein heiliges Tier werden.

Für Keramik, Gravüren, Gouaches des letzten Saales bist du schon zu müde, siehst nur im Nebel über den Häuptern durch fahles Grün eines Gobelinwaldes, dessen Rand franst und spaltet, vergehende Gestalten einer anderen Welt wandeln. Aber die Anschläge im Flur liest du noch durch und erfährst, daß die Polizei verbietet, Hunde mitzubringen, zu rauchen, auf den Stühlen zu schlafen und verkehrbehindernde Gegenstände abzusetzen oder auszubreiten. Du siehst im Vorbeigehen ein Kind auf tiefem Tisch gekauert unter einem umgestülpten Directoiresessel, dessen Sphinxe an den Lehnen nach oben schauen; es starrt verschlafen auf die Mutter, die ihm von weitem mit der Tasche zuwinkt. Du liest Rätselworte wie „table rognon" oder „pendule religieuse".

Die Treppe hinunter. Fort aus dem Kehraus der alten Jahrhunderte und ihrer Zerrbilder. Selbst in der Tür zum W.C. steht noch auf einer Kommode eine beiseitegeräumte Chinavase, lehnt noch eine Gravüre. Du stehst auf der Straße. Ein Heer von Autos wartet hier und in den einmündenden Nebenstraßen, dazwischen altväterische Pferdegespanne und Lastkarren. Vor den Läden stapeln sich Tische, Stühle, Classeurs. Inschriften fordern dich auf, die Gelegenheiten eine Treppe höher zu besichtigen. Beim Dammüberqueren wird dir ein Zettel gereicht: „Kabinett des Dr. … Wenn Sie den geringsten Hautriß an sich entdecken, konsultieren Sie uns! …" Du kommst vor den großen Laden „Zur harten Eiche". Mitten unter modernen Möbeln liegt auf einem Tischchen ein Lederband aufgeschlagen: „Traité de la communion". Unter den Schrecken des 19. Jahrhunderts bedrängen dich besonders zwei Gestelle mit Kleiderriegel und Glasscheibe, die den Rücken einer halbnackt sinnenden Maurin spiegelt, welche auf dem Brett darunter festgemacht ist. Die Gestalt vor dem Nachbargestell heißt „Rebecca" und ist „à demonter". Zwei Amoretten aus Terrakotta ringen und schauen dabei auf eine Art Brötchen zu ihren Füßen. Das nennt sich „Kampf um das Herz". Ein Torbogen, im Hintergrund ein alter Palast: Justice de Paix. Die Fenster des oberen Stockwerks sind erleuchtet. Schlecht gekleidete Leute kommen unten aus dem ehrwürdigen Gebäude. Die Mauer des Hofganges, der zu dem Palast führt, ist voller Anschläge, die Verkäufe auf Grund von Pfändung und Bankerott und alle Arten der

Versteigerung anzeigen. Du treibst bis an die Ecke des Boulevards. Neben dem Zeitungsstand, wo über seitlich lockere Magazine ein roter Zettel läuft: „De la folie pure", bekommst du einen Pappkneifer zugesteckt: „Der König der Kneifer, der nie von der Nase fällt. Haus gegründet 1876". Und nun stehst du am Eingang zum Kleinen Kasino. Du könntest noch ins Apéritifkonzert gehen und die Künstler sehen und hören, deren Photos hier von der Wand schauen, die Hochschmachtende, den dreieckig Grinsenden, den Clown mit zu kleinem Hut und zu breiter Krawatte, die verbissene Realistin mit den Händen in den Taschen des Jackenkleides. Drüben wandert Reklameschrift durchs Dach. Aus Überhelle schaust du zurück in die dunkelnde Straße, wo schon fern das Haus der Ausverkäufe breit und still lagert.

Der Turm von Paris

„Der Eiffelturm ist der Zeigefinger von Paris", verkündet ein junger französischer Dichter, Joseph Delteil, in einem schönen Hymnus auf sein Paris, „der Zeigefinger, der da deutet und vorbedeutet. Auf die Zukunft gerichtet. Ein Sinnbild des Schicksals." Nun hat er schon ein gut Teil Vergangenheit, dieser überraschende Riese, hat allerlei Stadt- und Weltgeschichte mitgemacht. Den Zeitgenossen des großen Architekten Gustave Eiffel, der sie zur Ausstellung von 1889 mit dieser Novität verblüffte, war er vor allem ein Triumph der Technik, ein achtes Weltwunder. Als Eiffel das Projekt der Verwaltung vorlegte, empörten sich viele maßgebliche Männer gegen dies Monstrum, es gab einen großen Protest von Wissenschaftlern und Künstlern. Es wurden Zweifel laut an der Möglichkeit, Ausführbarkeit, Sicherheit dieser Eisenkonstruktion. Aber Eiffel siegte. Und die Pariser sahen ihren jungen Riesen aufwachsen auf seinen vier Elefantenfüßen, welche in abgekürzter vierseitiger Pyramide die erste Plattform trugen, um dann als steiler werdende Pfeiler emporzusteigen zur zweiten Plattform und endlich in einer Höhe von fast zweihundert Metern zu einem Pfeiler zu verschmelzen, der oben, nahe dem dreihundersten Meter, Laboratorien,

Leuchtfeuer und eine niedliche kleine Wohnung für Herrn Eiffel in seinem Campanile barg. Im Jahre 1909 ging der Turm in den Besitz des Staates über und ist allgemach trotz seiner absonderlichen Gestalt ein Teil von Paris geworden, ein Stück dieser Stadt, welche die fremdartigsten Dinge mit uralter Sicherheit ihrer Atmosphäre akklimatisiert. Manches am Eiffelturm wirkt jetzt sogar schon – altertümlich: die Dekorationen und Malereien an und in den Baulichkeiten der unteren Plattform und der Glassalon der zweiten. Aber ganz Gegenwart und Jetztzeit wird dieser Roland von Paris, wenn er des Abends seine Reklamebeleuchtung bekommt, wenn er das Flimmerkleid von Ornamenten und Riesenbuchstaben anlegt und von Minute zu Minute wechselt. Und den großartigsten Eindruck gewinnen wir von ihm, wenn wir hinauffahren in den Schacht seiner stählernen Eingeweide und vor unsern Augen sich immer neue Stahlwälder aufbauen, eiserne Spinngewebe sich verflechten und entfalten, bis wir, oben angelangt, über die tausend Dächer der Stadt hinweg in die dunstigen schimmernden Weiten der Ile de France schauen.

Immer hat er die Phantasie seiner Besucher aufgereizt, er ist ein Verführer, der Riese auf dem Marsfeld. Kletterkünstler sind an seinen Stahlbeinen emporgeklommen, häufig melden die Zeitungen von Lebensmüden, von unglücklich Liebenden, die von seiner Höhe sich in die Tiefe gestürzt haben, um an seinem Panzer zu zerschellen, ehe sie den Boden erreichen. Er trägt das Licht in die Ferne aus seinem Leuchtfeuer und sammelt die Weltereignisse in seiner Großfunkstelle. Mit seinen Laboratorien für Astronomie, Physik und Meteorologie, mit seinen Projektoren und Meßapparaten dient er der Wissenschaft, und für die Kinder ist er das große Wunderspielzeug aus dem Stahlbaukasten. Und so, als Riesenspielzeug, sehen auch wir ihn, wenn uns auf einem Weg durch Vorstadtstraßen bei einem Durchblick mit einmal der Anblick dieses Brückenpfeilers ohne Brücke, dieses Zwitters aus Pyramide und Stecknadel überrascht.

Mi-carême ...

... nicht mehr, was es war. Wenig déguisement, auf der Straße meist nur Kinder und Studenten. Immerhin der alte Weißbart, der im armen Frauenrock und einen Schleier über seinen rotbemalten Backen in Humpellatschen am Boul. Mich. geht. Und der Cortège auf Avenue und Boulevard, vom Menschenspalier erwartet. In Fenstern Hotelzimmermädchen, Gäste der Geschäfte. Kinder auf schmalen Balkons vor den Fenstergittern. Dann wird Damm frei von Bussen und Autos. Ein Trupp Studenten in bemalten weißen Medizinermänteln mit ihren Mädchen, sanft tosend, „Descendez les belles" rufend, vorbei. Drüben ein winziger Polizist mit weißem Stab, süßes kleines Murger-Mädchen von vor gerade 100 Jahren, kleiner Kellner. Es kommen voran die Reklamewagen der großen Firmen: Schokolade. Ein Nährmittel, das sich „La 2ième Maman" nennt. T.S.F.-Damen. Dann Garde Municipale mit schwarzen Roßschweifen zu Pferd. Wieder Reklamewagen. Dann Garde mit roten Roßschweifen, trompeteblasend. Den einzelnen Quartiers oder Arrondissements gehn blau, weiß und anders gekleidete Trommler voran, darunter ganz junge Burschen. Commune libre de Montmartre, de St. Ouen. Königinnen und ihre Damen werfen mit Handschuhen immer noch alte Kußhändchen. Die andern mit roten Vorstadthänden. Falsche Charlies stacholstern vor und hinter Rädern. Zwischendurch ein Reklamezug für den Jardin de Plantes. Mädchen auf speichelndem Kamel. Karren mit Käfigen (Affen und sanft lagernder Hund). Ein Wägelchen von einem Pony und eins von zwei Lamas gezogen, die den besten, zierlichsten Cortègeschritt haben. Zuletzt vor hoher Pappwand ‚Reine des Reines' und hinter ihr, vor nachdrängendem Volk, noch einmal Gardes Municipales.

Architekturen des Augenblicks

Mit andern fremden Völkerschaften, die hier Gastrecht genießen, ist auch ein munteres Volk überlebensgroßer Gesellen in Paris eingezogen und hat teils hoch auf Dächern zwischen den Turmhauben der Rauchfänge, teils an leeren Hauswänden Unterkunft gefunden; mit besonderer Vorliebe aber siedelt es sich auf Baulichkeiten an, die nur vorläufig errichtet werden, Abbruchgerüsten und Neubauzäunen, und macht aus den Hilfskonstruktionen menschlicher Wohnstätten Niederlassungen seines phantastischen Daseins. Wir sehen es immer wieder, das gewaltige Baby, das für seine Seife Reklame lacht, den dunklen Doktor, der uns seine helle Zahnpasta hinhält, den Kautschukverkünder in seiner Rüstung aus lauter Gummireifen, den nackten Jüngling, der aus dem Meer tauchend die Sonne seiner Zeitung anpreist, und seine Gegenspielerin, das Mädchen mit der phrygischen Mütze und dem fliegenden roten Mantel, die für ihr Blatt schreit. Ein Schneidermeister teilt mit der Riesenschere Stoffe auf, um uns besser zu bekleiden, ein Küfer bringt uns Weinflaschen geschleppt und geschwungen, ein Bär verheißt uns Zirkuskünste, ein Hahn Politik, gigantische Damen locken uns ins Theater, wo es sie in klein aus Fleisch und Blut und Seide geben soll. All das ruft und winkt und kommt auf uns zu; und so ist es, als kämen die Bauten, darauf diese Wesen wohnen, mit wuchtenden Flächen und keilförmig vorstoßenden Ecken auf uns losgestürmt, statt vornehm wegzurücken wie die alten Schlösser, Akademien und Kirchen.

Es hat vor einiger Zeit einen Zeitungsstreit, eine Enquête gegeben, ob diese Reklamen das Bild der Stadt nicht entstellen; da haben sich die echtesten Freunde des Schönen zu ihren Gunsten ausgesprochen, sie haben erkannt, wie gut dies Lästrygonengeschlecht mit den andern Bewohnern von Paris mitlebt, gar nicht menschenfresserisch, sondern wohlwollend.

Paris hat das Lebensprinzip, nichts leer zu lassen, und in den Dienst dieses Prinzips hat sich, gleichviel ob bewußt oder unbewußt, auch die Reklame gestellt. Sie singt das Lied der Stadt mit, der Bretterverschlag wird zur Stätte leuchtender Farbflecken (hier in der feuchtbunten Atmosphäre, wo jeder arme Fetzen strahlt), die Hauswand wird eine

Stimme der Stadt, ein ‚cri de Paris'. Die Reklame baut mit an den Architekturen des Augenblicks, den Werken, welche die Übergangszeit lebendig erhalten, in der das alte Haus abgerissen und das neue aufgebaut wird. Die Ruine des Alten und die Bauhütte des Neuen bleibt, zum mindesten für das Auge, wohnlich. Ihm ist der Eintritt nie verboten, es bekommt immer etwas zu sehen. Was für ein unerhörtes Panorama hat den Parisern der Durchbruch des Boulevard Haussmann vorgesetzt! An Steinbrüche der Pharaonen konnte man denken, in die mit einmal eiserne Krane und stählerne Hebel der Gegenwart griffen. Täglich gab es ein neues Schlachtfeld aus Steinen, ein neues monumentales Stilleben. Die Passanten, die Zuschauer von Paris – und wie Victor Hugo gesagt hat, es sind in Paris viele schon damit zufrieden, Zuschauer von Zuschauern zu sein – blieben vor diesem Schauspiel stehen; sie dachten nicht: Wenn's doch erst fertig, wenn doch der provisorische Zustand vorüber wäre. Nein, jeder Augenblick wäre schön, der Wirrwarr bekam eine malerische Ordnung, und gönnerhaft sahen von Zaun und Dach die Riesen der Reklame auf die werdende Welt.

Ein älterer Riese aus dauerhafterem Material, der früher ein etwas befremdendes Sonderlingsdasein führte, hat sich neuerdings mit der Reklame und dadurch in neuer Art mit Paris befreundet. Das ist der alte Eiffelturm. Er legt allabendlich einen Flimmer von Ornamenten und Riesenbuchstaben an, der von Minute zu Minute wechselt. Nun spricht er zu uns, redet uns an, winkt uns, ihn zu besuchen. Und dann stehen wir winzig unter der Spreize seiner Stahlschenkel, fahren hinauf in den Schacht seiner Stahleingeweide und bekommen in jedem Moment des Aufstiegs und bei jeder Kopfwendung immer neue Architekturen des Augenblicks von ihm aufgebaut.

Der Hausmeisterball

Ja, so etwas gibt es: ,Le bal des concierges'. Am letzten Sonnabend vor Allerheiligen fand er statt in Paris, und zwar im großen Saal der Société d'Horticulture. Bei uns in Deutschland, wo die Portiers ebenso viel ausgehn wie andre Leute, kann man sich kaum vorstellen, was das bedeutet: ein Portierball. Wenn aber ein Pariser Portier, der mit der Hand am toröffnenden ,Cordon' schläft, mit der Post das halbe Schicksal der Mieter tags in eben dieser Hand hält und wie ein Zerberus neben der Schwelle wacht, wenn so ein ,Pipelet' einmal seine Höhle verläßt – das ist ein Ereignis. Und so haben denn auch viele dieser gestrengen Wächter und Wächterinnen ihren Posten nicht verlassen und lieber ihre Töchter auf den Ball geschickt. Diese Portierstöchter von Paris sind oft sehr reizvolle Geschöpfe, blasse Großstadtkinder mit abenteuernder Phantasie. Sie lieben schwärmerisch die Musik und den Tanz. Sie bildeten die Hauptattraktion des Balles und lenkten die Aufmerksamkeit der Eindringlinge von den offiziellen Attraktionen, einem parodistischen Défilé der Parlamentarier, den Vorträgen eines Komikers und der Tombola am Buffet, ab. Sie tanzten mit geradezu geiziger Ausnutzung der Zeit, denn die meisten von ihnen mußten vor Mitternacht noch nach Hause. Sie tanzten lauter altertümliche Tänze, Walzer und Polka und allenfalls Javas. Tangos gab es nur sehr wenige und Charlestons gar keine. Ach, ganz nach Herzenslust durften sie sich nicht dem Tanze hingeben. Denn rings an der Wand saßen Ballmütter, futterten aus ihren Handtaschen Pfefferminzbonbons, Schokolade und Orangen in lebhaftem Gespräch. Wohlwollend, aber wachsam sahen diese erprobten Wächterinnen ihren gefährdeten Kindern zu. Unter den Tänzern befanden sich eine ganze Reihe Habitués des Bal Tabarin und des Colisée. Und vor denen mußte man sich in acht nehmen. Welch schöner Anfang zu einem sentimentalen Roman, solch ein Conciergenball! Ein etwas angetrunkener Haushüter, der als Kopfschmuck zwei gewaltige Eselsohren trug, unterhielt uns am Buffet von seinen Pförtnererfahrungen, die immer wieder in dem Lehrsatz gipfelten: Ja, der Portierberuf wäre gar nicht so übel, wenn es nicht die Mieter gäbe! Aber wir hörten ihm nur mit halbem Ohr zu. Unsere Aufmerksamkeit war von den jungen leidenschaftlichen Geschöpfen gefesselt, die den alten Walzer tanzten.

Bagatelle

Als noch Rosenzeit war, kamen täglich Hunderte in diesen Garten mitten im Bois de Boulogne, die Blütenfülle der Beete, Hecken und Laubengänge zu bewundern. Jetzt ist es menschenleer auf den Kieswegen und gewundenen Pfaden längs der breiten Rasenflächen. Und an einem Wochentag um die Mittagsstunde hat man manchmal das Glück, mit Baum und Busch und Mauerwerk alter Zeit, mit den frischen Wasserstrahlen und den Sonnenflecken ganz allein zu sein.

Eine angenehme Zuflucht ist dieser Garten. Schattige Fußwege bringen von der Gegend der Seen bis fast vor das große Eingangsgitter, die „grille d'honneur". Da ist der Eintritt frei. Es gibt Zuckerstangen für Kinder und Ansichtskarten für Erwachsene, und im Pförtnerhaus dürfen Radler ihr Fahrzeug einstellen. Seit einem Vierteljahrhundert gehört Schloß und Park Bagatelle der Stadt Paris. Sie hat sie von den Nachkommen des reichen Lord Hertford erworben, dem Louis Philippe sie in den dreißiger Jahren verkaufte. Bis zu dieser Zeit war Bagatelle meist königlicher Besitz gewesen, und Hecken und Mauern hatten den Augen des Volkes die Feste der „Folies d'Artois" verborgen. So wurde der Garten genannt, seit Graf d'Artois, der spätere König Charles X., den alten Jagdpavillon aus der Zeit des „guten König Heinrich" sich angeeignet hatte. Diesen Kauf veranlaßte eine merkwürdige Wette des Grafen mit der Königin Marie Antoinette. Er behauptete, im Laufe von zwei Monaten die alte Residenz in ein schmuckes Schloß verwandeln zu können. Mit viel Geld und achthundert Arbeitern brachte er die für seine Zeit erstaunliche Leistung zustande: Anstelle des kleinen „Rendezvous de chasse" erhob sich das elegante Bauwerk, das noch heute steht.

„Parva sed apta", ist als Devise unterm Gesims eingegraben, „klein aber behaglich": eine Bagatelle – woraus man Rückschlüsse auf das

Leben der Bewohner machen kann. Weitab von Stadt und Vorstadt lag damals dies Stück Glückseligkeit. Und wo heute die Übungsfelder des Hippodroms von Longchamps sich erstrecken, über die hinweg wir von der Schloßterrasse auf das Seine-Ufer und die Höhen von Puteaux und Suresnes sehen, war Wald und wucherndes Feld.

Vor beiden Eingängen des Schlosses Bagatelle lagern je zwei Sphinxe. Die, welche in den Vorhof schauen, sind die üblichen ernsthaften Geschöpfe mit dem pseudoägyptischen Haaraufsatz, halb Tiara, halb Coiffure. Auch die schwarzen Putten auf den weißen Löwenrücken benehmen sich mit ihren Kranzgewinden gesittet. Aber das Paar, das nach der Gartenseite lagert, das sind kokette Mädchen mit Rokokofrisur. Ihre zierlichen Busen sind gestützt von gewundenem Steinwerk, das wie ein Korsett aussieht, und die Löwentatzen sitzen wie abstreifbare Handschuhe an den schönen Frauenarmen. Die Putten auf den Rücken dieser beiden sind so weiß wie ihre Trägerinnen und haben Amorpfeile und Streublümchen in den Händen.

Im Innern des Schlosses haben Malereien von Fragonard, Greuze und Lawrence Wände und Kuppeln geschmückt und Statuen des Schweigens, der Tollheit und der Anmut einen ruhevoll an seine Keule gelehnten Herkules umstanden. Die Communs waren unterm Erdgeschoß, und die Dienerschaft hatte Befehl, sich nur, wenn sie gerufen wurde, hinaufzubegeben. Jetzt ist es leer da drinnen. Wenn wir aber in der Mittagsstille von den Stufen des Peristyls auf Rasen, Teich und Grotten schauen, können wir uns schöne falsche Schäferinnen vorstellen, die hier spielten und lagerten und unterm hochgerafften Rock einen blanken Fuß in das sanfte Wasser streckten, da drüben zum Beispiel, wo jetzt noch die Seerosen blühen. Die wollen wir besuchen gehn: eine menschenfreundliche Inschrift erlaubt uns, den Rasen während der Blütezeit zu betreten. Weiße, rosa und rote Nymphäen halten sich schwebend aufrecht über den schwimmenden Scheiben der Blätter. Darf man Weltgeschichte als Märchen erzählen, dann sind vielleicht die Schönen aus den letzten Tagen der „Lebenssüße", als die Revolution sie aus ihrem grünen und marmornen Paradies verscheuchen wollte, rasch in Blumen der Büsche, Beete und Teiche verwandelt worden und dem freien Volke, dem nunmehr Park und Welt gehört, botanisch erhalten geblieben. Zur Blütezeit darf es über den Rasen und ganz nah an sie heran.

Nach der Revolution erlebte Bagatelle noch manches Fest und kam zeitweise in fürstlichen Besitz. Josephine Beauharnais besuchte hier die ländlichen Orgien des Directoire. Napoleon kaufte Schloß und Garten, nach ihm war der Herzog von Berry Besitzer von Bagatelle, und der Kronprätendent Graf Chambord spielte als Kind auf dem Rasen. Aber die große Zeit der „Folies d'Artois" war vorbei, als d'Artois ins Exil ging. Und heute herrscht hier nur Erinnerung und Botanik. Kleine Schildchen stehn vor winzigen Sträuchern und Bäumchen und berichten von Kalifornien und dem Himalaja. Die meisten tragen ernste lateinische Namen. Einigen aber sind Bezeichnungen gegeben ähnlich denen, welche die großen Schneider für ihre Modeschöpfungen wählen: Avalanche, Esperance, Vestale.

Ausruhend auf einer der Steinbänke, deren Füße Leierform haben, sehen wir den künstlichen Fels an, sein Efeugerank und Wurzelgeschling und unten den Grotteneingang. Der war gewiß zu seiner Zeit „galant". Jetzt steht da im Halbdunkel die Karre eines Gärtners, und gegen die Wölbung lehnt seine Harke. Wo hinter uns, zwischen den Pfeilern mit den Steinvasen, ein Gitter die Mauer unterbricht, ist draußen ein Stück Wildnis übriggeblieben mitten in dem modernen, gepflegten Bois de Boulogne, zur Erinnerung an die Zeit, als diese Mauer zwei Welten trennte.

Spaziergang mit einem Wölfchen

An einem der vielen Feiertage, die der katholische Kalender den Schulkindern beschert, spazierte ich mit einem zwölfjährigen Jungen, einem deutschen Kind, das in Paris aufs Gymnasium geht, die Boulevards entlang. Plötzlich grüßte ihn ein junger Glaserbursche, der im umgeschnallten Kasten Spiegelscheiben auf dem Rücken trug. Beide blieben beieinander stehen und hatten ein kurzes Zwiegespräch, dem ich mich aus Diskretion fernhielt. – Ein Freund? – Ja, aber ich kenne ihn gar nicht. – Wie denn? – Ein Eclaireur. – Und dann bekam ich erzählt.

Es gibt in der großen Stadt ein heimliches Heer. Seine Krieger wohnen nicht in Kasernen, sie haben Bürgerquartier bezogen – bei ihren Eltern oder im Internat. Das sind die Pfadfinder, die Eclaireurs. Ein friedliches Heer. Waffen tragen sie nicht, aber hübsche Uniformen, doch auch diese nur zu ihren Zusammenkünften und Ausflügen. Im übrigen sind es meistens Schuljungen, Pariser Schuljungen, mit der Baskenmütze auf dem Kopf und der Mappe unter dem Arm. Sie sind eingeteilt in drei große Verbände, und in jedem sind alle Gesellschaftsklassen vertreten; die Eclaireurs de France sind in religiösen Fragen neutral, die Scouts sind katholisch, die Eclaireurs Unionistes bilden einen von Protestanten gegründeten Verband, der alle aufnimmt, die „Gott dienen wollen". In der Tracht unterscheiden sie sich nicht, nur in den Abzeichen und Devisen. Alle tragen den breitrandigen Filzhut, dazu ein Khakihemd und blaue Hosen, um den Hals geschlungen ein farbiges Tuch mit der Dreieckspitze im Rücken und einem Knoten vorn, der durch einen geflochtenen Ring gezogen ist. An den Farben der Tücher erkennt man, so lehrt mich mein kleiner Freund, welchem Stadtteil oder Sonderverband der junge Krieger angehört. Es gibt rote und blaue und solche, die halb grün und halb blau sind, und rote mit weißem Randstreifen, blau mit orange usw. An Hut und Hemd haben sie Abzeichen, an denen man sieht, daß sie den Eid der Pfadfinder geleistet haben. Da ist ein Hahn zu sehen mit der Umschrift: „Sei bereit!" oder Pfeil und Bogen mit der Devise: „Geradeaus". Und Sterne haben manche über der Handtasche, das bedeutet einen militärischen Grad, Bandstreifen fallen ihnen über die Schulter in der Farbe ihres Trupps, ihrer Patrouille.

„Ich schwöre bei meiner Ehre, zu dienen Gott, dem Vaterlande und dem Gesetz der Pfadfinder und jederzeit jedermann Hilfe zu leisten." Das ist ihr ritterlicher Eid, und in ihrem Gesetz steht: „Ein Pfadfinder ist loyal, Bruder der anderen Pfadfinder und aller Menschen Freund, er ist gut zu den Tieren, er hält Wort, ist tapfer, weiß sich zu helfen, ist entschlossen und diszipliniert."

Ging es feierlich zu, als du den Eid leistetest? – Ich bin doch erst Louveteau, ein Wölfchen, wir dürfen noch keine Verantwortung haben. In unserem Lied heißt es: Ein Wölfchen hört auf den alten Wolf und nie auf sich selbst. – Aber mit auf den Pfad darf auch schon Louveteau. Der Pfad fängt meist mit einer Tram- oder Bahnfahrt an, die abgelöst wird von einer Promenade im Wald von Meudon, Marly, St. Germain. Sie gehen in Patrouillen, und es ist kein gewöhnlicher Spaziergang. Da gilt es, schwierige Spur zu finden und zu verfolgen. Im Weitergehen wird gelernt, Himmelsrichtung festzustellen, an den Blättern, die an Frühlingsbäumen hängen und von Herbstbäumen flattern, wird Botanik getrieben, und an kahlen Stümpfen wird Klettern und Gleichgewicht geübt. Vielerlei Lauf-, Such- und Ballspiele finden statt in Gruppen und Trupps. Es beginnen auch schon Manöverkünste wie das Verbindungherstellen. Um sich untereinander durch Zeichen zu verständigen, müssen alle das Morsealphabet beherrschen, und um das Gedächtnis zu schärfen, wird einem zu Beginn des Ausfluges eine Botschaft mitgeteilt, ein langer komplizierter Satz, den man die ganze Zeit bis zum Abend behalten muß. Lustig sind die Mahlzeiten im Freien. Da herrscht im Essen und Trinken Kameradschaft, alle teilen mit allen von dem mitgebrachten Proviant aus dem Rucksack.

Zieht ihr denn oft auf euren Pfad? – Fünf Tage in der Woche hat man in Paris doch auch nachmittags Schule und kann nicht so viel Sport treiben wie die Kinder in anderen Ländern, aber dafür haben wir außer dem Sonntag den ganzen Donnerstag frei, und wer kein V. P. sein will, nutzt das aus. – V. P.?

Visage pâle, Bleichgesicht, du weißt schon, oder hast du den „Lederstrumpf" noch nicht gelesen? Zu großen Festen kommen wir alle zusammen, Eclaireurs und Louveteaux, z. B. übermorgen zum Waffenstillstandstag, da ziehen wir in aller Frühe noch vor den Soldaten durch den Triumphbogen und grüßen das Grab des Unbekannten Soldaten. Dabei denkt jeder an sein Vaterland und an die Pfadfinder aller anderen Länder, die dieselben Gesetze und Gedanken haben wie er. Wir Kleinen heben zum Gruß die Hand mit zwei getrennten Fingern, die bedeuten die beiden Wolfsohren, die Großen aber mit den drei Mittelfingern, die zusammenbleiben müssen wie die drei Punkte des Eides. Den Daumen aber krümmen sie über den kleinen Finger. Das will sagen: Der Starke beschützt den Schwachen. Es wird ein riesiger Aufmarsch werden, das ganze Seine-Departement tritt an. Aus meiner Schule allein zwanzig. – Wie seid denn ihr Louveteaux bekleidet? – Blaue Baskenmützen haben wir und dazu Hemden tütenblau und dunkelblaue Hosen. Wenn du unsere Sachen sehen willst, dann komm mit in den Pfadfinderladen, er ist nicht weit von hier, ich muß mir ein neues

Halstuch kaufen. Unsere Cheftaine möchte, daß wir zum Feste gut aussehen. – Eine Kapitänin habt ihr? – Ja, sie ist sehr nett, Mama findet sie reizend, sie kommt nämlich manchmal zu uns und berichtet und fragt nach besonderen Wünschen der Eltern, ob man schwimmen und alles mitmachen darf beim Camping. Neulich hat sie geheiratet und die ganze Meute zur Hochzeit eingeladen. Wir haben uns herrlich amüsiert. – Lauter Jungen aus deiner Schule? – Nein, aus Gemeindeschulen und von überall her. Wir sind Kameraden aus demselben Stadtviertel. Darauf kommt es an, weil wir uns doch treffen müssen zum Losziehen. Im Winter arbeitet sie mit uns in unserer Baracke vor den Toren. Dort haben wir Stühle und Tische selbst gezimmert und die Tapete geklebt. Manche von den Jungen können schon viel, weil der Vater richtig Tischler oder in einer Garage ist.

Inzwischen sind wir im Hof eines Hauses der Rue St. Lazare angekommen und lesen das Schild „Aux Eclaireurs". Auf hohen Regalen schichtet sich Khaki, Dunkelblau und das Bunt der Tücher. Die Kundschaft besteht aus lauter Jungen. Einer probiert den breitrandigen Hut, der dem jungen Gesicht etwas Wildwestliches gibt, andere plaudern kameradschaftlich mit den Verkäufern, die selber Eclaireurs sind oder waren. Mein kleiner Freund zeigt mir auf einer Tafel Sterne und Abzeichen. – Diese Silhouette mit dem Bienenkorb ist ein Diplom für die Imker, Architekten haben die Madeleine, Schützen die Scheibe dort, Schneider die Schere, Pioniere die Axt. Wir bleiben vor vielklingigen Taschenmessern, Kompaß, Füllfederhalter stehen, wir blättern in Broschüren. Ein Laden, in dem man Lust bekommt, sich ganz neu zu equipieren und den Pfad des Lebens von vorn anzufangen.

Der Hosenboden

Bei unserm Elfjährigen war der Hosenboden schon wieder einmal durch. Eine neue Hose? Nein. Wir lebten sparsam im sparsamen Paris. Unser Flickschneider war gern bereit, dem Schaden abzuhelfen, aber er hatte keinen Flicken in der Farbe und dem Muster der aufgerissenen Hose. Er meinte, wir würden etwas finden bei Madame Maintenant in der Avenue du Maine. Die andern hatten keine Zeit. Ich, von Beruf leider oft Müßiggänger, wurde mit der Hose in die lange Avenue du Maine geschickt. Ich ging also müßig an Kurz- und Eisenwaren, Möbel- und Gemüseläden entlang, durch einen bunten Dauerjahrmarkt von Schneiderei und Schusterei. Kommis, die im Rockaufschlag Nadeln stecken hatten wie Offiziere ihre Ehrenzeichen, sahen mich streng an, wie ich da mit der Hose überm Arm wandelte. Mädchen, die vorüber- kamen, würdigten mich eines, aber nur eines Blickes. Die Hausnummer der Frau Maintenant war noch ein gutes Stück entfernt. So kaufte ich denn der alten Zeitungsfrau, die mit heller Kinderstimme „Paris-Midi" ausrief, das schlecht riechende Blatt ab und las im Gehn. Las nicht die Artikel, sondern Vermischtes. (Das liest sich schneller und gibt mehr zu denken.) Da standen zwei Geschichten aus Amerika. In der einen hat- ten sich in einem Stadtteil von Chicago die stehengelassenen, sozusagen weggeschmissenen Autos so gehäuft, daß Aufräumungsarbeiten not- wendig wurden. In der andern wurde wieder einmal eine Unmenge Weizen in den Stillen Ozean geschüttet. Davon bekam ich Hunger auf Weißbrot, ging in den nächsten Ausschank und stippte, an der Theke stehend, ein knuspriges Hörnchen in Milchkaffee. An der Ecke Rue de la Gaîté war ich einen Augenblick in Versuchung, diese Stätte abendli- cher Lustbarkeiten einmal am Vormittag zu besichtigen. Aber ich wi- derstand, ging weiter meiner Aufgabe nach und fand kurz vorm Viadukt der Eisenbahn den kleinen Laden der Madame Maintenant. „Frau Jetzt", dachte ich, „Mrs. Now, Signora Ora." Empfangen wurde ich von Monsieur Maintenant. Der freundliche Mann schleppte ein Dutzend Flickenballen herbei, und während er die, versunken wie ein Bibliophile, durchblätterte, war bald auch „Frau Jetzt" zugegen, eine Matrone von milder Üppigkeit, bei deren Anblick ich mich für die

Übersetzung „Frau Gegenwart" entschied. Frau Gegenwart sah der Tätigkeit ihres Gatten ehelich teilnehmend zu und betrachtete dann die Flicken, die er aus den Ballen abnadelte, genauer neben der geschädigten Hose. Das eine Stück war zu „mauve", das andre zu braun, das dritte in der Zeichnung zu verschieden. Schließlich fand sich aus der engeren Wahl ein Fetzen, der in Farbe und Dessin der Hose annähernd glich. Er war aber leider zu winzig für den Umfang des Schadens. Da stieg mit Einverständnis seiner Ehefrau Monsieur Maintenant mit dem Wahlfetzen in den Keller hinunter, nachzusehen, ob sich unter den Stapeln da unten vielleicht etwas Brauchbares fände. Er zweifelte daran, wollte aber nichts unversucht lassen. Nach längerer Zeit – ich hatte mich inzwischen mit der Frau Gegenwart über Kinder unterhalten und aus ihrem Munde wieder einmal den Pariser Grundsatz vernommen: „Il faut amuser les enfants" (Kinder muß man unterhalten) –, nach längerer Zeit kam Monsieur mit dem Wahlfetzen und ein paar größeren Flicken in der Hand kopfschüttelnd zurück. Mit schlechtem Gewissen zeigte ich auf einen der Flicken und meinte, der würde doch zur Not passen. Aber damit waren Herr und Frau Gegenwart nicht einverstanden. Ich entschuldigte mich, daß ich sie wegen einer solchen Lappalie so lange aufhielt. Aber bitte, war die Antwort, wir hätten Ihnen gern geholfen. Und dann meinte Frau Gegenwart, ich würde vielleicht in der Rue Vieille du Temple etwas Passendes finden oder auf der Rückseite des Montmartre in einer der Straßen, die nach Saint-Ouen absteigen oder … Und sie beschrieb mir die Lage mehrerer Konkurrenzläden schön und ausführlich.

Aber leider mußte ich schon in den nächsten Tagen fort von Paris, fort aus dem fruchtbaren Müßiggang in eine sterile Tätigkeit, fort von den Kleinbürgern an der Seine, die nichts wegwerfen, die sparen und bewahren und alle alten Flicken des alten Europa aufheben. Ob sie recht daran tun, das kann ich nicht entscheiden, würde mich aber freuen, wenn Monsieur und Madame Maintenant gute Geschäfte machen und bald soviel beisammen haben, daß sie ein Häuschen in der Ile de France beziehen und ihre Kaninchen mit dem Kohl des eignen Gartens füttern können.

Araber in Paris

An den Caféterrassen von Paris, nicht nur auf den großen Boulevards, am Montmartre und im Montparnasse, sondern auch in unscheinbaren, ärmeren Stadtteilen, sieht man immer wieder Gestalten mit einem Fez auf dem Kopf, ganz behangen mit Dutzenden von Teppichen, eine Last Perlenketten um den Hals und um die Handgelenke, erscheinen. Sie schreiten mit langsamer Würde einher, und gelassen bleiben sie stehen. Meistens treten sie zu Paaren auf, der eine sucht die Tische von rechts, der andere von links her heim. Man sollte annehmen, daß diese unmittelbare Konkurrenz ihr Geschäft und Behagen stören müßte. Aber wenn man im nächsten Hausgang solch ein paar braune Brüder sich begegnen sieht und ihre vertraulichen Gespräche und die lebhafte Gestikulation ihrer dünnen Hände beobachtet, ahnt man etwas von Gemeinsamkeit, von einer geheimen und sicher weitverzweigten Organisation.

Wenn sich einer der Cafégäste für ihre Ware interessiert, breiten sie geschickt und geduldig alles, was sie haben, vor ihm aus, lassen alle Kritik gutmütig an sich abgleiten und bringen lächelnd ihr bißchen gebrochenes Französisch zum Preise ihres wandelnden Lagers an. So echt sie selbst sind, so unecht ist ihre Ware. Da gibt es das ganze Talmi der gefransten Seidendecken, der falschen Haremsvorhänge für Kleinbürgersalons und all das grelle rote, grüne, orangene Zeug, das als Läufer vor Betten und als Dekoration an Wänden billiger Wohnungen zu finden ist. Eins ist merkwürdig: Jahr um Jahr haben wir sie so kommen, warten und feilbieten sehen, aber nie bemerkt, daß jemand ihnen etwas abgekauft hat, weder der Fremde vor dem Café de la Paix noch die Mädchen von Montmartre noch die Mitglieder der europäisch-amerikanischen Kolonie vor dem Café du Dôme. Nur ein einziges Mal trat vor unsern Augen das auffallende Ereignis ein, daß ein Franzose, dem der Provinzler deutlich anzusehen war, mit einem dieser Fezträger handelseinig wurde. Er saß in einem kleinen Bahnhofscafé. Neben ihm war all sein Gepäck aufgehäuft, die altväterische Handtasche, der seilumspannte Holzkoffer und der braune Sack; er war offenbar im Begriff, in sein Departement zurückzukehren. Er griff in die Perlenketten des erstaunten Orientalen, langte eine große für seine Frau, eine kleine für das Töchterchen heraus und wählte aus dem bunten Gehänge eine prächtige gefranste Tischdecke, zahlte, ohne zu handeln, stopfte die Ketten in die Tasche, warf die Decke wie ein Plaid über die Schulter und brach auf. Aber von so seltenen Einkünften kann doch schwerlich die ganze Teppichwandlersippe leben, und es sind ihrer eine große Menge. Wir wurden neugierig, wie sie wohl schlafen, wohnen und vor allem, in welchem Café sie sich treffen. In Paris hat ja jedes Volk sein meist etwas abgelegenes kleines Stammlokal, in dem von Parisern sich meist nur die Portiers der Nachbarhäuser und der Kohlenmann von gegenüber einfinden.

Die südlichen Nachbarn dieser Araber aus dem großen afrikanischen Kolonialreich Frankreichs, die auch einen guten Teil des gewaltigen Prätorianerheeres stellen, die Neger, haben jeden Sonnabend und Sonntag ihren Ball in einem kleinen Saal nahe bei dem Institut Pasteur. Da tanzen die schwarzen Bonnen der Pariser Kinder glühend angeschmiegt an ihren ‚Beau', der tagsüber Métrokonducteur, Gepäckträger, Chauffeur oder Kellner ist. Die ‚band', die hier zum Tanze aufspielt, ist von unübertrefflicher Echtheit. Kein Jazz der Champagnerlokale und eleganten Bars kann es mit den Flaschenrasslern und Banjoschwingern aufnehmen, die hier für ihre Freunde musizieren. Diese Stätte wird von Kennern, einheimischen und durchreisenden Künstlern und Theaterdirektoren aufgesucht, die auf der engen Holzgalerie Zuschauer bleiben. Und doch ist sie noch kein Treffpunkt neugierig-mondäner Europäer und Yankees geworden. Sie ist noch ganz echt, sie paßt sich nicht an und übertreibt sich nicht. Das unterscheidet sie vorteilhaft von dem Ensemble um die neue Moschee, von dem seit ihrer Gründung die Pariser und ausländische Presse in vielen Aufsätzen und Bildern berichtet hat. In den dämmrigen gepolsterten Gasträumen, hinter den weißen Mauern des Gotteshauses, lagert schon nachmittags bei Mandelgetränken und fetten Kuchen die große und kleine Welt von Paris. Man hat den Eindruck, als hätten die großen Kulturvölker hier eine besondere Nuance ihrer Nomadeneleganz und eine Art mohammedanisierenden Flirts herausbekommen. Man raucht Nargileh, lauscht der eintönigen Musik, trinkt Türkenkaffee und läßt sich abends von den tänzelnd wandelnden Aufwärtern die große unverständliche Speisekarte vorlegen. Man bekommt Nationalgerichte vorgesetzt, z. B. Nieren von Hämmeln, die ein paar Meter weiter auf Mosaikfliesen geschlachtet worden sind. Wer besonderes Interesse an den Gewohnheiten fremder Völker hat, kann in der Morgenfrühe zusehen, wie die Tiere nach islamitischem Ritus gestochen werden. Alles hat hier die etwas aufdringliche Echtheit Mode gewordener exotischer Lokale, die in Paris gewöhnlich von den wirklich Hingehörigen seltener aufgesucht werden als gewisse abgelegene Stätten, die gar nicht so ‚echt' aufgemacht sind und den Griechen, Ägyptern, Chinesen wohnlich anmuten wie dem Pariser Kleinbürger sein Bistro oder nahes ‚Plat du jour'-Restaurant. So haben wir denn auch in der Moschee vergeblich nach Wesen Umschau gehalten, die unsern Teppichwandlern glichen. Höchstens mochte der eine oder andere von ihnen unter denen sein, die vor dem Eingang zum Hammam, dem türkischen Bade, mit Päckchen warten, in denen sie vermutlich ihre Seifen und Tücher haben. Manche von diesen stützen sich auf kuriose Regenschirme, selbst bei schönem Wetter. Es ist, als wären sie von weither gekommen, und nicht, um zu essen, zu rauchen und Musik zu hören, sondern nur, um zu baden. Nein, hier kann der Treffpunkt unserer braven Handelsmänner nicht sein. Den richtigen haben wir lange Zeit nicht gefunden, bis uns ein Zufallsumweg im Quartier Latin vor die rechte Tür geführt hat. Hier wurden wir nicht wie in der Moschee von einem servil lächelnden Wirt mit umständlichen Salamverbeugungen und Stirnbetasten begrüßt. Der hiesige saß mitten unter seinen Gästen und hatte nicht nötig, seine Echtheit zu bekunden, sie war ihm anzusehen wie denen, die um ihn saßen. Die flüsterten und gestikulierten gedämpft wie Mitglieder einer geheimen Gesellschaft. An anderen Tischen saßen einzelne, ganz versunken in die Lektüre von Zeitungen mit arabischen Lettern, Blättern von so unscheinbarem Format und so privat aussehend, wie es die Provinzjournale der Auvergnaten und Limousiner und die kleinen Anzeiger der Pariser Stadtviertel sind. Manche spielten schweigend, als seien sie echte Pariser, Domino und Jaquet. Sonderbar aber waren die Wände bemalt. Neben einigen exotischen Landschaften und Stadtansichten gab es da den Einzug des Sultans zu sehen, naiv koloristisch aufgefaßt, an die Kunst des Henri Rousseau erinnernd. Wir mußten einigen Mut aufbringen, um, als er an unserem Tisch vorbeikam, den Wirt in schüchternem Interview nach dem Schöpfer dieser Kunstwerke zu fragen. Wir erhielten den Bescheid, es sei ein junger, erst vor kurzem aus Tunis eingewanderter Handwerker. Aber dann blieb der Wirt nicht länger an unserem Tische stehen, sondern ging gleich wieder weiter. Wir konnten ihn nach nichts anderem ausfragen, wir interessierten ihn gar nicht. Wir kamen uns hier recht unbefugt vor und haben dann bald diese intime Stätte verlassen, froh, daß wir nun endlich die Lastträger unserer „Tausend und eine Nacht" mit einem Stammlokal versorgt hatten. Möge es ihnen gut gehen und sie so viele Teppiche verkaufen, daß sie hier, wo wir sie nicht wieder stören wollen, auch einmal wacker zechen können. Aber das tun, glaube ich, die echten Orientalen nie. Nun, so mögen sie denn in Ruhe und gesegneter Armut ihre Pfeifen rauchen.

Pariser Kaleidoskop

Die Rue Lepic am Montmartreabhang ist abends sehr dunkel. Man soll auf halber Höhe gleich rechts in die erste Straße einbiegen. Übrigens erkennt man die Stätte des *Studio 28* schon an den vielen Autos, die hier halten. Im Vorraum eine hochmoderne Bilder- und Bücherschau, hinten eine dämmerige Bar. Der Theaterraum ist ganz weiß, die Decke mit silbrigem Papier verkleidet. Als Grammophonplatte wird Schuberts ‚Unvollendete' gespielt. Ein Jugendfilm Harold Lloyds: Liebe im Park, von Polizisten bedrängt, führt zu dem Traum von der Liebe in der Steinzeit. Man schlägt dem Nebenbuhler mit einer Keule auf den Kopf und raubt das fellbekleidete Mädchen. Keule oder Gummiknüppel, es macht wenig Unterschied, es kommt nur darauf an, nicht immer der Geschlagene, sondern manchmal auch der Schlagende zu sein. Nach diesem Film, in dem spektakelt und verfolgt wird wie in den ältesten Pathés, kommt ein vielleicht noch älterer, Gaumont 1905, romantisch und pastellfarben. Der alte Astronom liebt einen Stern. Der ist aus Goldblech und wird von einem Mädchen mit Postkartenattitüden be-wohnt. Erfinderischer Leidenschaft gelingt es, in einer Seifenblase zu der Schönen emporzufliegen. Sie begrüßt den Kühnen im Chor ihrer Gefährtinnen mit einem Wespentaillenballett. Leider stürzen ihn dann die Götter der andern Sterne. Er fällt durch ein Aquarium künstlicher

Himmel. Es ist interessant, wie die Unternehmungen der Avant-Garde, die uns von der Langweile der üblichen Großfilme befreien wollen und deren Darbietungen von den Kleinbürgern ausgezischt werden, ihre Programme aus Ältestem und Neuestem zusammenstellen. ‚Un chien andalou', die Hauptattraktion des Abends, ist das Werk des jungen Spaniers Buñuel, dessen unheimlich übermodellierten Kopf auf einem athletischen Körper man im Sommer häufig im Café du Dôme sah. Sein Film macht überall von sich reden, seit er vor eingeladenem Publikum einmalig im ‚Studio des Ursulines', dem ersten und vorbildlichen dieser neuen Unternehmen, aufgeführt worden ist. Die Kritik ist heftig für oder gegen ihn. Freudianische Motive werden mit surrealistischer Kunst und – Grausamkeit behandelt. Zartbesaitete fallen in Ohnmacht, während die Nachbarn Bravo schreien, wenn der Träumer auf dem Balkon langsam sein Rasiermesser durch das offne Frauenauge zieht. Und es ist doch nur eine Wolke über die Mondscheibe gezogen. Insekten wandern aus der Wunde einer offnen Hand und wimmeln dann wie die Menschen auf der Straße, die einen Kreis um das Mädchen bilden, das schön und unbeteiligt mit ihrem Stock eine abgehauene Hand wendet. Ein Mensch wischt seinen Mund fort. Krampfende Hände tasten einen Frauenrücken, der zur nackten Steinstatue im Garten wird. Bildgewordenes Entsetzen ohne Geschichte. Dreimal eine Schrift: ‚Es war einmal …' – ‚Eine Stunde später …' – ‚Vor zehn Jahren …'

*

Surrealistisch ist auch *Man Ray*. Ein liebenswürdiger und anmutiger. Einige seiner Filme haben den Weg nach Deutschland gefunden. Heut sehn wir seine ‚Rayographs', eine Art Photographien ohne Platte, Lichtzeichnungen direkt dem Papier übermittelt, die er in dem kleinen Kunstsalon ‚Quatre Chemins' ausstellt, diesem Rahmen par excellence für alles, was nicht großspurig auftritt. Hier gab es die scharfen Zeichnungen und verspielten Objekte des Dichters Jean Cocteau zu sehn und eine Übersicht früher Werke der Marie Laurencin. Man Ray ordnet zu lichttaumelnden Gruppen seine kerzen- und kragenartigen Gebilde, Kerne und Würfel. Aus allerlei Papieren und Kuben macht er Bergklüfte, aus einer Grammophonöffnung einen Abgrund. Aber er erschreckt uns nicht, er ist leise. Besucht man ihn in seinem Atelier, so findet man sich umgeben von bekannten Dingen und Formen, Maschinenteilen, Zitronenpressen, geschnitzten Gliederhänden, wie sie in Schaufenstern für Handschuhe posieren. Man Ray ist kein Sammler, er ist ein Entdekker alltäglicher Objekte, die, durch ihn plaziert, ihre Nützlichkeit aufgeben und tönendes Instrument, schönes Ding werden.

*

In Paris ist auch die Straße ein Wohnraum und man fühlt kaum, daß man sie verlassen hat, wenn man in einen der unzähligen Läden eintritt, um Bilder und Bilderbücher anzusehn. Besonders die Rue de Seine mit ihren vielen kleinen Kunsthandlungen ist ein Fangnetz für freie Zeit. Sieh da im Erdgeschoß des alten, schmalen Hauses schon wieder eine neue Galerie. Mattglas und glattpolierte Holzwände, Stil 1929. Reine Fläche, nirgends ein Schnörkel. Gesicht und Tastgefühl harmonieren glücklich. Die Kunst des Elsässers *Arp* verrät seine Mischung aus deutschem und französischem Wesen. Man könnte auch – sehr abkürzend – sagen, daß sich in ihm ‚Bauhaus' und Picasso zusammentun. Aber das Ergebnis ist eine durchaus selbständige Persönlichkeit. Seine Themen: Hemd und Krawatte, Schnurrbartgesicht und Flasche, Löffel, Torso, Lippe, Nabel. Sein Material: Holz und leuchtende Farbe. Bildhafte Skulpturen formen eine Einheit mit Fläche und Rahmen. Holzrundungen und Seilringe werden zu einer rätselhaften Schriftsprache. Vor den Scheiben der Auslage steht eine Frau mit ihrem Kind an der Hand. „Wonach sieht das ähnlich", fragt der Kleine. „Das sieht ähnlich" – sie stockt – „laß mich nachdenken …" Mützenmänner lachen laut und stoßen sich in die Rippen. „C'est pour rigoler." Genau über dem klaren Ausschnitt der Scheiben schimmert in der oberen Etage ein düsterbeleuchtetes Fenster. Zu beiden Seiten seines Gitterbalkons hängen grau und verstaubt gipserne Füße und Beine vor der Werkstatt eines Orthopäden.

*

Es ist die silbergraue Stunde vor dem ‚Apéritif', die Zeit, in der die Midinetten zu zweit und dritt aus ihren Geschäften heimspazieren, die große Stunde der Liederverkäufer. Auf der schon etwas vorstädtischen Avenue sammelt sich ein Kreis Volk um das neue Lied. Da sind mit offnen, leise mitsingenden Mündern die Mädchen, die es summend probieren. Und die Burschen in Mütze und Sweater mit fahlen festen Gesichtern, die Lippen wie zum Pfeifen gespitzt. Die Verkäuferin singt durch einen Lautsprecher vor: „C'est le soir ou jamais" (Heute nacht oder nie). Kirchenfromme Wimpern senken sich andächtig. Vier sitzende Musikanten begleiten mit Akkordeon und Trompete. Der eine Akkordeonspieler setzt mit dem rechten Fuß ein Tamburin in Bewegung, mit dem andern rührt er eine Schellentrommel. Er drückt die Augen ein. Die andern lachen oder stumpfen vor sich hin, die Zigarette im Mundwinkel. In der ersten Reihe steht ein Neger, ein bläulich bleichsüchtiges Gesicht, das ich dann ein paar Stunden später auf dem Kolonialball im ‚Rocher de Cancale' wiedersehe. Schön ist es dort. Ich weiß, dieser neue Negerball ist nicht so intim wie der in der Rue Blomet, über den schon so viel geschrieben worden ist. Man kommt etwas unbequem hin an den Quai de Bercy, weit hinter der Gare de Lyon. Die Deckenbeleuchtung und das neue Lichtgebäude in der Mitte ist ein wenig zu grell und, wenn es zum Tango rot abgeblendet wird, zu dunkel. Auch gibt es nicht die staffelnde, gliedernde Galerie der Rue Blomet. Dort aber werden die Farbigen zu viel von den Prominenten der weißen Menschenart belästigt. Höflich und zart geben sie nach und lassen sich darauf ein, mit den Europäerfrauen zu tanzen, wenn es ihnen durch Blicke nahegelegt wird. Hier sind sie mehr unter sich. Leicht hält der Kavalier mit dem länglichen, krausbewaldeten Hinterkopf die eng an ihn geschmiegte Partnerin mit drei Fingern der rechten Hand. Die linke berührt (das ist ein besonderer Negerchick) seinen Rockschoß. Die Mädchen halten die Augen gesenkt oder geschlossen. Nur bisweilen treffen uns ihre aufleuchtenden oder brechenden Tierblicke über dem monotonen Wirbel der Bewegungen. Am Ton ihrer Haut beginnen die Farben ihrer Pariser Kleidung zu irisieren. Ganz verworfene Farben erneuern sich an den dunklen Wesen. Korallenrot und giftgrün, papierrosa und ein übergegangenes Lila klingen rein. Wie ein Vogelnest sitzt im welligen Haar ein Turban. Die Trägerin, am Tage vielleicht farbige nurse, die den Kinderwagen durch den Luxembourggarten schiebt, gibt sich heute, den weiten Kattunrock wie ein Zelt um den Partner gespannt, dem heiligen Ernst der Lust mit rollenden, schaukelnden Hüften hin. Ein Rest religiöser Raserei um die Idole des Geschlechtes, ein alter Kult lebt in solch einem verpflanzten Stadtkind fort. Ihr Tänzer schaut über sie hinweg wie ins Wetter. Und dazu lärmt, trillert und seufzt das Orchestre Martiniquais. Für ihre Brüder und Schwestern hier spielen die Negermusikanten im Frack lieber und leidenschaftlicher als für die besser zahlende weiße Eleganz am Montmartre.

Der Dôme und das Schicksal

Wie dem jungen Helden des Goethischen Märchens, der das Pförtchen nicht mehr findet zu dem Garten, in dem er soviel Erbauliches erlebt hat, so geht's uns, die vor zwanzig Jahren in das Café du Dôme kamen, wenn wir heute vor der überfüllten Terrasse stehen. Da glaube ich in der fremden Menge das eine oder andere Gesicht wiederzuerkennen, aber bei näherem Hinschauen sieht es nur „so ähnlich" aus. Ich trete ein: Ist das unser Dôme? Dies glitzernde, brausende Tohuwabohu! Während ich benommen in den Wirrwarr von Mienen, Gläsern und Tabakswolken stiere, werde ich bei Namen gerufen. Das ist Ninas schmetterndes Organ. Sie winkt von einem Tisch hinten in dem höhergelegenen Teil. Sie ist noch imposanter geworden. Sitzt umgeben von einer Schar angelsächsischer und balkanischer Jünglinge, die bei ihr die Anfangsgründe eines würdigen Montparnassedaseins lernen. Ich stehe dann eine Weile neben ihr – setzen kann ich mich nicht zu diesen fremden Leuten – und frage und antworte. Es ist angenehm, zu hören, daß unsere kleinen Freundinnen von damals fast alle eine gute Karriere gemacht haben. Die einen sind verheiratet, die andern gut liiert. Ich soll besuchen, antelephonieren, rät Nina. Ob ich mich dazu entschließen werde?

Inzwischen wird da unten in der Ecke ein Platz frei. Ich zwänge mich an skandinavischen und jugoslawischen Schultern vorbei. Über blonden Café-crème und bunten Apéritif sehe ich aus meiner Ecke hinüber zu dem Boulevardfenster. Dort war unser Tisch. Der Tisch der deutschen Maler.

Wie angenehm leer es damals war rings um uns. Dämmerige Spiegel. Alte Lederpolster. Auf einer Tischplatte neben der Siphonflasche ein liegengelassenes „de quoi écrire": der gelbe Umschlag, das karierte Schreibpapier, die Buvardunterlage, das Tintenfläschchen. Solches Material pflegte sich der junge Pascin herüberzulangen, und während er den Kopf auf die linke Hand gestützt hielt und sich brummelnd an unserer Unterhaltung beteiligte, zeichnete er auf die Bogen und Enveloppes die wunderlichsten Gestalten. Und genügte ihm diese Leinwand nicht mehr, so malte er al fresco auf die Tischplatte mit abgebrannten Streichhölzern als Pinsel und Kaffeegrund als Farbe. Ja, da saßen sie alle, die jetzt berühmte Malersleute geworden sind, und die, die nicht berühmt oder der Kunst untreu wurden, waren auch recht merkwürdige Käuze. Alle waren sie ein bißchen verdrossen. Es gab eine besondere Art Dôme-Verdrossenheit bei den jungen Malern von damals. Hier in der Heimat der neuen Malerei sahen sie ein, daß es so einfach münchnerisch-kunstgewerblich oder berlinerisch-freiweg denn doch nicht ging. Und so wurden sie recht streng und kritisch mit sich und den Kollegen und dem ganzen Dasein. Um so besser hatten's wir anderen, die nur Malergenossen waren, wir Schriftsteller und sonstigen Müßiggänger. An uns gab's nichts zu kritisieren, wir brauchten nicht zu zeigen, was wir gearbeitet hatten. Mit uns spielte man Domino und Poker. Ach, unsere unvergeßliche Pokerpartie! Der Umsatz war recht gering, aber wir spielten mit großartiger Gebärde um ein paar Franken. Und es war ebenso spannend wie bei den Mondänen die Partie um Tausende. Was man so die „Noce" nennt, das haben wir nur selten gemacht. Die richtigen Noceurs unserer weiteren Bekanntschaft, die blieben auf den Höhen des Montmartre. Und dennoch führten wir ein bemerkenswertes Leben. Rudolf Levy, der bekanntlich im Nebenamt Poet ist, hat unser aller Dasein in deutschen und französischen Heldengedichten verewigt. Artavals Taten, des wackeren Mystikers und Erotikers, der leider uns und diese schöne Welt nun schon verlassen hat, und die des großen Sachsen Howard, der Ansprüche auf den englischen Königsthron erhob. Und jener berühmte Roman in Fortsetzungen, die unerhörte Detektivgeschichte von Bondys Ermordung, bei welcher unsere Freunde Vrieslander und Werth so schlimmer und so gut dargestellter Verdacht traf, daß die Betroffenen opponierten!

Schön war es auch, wenn reiche Jünglinge aus dem Vaterland zu Besuch kamen, um in das große Leben eingeweiht zu werden, wie jener Vortreffliche aus der Münchner Bäcker- und Braueraristokratie. Dann kam Glanz in unsere Ecke und Champagner auf unseren Tisch, und die guten Nachbarn aus der Umgebung des Dômes, die da weiter nach dem Buffet zu ihren gewohnten Apéritif einnahmen, schauten bewundernd auf unser Treiben, und selbst die Amerikaner, die oben hinter den Blattpflanzen Billard spielten, würdigten uns eines Blickes. Ich glaube, man wollte uns wohl im allgemeinen. André und Eugène, die Kellner der klassischen Dôme-Zeit, gaben uns Kredit. Sie begrüßten uns auf deutsch mit: „Gute Nagl" und „Auf Widelsehn". Auch die guten Mädchen – oh, heute sind sie alle große Damen! –, die doch eigentlich von den Amerikanern mehr zu erwarten hatten, schätzten uns, besonders wegen unserer etwas misogynen Manieren. Es erhöhte unser Ansehen bei ihnen, daß nur selten Frauen an unserem Tische saßen.

Nur ein Wesen hat uns gegrollt, ein sehr eigentümliches Wesen, das wir das „Schicksal" nannten. Nicht ohne Schaudern zeichneten unsere Freunde manchmal vorsichtig die kleine Alte ab, die in altmodischem Rock mit Troddeln und Fransen zu bestimmter Zeit an einem bestimmten Tisch saß. Weh dem Ahnungslosen, der etwa diesen Platz eingenommen hatte, ehe sie kam, und von ihr erwischt wurde. Dann schleuderte sie die kleine Fußbank, die sie mitschleppte, unter den nächsten Tisch, wandte sich wütend an den Kellner: „C'est entendu depuis des années que c'est ma place!" und warf so lange ihre Giftblicke, bis man ihr das Feld räumte. Hatte sie sich auf ihrem angestammten Sitze zurechtgerückt, so breitete sie das riesige Zeitungsblatt des „Eclair" vor sich aus und las streng. Neben ihrer Tasse lag immer ein schwarzes Barchentbündel, über dessen Inhalt wir die phantastischsten Vermutungen anstellten, oh, Vermutungen, die man nicht wiederholen kann! Durch die eisernen Querstäbe des Tisches konnte man ihre winzigen schwarzbeschuhten Füße sehen. Von Zeit zu Zeit zischte ein gefährlicher Pfeil aus ihren Augen zu uns herüber. Wir haben uns sehr vor ihr gefürchtet, soviel Späße wir auch über sie machten. Ob sie wohl schon um den bevorstehenden Weltkrieg wußte? Oder konnte sie einfach Männer nicht leiden? Denn wenn das hübsche dickliche Buffetfräulein an ihrem Tisch vorbeikam, um sich gelegentlich auf die Toilette zu begeben, so ging ein engelhaftes Lächeln über das runzlige Gesicht der Alten.

Nun, die gibt es heute nicht mehr im Dôme zu sehen. Ihr angestammter Platz ist international überschwemmt. Und auch der gute alte

Dôme-Wirt, der mit seinem mageren Gesicht und schmalen Bart an den Ritter von der traurigen Gestalt erinnerte, ist jetzt ich weiß nicht wo. Sein Nachfolger, der gewiß erheblich bessere Geschäfte macht, ist von lustigerer Gestalt. Es herrscht überhaupt eine gleichmäßigere Munterkeit in dem neuen Dôme, motorische Munterkeit, wie es der neuen Sachlichkeit und Generation geziemt. Ach, wohin ist die Dämmerwelt von Leder, Glas, Tabak und Jugend? Wohin ist unser Übermut und unsere gute alte Verdrossenheit?

Hafenpause

Auf der Pauke steht Filippo. Von dem pergamentenen Rund bis zu den Knien verdeckt, musiziert eine Frau auf dem Akkordeon. Sie hat einen riesigen rotblonden Haarknoten und sieht unberührt aus im englischen Geschmack. Neben ihr der Kollege mit dem Dudelsack lächelt dunkel und südlich. „Tout va bien" heißt das Etablissement, in dessen dämmerigem Hintergrund sie wie wegräumbare Jahrmarktspuppen auf ihrem Podium thronen. „Sous les ponts de Paris" spielen sie für die wenigen Gäste, denen englische und französische Inschriften Getränke zu mäßigen Preisen versprechen. Wir sitzen im Hellen vorn an der Straße auf rot und gelb getigerten Metallstühlen. Vor uns ist das alte Hafenbecken. Der Stand für drei Droschken und die Schienenstränge zur Gare Maritime trennen uns von seinem scharfgezeichneten Viereck. Von den Dampfern sehen wir nur die schräggestellten ockergelben Schornsteine.

Wir haben Zeit, und es gäbe allerlei anzusehen in Dieppe. In der Kathedrale die muschel- und algenähnlichen Zierate an den Kreuzungspunkten der kleinen Spitzbögen vor den einzelnen Kapellen und den Chor entlang; große farbige Gestalten einer Grablegung. Gitterwerk, in dem Motive später Gotik sich mit zartem Renaissancegeflecht vermischen. Oder die steile Straße nach Pourville zu, die grünen Bodenwellen der golf-links, die das Meer überschneiden und über die einzeln und in langsamer Gruppe Spielende ihren Bällen nachgleiten. Verlockend wäre auch das Getriebe der Grande Rue, das Durcheinander von Badegästen und Einheimischen, das Nebeneinander von rotspeckigen Metzgerauslagen und Bibelotkram der Reiseandenken, von Badeschuhen und Melonen. Oder der altstädtische Platz mit dem Seeheldendenkmal, oder Strand, Leuchtturm, Kasino, Klippe. Aber wir bleiben im Bereich des Hafens, stehen langsam auf von Café und Konzert und gehen hinüber zur Fischhalle. In dieser trägen Stunde ist sie schon halb leer. Auf Hintergründen von Marmor und Zeitungspapier in flachen Körben nur noch ein paar geräucherte kippers, goldgleißend und in Hälften zerrissen, getürmte Eissplitter, Stilleben aus Seezungen, tote graue Zungen zu Sternen geordnet. Wir kosten Krabben, brechen und rupfen sie aus ihrer zarten Panzerschale, und mit dem frischen Salzgeschmack auf den Lippen gehen wir an den Kairand, die Bordsteine entlang über schwarzrostende, tiefeingebettete Ankerringe. In dem schachtschmalen Abgrund zwischen Kai und Dampferrand regen sich alt und algengrün die dicken Knoten der Taue.

In goldenen Buchstaben steht auf dem Bug der beiden Steamer „Newhaven–Dieppe" und „Rouen–Le Havre". Unheimlich ist die Menge der Rettungsboote auf dem leeren Deck. Ein Kran läßt Lattenkörbe hinab, Gemüse, vielleicht für England. Plüschrot öffnen sich die Schlünde der weißen Ventilatoren. Nicht auszudenken, daß diese ruhenden Schiffskörper in einigen Stunden in den Eifer der Abfahrt kommen sollen. Wie von alters her liegen sie hier, und noch älter und stiller liegt ein Stück weiter, rostig und bunt, ein Bootsungetüm. Gerade auf dem bewegen sich ein paar hastige Gestalten, und Rauch steigt aus seinem Schornstein, aber es ist nur Küchenrauch. Hinter den unbewegten Fahrzeugen gleiten in langsamer Fahrt zwei Baggerschiffe, metallen und schaufelnd durch zähes Wasser und verdecken uns für eine Weile das Rot und Türkisgrün an zwei Bootsleibern, die sich streifen, und mit den beiden Farbflecken verschwindet etwas wie Erinnerung an Ungelebtes. Wir trennen uns schwer von diesem Steinweg dicht am Abgrund, an dem jetzt ein Negermatrose mit seinem Hafenschatz schlendert. Sie hat magere Zähne und redet vernünftig. Wie Unbefugte gehen wir an den leeren Schaltern der Zollhalle entlang. In wenigen Stunden wird hier das Gepäck aus dem Pullmanzuge gehäuft und gestapelt umherliegen, von Kranen geschwungen, Autos in Segeltücher gebündelt.

Uns verlockt der Häusertrakt der Hafenstraße. Quai Henri VI. steht daran, und einige seiner Gebäude tragen nachdenkliche Jahreszahlen, 1679 und 1715. Die stehen schwarz über breiten Torwölbungen und unter Nischen, in denen Statuen sich regen. Ein Satyr hält über sich etwas Traubenähnliches wie einen Schwamm, aus dem Seewasser auf ihn tropfen könnte.

Ein Spalt teilt die Häuserwand. Eine schmale Gasse. In flachem Bogen steigt sie auf, um noch flacher sich zu neigen in das Unendliche drüben, das Unsichtbare, das Meer.

Bernhard Echte

Nachwort

I.

„Ich besinne mich auf ein Gespräch mit Walter Benjamin, in dem wir die nahezu unheimliche Anziehungskraft diskutierten, die von Hessel ausging", schreibt Helen Hessel erinnernd über ihren Mann. Die Erklärung, die Benjamin diesbezüglich gab, war danach folgende: „Ja, wissen Sie denn nicht, Helen [...], daß Hessel ein Zauberer ist? Und ein gefährlicher dazu, dem man das Handwerk legen sollte. Er versteht zu verwandeln. [...] Wir leben *auf* in seiner Gesellschaft, wir kommen zu uns selbst, zu einem Selbst, an dem wir Entdeckerfreuden haben und so viel Interesse und Gefallen finden, wie er an uns. Und dann sitzt man da und ist in seinem Bann!" Eine fortwährende Verwunderung ist diesen Sätzen eingeschrieben, so sehr sich Benjamin auch um Fasslichkeit bemüht. Irgendetwas an diesem Franz Hessel schien ihm nicht geheuer zu sein; wie konnte es geschehen, dass man in seiner Gegenwart unversehens ein anderer wurde, etwas Fremdes in sich entdeckte, das sich zuletzt ausgerechnet als das eigene, bislang unbekannte Selbst entpuppt. An anderer Stelle berichtet Benjamin von Besuchen bei Hessel; er und seine Freunde hätten Hessels „Stube am Tiergarten" „selten ohne ein Wissen von der Gefahr betreten, in Helden verwandelt zu werden". Ungewiss blieb dabei zudem, wo man sich damit wiederfand: in der Wirklichkeit oder in einem Märchen, in einem Mythos oder einem lächelnden Spiel. Hessels sanft verwandelnder Blick scheint so harmlos nicht zu sein, wie er zunächst wirkt; unter seinen Augen, in seinen Sätzen beginnen Räume und Zeiten zu gleiten, feste Bedeutungen zu fließen; das Eindeutige erweist sich als vielschichtig, die Gegenwart als Widerschein von Vergangenem; Ernst und Komik durchdringen sich, und wer zu wissen glaubte, sieht sich vor Rätseln: er ist kein Sehender – ein Angesehener nur.

II.

Die Kunst des verwandelnden Blickes ist indes selber die Folge von Wandlungen. Tatsächlich war zunächst wohl kaum jemand weniger prädestiniert, in Berlin spazieren zu gehen, als gerade Hessel. Noch in seinem 1913 erschienenen Roman *Der Kramladen des Glücks* hat er von Berlin und dem Alten Westen, in dem er aufwuchs, lediglich die Vorstellung von „vielen geraden Straßen, die nichts als die Querstraßen ihrer Querstraßen sind". Zu diesem Zeitpunkt der Niederschrift des Buches ist es ein gutes Dutzend Jahre her, dass Hessel seine Heimatstadt verlassen hat. Eine Sehnsucht nach Berlin scheint er keineswegs zu verspüren. Vielmehr waren München und Paris die Städte geworden, die Hessel liebte und die ihn prägten.

Als er um 1900 in München eintraf, war er ein zurückhaltender junger Mann aus gutsituierter Familie. Schüchtern und ein wenig melancholisch darf man ihn sich vorstellen. Doch dann kam der Fasching und Hessel schrieb bald an einen Freund in Berlin: „Der Faschingstrubel hat auch mich Scheuen ein wenig gewirbelt." In einem weiteren Brief vom Oktober 1900 heißt es: „Diese netten Künstlersleut, die mich so freundlich aufnahmen. Sie haben alle ihre Possierlichkeiten, besonders die Schauspieler und Sänger, aber dabei so lebensvoll, so froh an tausend kleinen Dingen und so vorurteilsfrei." Es hat ihn hineingewirbelt, und man nahm ihn auf, wie er war; offensichtlich hat Hessel all dies weniger gesucht, als dass es ihm widerfahren ist. Einzig die Bereitschaft, sich dem Neuen zu überlassen, musste er mitbringen.

Dann wird von den neuen Freunden eine Begegnung mit Karl Wolfskehl vermittelt; dieser bestellt den jungen Hessel zu sich und empfängt ihn in seinem Bibliothekszimmer. Nahe dem Schreibtisch sitzen zwei Eulen in einem Käfig. Als Wolfskehl eintritt, verfällt Hessel sofort seinem Bann. „Nicht, daß ich ihn erblickte –, daß er mich ansah, war das Erschütternde", formulierte er fünfundzwanzig Jahre später, im Fragment *Hermes*, diese Erfahrung. „Und so ließ ich mich denn eine Zeitlang von ihm führen und mitreißen, diesem immer Bewegten, den ich mir sitzend kaum vorstellen kann, bald durch Vorstadtalleen, Altstadtstraßen und Zimmer auf und ab". In Wolfskehl lernt er einen peripatetischen Geist kennen, einen, der fortwährend umherschweifen und unterwegs sein musste, um den Gedanken Nahrung zu geben. Wolfs-kehl ist es auch, der Hessel empfiehlt, dabei nicht nach genau umrisse-nen Zielen zu streben oder bewusste Absichten zu verfolgen: „Lassen Sie sich selbst gewähren", rät er, „Sie dürfen nicht unbedingt sein, Sie würden einbüßen." Die Einübung ins Absichts- und Ziellose sollte später in Hessels Kunst, spazieren zu gehen, eine wichtige Rolle spie-len; zunächst erschien ihm Wolfskehls Empfehlung jedoch noch „eben-so tröstlich wie gefährlich".

Ungeachtet dieser Ambivalenz nahm er den Rat aber auf und über-ließ sich ganz dem Sog der Personen und Dinge, in deren Umfeld er geriet. Über Wolfskehl fand er Zugang zum Kreis um George und Kla-ges; daneben lernte er Franziska zu Reventlow samt der weitverzweig-ten Bohème kennen, in der sie verkehrte. Man feierte Feste ohne Zahl, verkleidete sich – nicht nur an Fasching – und ließ so eine neue Antike erstehen. Hier war es wohl das erste Mal, dass Hessel die Durchlässig-keit der Zeiten und Räume erlebte. Aus München ward ‚Isar-Athen'; man entschlug sich aller bürgerlichen Maßstäbe und Normen, um sich stattdessen einer heiter-bukolischen Gegenwartsfreude zu verschreiben. Der Fasching galt als Wiederkehr des dionysischen Taumels, wo die Menschen ihr Alltagskleid abstreifen und mit der Maske ihr eigentli-ches Gesicht gewinnen. Wenn dann ein leibhaftiger Dionysos im Mor-gengrauen ‚Donisl' neben einer Bohème-Zigeunerin nach der Art Henri Murgers saß, so ergab sich damit mehr als nur ein Sinnbild. Im Übrigen schoben Schwabings emphatische Dichterphilosophen in beherzter Nachfolge Nietzsches alle neuzeitliche Philosophie beiseite, um statt-dessen dem kosmogonischen Eros zu huldigen, ja sie kannten sogar eine weibliche Inkarnation dieses elementaren Prinzips. Aus einer nord-deutschen Gräfin wurde so die ideale Hetäre, deren souveräne Freizü-gigkeit ein allseits fesselndes Faszinosum bildete.

Franziska zu Reventlow war nach Karl Wolfskehl die zweite große Gestalt, die auf Hessel eine magnetische Anziehungskraft ausübte. Sie, „die Lebensmeisterin", hatte „Trost für den Lebensschüler", schrieb Hessel später beim posthumen Erscheinen ihrer Briefe. Auch hier ist Hessel der Lernende, der Empfangende – doch er erlebt dies erstmals als Tragik. Denn als Liebender, Begehrender findet er bei der Gräfin kein Gehör. Sie duldet ihn mehr nur aus mütterlicher Nachsicht und lässt ihn im Übrigen die malerische ‚ménage à trois' mit Bohdan von

Suchocki finanzieren. Hessels Versuch hingegen, die Geliebte zu besitzen, provozierte ihre Zurückweisung und führte schließlich zu einem Fiasko. So verließ Hessel München im Frühjahr 1906.

Die Stadt aber trug er fortan gleichwohl in sich: Denn Schwabing war für ihn mehr geworden als nur ein geographisch-historischer Ort – es war „eine Art zu leben, die mit den Echten auf alle Reisen und in alle Fernen mitwanderte".

In der Tat ging Hessel nun auf Reisen, und es zog ihn zum Ursprungsort eben jener ‚Art zu leben': nach Paris, der Geburtsstätte und dem Zentrum der Bohème. „Als ich hinkam", schrieb er in seiner autobiographisch geprägten *Pariser Romanze*, „gedachte ich, ein paar Monate zu bleiben, an Menschen und Museen, Straßen und Gärten einiges zu lernen, dann weiterzureisen und heimzukehren zu Beruf und Alltag. Aber ich verlor die Lust, weiterzureisen, verlernte Beruf und Alltag und blieb. Aus diesem Traume konnte ich nicht mehr auftauchen. [...] Ich war so glücklich, aus der Welt des Erfolges und der Beziehungen fort zu sein. Ich kannte ein paar Maler und Malersgenossen, meist auch Fremde, lebte als Fremder am Rande des Lebens und liebte die Stadt. Und vielleicht zum Lohne dafür, daß ich sie ohne Begehr und Anspruch liebte, schenkte sie mir die Freundschaft eines ihrer echten Kinder [...]. Da wurde der Fremde ein Gast."

Die Art, wie Hessel hier zurückblickt, signalisiert eine neuerliche Wandlung. Die Bohème, welche er in Paris antraf, war eine andere als jene, die er aus München kannte; sie erscheint ihm nun geradezu als eine Art ‚bürgerliche Bohème', als eine „Welt des Erfolges und der Beziehungen", in der nur verhohlener als anderswo nach Reputation und gesellschaftlicher Geltung gestrebt wurde. Tatsächlich war ein elitärer Hofstaat, wie George ihn in München um sich scharte, in Paris schwer vorstellbar – zumindest nicht in der bunten Kolonie europäischer Künstler. Hier herrschte, wie selbst Erich Mühsam später konzedierte, „ein erfreulicher Geist der Solidarität", der nicht zuletzt auf der „Hilfsbereitschaft Hessels, Bondys oder eines anderen besser Situierten" basierte. Man war ein kleiner Kreis von Fremden am Rande der riesigen Stadt und richtete sich in einer der vielen Nischen, die sie bot, zwanglos ein. Von den Hierarchien und Verpflichtungen der Herkunft weitgehend abgelöst, lebte man ein eigenes freies Leben. Verglichen mit dem Münchner Taumel empfand Hessel das Pariser Dasein eher als einen Traum, genauer: als einen Tagtraum. Je mehr er ihn mit allen Sinnen erlebte, umso weniger konnte er aus ihm „auftauchen". Subjekt und Objekt, persönliche Freiheitsbedürfnisse und Bedingungen der Realität schienen keinen Gegensatz mehr zu bilden, sondern unmerklich ineinanderzufließen und ihre engen Grenzen zu verlieren. Das ‚Sich-gewähren-Lassen', das Wolfskehl Hessel angeraten hatte, hier ergab es sich wie von selbst – sogar in der Liebe.

Denn Hessel liebt nun „ohne Begehr und Anspruch", und er liebt vornehmlich – die Stadt. Von ihr hat er keine Zurückweisung zu befürchten, sie empfängt und beschenkt ihn vielmehr – unter anderem mit einem Freund. Durch welchen Zufall Henri-Pierre Roché und Hessel zusammengeführt wurden, weiß man heute nicht. Für Hessel aber war es eine jener traumhaften Fügungen, durch die sein Leben eine weitere tiefe Wandlung erfuhr. Denn Roché, der Einheimische, lehrte den Fremden die Pariser Leichtigkeit der Liebe. Flanierend streichen sie durch die Straßen der Stadt, sprechen Mädchen an, schenken ihnen Veilchensträuße und gehen mit ihnen. Eine lernen sie kennen, als sie aus der ‚Passage des Panoramas' tritt; sie nehmen sie mit ins Café und geben ihr keinen geringeren Namen als „Existence". Dass die Liebe ein flüchtiges Spiel ist, widerspricht dem nicht, im Gegenteil. Sie befreit „Existence" von der Prostitution.

Die Boulevards, Gassen, Passagen und Cafés von Paris – sie bilden ein einziges weitverzweigtes erotisches Spannungsfeld. Nicht dass Hessel die Stadt gesamthaft als erotischen Körper imaginiert, wie dies andere Autoren jener Zeit, z. B. Robert Walser in seinem Prosastück *Guten Tag, Riesin!* (in Bezug auf Berlin), getan haben. Auch fehlt das Unheimliche, Bedrohliche und Verschlingende, das in diesen anderen Schilderungen hervortritt, in Hessels Paris-Bild ganz. Für ihn ist die Stadt der Ort vielfältigster Augenlust, welche der Liebe Nahrung ist. Einerlei, ob es sich um selig-verspielte Kinderzweisamkeit oder um verwirrend-leidenschaftlichen Sinnenrausch handelt – Paris schien für alles seinen Ort und Rahmen zu haben. Die Atmosphäre der Stadt wurde für Hessel so sehr zum Lebenselement der Liebe, dass sich diese plötzlich und dramatisch verlor, als er Paris Ende 1913 verließ. Die Ehe, die er im Juni 1913 mit Helen Grund geschlossen hatte, büßte fern der Seine unversehens ihren Zauber und inneren Halt ein. Und kaum, dass

Henri-Pierre Roché nach dem Krieg die Erinnerung daran wieder leibhaftig wachrief, stürzte sich Helen mit der Leidenschaft einer Ausgehungerten darauf, während Hessel nur der Part des Zuschauers blieb.

Noch gravierender als bei Franziska zu Reventlow forderte die Liebe zu Helen von ihm Verzicht, ein Schicksal, in welches er sich womöglich nicht gefügt hätte, wäre er nicht zuvor durch den Weltkrieg gegangen. Über die Erfahrung des Krieges findet man in Hessels Texten wenig. Umso schwerwiegender scheint sie gewesen zu sein. Der Erzähler der *Pariser Romanze* überlebt den Krieg nicht; es sind die *Papiere eines Verschollenen*. Hessel dagegen kam noch einmal davon: Über den Preis des Entsetzens, den er hat entrichten müssen, ließ er indes nie ein Wort verlauten. „Im Weltkrieg wurde ich subaltern und bin es geblieben", heißt es lediglich im Fragment *Hermes*. Große Ansprüche wollte er danach nicht mehr erheben. Der Katastrophe dieses Krieges schienen ihm *seine* Worte zumindest nicht gewachsen. Allem, was es noch gab, war das Signum des Verschonten eingeschrieben. Und so wandte er sich, das erlebte Dunkel im Rücken, umso lebhafter, ja fast beschwörend den kleinen Erlebnissen und Dingen zu. Was Hessel schrieb, hatte von nun an jenes geradezu entwaffnende Maß an Affirmation, dass das Schöne und Gelobte schon wieder untauglich wird zu dem, wozu es Mächtige gern besungen sehen: zur Propaganda. Hessels Bejahungssinn verfügt diesbezüglich über einen immunisierenden Zug: das kindliche Verwundern darüber, dass nach einer solchen, alles Verstehen übersteigenden Zerstörungs- und Vergänglichkeitserfahrung die kleinen Dinge noch immer da sind und auf kuriose Weise das Leben bestimmen. Glück und Tragik, Liebe und Missverstehen erhalten bei Hessel ein eigenartig possierliches Spielzeugformat, das lächeln macht und zugleich irritiert: Wie dieser Mann es wohl fertiggebracht hat, so heiter-melancholisch neben sich zu stehen. Selbst in den Wochen, als seine Ehe nach konventionellen Begriffen endgültig scheiterte und dramatische Konflikte sich abzeichneten, vermochte er es, eine verklärende Geschichte von den Anfängen dieser Liebe zu schreiben. Wenig später reichte er einen Zyklus heiter-spielerischer Novellen mit dem melancholischen Titel *Von den Irrtümern der Liebenden* nach. Hessel sei ein „Spezialist der unglücklichen Liebe geworden", notierte Roché mehr verärgert als anerkennend in sein Tagebuch. Dann – es war im Frühjahr 1922 – kehrte Hessel mit seiner Familie nach Berlin zurück.

III.

Im dulci jubilo der Jahrhundertwende war er, kaum eben erwachsen, von hier aufgebrochen: begütert, gesichert und ungebunden. Die Stadt, die er als 41-Jähriger wiedersah, war völlig verwandelt: Ausgezehrt von Krieg und Nachkrieg, begrüßte sie ihn mit einer galoppierenden Inflation, die sein väterliches Erbe, soweit es nicht schon in Kriegsanleihen untergegangen war, im Nu zunichtewerden ließ. Plötzlich und zum ersten Male sah sich Hessel vor die Notwendigkeit gestellt, Geld zu verdienen, um seine havarierte Familie immerhin durchzubringen. So arbeitete er für seinen neuen Verleger Ernst Rowohlt als Lektor.

Mit dem Eintritt bei Rowohlt war aus dem Bohemien ein lohnabhängiger Literat geworden. Diese Erfahrung glossierte Hessel im September 1922 in der damaligen Hauszeitschrift des Verlages, dem *Tage-Buch*, und zwar unter dem Titel *„Kommandiert die Poesie"*. Die ironische Empfehlung des Textes zielte dahin, junge Lyriker sollten sich vermögenden Industriellen mit Gelegenheitsgedichten andienen, um eine mäzenatische Ader in diesen zu wecken. „Eurer Kunst wird das nichts schaden", schließt leutselig der Text: „Es macht auch mindestens ebensoviel Spaß, als Erzählungen dem Feuilletoncharakter anzupassen".

Mochten die zuvor geäußerten Empfehlungen noch ironisch-grotesk wirken, so kippt der Text an dieser Stelle plötzlich um. Unversehens ist nicht mehr auszuschließen, dass Hessel mit seinem Ratschlag vielleicht sogar einen spielerischen Ernst verbindet – etwa derart, dass man besser alle Ambitionen in den Wind schlage, um sich stattdessen auf die Rolle des Troubadours oder Hofnarren zu besinnen, der nie einen Hehl daraus gemacht hat, dass die Kunst nach Brot geht. Desgleichen der Feuilletonist, dessen Metier unweigerlich mit dem Bewusstsein verbunden ist, den Bedingungen kommerzieller Massenproduktion unterworfen zu sein, dessen literarische Selbstbehauptung aber vielleicht gerade mit der subtilen Ausnutzung dieses Umstandes beginnt. Hessel scheint nun in der Tat einen gewissen „Spaß" daran gehabt zu haben, „Erzählungen dem Feuilletoncharakter anzupassen" und dabei jeweils treuherzig zu betonen, dass eine altmodische Erscheinung wie er dies natürlich gar nicht richtig könne. Ab 1922 wird aus dem Buchautor Hessel plötzlich ein ebenso eifriger wie virtuoser Feuilletonist, der allerdings fortwährend aufs charmanteste vorgibt, mit dem Tempo und der Weltkenntnis des modernen Journalismus nicht mithalten zu können. Das rollenspielerische Raffinement, das er dabei entwickelt, ist beträchtlich und wird schon von den damaligen Redakteuren als die besondere literarische Qualität der Texte erkannt worden sein – weswegen sie die Sachen dann auch bereitwillig druckten. Hessel durchschaute mithin sehr rasch die Paradoxie des Zeitungsfeuilletons, wie sie in den zwanziger Jahren deutlich zutage tritt: Einerseits ein kurzlebiges Produkt der Massenkommunikation zu sein, gleichzeitig aber durch den Konkurrenz- und Originalitätsdruck einen Wettbewerbsvorteil im Gegenteiligen suchen zu müssen: im nicht an Aktualität gebundenen literarischen Text mit seiner scheinbar anachronistischen Subjektivität. Gefragt war so der ungewohnte Blick auf scheinbar Bekanntes, die Entdeckung des Unerwarteten im Alltäglichen, die Beschreibung des Fremden im Nahen und Vertrauten.

Kaum etwas dürfte der biographischen Konstellation in Hessels Leben besser entsprochen haben als diese Erwartung. Zwei Jahrzehnte hatte er fern seiner Heimatstadt gelebt; als er sie nun wiedersah (nachdem er bereits 1918/19 in Berlin gewohnt hatte), war sie ihm in genau jener Art vertraut-unvertraut, die sie für das Feuilleton interessant machte. Hessel war ein Fremder in Berlin – und doch nicht. Seiner Kriegserfahrungen eingedenk, scheint er überdies keinerlei Bedürfnis verspürt zu haben, den wiedergefundenen Ort seiner Kindheit und Jugend noch einmal per Nebensatz abzuqualifizieren oder gar das expressionistische Klischee vom ‚Moloch Großstadt' weiter zu pflegen. Die glücklichen Erfahrungen aus München und Paris legten ihm da ohnehin ganz anderes nahe und bildeten zudem den reichhaltigsten Fundus für Analogien, und Vergleiche, Abgrenzungen und Überblendungen.

Und so erkor sich Hessel seine Heimatstadt zum Objekt schriftstellerischer Erkundungen. Er begann, dem ‚heimlichen Berlin' nachzuspüren, jenen spezifischen Eigenheiten der Stadt, die so alltäglich und zugleich privat sind, dass sie kaum wahrgenommen oder gar beschrieben werden. ‚Heimliches Berlin' – dies war nicht nur der Titel eines Romans, der nun entstand, sondern vor allem auch das Schlüsselwort, das dem Feuilletonisten Hessel die zahllosen unbekannten Reize der Stadt und ihr eigentümliches Bewegungsgesetz erschloss.

Denn dies schien zunächst das Augenfälligste an Berlin zu sein: seine Bewegtheit, das Tempo und die hastige Zielstrebigkeit, mit der sich die Menschen im öffentlichen Raum bewegten, mit der sie diese Räume auch durch rastlose Bautätigkeit veränderten. Für das Auge des fremdeinheimischen Beobachters machte die Stadt den Eindruck, als strebe sie wie getrieben von sich selber weg. Keinen Moment des Verweilens scheint sie sich und ihren Bewohnern genehmigen zu wollen, alles ist dominiert von Zielen und Zwecken, die in der Zukunft liegen. Auf dem Weg dorthin hält einen die Gegenwart nur auf, als sei sie ein lästiges Hindernis. Ein Träumen, Besinnen oder Neben-sich-Stehen kennt dieses Tempo nicht, und schert einer aus der kollektiven Eile aus, trifft ihn bald der Verdacht der nützlich Bestrebten, er führe Unrechtes im Schilde. „Hierzulande muß man müssen, sonst darf man nicht", lautet Hessels ebenso ironische wie prägnante Diagnose zu Beginn seines 1929 erschienenen Buches *Spazieren in Berlin*, das sich aus einer Reihe von Feuilletons entwickelte. „Hier geht man nicht wo, sondern wohin", fährt er fort: „Es ist nicht leicht für unsereinen."

Einer, der spaziert, der flaniert, tut deswegen gut daran, sich zu tarnen und ein Rollenspiel zu beginnen, in dessen Schutz er Einblicke in die verborgenen Bereiche gewinnen kann, die die Stadt tiefer charakterisieren. Die erste Rolle, in die Hessel in seinem Berlin-Buch schlüpft, ist die des eifrigen, scheinbar unwissenden Adepten, der sein unzeitgemäß-impressionistisches Müßiggängertum überwinden und quasi im Selbstversuch Anschluss an den Zug der neuen Zeit gewinnen will. Wie einst in München ist er wieder ‚Lebensschüler‘, und wie ehemals in Paris lässt er sich mitnehmen, vertraut sich einer Art Cicerone an. Der Zukunftsfixiertheit Berlins entsprechend, ist es zunächst ein Architekt, der dem vorgeblich Unkundigen die Augen öffnet und ihm die durchgreifende Umgestaltung der Stadt erläutert. Im sausenden Automobil führt er ihn an die großen Baustellen; in hellen Büros erklärt er ihm die organisatorische Rationalität in Stadtplanung und Verkehrsführung. Der neuen Sachlichkeit gehe es um Funktionalität des gesamten Stadtraumes, um Luft und Licht als Voraussetzung einer freien gesunden Lebensführung. Es sind im Wesentlichen die Gedanken des damaligen Berliner Stadtbaurats Martin Wagner, die Hessel hier referiert. Den

Zielen, die Wagner in seiner Zeitschrift *Das neue Berlin* formulierte, zollt er, der Lernende, durchaus Respekt und Zustimmung, auch wenn ihm die vorgetragenen Grundsätze insgeheim so neu nicht erscheinen wollen. Zur Programmatik von Luft und Licht vermag er zwanglos die Antike zu assoziieren mit ihrem Wort ‚mens sana in corpore sano‘. Auch den neuen Menschentyp, insbesondere jene jungen Frauen in ihrem sportlichen Körperstolz, kann er mit diesen Traditionen verbinden. Gegenüber der emphatischen Betonung des Praktischen und Nützlichen bewahrt er allerdings eine gewisse reservatio mentalis. Die alte Dame, die den Stadtwanderer am Abend dieses Tages in ihrem Alt-Berliner Interieur empfängt, bedeutet für ihn da fast ein Trost. Mit zarter Sentimentalität werden von ihr Chodowiecki-Stiche und bemalte Porzellantassen von KPM gehütet – Zeugen einer Zeit, die weniger besitzergreifend war und ihre Ästhetik nicht auf Funktionalität, sondern auf ein vornehm-dezentes Stilempfinden gründete.

Jenes alte Berlin von Schinkel und Schadow wird bei Hessel immer wieder beiläufig beschworen und gegen die überladenen Repräsentationsbauten des Wilhelminismus ins Feld geführt. Auch wenn Hessel Wertungen und Antithesen weitgehend vermeidet, lässt er doch keinen Zweifel daran, dass ihm die ornamentale Überladung und aufdringliche Pseudo-Mythologie des späten 19. Jahrhunderts widerstrebt.

Gelegenheit zu entsprechend kritischen Anmerkungen gibt ihm eine Stadtrundfahrt, die er in seiner zweiten Rolle, derjenigen des Touristen, absolviert. Geduldig lässt sich Hessel im Bus an den Orten vorbeichauffieren, die als offizielle Attraktionen gelten; ergeben folgt er den Erläuterungen des Fremdenführers über die Gebäude, in denen Geschichte geschrieben wurde oder noch immer gemacht wird. Gelehrig scheint Hessel jene Darlegungen zu memorieren, doch in einem kunstvoll beiseite gesprochenen Kommentar weist er fortlaufend auf Stätten hin, die der Touristenführer nicht der Beachtung für würdig findet, an denen sich jedoch das eigentliche, weil private, heimliche Berlin ausspricht. Die Kulisse, welche der Fremde vorgeführt erhält, hat mit der lebendigen Stadt fast nichts zu tun. Wollte er sie wirklich erfahren, müsste er – wie Hessel dies zuletzt tut – den Bus verlassen und einen völlig anderen Weg einschlagen. Am besten lerne man eine Stadt an der Seite einer Frau kennen, die Besorgungen macht, lautet sein Rat im Feuilleton *Versuch mit Wien*. Auch das versonnene Sitzen auf einem Brunnenrand könne einem mehr vom Fluidum einer Stadt mitteilen als jede touristische Information. Denn es geht bei ihrem Kennenlernen nicht um Wissen, nicht um das Absolvierthaben eines Parcours, sondern um die Ahnung davon, wie sich die Zugehörigkeit zu ihrem Alltag wohl anfühlen würde. Jene Zugehörigkeit ist durch eigene Aktivität kaum zu erwerben – schließlich bedeutet sie, dass man Teil eines umfassenderen Ganzen wird, dass nicht der Fremde die Stadt sich zu eigen macht, sondern diese sich ihn. Er muss sich ansehen und in seiner Fremdheit verwandeln lassen, erst dann, als anfängerhaft Zugehöriger, wird er selber sehen – lernen.

Dem Alltag, den Orten der Arbeit und der Vergnügungen, gelten deshalb auch die weiteren Kapitel des Berlin-Buches. Hessel wendet sich den vielen Quartieren und Vorstädten der Stadt zu, dabei wiederum eine Erfahrung aus Paris übertragend. Denn eben diese manchmal noch fast kleinstädtischen Quartiere und Vorstädte, nicht etwa das prachtvolle Zentrum, machten für ihn das Leben von Paris aus. Auf die Frage, wo die „mainstreet" von Paris sei, reagierte Hessel, dem Feuilleton *Pause in Paris* zufolge, denn auch ziemlich verwirrt und schickte die amerikanischen Touristen an die Oper statt in die Champs-Elysées. Ähnliches hätte ihm auch in Berlin widerfahren können, wo die Seele der Stadt ebenfalls nicht auf dem Kurfürstendamm oder Unter den Linden wohnt, sondern „im Gartenhaus vier Treppen ohne Fahrstuhl", wie es im Prosastück *Wird er kommen?* heißt. Auch im sphinxbewachten Treppenhaus des Alten Westens oder in den Laubenkolonien der Vorstadt lässt diese Seele sich verspüren, auch oder gerade weil hier Zeiten und Wirklichkeitsebenen zu verschwimmen scheinen. Obwohl es Hessel, sich ganz der Moderne zugehörig fühlend, „nicht mehr leicht" hat mit der Mythologie, so weiß er doch nicht, ob die Sphinxe ihn aus seiner Schulzeit ansehen oder aus weiter historischer Ferne. Auch die Schrebergärten, die fortlaufend von der Expansion der Stadt verdrängt zu werden drohen, wirken trotz ihrer provisorischen Existenz „paradiesisch dauerhaft", als würden die Männer, Frauen und Kinder seit je hier säen, gießen und Schoten palen, jenseits aller historischer Zeit.

Solche Bilder der stillgestellten und außer Kraft gesetzten Zeit haben Hessel in den Verdacht kommen lassen, ein Idylliker zu sein. Eine solche Bewertung weiß sich fraglos in der Zeitvorstellung der mechanistischen Epoche zu Haus, wonach das Wesen der Zeit Progression und

Veränderung, nicht aber Dauer sei. Natürlich verschließt sich Hessel dieser Sichtweise nicht – für ihn sind bisweilen sogar tausend Jahre nur ein Tag, sodass Berlin zu Ende des *Spazieren*-Buches oder im Feuilleton *Herberge und Heimat* plötzlich wieder zum provisorischen Kolonistendorf werden kann, als das es einst gegründet wurde. Und doch oder gerade deswegen hat die Zeit in seiner Art des Sehens auch jene andere Dimension: die der Dauer und ewigen Wiederkehr, welche selbst durch eine prometheische Epoche nicht um ihre Wirklichkeit gebracht werden kann. Hessel weiß allerdings mit Jean Paul: „An der seligen Ewigkeit selbst ist keine andere Handhabe als der Augenblick" – ein Satz, der sich in den Exerptzetteln seines Nachlasses sogar zwei Mal notiert findet. ‚Augenblick' darf hier durchaus wortwörtlich verstanden werden: als der Moment des Sehens, als einzige Möglichkeit wirklicher Gegenwart. Der Augenblick springt aus den Koordinaten der historischen Zeit – aus ihren Bedingungen wie ihrem fortlaufenden Schwinden – heraus; er *ist* Gegenwart; welche Dauer er gewinnt, hängt von der Wahrnehmungsfähigkeit des Betroffenen ab.

Aus diesem Grund ist Hessels Plädoyer für den Augenblick auch kein Zeichen von Idyllik oder romantischer Nostalgie – im Gegenteil. Die ungeheure Vielfalt des modernen Stadtlebens, sein rascher Wandel und die Simultaneität gegensätzlichster Mentalitäten, Stile und optischer Sprachen lassen dem Betrachter gar keine andere Wahl. Hessel steht hier eigentümlicherweise in der Tradition der Berliner Frühexpressionisten, die – wie beispielsweise Jakob van Hoddis – in der Gleichzeitigkeit des Unterschiedlichsten das Wesen der modernen Stadt sahen und sich in der Darstellung dessen explizit auf antike Vorbilder wie Homer beriefen. Das Wesen des Augenblicks besteht gerade in seiner Vorurteilslosigkeit: wie er alle Phänomene gleichrangig gelten lässt, nichts ausfiltert und hierarchisiert, und so – im stillgestellten Bild – der Wirklichkeit bisweilen näher ist als der politisch oder geschichtsphilosophisch gesteuerte Blick. Deswegen ermuntert Hessel den modernen Stadtbewohner auch, die täglich neuen Szenerien des Umbruchs, das anachronistische Nebeneinander von Alt und Neu, von Trivialität und Schönheit, von träumendem Winkel und schreiendem Plakat nicht zu bewerten, sondern als Augen-Blick auf sich wirken zu lassen. Der fortwährende Wandel wird dadurch natürlich nicht aufgehalten oder aufgehoben; womöglich aber gewinnt das facettenreiche

Bild der Stadt auf diese Weise Dauer und eine gewisse mythologische Kraft: das Versprechen, mehr zu sein als ein bloßes Netz ‚gerader Straßen, die nichts als Querstraßen sind' – sondern Wohnstatt und Heimat. Aus diesem Grund ist Hessels Berlin-Buch keine Sozialreportage, die auch alle Schattenseiten der Stadt mitdokumentiert; es ist vielmehr der Versuch, das „Neben- und Durcheinander von Kostbarem und Garstigem, Solidem und Unechtem, Komischem und Respektablem" schön zu finden, „bis es schön ist".

IV.

Die Geschichte indes scheint Hessel nur wenige Jahre nach der Veröffentlichung seines Berlin-Buches mit schrecklicher Eindeutigkeit widerlegt zu haben. In der Tat hat Hessel verkannt, welches Maß an Ressentiment und Hass durch die nationalsozialistische Bewegung zur Macht gelangte. Die Massensuggestion der Sportpalastveranstaltungen bedeutete eine Entgrenzung des Subjekts in Richtung kollektiver Gewalt und Mordbereitschaft, die sich ein impressiver Geist wie Hessel offenbar nicht vorstellen konnte. In letzter Konsequenz mag dies jedoch nicht gegen, sondern für ihn sprechen.

Jedenfalls wollte Hessel nach 1933 der Stadt und dem, was nun in ihr geschah, nicht ausweichen. Er blieb in Berlin, publizierte anfangs noch weiter, bis ihm dies ab Mitte 1934 unmöglich gemacht wurde. Die Übersetzung von Jules Romains' Großwerk *Die guten Willens sind* sowie die Arbeit bei Rowohlt ermöglichten in den folgenden Jahren noch ein knappes Auskommen. Auch der ältere Sohn Ulrich arbeitete noch bis 1935 im Rowohlt Verlag, ging dann aber zu Helen nach Paris ins Exil. Wann Hessel selber diesen Entschluss schließlich fasste, ist heute nicht mehr zu eruieren. Noch im Frühjahr 1938 reiste er, wie Korrespondenzen belegen, nach Paris und kehrte danach wieder nach Berlin zurück.

In jenen Jahren zwischen 1935 und Herbst 1938, d. h. dem Zeitpunkt seiner endgültigen Emigration, stellte Hessel noch zwei Buchmanuskripte zusammen, in denen er seine verstreuten Feuilleton-Beiträge sammelte. Das eine vereinigte Liebesgeschichten und sollte den Titel *Das Lederetui* tragen (vgl. dazu den Kommentar in Band 5 der Werkedition); das andere war *Frauen und Städte* betitelt. Welche Pläne er mit diesen Manuskripten verband, ist unklar, waren ihm doch alle Möglichkeiten der Publikation in Deutschland genommen. Über Kontakte zu österreichischen, Schweizer, niederländischen oder tschechischen Verlagen in dieser Sache weiß man ebenfalls nichts. Durchaus denkbar ist jedoch, dass Hessel im Falle der schließlichen Emigration zumindest mit irgendetwas publizistisch Verwertbarem im Gepäck in der Fremde eintreffen wollte.

Bezüglich des *Frauen und Städte*-Buches war sich Hessel jedoch schon bei seiner Zusammenstellung bewusst, dass er hier zwar einen alten Plan ausführte, dass eine Publikation aber nicht mehr zu erwarten war. In einem Vorspann richtet er sich an seine beiden (in Paris lebenden) Söhne, berichtet von seiner früheren Absicht und verzeichnet alle Titel des ehemals geplanten Buches. Es stehe ihnen, den Söhnen, nach Lage der Dinge frei, die einzelnen Sachen aufzuheben oder nach der Lektüre fortzuwerfen. In der eingetretenen Situation betrachtet Hessel das Manuskript offenbar nur noch als privates Dokument, dem zuletzt eine tiefe symbolische Ungewissheit eingeschrieben ist: Das abschließende Prosastück *Hafenpause* endet mit einem Blick durch den Spalt in einer Häuserwand; der Weg durch diesen Engpass beschreibt einen ansteigenden und dann wieder sanft abfallenden Bogen, der sich neigt „in das Unendliche", von dem ungewiss bleibt, ob es eine neue Freiheit ist oder das Gewässer, über welches die letzte Fahrt geht.

Das Manuskript hat seine beiden Adressaten indes anscheinend nicht mehr erreicht. Auch in diesem Falle sind die Gründe unklar. Fest steht nur, dass Hessel das Konvolut bei seiner Ankunft in Paris als Fundus benutzte, dem er einige Texte zur überarbeiteten Publikation in der *Pariser Tageszeitung* entnahm. Andere integrierte er in den Roman *Alter Mann*, der dann aber Fragment blieb. In Paris scheint Hessel die Papiere dann auch zurückgelassen zu haben, als er nach Ausbruch des Krieges nach Sanary flüchtete. Jedenfalls geriet das Material in die Hände beschlagnahmender Nazis, gelangte so zunächst zurück nach Deutschland und nach Ende des Krieges nach Moskau. 1953 kehrte es von dort ins Geheime Staatsarchiv Potsdam zurück, wurde Mitte der neunziger Jahre zunächst ins Berliner Bundesarchiv und schließlich 1998 ins Deutsche Literaturarchiv nach Marbach verlegt, wo auch die übrigen Teile des erhalten gebliebenen Hessel-Nachlasses verwahrt werden.

Zunächst scheinbar nur vom grammatikalischen Geschlecht der beiden Wörter ausgehend, verbindet das Manuskript 54 Texte über Frauen und Städte, die Hessel nach Erscheinen seines Berlin-Buches und des Bandes *Nachfeier* geschrieben und zum Teil publiziert hat. Die Stadt-Feuilletons bilden dabei gewissermaßen die Fortsetzung der *Vorschule des Journalismus* in *Nachfeier* und der Berlin-Texte des *Spazieren*-Bandes, dehnen die Optik aber auch auf Wien und rückblickend auf München aus. Ihre direkte Verbindung mit verschiedenen Prosastücken über Frauen stellt indes eine neue, explizitere Wechselbeziehung zwischen den beiden Motiven her. Frauen und Städte – beide liebt Hessel „ohne Begehr und Anspruch", wie es in der *Pariser Romanze* hieß. Sie sind ihm gleichermaßen Rätselwesen, die beschenken können, sofern man der Versuchung widersteht, sie besitzen zu wollen. Die geheimnisvolle, fast mythische Qualität liegt dabei jeweils schon in den unscheinbar wirkenden Details des Alltags. Die Handtasche und das Schminkzeug einer kleinen Sekretärin erscheinen unter diesem Blickwinkel ähnlich unergründlich wie das berühmte Marlene Dietrich-Lächeln. In den ungezwungenen Bewegungen, in denen sich junge Frauen am Feierabend gemeinsam über das Trottoir bewegen, scheinen andere Zeiten und Welten durch: Plötzlich sind es Grazien, die den Betrachter in ihren Bann ziehen und keinem Geringeren als Goethe unrecht geben, der in seinem einzigen Berlin-Gedicht eben diesen Zauber vermisst hatte. Gewiss, die zarte Anmut mag noch nicht die hervorstechende Eigenschaft der jungen Berlinerinnen sein; Gelassenheit geht ihnen nach Hessel noch ab. Denn zu zielstrebig eignen sie sich den Lebensgenuss an, zu schnell und bestimmt wissen sie in Dingen der Schönheit, Eleganz und Mode Bescheid. Umso entzückender, dass sie im atemlosen Eifer, das Neue auch ja richtig zu erleben, ganz übersehen, wie viel unschuldige Naivität ihnen dabei anhaftet. Und schon ist all das keine mondäne junge Welt mehr, sondern ein Kindermärchen.

Und doch kann einen aus den Augen einer solchen jungen Frau unversehens ein Blick treffen „wie ein Ruf, wie das Schicksal, Leben ändernd, schaffend und zerstörend" (*Marlene Dietrich*). Ungewiss, ob er überhaupt dem Angesehenen selber gilt oder ihn nur zufällig streift. Es ist der Blick eines archaischen Idols, der aus den Augen einer Marlene Dietrich oder aus einer Maske der Renée Sintenis spricht. Wer von diesem Augen-Blick angesehen wird, wer in ihm zu lesen versucht, wird verwandelt. Es ist das plötzliche Andere, das einen auch in Großstadtstraßen unversehens anwehen kann, eine andere Zeit und Welt mitten in der alltäglichen. Man kann darin, wenn man sich gewähren lässt, sogar lesen wie in einem Buch – das womöglich aber den Leser liest und ihn verwandelt.

Textnachweise und Erläuterungen

Folgende Abkürzungen werden verwendet:

GVW   Franz Hessel: *Ein Garten voll Weltgeschichte. Berliner und Pariser Skizzen.* Hg. v. Bernhard Echte. München 1994

KP   Franz Hessel: *Ermunterung zum Genuß. Kleine Prosa.* Hg. v. Karin Grund u. Bernd Witte. Berlin 1981

PÜS   Franz Hessel: *Persönliches über Sphinxe. Vier Berliner Skizzen.* Berlin 1990

SIB   Franz Hessel: *Spazieren in Berlin.* Leipzig, Wien 1929

VDI   Franz Hessel: *Von den Irrtümern der Liebenden und andere Prosa.* Hg. v. Hartmut Vollmer. Paderborn 1994

ZBS   Franz Hessel: *Spazieren in Berlin – Zwei Berliner Stätten.* Berlin 1929

ED   Erstdruck

u.d.K.   unter dem Kürzel

u.d.Ps.   unter dem Pseudonym

u.d.T.   unter dem Titel

Spazieren in Berlin

Der Text folgt der ersten Buchausgabe, erschienen im Verlag Dr. Hans Epstein, Leipzig, Wien 1929.

Bei Erscheinen des Buches schrieb Hessel eine *Selbstanzeige* für die Zeitschrift *Das Tage-Buch* und stellte sein Werk wie folgt vor:

„Aber in Berlin geht man doch nicht spazieren", sagte eine schöne, vermutlich gebildete Dame, der – in meiner unbemerkten Autorengegenwart – mein Freund, der Buchhändler, das Buch anpries. Und sie hat es nicht gekauft. Sie haben leider recht, gnädige Frau: „Man" geht in Berlin nicht spazieren. Dazu hat „man" keine Zeit.

Diese kaum zu bestreitende Tatsache erschien dem Verfasser, der in Berlin den größten Teil seiner Kindheit und einige Jünglings- und Mannesjahre verbracht hat, recht bedauernswert. Und so beschloß er eines Tages, aus Reih und Glied der hastenden Schar zu treten, Zeit zu haben und als eine Art falscher Fremder müßiggängerisch in unsrer Metropolis herumzustreifen. Dabei entstand aus Gegenwart und Erinnerung, aus Wiedersehn und Zufallsentdeckung dies Bilderbuch ohne Bilder. Urteile, besonders ästhetische, hat er tunlichst vermieden. Oder besser, er fühlte gar kein besonderes Bedürfnis, sich ein Urteil zu bilden. Kritische Blicke sind ja genug auf diese Stadt gefallen. Vielleicht ist es wieder einmal an der Zeit, daß ein nur betrachtendes Auge auf ihr ruht.

Wissenschaftlichen Ansprüchen gegenüber will dies Buch nicht die Arbeit eines Gelehrten, sondern das Vergnügen eines Lernenden, eines Dilettanten sein. Dilettant heißt auf deutsch Liebhaber. Zur Liebhaberei will der Verfasser den Leser verführen, indem er ihn über Straßen und Plätze, durch Schlösser und Fabriken, Gärten und Zimmer, zu Kindern und Erwachsenen begleitet und ihm dabei erzählt, was ihm Mitteilsames von altem und neuem Berlin einfällt.

Berlin wird von den Berlinern viel gerühmt und viel getadelt, aber selten hört man sie mit der selbstverständlichen Zärtlichkeit von ihrer Stadt sprechen, wie es die Pariser oder Wiener von der ihren tun. Auf dieses in gewissem Sinne kindliche Verhältnis zu unserer Stadt hat es der Verfasser abgesehn. Dies will er gewinnen oder, soweit es verlorenging, wiedergewinnen. Und um andere zu ähnlichem Erleben zu verlocken, steht er hier vor Berlin wie der Marktschreier vor seiner Bude und ruft: „Hereinspaziert!"

(Das Tage-Buch, Jg. 10, H. 21, 25.5.1929, S. 867 u. 870.)

Erläuterungen:

S. 18 „In der Zählerfabrik ...": Den folgenden Absatz übernahm Hessel fast unverändert in sein Feuilleton *Unsere fleißigen Mädchen,* das am 16.11.1930 im ‚Reiseblatt' der *Frankfurter Zeitung* erschien; vgl. S. 272ff. im vorliegenden Band.

S. 21 „die Händchen der Blaßblonden ...": Auch diese Passage hat Hessel mit leichten Veränderungen in den Text *Unsere fleißigen Mädchen* integriert.

S. 21 „Der ‚bestseller' der Branche ...": Für den Bericht über den Besuch in der Fabrik für Öldrucke griff Hessel auf seine Glosse *Öldruck-Statistik* zurück, die er am 5.1.1929 in der Zeitschrift *Das Tage-Buch* veröffentlicht hatte (Jg. 10, H. 1, S. 33f.; abgedr. in: VDI; vgl. Bd. 5 der Werkedition, S. 51f.).

S. 24 „‚Stilfiguren' der ‚Schaufensterkunst' ...": Eine Variation der folgenden Betrachtungen über Schaufensterpuppen und Dekorationsutensilien veröffentlichte Hessel unter dem Titel *Eine gefährliche Straße* als Begleittext zu Photos von Umbo (*Das Illustrierte Blatt. Frankfurter Illustrierte,* Jg. 17, Nr. 24, 15.6.1929, S. 686-688); vgl. Bd. 5 der Werkedition, S. 59f.

S. 33 „Im dunkleren Teil der Lutherstraße": Hessel spielt hier offenbar auf Rudolf Schlichters Restaurant an, das sich ab 1929 an der Ecke Augsburger Straße / Martin Luther-Straße befand. Bei den erwähnten Revuestars, die „das Lied von der besten Freundin sangen", handelt es sich um Margo Lion und Marlene Dietrich.

S. 34 „die Stentorstimme dessen, der einst in Paris aus einem kleinen Eckrestaurant den ‚Dôme' gemacht hat": Gemeint ist Walter Bondy, während das in der Folge erwähnte „Abbatengesicht" Franz Blei gehört.

S. 39ff. Rundfahrt: Die Keimzelle für dieses längste Kapitel von Hessels Berlin-Buch bildet das Feuilleton *Rundfahrt Berlin,* das am 10.9.1926 in der *Magdeburgischen Zeitung* erschien (abgedr. in: GVW, jetzt in Bd. 5 der Werkedition, S. 29-33).

S. 40 „Die Spitzengardinen von ‚Hiller'": Das ‚Weinrestaurant Hiller' zählte schon vor dem Ersten Weltkrieg zu den elegantesten Lokalen Berlins und befand sich Unter den Linden 62/63.

S. 41 „Weißt du noch, Wendelin …": Hessel spielt hier auf eine Passage im 7. Kapitel seines Romans *Heimliches Berlin* an, in dem der Protagonist Wendelin von Domrau, der Hessels Freund Thankmar von Münchhausen nachgebildet ist, einen Wappenstuhl erwirbt, was zuletzt zu einer Heirat führt (vgl. Bd. 1 der Werkedition, S. 304ff.).

S. 42 „Also nur da hinein heute abend, meine Herrschaften": Den Besuch im monströsen ‚Haus Vaterland' hat Hessel auch in novellistischer Form verarbeitet. Der Text trug den Titel *Das rheinische Mädchen aus Wendisch-Rietz* und erschien erstmals in der Prager *Deutschen Zeitung Bohemia* (6.7.1929) sowie ein zweites Mal als Privatdruck zum 3. Stiftungsfest des Berliner ‚Fontane-Abends' am 14.11.1929 (abgedr. in: ZBS, PÜS, GVW). Schließlich wollte Hessel ihn auch in sein geplantes Buch *Frauen und Städte* aufnehmen; vgl. S. 293-297 im vorliegenden Band.

S. 49 „Hier gibt es noch richtige Gassen": Eine Schilderung dieser Alt-Berliner Gegend findet sich auch in Hessels Feuilletons *Unsere fleißigen Mädchen* und *Das andre Berlin*; vgl. S. 272-279 im vorliegenden Band.

S. 57 „Da hat ein Friedensfreund sein ‚Antikriegsmuseum' aufgemacht": Der erwähnte Pazifist ist Ernst Friedrich (1894-1967), der am 1.8.1923 in der Parochial Straße 29 sein Antikriegs-Museum eröffnete. Kurz nach Erscheinen von Hessels Berlin-Buch gab Friedrich sein Werk *Krieg dem Kriege* heraus, dessen fotografische Dokumentation über die Zerstörungen des Ersten Weltkrigs bis heute von schockierender Direktheit ist. Im März 1933 wurde das Antikriegs-Museum von der SA zerstört und Friedrich in ‚Schutzhaft' genommen. Wenig später entkam er in die Schweiz, wurde dort aber infolge seines Buches *Vom Friedens-Museum zur Hitler-Kaserne* (1935) ausgewiesen. Weitere Exil-Stationen waren dann Brüssel und Paris, wo er auch nach Ende des Zweiten Weltkrigs blieb.

S. 75 „die wollten sich gerne den großen Walfisch ansehn": Hessel veröffentlichte die Episode der Walfisch-Besichtigung – ebenso wie die Schilderung des Besuchs im Palais Wilhelms I. (S. 82-85) – in veränderter Fassung bereits zuvor als Teil des Feuilletons *Spazieren in Berlin*, das am 25.12.1928 in der *Vossischen Zeitung* erschien (vgl. Bd. 5 der Werkedition, S. 47-51).

S. 89 „daß hier neben Akademien, Botschaften, Reichtum und Adel ein Maler und ein Dichter hausen": Hessel spielt hier zum einen auf Max Liebermann, zum anderen offenbar auf Karl Vollmoeller an.

S. 91 „Eugen Szatmaris Berlin-Buch": Besagter Band trug den Titel *Das Buch von Berlin* und war der erste der Reihe *Was nicht im Baedeker steht*, die der Piper Verlag ab 1927 herausbrachte. Es handelte sich dabei um eine Art Insider-Reiseführer mit literarisch-journalistischem Einschlag.

S. 99ff. Die Paläste der Tiere: Eine gekürzte Fassung dieses Textes veröffentlichte Hessel unter gleichem Titel in der Münchener Zeitschrift *Jugend* (Jg. 33, Nr. 40, 1.10.1928, S. 634f.).

S. 107 „bei dem großen Verleger, der die Vorkämpfer von 1890 mit denen von 1930 in seinem Hause und Herzen vereinigt": Gemeint ist Samuel Fischer, dessen repräsentative Villa sich in der Erdener Straße 8 befand. Fischer war nicht zuletzt auch Hessels erster Verleger (*Verlorene Gespielen*, 1905).

S. 109 „Beachte auch einmal die sichtbaren Helfer und Hüter, die ebenfalls nicht auf dem Programm stehn": Auch dieses Thema hat Hessel zu einem eigenen Feuilleton verarbeitet, das den vorliegenden Passagen weitgehend entspricht. Der Text trug den Titel *Die nicht auf dem Programm stehen. Erfolgshelfer im Varieté* und erschien am 5.12.1928 im Kölner *Stadt-Anzeiger* (abgedr. in: VDI; vgl. Bd. 5 der Werkedition, S. 44-46).

S. 111ff. Alter Westen: Vgl. dazu auch das später entstandene Feuilleton *Im alten Westen*, S. 262-264 im vorliegenden Band.

S. 111 „manche von uns, die im alten Westen Kinder waren": Hessel, der in Stettin geboren worden war, lebte von seinem achten Lebensjahr an in Berlin. Die elterliche Wohnung befand sich zunächst in der Genthiner Str. 43, ehe die Familie einige Jahre später an den Kurfürstendamm 239 umzog.

S. 119 „den sterbenden Leib einer edlen Kämpferin": Rosa Luxemburg wurde am 15.1.1919 ermordet und unweit der Lichtensteinbrücke in den Landwehrkanal geworfen.

S. 121 „treten in das Eckhaus der Potsdamerstraße ein": Im Hause Potsdamerstraße 123 B hatte Ernst Rowohlt im Januar 1919 seinen zweiten Verlag gegründet, dessen Lektor Hessel wurde und bis zu seiner Emigration 1938 blieb; vgl. dazu Hessels Schrift *Neue Beiträge zur Rowohlt-Forschung* (Bd. 5 der Werkedition, S. 293-318).

S. 123 „ein Saal der Stadtmission": Vgl. dazu auch Hessels Text *Herberge und Heimat*, S. 280-283 im vorliegenden Band.

S. 124ff. Der Kreuzberg: Hessel griff hier auf einen Text zurück, den er am 31.7.1928 unter dem Titel *Spaziergänge in Berlin. Der Kreuzberg* in der *Vossischen Zeitung* veröffentlicht hatte (Nr. 181, Beil. *Das Unterhaltungsblatt*, Nr. 177).

S. 138ff. Dampfermusik: Hessel hatte dieses Kapitel bereits zuvor in gekürzter Fassung als Teil des Feuilletons *Spazieren in Berlin* veröffentlicht (*Vossische Zeitung*, 25.12.1928), vgl. Bd. 5 der Werkedition, S. 47f.

S. 142 „Wer hier die Schlupfwinkel kennt": Diese und eine Reihe weiterer Passagen aus den Kapiteln *Nach Osten* und *Norden* hat Hessel in seinem Text *Das andre Berlin* kompiliert, der am 27.1.1929 in der ‚Reisebeilage' der *Kölnischen Zeitung* erschien; vgl. S. 276ff. im vorliegenden Band.

S. 145 „Wir haben unsere Plätze im Saal eingenommen …": Hessel hatte die Schilderung der Theateraufführung in geringfügig veränderter Fassung unter dem Titel *Schönes, altes Theater! Zauberspiel im Osten Berlins* bereits am 1.11.1928 in der Berliner Zeitung *Tempo* veröffentlicht (Jg. 1, Nr. 45).

S. 159 „als ein Gotteslästerungsprozeß vorgeführt wurde": Die Anspielung bezieht sich auf das Verfahren gegen Carl Einstein und sein Buch *Die schlimme Botschaft*, das 1921 bei Rowohlt erschienen und umgehend verboten worden war. Als Lektor des Verlags war offenbar auch Hessel in den Prozess involviert, der mit einer Niederlage für Rowohlt und den Autor endete.

S. 160 „Die Vorstellung begann mit einem tiefen Knix": Hessel hatte über die Operettenaufführung unter dem Titel *Czardasklänge in Moabit. Operettenpremiere auf der Liebhaberbühne* bereits am 12.11.1928 in der Zeitung *Tempo* berichtet (vgl. Bd. 5 der Werkedition, S. 210f.)

S. 162 ‚Zehn Fennije der Kleiderschrank': Hessel publizierte das Gedicht auch als eigenständigen Text im *Illustrierten Blatt. Frankfurter Illustrierte* (Jg. 16, Nr. 41, 13.10.1928, S. 1108); vgl. Bd. 4 der Werkedition, S. 163.

S. 164 „Onkel Pelle ist zur Stelle": Die Schilderung des Berliner Laubenkolonie-Milieus übernahm Hessel auch in sein Feuilleton *Das andre Berlin*; vgl. S. 276ff. im vorliegenden Band.

S. 173 „Kaum bin ich an dem Schuhputzer und dem Zeitungsstand unterm hohen Eingangsbogen vorüber ...": Hessel hatte diese Textpassage unter dem Titel *Die Galerie der tausend Gelegenheiten. Das Gesicht der neuen Passage* bereits am 16.11.1928 im *Tempo* veröffentlicht (Jg. 1, Nr. 58).

S. 178 „Die Blüten auf der Wand des Treppenaufgangs ...": Diese Textpassage war ebenfalls bereits am 5.11.1928 unter dem Titel *Lebende Lieder in der Leipziger Straße* im *Tempo* erschienen (Jg. 1, Nr. 48).

S. 182 „den kleinen schwarzen Doktor medicinae": Hier erweist Hessel implizit dem Arzt Dr. Emil F. Tuchmann seine Reverenz, zu dessen nahen Freunden er zählte. Tuchmann war Mitglied verschiedener bibliophiler Vereinigungen und beriet nebenher die ‚Buchhandlung Potsdamer Brücke', die – in unmittelbarer Nähe von Hessels Verlagsarbeitsplatz – in der Ansbacherstraße 27 gelegen war. Als Tuchmann im Mai 1933 ins Exil nach Paris ging, begleitete ihn Hessel an die Bahn und drückte ihm ein Exemplar seiner *Ermunterungen zum Genuß* als „aufmunternde Reiselektüre Zoo – Gare du Nord", wie die Widmung lautete, in die Hand. Vier Jahre zuvor hatte er Tuchmann sein *Spazieren in Berlin* mit dem Eintrag überreicht: „Herrn Dr. Emil F. Tuchmann, seinem Lehrer in rebus librorum, dankbar und in Freundschaft Franz Hessel."

S. 188 „das bekannte ‚Bayrische Viertel'": Hessel zog im Frühjahr 1933 selbst dorthin und wohnte bis 1935 in der Lindauer Straße 8.

Frauen und Städte

Einleitender Text: Handschriftlich korrigiertes Typoskript im Nachlass, 6 Blatt.
Hessel richtet sich in dem erläuternden Vorspann sichtlich an seine beiden Söhne Ulrich und Stefan. An mehreren Stellen wird implizit deutlich, dass sie an einem anderen Ort wohnen als er; mithin muss der Text nach der Emigration von Ulrich Hessel im Jahre 1935 entstanden sein. Bestätigt wird

dies durch Hessels Vermerk, er habe das Feuilleton *Hôtel de Sens* (u.d.T. *Page und Königin*) 1935 nochmals publiziert, allerdings unter dem Namen seiner beiden Söhne: Stefan Ulrich. Tatsächlich war das Prosastück am 6.7.1935 im *Berliner Tageblatt* erschienen. Die Einleitung zur Prosasammlung enthält auch für den spätest möglichen Entstehungstermin des Manuskripts einen Anhaltspunkt: Kurz nach seiner Ankunft im Pariser Exil publizierte Hessel die kleine Erzählung *Der Hosenboden*, die im vorliegenden Einleitungstext noch als unveröffentlicht genannt ist. Damit steht fest, dass *Frauen und Städte* vor Hessels Exil zusammengestellt worden ist. Denkbar ist, dass es einen bestimmten Grund und Anlass für Hessel gab, seine verstreute kleine Prosa einmal zu sammeln; möglicherweise wollte er sie angesichts der massiver werdenden Repression in Sicherheit wissen und hat sie deswegen vielleicht seinem Sohn Ulrich bei dessen Besuch in Deutschland 1937 mitgegeben. Möglich auch, dass Hessel das Konvolut als eine Art Geschenk mitnahm, als er im Frühjahr 1938 zu seiner Familie nach Paris reiste, danach aber nochmals nach Berlin zurückkehrte. Endgültig wird sich diese Frage wohl kaum noch entscheiden lassen.

Erläuterungen:

S. 202 „das ‚Kluge Alphabet'": Dies war der Titel eines zehnbändigen illustrierten Konversationslexikons, das der Propyläen Verlag 1934/35 herausbrachte. Die Einträge beschränken sich allerdings auf kurze Stichworte, unter denen keine Beiträge von Hessel ausfindig zu machen sind.

S. 202 „Germaine Krull": Die deutsch-französische Fotografin Germaine Krull (1897-1985) zählte zum nahen Freundeskreis von Hessels Frau Helen, für deren journalistische Arbeiten sie ab 1924 vielfach fotografisches Bildmaterial beisteuerte. Beide kannten sich womöglich schon aus München, wo Germaine Krull 1919 ein Porträtstudio eröffnet hatte, das sie im folgenden Jahr nach Berlin verlegte. 1921-23 lebte sie überwiegend in Holland, um 1924 nach Paris zu gehen, wo sie bis 1930 blieb. In dieser Zeit hat sie offenbar mehrfach auch mit Hessel zusammengearbeitet, wovon beispielsweise die gemeinsame Publikation von *Architekturen des Augenblicks* zeugt (vgl. S. 345f. im vorliegenden Band). Bekanntheit erlangte Germaine Krull Ende der zwanziger Jahre durch ihre Fotobücher *Métal* (1927) und *100 x Paris* (1929), das in verschiedenen Aufnahmen die Vertrautheit mit Hessels Paris-Optik verrät. Nach einigen Jahren in Südfrankreich verließ Germaine Krull zu Anfang des Zweiten Weltkriegs Europa und lebte bis 1944 in Brasilien. Anschließend ging sie nach Bangkok und Indien, betrieb zeitweise dort ein Hotel und lernte in den 1960er-Jahren den exilierten Dalai Lama kennen, über dessen Kolonie sie eine größere Reportage machte. Germaine Krull starb 1985 bei einem Deutschlandaufenthalt in Wetzlar.

Margarete Koeppke

ED: *Frankfurter Zeitung* (Frankfurt/M.), Jg. 75, Nr. 743, 5.10.1930, Beil. *Für die Frau*, Jg. 5, Nr. 10, S. 7.
Margarete Koeppke (1902-1930) stammte aus Düsseldorf, wo sie auch die Schauspielschule besuchte. Ihre Bühnenlaufbahn begann sie in Zürich, ging

von dort nach Berlin und schließlich nach Wien, wo sie zunächst am Raimundtheater und danach am Deutschen Volkstheater Engagement fand. Ihre größte Ausstrahlung entfaltete sie als Naive und jugendliche Liebhaberin; bekannt wurde sie in der Rolle der Catherine in Georg Kaisers *Oktobertag*. Margarete Koeppke nahm sich am 16. September 1930 in Wien das Leben.

Briefe der Gräfin Franziska zu Reventlow

ED: u.d.K. ‚F. H.' in: *Die Literarische Welt* (Berlin), Jg. 4., Nr. 49, 7.12.1928, S. 11.

Franziska Gräfin zu Reventlow (1871-1918), lange Jahre der Mittelpunkt der Schwabinger Bohème, gehörte zu den prägenden Personen im Leben des jungen Franz Hessel, ohne dass er dies im vorliegenden Text erkennbar werden lässt. Der Kontakt ergab sich offenbar im Frühjahr 1903 über Hessels Bekanntschaft mit Karl Wolfskehl und den George-Kreis; im November des gleichen Jahres zog er mit ‚der Gräfin', ihrem kleinen Sohn Rolf und dem Puppenspieler und Glasmaler Bohdan von Suchocki in eine Art Wohngemeinschaft in das Eckhaus an der Kaulbachstraße 63. In der ménage à trois fiel ihm allerdings hauptsächlich die Rolle des Financiers („elegante Begleitdogge") zu, während Suchocki diejenige des Liebhabers übernahm. 1906 löste sich Hessel aus der zunehmend spannungsreich gewordenen Konstellation und ging nach Paris. Mit Franziska zu Reventlow blieb er indes weiterhin in brieflichem Kontakt; Teile der Korrespondenz fanden auch Aufnahme in dem von Hessel hier angezeigten Band; im Text kommt er darauf allerdings nur mit dem beiläufigen Stichwort „holder Trost für den jungen Lebenstraurigen" zu sprechen.

Über ‚die Gräfin' hat sich Hessel außerdem noch in drei weiteren Texten geäußert – zum einem in den Feuilletons *Die Gräfin* (*Die Literarische Welt*, Jg. 2, Nr. 16, 16.4.1926) und *Franziska Gräfin zu Reventlow* (*Frankfurter Zeitung*, 19.9.1926, Beil. *Für die Frau*, Jg. 1, Nr. 7; beide Texte in Bd. 5 der Werkedition, S. 165-169), die er anlässlich des Erscheinens ihrer *Gesammelten Werke* publizierte; zum anderen in einer Variation des vorliegenden Textes, der im April 1929 in den *Mitteilungen für die Abonnenten des Deutschen Buch-Clubs, Hamburg* erschien (Jg. 2, H. 4, S. 7) und folgenden Wortlaut hat:

Briefe der Gräfin Franziska zu Reventlow

Franziska zu Reventlow, die unvergessliche Gräfin Münchens und insbesondere des einst so merkwürdigen Stadtteils Schwabing, die uns entzükkende Konversationsnovellen und lebensschwere Tagebücher hinterlassen hat, empfand sich, obwohl sie der Berufensten eine war, nie als Schriftstellerin von Beruf und schrieb eigentlich lieber Briefe als Bücher. Eine Reihe dieser Briefe hat nun liebevoll sammelnde Sorgfalt und klug wählender Takt zu einem Bande vereint. Da erzählt das junge Mädchen dem Kameraden Kummer und Übermut des Kindes und werdenden Weibes, die Liebende flüstert mit dem Geliebten, die Freundin denkt mit dem Denker, die Lebensmeisterin hat Trost für den Lebensschüler, die Mutter jubelt über das holde Dasein ihres „Göttertiers". Alle Stätten eines reichen Wanderlebens tauchen auf: die nordische Heimat, griechische Inseln, Neapel, Rom, Paris, Mallorca, Ascona und immer wieder das vielgeliebte und oft verfluchte München. Mit souveränem Spott behandelt sie die Nöte des Alltags; ein bei Frauen seltener Sinn für das Komische, Groteske von Situationen entfaltet sich in köstlichen Schilderungen. Neben bitterm Hohn und düstrer Verzweiflung werden Worte ungetrübter leidenschaftlicher Glückseligkeit laut. Und immer wieder verschenkt sich arglos ein unerschöpfliches Herz.

Wer das Glück gehabt hat, die Gräfin zu kennen, der wird beim Lesen dieser bis in die letzte Wendung persönlichen Briefe wieder ihre Stimme hören. Aber auch denen, die nur ihre Worte und in den Bildbeilagen ihr Gesicht anschauen, wird die Gestalt dieser Unvergleichlichen erstehen, und rings um sie werden bedeutende und wunderliche Gesichter ihrer Umwelt auftauchen im Abendrot der Tage vor dem Kriege.

S. 207 „die Beschreibung der grotesken Verlobung und Hochzeit mit dem ‚Seeräuber'": Der Zusammenhang auf den Hessel anspielt, ergibt sich aus einem Brief auf S. 193f. des besprochenen Bandes; Franziska zu Reventlow schreibt dort: „Hören Sie und staunen Sie: Mir wurde schon in München der Vorschlag unterbreitet, einen baltischen Baron zu heiraten, der seit einigen Jahren hier lebt resp. säuft und eine Frau behufs Scheinehe sucht, um a) sich bei seiner Familie zu rehabilitieren, b) seine spätere Erbschaft seiner Familie zu entziehen. Der Frau wollte er dafür die Hälfte eben dieser Erbschaft geben. [...] Der Mann ist ein sehr merkwürdiger Typ, sieht aus wie ein Seeräuber, hat sich früher als Matrose und Goldwäscher herumgetrieben und sitzt seit Jahren hier und trinkt. Dabei aber nicht unsympathisch, ein guter Kerl und trotz des rauhen Äußeren durchaus Gentleman. Nun hat er sich ungemein für Bubi begeistert und will ihn adoptieren und zu seinem Erben einsetzen." Der groteske Ablauf der Verlobung ging u.a. auf den Umstand zurück, dass der ‚Seeräuber' fast taub war. Näheres auf S. 195ff. der besprochenen Brief-Edition.

S. 208 „Vertrautes Gespräch mit dem Denker": Gemeint sind die Briefe an Hallwig, d.h. an Ludwig Klages, aus den Jahren 1900-1902.

„Seid nur fromm, wie der Grieche war" – Ein Motto zum Werk der Renée Sintenis

ED: *Frankfurter Zeitung* (Frankfurt/M.), Jg. 77, 14.5.1933, Beil. *Für die Frau*, Jg. 8, Nr. 8.

Die Bildhauerin und Graphikerin Renée Sintenis (1888-1965) zählte zu Hessels nahen Bekannten in den zwanziger Jahren – dies nicht nur über ihren Mann E. R. Weiß, der Hessels bei Rowohlt erschienene Bücher gestaltet hat. Renée Sintenis ihrerseits schuf eine Reihe von Radierungen zu Hessels Werk *Sieben Dialoge*, das 1924 in einer limitierten Auflage von 140 Exemplaren bei Rowohlt herauskam (vgl. Bd. 4 der Werkedition, S. 175-209); vgl. dazu auch Hessels kurzen Beitrag *Renée Sintenis* (Bd. 5 der Werkedition, S. 151).

S. 209 „zu der Sapphoausgabe": Hessel bezieht sich auf die Edition der *Carmina*, die 1921 als 31. Druck der Marées-Gesellschaft in 250 Exemplaren erschien und 12 Originalradierungen von Renée Sintenis sowie 25 radierte Textseiten von E. R. Weiß enthielt.

S. 211 „des großen Bildwerks Daphne": Es handelt sich um 31 Holzstiche für die Longus-Ausgabe der *Hirtengeschichten von Daphnis und Chloe,* die 1935 in 200 Exemplaren bei Hauswedell in Hamburg verlegt wurde.

Marlene Dietrich

Der Text folgt der ersten Buchausgabe, erschienen 1931 im Berliner Verlag Kindt & Bucher, 48 Seiten mit 40 Fotografien.

S. 223 „in dem chiromantischen Werk der Marianne Raschig": Hessel zitiert aus dem Buch *Hand und Persönlichkeit. Einführung in das System der Handlehre* (Hamburg: Gebrüder Enoch Verlag, 1931, S. 124f.). Sein Interesse für die Chiromantie dürfte von der jungen Medizinerin Charlotte Wolff angeregt worden sein, die zu seinem näheren Bekanntenkreis zählte und die sich in Handdiagnostik ausgebildet hatte.

Marlene als Mutter, Marlene als Kind

Handschriftlich korrigierter Typoskriptdurchschlag im Nachlass, 9 Blatt. Hessel erwähnt in seinem Vorspann zu *Frauen und Städte* einen Abdruck in einer Zeitschrift des Vobach Verlags, über den er selber nicht mehr verfüge und der bislang auch nicht nachzuweisen war. Das Typoskript seinerseits ist nicht komplett, doch lagen die fehlenden Zitate aus den Erinnerungen von Henny Porten und Marlene Dietrich dem Konvolut als Zeitungsausschnitte bei. Die Passage über die Hand Marlene Dietrichs wurde aus Marianne Raschigs Buch (vgl. die vorherige Anmerkung) nachgetragen; Entsprechendes gilt für den Song von Friedrich Hollaender *Wenn ich mir was wünschen dürfte.* An verschiedenen Stellen des Typoskripts hat Hessel zum Teil recht schwer lesbare Marginalien angebracht, die auf eventuelle Zusätze oder Formulierungsvarianten hindeuten. Da sie zum Teil nur fragmentarisch zu gewinnen waren und es überdies nicht feststeht, inwieweit sie gelten sollen, blieben sie im vorliegenden Text unberücksichtigt.

Die Bergner im Film

ED: u.d.T. *Der Geiger von Florenz* in: *Die Literarische Welt* (Berlin), Jg. 2, Nr. 13, 26.3.1926, S. 3 (abgedr. in: VDI). Der hier abgedruckte Text folgt dem Zweitdruck (in: Edmund Bucher u. Albrecht Kindt [Hg.]: *Film-Photos wie noch nie.* Gießen 1929, S. 27), dessen Titel *Die Bergner im Film* Hessel in seiner kommentierten Inhaltsliste für *Frauen und Städte* anführt. Beim Druckbeleg in diesem Nachlass-Konvolut handelt es sich ebenfalls um den – im Übrigen nur geringfügig veränderten – Zweitdruck.

Jack von Reppert-Bismarck

ED: Frankfurter Zeitung (Frankfurt/M.), Jg. 74, Nr. 202, 16.3.1930, Beil. *Für die Frau,* Jg. 5, Nr. 3.
Wie Hessel in seinem erläuternden Inhaltsverzeichnis zu *Frauen und Städte* vermerkt, hat er für die illustrierte Zeitschrift *Die Wochenschau* einen weite-

ren Text über die Künstlerin verfasst: *Besuch bei Jack von Reppert-Bismarck* (Nr. 25, 23.6.1929); vgl. Bd. 5 der Werkedition, S. 218-220.

Darüber hinaus findet sich im *Frauen und Städte*-Konvolut noch ein Typoskriptblatt mit Bildlegenden, die Hessel für einen Artikel über Jack von Reppert-Bismarck im Juli-Heft 1928 der deutschen *Vogue* (S. 34f.) verfasst hat. Sie lauten:

Zeichnungen von Frau Jack von Reppert-Bismarck

Mit wenigen Linien hat die junge Künstlerin im Selbstbildnis das Verträumte ihres Wesens wiedergegeben.

Etwas von den hauchzarten Gebilden der Marie Laurencin lebt in dem kleinen Aquarell dreier Kinder.

Jugendliche Anmut und Frische spricht aus dieser reizenden Federzeichnung eines Mädchens mit Katze.

Mit bescheidenen Mitteln ist Bewegung und Leben in diese getuschte Federzeichnung hineingebracht.

Das schlafende Kind, gewischte Federzeichnung, die für die klare Linienführung der Künstlerin typisch ist.

Frühstück mit einer Verkäuferin

ED: *Die Dame* (Berlin), Jg. 57, 1929/30, H. 16, 1. Mai-Heft 1930, Beil. *Die losen Blätter*, Nr. 16, S. 249f.

Interview in einer kleinen Konditorei

ED: *Almanach der Schönheit. Für die Frau. Blätter der Frankfurter Zeitung.* Frankfurt/M. 1933, S. 16f.

Märkische Epistel

ED: *Frankfurter Zeitung* (Frankfurt/M.), Jg. 76, Nr. 342, 8.5.1932, Beil. *Für die Frau*, Jg. 7, Nr. 8, S. 2.

Im Nachlass hat sich daneben ein Typoskriptdurchschlag des Textes erhalten, der in wenigen sprachlichen Details vom Erstdruck abweicht. So bezeichnet Else sich und ihren Vater darin noch nicht als „klassenbewußte", sondern lediglich als „Proletarier". Auch ist ihr neuer Schwarm Edgar bei seinem ersten Auftreten ein „Bursche", kein „Junge", wie es in der Druckfassung plausibler heißt. Hier sind auch die Endungen von Pronomen und Adjektiva meist, dem mündlichen Duktus des Textes entsprechend, verschliffen („unsre", „bessre" etc.), während im Typoskript noch die schriftsprachliche Form zu finden ist. Da angenommen werden darf, dass diese Korrekturen von Hessel stammen, ohne dass er sie vollständig in den Durchschlag übertrug, hält sich der vorliegende Text an die Druckfassung.

Versuch mit Wien

ED: *Das Tage-Buch* (Berlin), Jg. 10, H. 26, 29.6.1929, S. 1077-1083 (abgedr. in: KP).

S. 251 „der Dichter seine letzte Lebenszeit verbracht haben": Bei dem erwähnten Dichter handelt es sich um Peter Altenberg (1859-1919), der vom Oktober 1913 bis zu seinem Tode im ‚Graben-Hotel' in der Dorotheergasse 3 wohnte.

S. 255 „Man hat mich mitgenommen in das berühmte alte Kaffeehaus": Gemeint ist das neuromanische ‚Café Central' in der Herrengasse 14, das einst die Heimstatt Peter Altenbergs und vieler anderer Literaten war, in den zwanziger Jahren aber etwas in den Schatten des ‚Café Herrenhof' geriet. Wie die Einleitung zu *Frauen und Städte* offenbart, verbirgt sich hinter dem „man" des angeführten Satzes Alfred Polgar, der gegen Ende der zwanziger Jahre zu Hessels engsten Freunden zählte und einige Zeilen weiter unten als derjenige „Dichter" erwähnt wird, „der von seinem engen Balkon zwischen steinernen Blumenvasen hindurch auf Dächer, Rauchfänge und Gassenschachte sieht".

S. 256 „Wien ist so ähnlich": Vgl. dazu Hessels Prosatext *Ich sehe ähnlich* aus der Sammlung *Teigwaren, leicht gefärbt* (vgl. Bd. 2 der Werkedition, S. 249).

S. 257 „Walter Benjamin, den Forscher und Freund, von dem ich dies Werk erhoffe": Hessel und Walter Benjamin kamen im Jahr 1924 miteinander in Kontakt, als Hessel die Zeitschrift *Vers und Prosa* herausgab und in deren 8. Heft Baudelaire-Übertragungen veröffentlichte. Benjamin hatte im Jahr zuvor im Heidelberger Richard Weissbach-Verlag Baudelaires *Tableaux Parisiens* in deutscher Übersetzung vorgelegt, sodass er zur Mitarbeit prädestiniert war. Der persönliche Kontakt ergab sich dann über eine beiderseitige Bekannte, die Medizinstudentin Charlotte Wolff. Zwischen Hessel und Benjamin entstand in der Folge eine intensive Freundschafts- und Arbeitsbeziehung, die sich zunächst in Benjamins übersetzerischer Beteiligung an der großen Balzac-Ausgabe niederschlug, die Hessel für den Rowohlt Verlag realisierte (*Ursule Mirouet*, 1925). Kurz darauf erhielten beide den Auftrag, die von Rudolf Schottländer misslich begonnene Proust-Übersetzung auf angemessenerem Niveau fortzuführen. Für diese Arbeit gingen sie nach Paris, wo Hessel für Benjamin zum Cicerone und „Hüter der hermetischen Tradition" der Stadt wurde (vgl. Walter Benjamin: *Berliner Chronik*). Hessels Art, die bauliche und lebensweltliche Erscheinung der Stadt wie ein Buch zu lesen und historisch zu interpretieren, wurde für Benjamin in der Folge wegleitend und führte schließlich – ausgehend von Hessels *Passagen*-Feuilleton (vgl. Bd. 5 der Werkedition, S. 36-38) – zu dessen großem kulturhistorischen *Passagen*-Projekt. Eine Geschichte des Jahrmarktes hat Benjamin entgegen Hessels Hoffnung indes nie geschrieben.

Clarior in adversis

ED: u.d.K. ‚f. h.' in: *Das Tage-Buch* (Berlin), Jg. 11, H. 46, 15.11.1930, S. 1847.

Persönliches über Sphinxe

ED: *Berliner Tageblatt* (Berlin), Jg. 62, Nr. 274, 14.6.1933. Ein zweites Mal erschien der Text im letzten Privatdruck des Berliner ‚Fontane-Abends' am 14.11.1933. Das kleine Heft, das von Erich und Reinhold Scholem (‚Aldus

Druck') in 70 Exemplaren hergestellt wurde, trug den Titel *Zwei Berliner Skizzen* und enthielt neben dem vorliegenden Text noch das Feuilleton *Wird er kommen?* (abgedr. in: PÜS, GVW).

S. 261 „Als ich Schuljunge war, wohnten meine Eltern dem Zoo gegenüber": Gemeint ist die Adresse Kurfürstendamm 239, wo Hessel bis ins Jahr 1899 bei seinen Eltern wohnte.

S. 261 „hab' ich lange Zeit als Erwachsener in einem gut bürgerlichen Hause gewohnt": Hessel bezieht sich auf das Haus in der Friedrich Wilhelmstraße 15, in welchem er in den zwanziger und frühen dreißiger Jahren lebte.

S. 261 „bin ich vor kurzem in ein Hinterhaus des Bayerischen Viertels gezogen": Hessels neue Adresse ab Frühjahr 1933 lautete Lindauer Straße 8. Er blieb dort etwa zwei Jahre und zog dann in die unweit gelegene Hohenstaufenstraße 24.

Im alten Westen

ED: *Berliner Tageblatt* (Berlin), Jg. 61, Nr. 147, 27.3.1932 (abgedr. in: GVW). Hessel hat den Text offenbar auf Anfrage der Redaktion geschrieben, die auch noch andere Autoren um Beiträge zum Thema „Frühling in Berlin" gebeten hatte. So erschien Hessels Feuilleton neben folgenden anderen Texten: Robert Musil: *Quer durch Charlottenburg*, Roda Roda: *Schöneberger Notizen*, Max Herrmann-Neiße: *Ausflug in den Grunewald* und Hermann Kesten: *Reportage vom Wedding*.

Fruchtlose Pfändung

ED: *Berliner Tageblatt* (Berlin), Jg. 58, Nr. 144, 26.3.1929 (abgedr. in: VDI).

Hyänenkind

ED: *Frankfurter Zeitung* (Frankfurt/M.), Jg. 75, Nr. 494, 6.7.1931.
Der vorliegende Wortlaut berücksichtigt eine kleine handschriftliche Korrektur, die Hessel auf dem Druckbeleg im Nachlass angebracht hat.

An die Berlinerin

ED: *Vogue* (Berlin), 13.3.1929, S. 25 (abgedr. in: GVW, VDI).
Auf dem Druckbeleg im Nachlass hat Hessel verschiedene Korrekturen angebracht; sie betreffen zum einen versehentliche Druckfehler, deren Berichtigung im vorliegenden Text berücksichtigt wurde; zum anderen aber nimmt Hessel kleinere Streichungen und Veränderungen vor, von denen nicht zu entscheiden ist, ob sie definitiv gelten sollen. Es handelt sich um folgende Passagen:
„Ich empfehle dir den Snobismus derer, ‹die in der Welt so selbstverständlich zu Hause sind, daß sie es gar nicht mehr der Mühe wert halten, darüber zu berichten.› niemand kennen."
„Ich an deiner Stelle würden den Leuten sagen: ‚Ich ‹habe› war alle ‹Vormit›Tage ‹dazu benutzt, den› im Louvre ‹und das Guimet und das Musée Cluny mit Ruhe zu durchwandern› und wurde davon so müde, daß ich jeden Abend um elf Uhr ‹todmüde› ins Bett fiel."

Im Übrigen rief der Erstdruck von Hessels Aufsatz eine ironische Replik von Erika Mann mit dem Titel *An den Berliner* hervor; der Text erschien am 8.5.1929 in der *Vogue* und hat folgenden Wortlaut:

An den Berliner

Lieber Berliner, stattlicher Mensch, der Du es nachgerade dahin gebracht hast, einen Anstrich von angelsächsischer Smartheit mit deutscher Seelentiefe zu vereinen und amerikanische Geschäftstüchtigkeit mit der Leichtigkeit, die in Paris daheim ist –, über Deinen Brief habe ich mich gefreut. Denn was Du sagst, ist schmeichelhaft, und was Du einwendest, läßt sich hören. Nur glaube nicht, Berliner, daß Du Deinerseits am Ziel bist: der bist Du fürs erste noch nicht, der Du sein könntest. Höre, Berliner, weshalb bist Du ungezogen? Weißt Du, daß es das schon wieder gibt: Ritterlichkeit? Laß uns nicht warten, aus purer und sogenannter Nonchalance, schau uns ruhig an beim Gutentagsagen (nicht betont nervös, zerstreut und desinteressiert an uns vorbei!), und wenn einer uns was tut, tritt für uns ein, spring in die Bresche, Berliner, ohne Dich darauf zu berufen, wir seien selbständig, keß, vermännlicht und was dergleichen freche Anwürfe mehr sind.
Darfst uns sogar Blumen schenken, wenn Du willst – es müssen ja nicht Zigarettenetuis und Manschettenknöpfe sein.
Höre, Berliner, Du bist sonderbar. Wir hätten es eilig? Wir scharrten mit dem Blick auf die Armbanduhr? Und Du? Zerreiben und zerzupfen läßt Du Dich von Deiner Stadt, bist unterwegs von früh bis spät, aus öffentlichen Telephonzellen (wie unanständig das nun wieder klingt) führst Du gehetzte kleine Gespräche – trinkst Du Tee mit uns, denkst Du an alles, nur nicht an Tee und nur nicht an uns (es kann ja sein, daß Du dafür während der 3 Uhr 30-Verabredung an uns gedacht hast – aber was hilft's?) – ja zum Teufel, Berliner, man ist ja des Nachts nicht sicher vor Deiner geschäftemachenden Unruhe. Sind wir, Berliner unter uns, zusammen eingeladen, ‚zum diner' nennen wir's, so geht alles gut, solange wir essen. Wir plaudern artig miteinander, Du machst uns aufs scherzhafteste den Hof, zeigst Dich von der ganz charmanten Seite. Was aber tust Du nach Tisch? Zu der Zeit also, die für den Charme und Scherz die wirklich geeignete wäre? Mit einer Zigarre und unserm Nachbarn zur Rechten begibst Du Dich abseits und redest, was wir nicht verstehen können, wollen und dürfen: über Geschäfte. Es ist ärgerlich, mit der Dame des Nachbarn zur Rechten und Deiner Dame zur Linken plötzlich allein zu sein, Berliner. Die Damen sind meist reizend, aber wenn man nun gerade mit Dir …?
Dann spiel' schon lieber Bridge – dabei kann man kiebitzen, stören und allerseits hinderlich sein. Verstehst Du, Berliner im Smoking?
Übrigens, Berliner in den Knickerbockers: wenn wir zusammen Auto fahren – hinaus, heidi, ins Frühlingsland, so ergibt sich meist das folgende: entweder Du kannst fahren, dann fährst Du, läßt uns höchst ungern ans Steuer. Kommt ein Lastwagen sehr sichtbar angeschlichen, so erklärst Du angstbebend, ein Lastwagen käme und mit Lastwagen sei nicht zu spaßen – „langsam, langsam!" sagst Du voller Mißtrauen und „paß doch auf, ein Lastwagen". Kannst Du aber nicht fahren, dann verstehst Du von den Autos

gleich gründlich nichts, stehst da, die Hände in den Knickerbockers-Taschen, während wir, von Öl und Müh' verdorben, unterm Wagen liegen müssen, die Panne zu reparieren.

So bist Du nun einmal.

Weißt Du, Berliner, mein Freund, daß Du manchmal geradezu hysterisch bist? Und Dir darauf so viel einbildest wie die kapriziösesten Fräuleins von ehedem auf ihre Launen? Zeigt man Dir Leute, die Du nicht unbedingt goutierst, dann schweigst Du, sprichst nicht mit den Verwirrten, bockst und schmollst, daß es eine Art hat. Und sind sie fort, die Erschrockenen, so schüttelst Du Dich, behauptest, nun Nesselfieber zu haben, und überläßt es unserer zärtlichen Besonnenheit, Dich zur Raison zu bringen. So ist es – leugne nicht, Berliner – in meinen Augen.

Außerdem: sei nicht so eingeweiht. Denn das ist Dein Snobismus. Wenn wir im Theater waren und es gefiel Dir, so sage, es war gut. Sprich nicht: „Der X. hat sich mal Mühe gegeben", und: „Wo wäre die Z. ohne ihr Kokain?" Wo sie wäre, ist doch so egal, und die Mühe vom X. kannst Du ja gar nicht ermessen, mein Lieber.

Im übrigen, und nur weil Du davon sprachst: die dumme, dumme Liebe! Ja glaubst Du denn, daß Du das geschickter machst, mein forsch Gehemmter? Sie ist diskreditiert, soviel ist sicher, ob wir nun am Autovolant von ihr schnoddern oder Du beim Gin-fizz. Aber laß nur, dort, wo sie's inniglich meint, wird sie's schon zeigen, mit umgekehrtem Vorzeichen, oder sonst (ganz zu schweigen von den „kleinsten Hütten", wo, scheint mir, heute alles viel direkter und traulicher geht).

Ärgerst Du Dich nun, Berliner? Aber das sollst Du nicht! Du, der Du diese Zeilen liest, Idealgestalt Du, bist ja nicht gemeint. Und schließlich: was wären wir Munteren ohne unsere charmanten kleinen Fehler, ohne die pikanten Unregelmäßigkeiten, die uns zieren? Öde Halbgötter wären wir, Lichtalben von der penetranten Langweile des Unantastbaren.

Richtig?

Unsere fleißigen Mädchen

ED: *Frankfurter Zeitung* (Frankfurt/M.), Jg. 75, Nr. 857, 16.11.1930, Beil. *Reiseblatt: Städte Bäder Landschaft*; Teile daraus in: SIB, *Etwas von der Arbeit.*
Im Untertitel zitiert Hessel den Refrain von Friedrich Hollaenders Song *Die praktische Berlinerin.*

S. 274 „Nun muß ich wohl auch von einer berichten, die Schriftstellerin geworden ist": Hessel dürfte hier Rut(h) Landshoff (1904-1966) meinen, die damals bereits für verschiedene mondäne Blätter schrieb und in gewisser Weise den Mittelpunkt einer Gruppe junger aufstrebender Journalistinnen und Schauspielerinnen bildete. – Vgl. dazu auch Hessels Besprechung von Landshoffs Roman *Die Vielen und der Eine (8 Uhr-Abendblatt,* 13.12.1930), Bd. 5 der Werkedition, S. 246f.
Ruth Landshoff ihrerseits hatte wenige Monate zuvor in der Zeitschrift *Sport im Bild* (Nr. 19/1929) ein kleines Porträt von Hessel gezeichnet; der Text trug den Titel *Mein Spezialflirt* und enthält die folgende Geschichte:

Eine sehr wichtige Mission hat Franz. Bei dem schüttet Dorinde sich aus. Auch ein sehr hübsches Mädchen hat manchmal Kummer. „Ach, Franz", sagt sie und beschmiert ihm sein Revers mit Puder. „Das Leben ist schwer." „Laß gut sein, Kindchen", tröstet er sanft. „Du, Franzl, gestern hab ich Blumen bekommen." „Das ist aber hübsch."

„Ja, aber es ist doch nicht so hübsch, denn sie kamen von Erich."

„Nein, das ist wirklich nicht hübsch."

„Es ist aber doch ganz hübsch, Franzl. Rosen sind meine Lieblingsblumen."

„Das ist hübsch, Dorinde."

„Ach, es ist doch nicht so hübsch, sie waren rosa, und ich habe rote lieber."

„Schade, gar nicht hübsch."

„Eigentlich war es doch hübsch, denn es sind dreihundert, und das ganze Haus duftet."

So sind Dorindes Konfidenzen.

Das andre Berlin

ED: *Kölnische Zeitung* (Köln), Nr. 53b, 27.1.1929, Beil. *Die Reise*; Teile daraus in: SIB, *Nach Osten* und *Norden*.

Herberge und Heimat. Bilder aus Berlin

ED: *Atlantis. Länder, Völker, Reisen* (Berlin, Zürich), Jg. 2, H. 12, Dezember 1930, S. 705-709 (abgedr. in: GVW).
Der Text ist im Druck mit 24 Fotos durchsetzt, deren Legenden ebenfalls von Hessel stammen. Da es sich jedoch im Wesentlichen um paraphrasierte Zitate aus dem Haupttext handelt, wurde auf ihre Wiedergabe hier verzichtet. Im Nachlass hat sich außerdem ein Typoskriptdurchschlag erhalten, der eine getreue Vorlage des Erstdrucks darstellt.

Berliner Gedichte

Handschriftlich korrigiertes Originaltyposkript, Privatbesitz, 3 Blatt.
Hessel überschrieb den Text zunächst mit *Berliner Lyrik*, strich diesen Titel jedoch durch, ohne ihn durch einen gültigen zu ersetzen. In seinem Vorspann zu *Frauen und Städte* nennt er den Text indes *Berliner Gedichte* – wie die Anthologie, zu der er als Vorwort erschien. Zusammengestellt worden war der Band von Kurt Lubasch und Emil F. Tuchmann anlässlich der Zusammenkunft des Berliner Bibliophilen-Abends am 10.3.1931; der Privatdruck erschien in dreihundert Exemplaren und wurde von J. S. Preuß, Berlin, gedruckt.

S. 283 „Oh wie ist die Stadt so wenig": Goethes Gedicht entstand am 17. Mai 1796 und trägt den Titel *Musen und Grazien in der Mark*.

S. 283 „in den vielen Häuserzeilen, die ,nichts als Querstraßen ihrer Querstraßen sind'": Hessel zitiert sich hier selbst, und zwar seinen ersten Roman *Der Kramladen des Glücks*, wo sich das Wort zu Beginn des fünften Kapitels des Ersten Buches findet (vgl. Bd. 1 der Werkedition, S. 24).

S. 285 „Tucholsky hat sie beim rechten Namen genannt": Hessel zitiert Theobald Tigers Gedicht *An die Berlinerin*, das in der Anthologie enthalten ist.

Vielleicht ein Volkslied

Handschriftlich korrigierter Typoskriptdurchschlag im Nachlass, 2 Blatt.
Der Text weist leichte Veränderungen zum Zweitdruck in *Der Montag Morgen* auf (Jg. 9, Nr. 34, 31.8.1931, S. 5), der den Titel trägt: *Lied von der Arbeitslosigkeit* (abgedr. in: VDI; vgl. Bd. 5 der Werkedition, S. 71-73). Erstmals erschien das Feuilleton – „um einen mir nicht unwesentlich erscheinenden Satz gekürzt", wie Hessel in seiner Vorbemerkung zu *Frauen und Städte* schreibt – in der *Frankfurter Zeitung*, Jg. 76, Nr. 586, 8.8.1931.

S. 285 „Ein Sängerpaar aber, Mann und Weib": Die geschilderte Episode übernahm Hessel auch in seinen Fragment gebliebenen Roman *Alter Mann*, wo sie im Ersten Teil den zweiten Abschnitt des zweiten Kapitels bildet (vgl. Bd. 1 der Werkedition, S. 353).

Tatü-Tata

ED: u.d.Ps. ‚Schnellpfeffer' in: *Das Tage-Buch* (Berlin), Jg. 3, H. 39, 30.9.1922, S. 1389 (abgedr. in: VDI).
‚Schnellpfeffer': Hessel bedient sich hier eines Pseudonyms, hinter dem sich sonst ein anderer verbarg, und zwar Carl Georg von Maassen (1880-1940), seines Zeichens E.T.A.-Hoffmann-Forscher, Bibliophile, Gastrosoph, Satiriker und Lebenskünstler. Seine spöttischen Gedichte, die zumeist im *Simplicissimus* erschienen, zeichnete er mit ‚Jacobus Schnellpfeffer' und brachte sie 1928 unter dem Titel *Stecknadeln im Sofa* auch als Buch heraus.

Berliner Notizbuch

ED: *Das Tage-Buch* (Berlin), Jg. 8, H. 24, 11.6.1927, S. 971f. (abgedr. in: GVW, VDI).

S. 288 „‚Mein Mann', warf die dritte ein …": Die geschilderte Szene fand Eingang in den Roman *Alter Mann*, wo sie im 3. Kapitel des Ersten Teils zu finden ist (vgl. Bd. 1 der Werkedition, S. 386f.).

Berliner Familie 1931

ED: *Das Illustrierte Blatt. Frankfurter Illustrierte* (Frankfurt/M.), Jg. 19, Nr. 43, 29.10.1931, S. 1129f. (abgedr. in: GVW).

S. 289 „reiste 1927 für eine Büsten- und Wachskopffabrik": vgl. die Gelegenheitsarbeiten von Gerhart Ruhland, dem Neffen von Julius Küster, in *Alter Mann* (vgl. Bd. 1 der Werkedition).

Frierende Tänze

ED: *Frankfurter Zeitung* (Frankfurt/M.), Jg. 78, Nr. 694, 17.9.1933, Beil. *Für die Frau*, Jg. 8, Nr. 15, S. 3 (abgedr. in: GVW).

Das rheinische Mädchen aus Wendisch-Rietz

Zweitdruck in: Franz Hessel: *Spazieren in Berlin – Zwei Berliner Stätten*. Berlin: Handpressendruck der Officina Serpentis zum 3. Stiftungsfest des ‚Fontane-Abends', 14.11.1929, 150 nummerierte Exemplare, S. 1-8 (abgedr. in: PÜS, GVW).

Die Erzählung war, ohne dass sich Hessel dessen bei der Zusammenstellung von *Frauen und Städte* offenbar noch erinnerte, zuerst in der Prager *Deutschen Zeitung Bohemia* erschienen (Jg. 102, Nr. 157, 6.7.1929, S. 15f.). Wie Hessel in seinem Vorspann erläutert, stellt der Text eine „novellistische Variante" der Passagen über das ‚Haus Vaterland' in *Spazieren in Berlin* dar (vgl. S. 42f. im vorliegenden Band).

Wird er kommen?

ED: Franz Hessel: *Zwei Berliner Skizzen*. Berlin: Privatdruck zum 7. Stiftungsfest des ‚Fontane-Abends' am 14.11.1933, 70 Exemplare. Später erneut in der *Frankfurter Zeitung* (Frankfurt/M.), Jg. 78, Nr. 154, 25.3.1934, Beil. *Für die Frau*, Jg. 9, Nr. 6 (abgedr. in: PÜS, GVW).

S. 297 „die vor mir in dieser Wohnung hauste": Die Begebenheiten des Textes gehen auf Erlebnisse Hessels mit seiner neuen Wohnung in der Lindauer Straße 8 zurück, wo er ab Frühjahr 1933 lebte.

Heimweh nach der Mark

ED: *Die Grüne Post* (Berlin), Nr. 17, 27.4.1930, S. 11 (abgedr. in: VDI).
Auf dem im Nachlass erhaltenen Druckbeleg hat Hessel einige Striche angebracht, die womöglich für eine weitere Verwertung des Textes gelten sollten. Die Kürzungen betreffen folgende Stellen:
„ … eine Art Loge für die Gutsherrschaft. ‹Sie stand zu unserer Zeit meist leer … zu tanzen und abzuwaschen.› Das waren gute Zeiten …"
„ … uralte, kinderlose Paar, ‹von Lisa, die bei den beiden wohnte›, Philemon und Baucis genannt …"

S. 299 „Wenn ich aus der Ferne an die Mark denke": Hessel scheint den Text 1929/30 in Paris geschrieben zu haben. Autobiographischer Hintergrund des Geschilderten ist ein Aufenthalt Hessels und seiner Frau Helen in Blankensee bei Trebbin von Weihnachten 1913 bis Frühjahr 1914 (vgl. Hessels Bemerkung im Vorspann zu *Frauen und Städte*).

Das echte Münchner Mädel. Eine Faschingserinnerung

Handschriftlich korrigierter Typoskriptdurchschlag im Nachlass, 4 Blatt.
Am Kopf des ersten Manuskriptblattes hat Hessel seine Adresse mit „Berlin, Lindauerstr. 8" angegeben, woraus zu schließen ist, dass der Text nach Frühjahr 1933 und vor Februar 1934 – dem Erscheinen der Zweitfassung *Vom alten Münchner Fasching* – entstand. Seine Kenntnisse des Münchner Faschingstreibens gehen auf seine frühen Jahre in der bayerischen Hauptstadt zurück; Hessel hatte dort von 1899 bis 1906 gelebt und war nochmals zwischen 1919 und 1922 in die Nähe Münchens (nach Hohenschäftlarn) zurückgekehrt.

Vom alten Münchner Fasching

ED: *Frankfurter Zeitung* (Frankfurt/M.), Jg. 78, Nr. 76, 11.2.1934, Beil. *Für die Frau*, Jg. 9, Nr. 3, S. 3.

Paris …

Handschriftlich korrigierter Typoskriptdurchschlag im Nachlass, 1 Blatt. Der Text in der vorliegenden Form ist unbetitelt. Wann er entstand und ob er je im Druck erschien, war nicht zu ermitteln.

Ein Garten voll Weltgeschichte

ED: *Die Literarische Welt* (Berlin), Jg. 6, Nr. 40, 3.10.1930, S. 3f.
Eine Zweitversion des Textes publizierte Hessel unter dem Pseudonym ‚Hesekiel' am 21./22.5.1939 in der *Pariser Tageszeitung* (abgedr. in: GVW; jetzt in Bd. 5 der Werkedition, S. 115-119). Er ersetzte dabei die Bezüge zur Palais-Royal-Ausstellung von 1930 durch einen allgemeiner einleitenden Satz, in dem es heißt: „Zu solch nachdenklichem Aufenthalt liefern dem Stadtfreund zahllose Bücher, Dokumente, Modekupfer, Karikaturen des großen Antiquariats Paris ergänzendes Material." Der Zweitdruck erweist sich auch im Weiteren als sprachlich überarbeitet und mit einigen historischen Details angereichert. So fügt Hessel nach der Erwähnung der Madame Tallien folgende Passage ein: „1793! Bei einem Messerschmied dort unter der Arkade Nr. 177 kauft Charlotte Corday für zwei Franken das Küchenmesser, das sie am Abend desselben Tages Marat in die Brust stechen wird. Die Trinker, die aus den Kellern und Cafés kommen, werden sogleich auf der Rue du Faubourg Saint Honoré den Karren begegnen, die Verurteilte zur Place de la Révolution fahren."
Vor der Darstellung der Kaiserzeit sind weiterhin folgende Bemerkungen eingefügt: „Directoire: Unter dem Torbogen drüben ist die Börse der Assignaten. Auf den riesigen ‚brioches' der Kuchenbäckerei ist der neueste Kurs des Louis d'or angeheftet: 8000 Livres in Assignaten."
Schließlich ist auch der Abschnitt „Wiederkehr der Bourbonen …" neu formuliert: „Das Palais wird noch einmal königlich und Orléans-Besitz. Es wird weiter ausgebaut. Weiter wird Baccarat, Biribi und Lansquenet gespielt. Die Ware der Konditoren wird mit ‚Dessins sucrés' und ‚Divises de bonbons' geschmückt, die von bekannten Poeten verfaßt werden. – Dann erlebt das Palais Royal noch Louis Philippes Familienfreuden, aber auch den Schrecken naher Straßenkämpfe, und Orléans glückliche Ankunft vor seinem Hause am letzten der ‚drei glorreichen Tage', wo er unter der Trikolore den General Lafayette umarmt, um dann unter dem Jubel des Volkes zum Stadthaus zu ziehen und von dort als König der Franzosen zurückzukehren. Der letzte fürstliche Bewohner des Palais ist der Prinz Napoleon in den sechziger Jahren. Aber da geht die große Zeit von Garten und Wandelgang schon vorbei. Juweliere und Modehäuser wandern ab, Cafés und Restaurants werden von neuen Gaststätten der großen Boulevards überflügelt. Die Spielhäuser sind längst verboten, die galanten Damen verschwinden. Um die Jahrhundertwende ist der Garten und seine Umgebung eine Zeitlang recht düster und nicht ungefährlich für einen einsamen Spaziergänger."

Aus alten Pariser Gassen

Ghetto

Handschriftlich korrigierter Typoskriptdurchschlag im Nachlass, 2 Blatt.
Der Bemerkung im Vorspann zu *Frauen und Städte* entsprechend, wurde der
Text – wie ursprünglich von Hessel vorgesehen – wieder an den Anfang der
Prosastücke über die alten Pariser Gassen gesetzt. Auf Blatt zwei des Typo-
skripts geht er denn auch bruchlos zur Schilderung des *Hôtel de Sens* über;
erst die Geschichte der Marguérite von Valois hat Hessel dann mit einer
Leerzeile vom Vorhergehenden abgesetzt.

Hôtel de Sens

Handschriftlich korrigierter Typoskriptdurchschlag im Nachlass, 5 Blatt,
identisch mit dem Erstdruck in: *Die Literarische Welt* (Berlin), Jg. 6, Nr. 48,
28.11.1930, S. 3f. Zur Verbindung mit dem Text *Ghetto* vgl. die vorherige
Anmerkung.
Eine leicht veränderte Fassung publizierte Hessel unter dem Pseudonym
‚Stefan Ulrich‘ und dem Titel *Page und Königin* im *Berliner Tageblatt* (Jg. 64,
Nr. 315, 6.7.1935); vgl. Bd. 5 der Werkedition, S. 104-106; später unter dem
Pseudonym ‚Hesekiel‘ auch veröffentlicht in der *Pariser Tageszeitung* (18./
19.12.1938, Nr. 870; abgedr. in: GVW). Hessel war zu dieser Pariser Exil-Zeit
als Bibliothekar in privaten Diensten bei Alix de Rothschild engagiert und
zeichnet sich zu Beginn des Textes flüchtig selbst: „Wir waren lange in dem
alten Pariser Stadtviertel des Temple umhergegangen, und zu den meisten
Häusern hatte uns der führende Freund, Bibliothekar und Kenner, nur ein
paar erklärende Worte gesagt. Da kamen wir in die leere Rue du Figuier."

Mouffetard

ED: *Die Literarische Welt* (Berlin), Jg. 6, Nr. 48, 28.11.1930, S. 4.
Auch dieses Prosastück hat Hessel als ‚Hesekiel‘ neuerlich in Paris publiziert, und zwar unter dem Titel *Rue Mouffetard* am 26./27.3.1939 in der *Pariser Tageszeitung* (Jg. 4, Nr. 954, S. 3; abgedr. in: GVW; jetzt in Bd. 5 der
Werkedition, S. 108-110). Er kürzte dabei einige Stellen, gruppierte verschiedene Partien um und formulierte den zweiten Teil gänzlich neu. Unter
anderem griff er dabei auf jüngste Flaneur-Erlebnisse zurück, wie ein kleiner Prospekt der Theatergruppe ‚Comédiens Mouffetard‘ im Nachlass vermuten lässt. Hessel schreibt:
„Als ich kürzlich wieder einmal in die Mouffetard und vor dieses Portal
kam [d.i. das Tor der Waschanstalt zur ‚Alten Eiche‘] und von da über den
Damm ging, las ich an einem unscheinbaren Hause ein Plakat, das eine Aufführung der ‚Plaideurs‘ von Racine anzeigte. An Pelzmänteln, Kinderuniformen, Taschenkrebsen und Schnecken vorbei suchte ich in diese ‚Maison
pour tous‘ zu gelangen, immer wieder zurückgeschoben von Pfadfinder-
knaben und -mädchen, die gerade eine Bilderausstellung ihrer Kameraden
im Vorraum des Hauses verließen. Endlich war ich drinnen und mit einmal
ganz allein zwischen Bankreihen vor einer Bühne, auf der ein kleines Haus-
gebilde stand, das ich für ein Marionettentheater hielt. Sollte vielleicht hier
das alte, vom Uralten inspirierte Lustspiel für Marionetten zurechtgemacht

worden sein? Würden der griesgrämige Richter, sein lustiger Diener Petit-Jean, die streitsüchtigen Alten und das junge Liebespaar, an Drähten gezogen, ihre Händel und Getändel vorzappeln? Als ich mich dann aber am Abend desselben Tages neugierig einfand, kam ein leibhaftiger Petit-Jean aus dem Türvorhang des Häuschens hervor und war Mitglied einer jugendlichen Liebhabertruppe, der ‚Comédie Mouffetard', die hier den Bewohnern des halb volkstümlichen, halb ‚lateinischen' Viertels zum ersten Male in ihrem Leben ein Schauspiel boten, zu dem sie selbst als Zimmerer, Elektriker, Maler und Schneider Gerät, Licht und Kostüm geschaffen haben. Aus der Dachluke des Häuschens, das ich mittags für ein Kasperletheater gehalten hatte, schaute mit Maskengesicht der zänkische Richter, ein fuchtelnder Guignol, heraus. Und rechts von dem etwas engen Gestühl des Zuschauerraums teilte sich ein Seitenvorhang, und es erschien in angegilbtem Atlas die hübsche Liebhaberin Isabelle. Süß wie Zuckerwerk in der Konditorenmanschette, stak sie in ihrem armselig köstlichen Gewande, dessen hangende Borten sich in denen des Vorhangs verfingen, als sie dann auf etwas unförmigen Sandalen, die an die Schuhe der Braut im Massakerspiel des Jahrmarkts erinnerten, an uns vorbei dem nicht minder seidenweißen Liebsten auf der Bühne entgegenschreiten wollte. Der hatte rote Absätze, richtige ‚talons rouges' an seinen Schuhen und war damit und mit seiner Lockenperücke und seinem Pastellgesicht so ganz im Zeitalter des Sonnenkönigs wie im Hause gegenüber die Reste des Damenhospizes. Er und all die anderen jungen Leute sprachen die Alexandriner Racines in ihrer drolligen Getragenheit, als wären sie eben erst eigens für sie gedichtet worden. Der schönste von allen aber war der mitspielende Souffleur, der in dem witzigen Scheinprozeß, welcher des Stückes Knoten löst, dem tölpischen Bedienten vorzuflüstern hat. Er war als kleieweißer Pierrot gekleidet, und neben und über den Masken der grotesken Zänker und Prügeler und den Puppenköpfen der Liebenden geisterte sein geschminktes Antlitz; ein Engelgesicht.
Seit jenem Abend sind einige Wochen vergangen und aus den Zeitungen erfahre ich, daß meine ‚Comédiens Mouffetard' bereits auf einer ‚richtigen' Bühne auftreten und vor Publikum und Kritik gut bestehen. Das freut mich aufrichtig, aber noch mehr freue ich mich, sie noch ‚im Stande der Unschuld' erlebt zu haben, im selbstgezimmerten Bretterhaus der Altstadtgasse, wo alles gegenwärtig und gut beisammen war: Eifer und Übermut herrlich dilettierender Jugend, das große Jahrhundert Frankreichs und ein kleiner Schimmer von Ewigkeit."
Im Manuskriptkonvolut des Nachlasses finden sich weiterhin zwei Blätter mit Bildlegenden, die Hessel gemäß seiner Vorbemerkung zu Fotos von Germaine Krull geschrieben hat. Zwar konnte der Ort der Publikation bislang nicht lokalisiert werden, doch lauten die kurzen Erläuterungen wie folgt:

Rue Mouffetard, der billigste Markt von Paris

1. Die Rue Mouffetard, eine der ältesten Straßen eines dichtbevölkerten Armenviertels, schlängelt sich eng und uneben vom „Berge der Heiligen Genovefa" am Lateinischen Viertel hinunter in die südliche Vorstadt.

2. Viele ihrer Häuser bröckeln seit langem immer weiter ab. Und es hausen immer noch Menschen in den nie ausgeflickten Trümmern.
3. Die Ruinen alter Mauern bleiben stehn und bekommen im Zwielicht die Schönheit von Tempelresten.
4. Am deutlichsten wird die Armut in den Höfen sichtbar. Aber auch im armseligsten Hof hängt ein Vogelbauer neben der Werkstatt.
5. Biegt man in eine Nachbargasse ein (Rue Saint-Médard), so bleibt man im selben Elend.
6. Die Kinder in der Rue Mouffetard haben es zu weit bis zu den Parks von Paris. Sie machen aus dem Pflaster an der Mauerecke ihren Spielplatz.
7. An Markttagen bekommt das Elend bunten Schimmer. Da ist großer Andrang vor unzähligen Schaufenstern und Auslagen.
8. In der Mouffetard gibts den billigsten Blumenkohl von Paris.
9. Manchmal trennt einen nur ein schmaler Pfeiler von der Konkurrenz.
10. Getragene Schuhe können noch oft repariert werden.
11. „Mäntel werden gewendet", „Hüte werden geändert", verkünden die Plakate der Sandwichmänner.
12. Der reichste Mann der armen Straße wartet mit bürgerlicher Ruhe vor seinen Matratzen. Er braucht seine Ware nicht auszuschreien.
13. Die Frauen der Nachbarschaft kommen mit ihren großen Markttaschen aus den Nebenstraßen …
14. … und aus der schmalen Passage zum Einkaufen auf den Markt.
15. Einkaufsberatung, Kummer oder – Klatsch?
16. Gelegenheit? Weitgewanderte Koffer, vielgeschleppte Taschen. Bettstellen, Kinderkleidchen. „Beeilen Sie sich. Benutzen Sie die Gelegenheit."
17. Strümpfe, Schleier, wie neu. Stoffreste. Merkwürdige Bordüren.
18. Mitten im Lärm hält eine alte Frau schweigend ihre Bügeleisenhalter feil.
19. Mitten im Lärm schreibt der Armenier vor dem kleinsten Café von Paris mit orientalischer Ruhe seinen Brief.
20. Ebenso abgeklärt schaut neben ihm ein Hund dem Treiben zu.
21. Wo das Elendsviertel zu Ende geht, hockt eine Alte an der letzten Mouffetardmauer und flickt ihre Lumpen.
22. Mit seinen letzten Ausläufern reicht der Markt bis auf den Platz vor der Kirche Saint-Médard.
23. Und die ältesten Händlerinnen verkaufen hier den Abhub: letzte Reste von verwelktem Gemüse.

Im Nachlass findet sich darüber hinaus ein weiteres Blatt mit insgesamt 18 Bildlegenden, die offenbar einer reduzierten Auswahl derselben Fotos galten.

Sonntag in Senlis

Handschriftlicher Typoskriptdurchschlag im Nachlass, 6 Blatt.
Ein Abdruck des Textes ist bislang nicht nachgewiesen; ebenso ungewiss ist seine Datierung, für die als terminus post quem die Atlantiküberquerung Lindberghs aus dem Jahr 1927 gegeben ist (vgl. S. 323).

ED: *Kölnische Zeitung* (Köln), Nr. 422, 4.8.1930 (abgedr. in: VDI).
Auch diesen Text hat Hessel nach seiner Ankunft im Pariser Exil passagen-
weise neu formuliert. So ist der Abschnitt, in welchem die Champs-Elysées
als „Mainstreet" von Paris vorgestellt werden, um einige Worte ausführlicher: „[…] ich hätte sie in die Champs-Elysées schicken sollen, die in ihren
Vaterländern vermutlich als Hauptstraße und Hauptsache von Paris angesehen wird. Dort würden sie ja auch selbst heute die gewünschte Großstadt-
fülle finden. Vielleicht klingen dort auch von einem verlorenen Tische her
zwischen lauter Englisch, Russisch, Deutsch und Ungarisch ein paar französische Worte an ihr Ohr. Vielleicht!" Im weiteren lösen die Plakate der Reisebüros im Betrachter neue Sehnsüchte und – zuletzt – politisch bedingte
Gedanken aus: „Wie wunderbar still es jetzt mittags rund um die Oper ist.
Es ist, als freue sich die große Stadt dieser Zeit, wo sie so leer von Menschen
und so voll von sich selbst wird. Und die Stille wird noch vertieft durch die
Wunderbilder auf den Plakaten der Reisebüros. Während schon wieder ein
Regenschauer auf uns niederprasselt, sehen wir da an einem südlichen
Strand Männlein und Weiblein nach der Strahlsonne wie nach einem Ball,
den sie einander zuwerfen wollen, langen. Aus Biarritz winkt uns ein
braungebranntes Geschöpf der ‚Air France'. Wolkenkratzer aus Papiermaché locken in die Weltausstellung zu New York. In der Casa de Portugal sehen wir die steinernen Stickereien der Paläste von Sintra, sehen Palmen und
Agaven im Parke von Bussaco und lesen unter einem Grabdenkmal den
schönen Namen ‚Inez de Castro'. Steinrot und grasgrün schimmerndes Kor-
sika durcheilen wir im Autocar. Im gelben Sande, der statt seiner rollt, steht
unser Tourenauto still vor ‚Alger la blanche, Tunis la mystérieuse, Marocco
aux sables brûlants', vor den Bergen von Marakesch, vor Tempeltrümmern
von Timgad. Ein paar Schritte weiter dringen wir ein in köstliche Luxuska-
binen der Blue Star-Linie, ergehen uns auf dem Promenadendeck. Dann allerdings, vor den nächtlichen Türmen von Budapest wird uns etwas unsicher
zumute, und der Aufforderung ‚Faites votre cure en Pologne' getrauen wir
uns kaum zu folgen. Und mit der holden Maid, die uns aus dem ‚Weindorf
Koblenz' Prosit zuruft, sind wir zur Zeit leider ‚schuß', wie die Berliner Kinder sagen.
Und mit einemmal wird uns die ganze Georgraphie aus seliger Ferienfahrt
wieder zum bitteren Auswanderungsproblem. Das wollen wir aber eine
Weile vergessen und ganz genießen die schöne Pause in Paris. (Für das
eventuelle Bedürfnis nach Wochenendausflug sorgen ja ‚Bon dimanche' und
‚Joyeux Weekend', die dich hundert Kilometer im Umkreis in Wälder der Ile
de France und an die Ufer der Loire mit billigem Fahrschein bringen.)
Zunächst gehen wir in den Tuileriengarten, wo heute fast mehr kleine Sta-
tuen verspielter Mythologie als Menschen sind."
Der Text erschien am 13./14.8.1939 unter dem Pseudonym ‚Hesekiel' in der
Pariser Tageszeitung und scheint der letzte zu sein, den Hessel vor Ausbruch
des Krieges und zu seinen Lebzeiten überhaupt publizierte (abgedr. in:
GVW; jetzt in Bd. 5 der Werkedition, S. 125-128).

Mitgenommen in eine Modenschau

ED: *Frankfurter Zeitung* (Frankfurt/M.), Jg. 74, Nr. 349, 11.5.1930, Beil. *Für die Frau*, Jg. 5, Nr. 5, S. 8.
Der Text fand später mit gewissen Änderungen Eingang in den Fragment gebliebenen Roman *Alter Mann* (Kapitel 2 des Ersten Teils; vgl. Bd. 1 der Werkedition, S. 360f.).

Die älteste Logenschließerin

Handschriftlich korrigierter und mit ‚f. H.' gezeichneter Typoskriptdurchschlag im Nachlass, 3 Blatt.
Kein Abdruck bislang nachgewiesen.

Tanz aller mit allen. Paris tanzt

ED: *8 Uhr-Abendblatt* (Berlin), Jg. 83, Nr. 164, 17.7.1930.
Teile aus diesem Text übernahm Hessel für sein Prosastück *Hier tanzt man noch*, das er unter dem Pseudonym ‚Hesekiel' am 16./17.7.1939 in der *Pariser Tageszeitung* veröffentlichte (Jg. 4, Nr. 1049, S. 3; abgedr. in: GVW, VDI; vgl. Bd. 5 der Werkedition, S. 122-124).

Pariser Saturnalien

ED: *Magdeburgische Zeitung* (Magdeburg), Nr. 66, 6.2.1927 (abgedr. in: GVW).

Der Flohmarkt von Paris

Handschriftlich korrigierter Typoskriptdurchschlag im Nachlass, 2 Blatt.
Obwohl Hessels Bemerkung im Vorspann zu *Frauen und Städte* vermuten lässt, dass der Text zusammen mit Fotos erschienen ist, war bislang kein Erscheinungsort nachzuweisen.

Verwaiste Gegenstände

ED: *Münchner Illustrierte Presse* (München), Jg. 6, Nr. 50, 15.12.1929, S. 1742-1744 (abgedr. in: VDI); unter dem Titel *Hotel Drouot* und dem Pseudonym ‚Hesekiel' erneut veröffentlicht in der *Pariser Tageszeitung* (Jg. 4, Nr. 890, 11.1.1939, S. 4; abgedr. in: GVW).

Der Turm von Paris

Handschriftlich korrigierter Typoskriptdurchschlag im Nachlass, 2 Blatt.
Der von Hessel vermutete Abdruck zu Fotos war bislang nicht nachzuweisen. Allerdings erschien der Text später noch unter dem Titel „*Der Zeigefinger von Paris*" und dem Kürzel ‚h.' in etwas veränderter Fassung in der *Pariser Tageszeitung* (31.3.1939, Nr. 958; abgedr. in: GVW; jetzt in Bd. 5 der Werkedition, S. 110-112). Die Stellen, an denen Hessel dabei kleine Zusätze vornahm, sind von ihm im Typoskript des Nachlasses durch Einfügungszeichen markiert worden, während er die Ergänzungen auf ein separates Blatt notierte.

Zu Beginn geht Hessel auf den aktuellen Anlass des neuerlichen Abdrucks ein: „Der Zeigefinger von Paris – So hat in einem schönen Hymnus auf die Stadt der Dichter Joseph Delteil den Turm genannt, der in diesen Tagen seinen fünfzigsten Geburtstag feiert." Genauer benannt sind auch die einstigen Opponenten gegen das Projekt Eiffels: „Wissenschaftler und Künstler, darunter Männer wie Maupassant, Gounod, Sardou, Huysmans, Coppée, protestierten in einer Kundgebung, als leidenschaftliche Liebhaber der bisher unverletzten Schönheit von Paris, im Namen des verkannten französischen Geschmacks, im Namen der bedrohten französischen Kunst und Geschichte, gegen die Errichtung dieses nutzlosen Scheusals von Turm, dieses hohlen Leuchters." Hessel erwähnt im Weiteren die Turmwohnung Eiffels, „in die sich dieser zu einsamer Höhenforschung zurückziehen konnte", und erinnert an einen unterdessen stattgefundenen Anlass: „In der Ausstellung des Jahres 1937 behauptete er sich als abschließender und beherrschender Wartturm über den Pavillons aller Nationen."

Mi-carême

Handschriftlich korrigiertes Typoskript im Nachlass, 1 Blatt.
Die Auflistung der Stichworte vermittelt einen Eindruck, wie Hessel in seinen ‚Carnets' den Stoff für Feuilletons sammelte. Das kleine „Tagebuchblatt", wie er es im Vorspann zu *Frauen und Städte* nennt, dürfte von ihm ursprünglich nicht zur Publikation vorgesehen gewesen sein.

S. 344 „süßes kleines Murger-Mädchen": Anspielung auf Henri Murger (1822-1861), dessen Roman *Scènes de la bohème* (1851) das Paradigma einer ungebundenen künstlerischen Lebenshaltung schuf.

S. 344 „T.S.F.-Damen": Es handelt sich um Angestellte des Telegraphenamtes (T.S.F. = Télégraphie & Téléphonie sans Fil).

Architekturen des Augenblicks

ED: *Das Illustrierte Blatt. Frankfurter Illustrierte* (Frankfurt/M.), Jg. 15, Nr. 24, 11.6.1927, S. 618-620, mit „Spezialaufnahmen von Germaine Krull, Paris" (abgedr. in: GVW, VDI).

Der Hausmeisterball

Handschriftlich korrigierter Typoskriptdurchschlag im Nachlass, 2 Blatt.
Bislang kein Abdruck nachgewiesen.

Bagatelle

ED: *Frankfurter Zeitung* (Frankfurt/M.), Jg. 74, Nr. 841, 10.11.1929, Beil. *Für die Frau*, Jg. 4, Nr. 11, S. 13f.
Auch dieses Feuilleton hat Hessel für die *Pariser Tageszeitung* nochmals variiert (dort erschienen am 30.4./1.5.1939, Nr. 984; abgedr. in: GVW, jetzt in Bd. 5 der Werkedition, S. 112-114). Er führt dabei einen fiktiven Briefschreiber ein, der sich an eine abwesende Freundin wendet, und sich zu Beginn fragt, ob er wohl noch in Paris sein werde, wenn sie dort ankomme: „ ...und bald wird Rosenzeit sein, und du wirst hier sein. Und ich? Nun, jedenfalls ver-

säume dann nicht („Rosenzeit wie schnell vorbei!'), in den Garten Bagatelle zu gehen, um die Blüten der Hecken, Beete und Laubengänge anzuschauen. Kannst mit dem Bus von der Porte Maillot bis Porte de Bagatelle fahren, kannst aber auch von der Gegend der Seen im Bois auf hübschen Fußwegen bis vor das große Eingangsgitter, die ‚grille d'honneur' kommen. Da gibt's Ansichtskarten und Zuckerstangen, und unter den Bonbons habe ich eine Art Pfefferminztabletten entdeckt, die heißt ‚Pernod fils' und schmeckt wirklich, mit einiger Andacht gelutscht, nach dem, was wir einst mit denen, die noch Verlaine gekannt haben, tranken. Das waren schöne Zeiten, herbstliche … Aber jetzt ist Frühling, und ich sitze in der Buvette am Parktor und will dir berichten. Seit einem Vierteljahrhundert gehören Schloß und Park Bagatelle der Stadt Paris …"

In der Folge nimmt der Briefschreiber das Wissen, welches der Feuilletonist Hessel hatte, ironisch zurück und bemerkt: „Das Innere des Schlosse konnte ich heute leider nur durch die großen Fenster sehen: einen wunderbar runden Vorsaal, mit Kaminen, Spiegeln, schmal hohen Türen, Konsolen, Friesen. Das Schloß ist zur Zeit nicht geöffnet, sagte mir ein freundlicher Gartenaufseher, und die Bilder von Fragonard und Greuze und die Statuen des Schweigens, der Tollheit und der Anmut sind ‚vu la situation', wie er sich ausdrückte, entfernt. Nun, vielleicht bekommst du sie zu sehen, wenn du zur Rosenzeit herkommst oder doch wenigstens im Herbst, wenn du kommst, die Nymphen im Gartenbecken anzusehen. Aber ich? Nun, immerhin habe ich durch die Fenster geahnt, wie es da drinnen einmal zugegangen sein mag."

Spaziergang mit einem Wölfchen

ED: *Hannoverscher Kurier* (Hannover), Jg. 81, Nr. 575, 8.12.1929.

S. 350 „spazierte ich mit einem zwölfjährigen Jungen, einem deutschen Kind, das in Paris aufs Gymnasium geht": Anspielung auf Hessels Sohn Stefan.

Der Hosenboden

ED: u.d.Ps. ‚Hesekiel' in: *Pariser Tageszeitung*, Jg. 4, Nr. 884, 4.1.1939, S. 4 (abgedr. in: GVW, VDI).

In seinem Vorspann zu *Frauen und Städte* bezeichnet Hessel dieses Prosastück als ungedruckt; die Textsammlung muss also vor dem Erscheinungstermin des Feuilletons zusammengestellt worden sein. Hessel verwendete das Manuskript dann auch offenbar für die Einsendung an die *Pariser Tageszeitung*, denn im Konvolut des Nachlasses ist es nicht mehr vorhanden. Entstanden ist der Text zur „Ernest-Cresson-Zeit", wie Hessel im Vorspann bemerkt. Gemeint sind damit die Jahre von Sommer 1927 bis 1931, als Helen Hessel mit den beiden Söhnen Ulrich und Stefan in der Pariser Rue Ernest Cresson 13 wohnte. Hessel war dort mehrfach für einige Wochen zu Besuch, z. B. im September/Oktober 1929 und im Mai/Juni 1930. Es war jene Zeit, da der Sohn Stefan die erwähnten elf Jahre zählte, so dass der Text wohl auch damals entstand.

Araber in Paris

Handschriftlich korrigierter und mit ‚f. H.' gezeichneter Typoskriptdurchschlag im Nachlass, 4 Blatt. Kein Erscheinungsort bislang nachgewiesen. Wenn Hessel im einleitenden Text zu *Frauen und Städte* festhält, das vorliegende Feuilleton stamme vorwiegend von seiner Frau Helen, so dürfte dies wohl im Wesentlichen auf die Idee und die sachlichen Informationen zutreffen, nicht aber auf den Text selbst. Denn Helen Hessel publizierte selber zu diesen Themen eigene Texte, in diesem Fall zum Beispiel einen ähnlich gelagerten über *Ostasien in Paris* (*Das Illustrierte Blatt*, Nr. 42/1928).

Pariser Kaleidoskop

Handschriftlich korrigiertes Typoskript im Nachlass, 6 Blatt. Nach Hessels Bemerkung im Vorspann zu *Frauen und Städte* offenbar nie im Druck erschienen; erstmals veröffentlicht in: „*Genieße froh, was du nicht hast"*. *Der Flaneur Franz Hessel*. Hg. v. Michael Opitz u. Jörg Plath. Würzburg: Königshausen & Neumann, 1997, S. 215-217.
Für die Beteiligung von Hessels Frau Helen an diesem Text dürfte das Gleiche gelten wie beim Vorherigen. Ausgehend von der Erwähnung von Buñuels Film *Un chien andalou*, der 1929 erstmals in Paris gezeigt wurde und sofort für eine Sensation sorgte, dürfte das *Pariser Kaleidoskop* aus diesem Jahr stammen.

Der Dôme und das Schicksal

ED: *Die Kunstauktion* (Berlin), Jg. 2, Nr. 50, 9.12.1928, S. 11 (abgedr. in: VDI). Auch diesen Text hat Hessel nach seiner Ankunft im Exil unter dem Pseudonym ‚Hesekiel' erneut veröffentlicht, und zwar unter dem Titel *Das alte Dôme* am 2.1.1939 in der *Pariser Tageszeitung* (Jg. 4, Nr. 882, S. 4; abgedr. in: GVW). Er hat dabei kleinere Streichungen vorgenommen, die er auf dem Druckbeleg des Erstdrucks im Nachlass verzeichnete. Sie betreffen folgende Stellen:
„ … bemerkenswertes Leben. ‹Rudolf Levy … daß die Betroffenen opponierten.› Schön war es auch …"
„Ob sie wohl ‹schon um den bevorstehenden Weltkrieg wußte. Oder konnte sie› einfach Männer nicht leiden konnte."

Hafenpause

ED: *Frankfurter Zeitung* (Frankfurt/M.), Jg. 74, Nr. 651, 1.9.1929, Beil. *Bäder-Blatt: Reise Städte Landschaft*, S. 8 (abgedr. in: VDI).

INHALT

Die Werkausgabe

Franz Hessel: Sämtliche Werke in fünf Bänden.
Herausgegeben von Hartmut Vollmer und Bernd Witte.
2. aktualisierte und ergänzte Auflage.
Hamburg: Igel Verlag, 2013, 2132 Seiten, 219,- €

ISBN 978-3-86815-580-8

Band 1: Romane

Herausgegeben und mit einem Nachwort versehen von
Bernd Witte
468 S., 46,90 €, ISBN 978-3-86815-581-5

Band 2: Prosasammlungen

Herausgegeben und mit einem Nachwort versehen von
Karin Grund-Ferroud
468 S., 46,90 €, ISBN 978-3-86815-582-2

Band 3: Städte und Porträts

Herausgegeben und mit einem Nachwort versehen von
Bernhard Echte
416 S., 44,90 €, ISBN 978-3-86815-583-9

Band 4: Lyrik und Dramatik

Herausgegeben und mit einem Nachwort versehen von
Andreas Thomasberger und Hartmut Vollmer
368 S., 42,90 €, ISBN 978-3-86815-584-6

Band 5: Verstreute Prosa, Kritiken

Herausgegeben und mit einem Nachwort versehen von
Hartmut Vollmer
412 S., 42,90 €, ISBN 978-3-86815-585-3

LITERATUR